CATALOGUE
DES
MONNAIES FRANÇAISES
DE LA BIBLIOTHÈQUE NATIONALE

LES
MONNAIES
CAROLINGIENNES

PAR

M. Maurice PROU

BIBLIOTHÉCAIRE AU DÉPARTEMENT DES MÉDAILLES ET ANTIQUES
DE LA BIBLIOTHÈQUE NATIONALE

PARIS
CHEZ C. ROLLIN & FEUARDENT
4, rue de Louvois, 4

Librairie, 45, quai des Grands-Augustins

Même Maison, 6, Bloomsbury Street, Londres

1896

LES

MONNAIES CAROLINGIENNES

DE LA BIBLIOTHÈQUE NATIONALE

MACON, PROTAT FRÈRES, IMPRIMEURS

CATALOGUE
DES
MONNAIES FRANÇAISES
DE LA BIBLIOTHÈQUE NATIONALE

LES
MONNAIES
CAROLINGIENNES

PAR

M. Maurice PROU

BIBLIOTHÉCAIRE AU DÉPARTEMENT DES MÉDAILLES ET ANTIQUES
DE LA BIBLIOTHÈQUE NATIONALE

PARIS

CHEZ C. ROLLIN & FEUARDENT

4, rue de Louvois, 4

Librairie, 45, quai des Grands-Augustins

Même Maison, 6, Bloomsbury Street, Londres

—

1896

INTRODUCTION

CHAPITRE Ier

CLASSEMENT CHRONOLOGIQUE DES TYPES MONÉTAIRES

La première question à examiner quand on aborde l'étude des monnaies de la période carolingienne est celle de leur classification chronologique. Il serait plus raisonnable de parler en premier lieu des autorités qui avaient le droit monétaire et qui l'exerçaient, puis des ateliers, comme aussi du poids et du titre des monnaies qui en sont les qualités essentielles, si sur tous ces points et en raison de la rareté des documents écrits, nous ne devions tirer la plupart de nos renseignements des monnaies elles-mêmes. Il importe donc d'en fixer la chronologie au moins relative ; or c'est ce à quoi l'on ne peut arriver que par l'examen des caractères extérieurs des pièces. Rien n'est plus difficile que la répartition des monnaies signées d'un même nom royal entre les souverains homonymes de la dynastie carolingienne, car plusieurs rois appelés Charles ou Louis ont étendu leur autorité, à des intervalles de temps très rapprochés, sur les mêmes régions.

Il semble qu'il suffise, pour distribuer les monnaies entre les divers rois carolingiens du même nom, de classer ces monnaies par ateliers, et de chercher à suivre dans chaque atelier l'enchaînement des types monétaires ; car rarement dans le haut moyen âge un type se substitue brusquement à un autre. Mais ce principe de la continuité des types n'est pas absolu ; il souffre de nombreuses exceptions. Ainsi nous verrons que le monogramme royal, adopté par Charlemagne, abandonné par Louis le Pieux, a été repris par Charles le Chauve. Le style est un guide assez incertain, l'art de la gravure n'ayant pas marché d'un pas égal dans toutes les parties de l'Empire. Enfin, divers types ont été en usage sous un même prince non pas successivement, mais simultanément.

Avant de venir à la classification des monnaies carolingiennes, il convient de rappeler que, sauf de très rares exceptions, elles sont toutes en argent ; ce sont des deniers et des demi-deniers ou oboles.

Pour les monnaies de Pépin le Bref (752-768), aucune difficulté ; car l'on ne saurait confondre les monnaies de ce roi avec celles de Pépin I et Pépin II d'Aquitaine. Les deniers de Pépin le Bref sont reconnaissables soit à un monogramme, soit à des sigles représentant la formule *Pipinus rex Francorum*. La plupart des deniers attribués en toute certitude à Pépin présentent un monogramme qui, au premier regard, semble n'être autre chose que les lettres R P ; mais il faut prendre garde que ces lettres sont liées par le pied[1], et que c'est vraiment là un monogramme qui doit se lire P*i*P*i*N*us* R*ex*. Trompés par la présence, sur quelques deniers, des lettres R P indépendantes l'une de l'autre[2], certains numismates ont lu *Rex Pipinus*, formule tout à fait anormale et dont l'emploi est invraisemblable.

Les monnaies royales mérovingiennes portent (*talis*) *rex*, et de même les monnaies carolingiennes postérieures à Pépin ; jamais *rex* (*talis*). Ajoutons que dans ses diplômes Pépin s'intitule *Pipinus rex* et non pas *Rex Pipinus*. Les lettres R P isolées ne sont qu'une déformation ou, si l'on préfère, une reproduction maladroite du monogramme primitif. Sur d'autres deniers, nous trouvons les lettres R F, le pied de l'R étant barré de façon à former un X[3] ; la panse de l'R est très accentuée, de telle sorte que cette lettre peut représenter tout à la fois P et R ; l'interprétation de ces sigles par P*ipinus* R*ex* F*rancorum* est donc vraisemblable ; elle est même justifiée par un denier sur lequel les lettres R F sont accompagnées d'un I placé entre elles[4].

Toutefois sur quelques deniers frappés dans la région du Bas-Rhin, peut-être à Duurstede, on trouve d'un côté PIPI(*nus*) et de l'autre ordinairement R F (*rex Francorum*)[5], mais aussi les lettres R P isolées[6] ou liées[7].

Une monnaie de Saint-Martin de Tours donne en toutes lettres PIPI(*nus*) REX[8]. L'abréviation PIPI se retrouve, précédée du mot DOM(*inus*)[9], sur un denier à la légende *Elimosina*. Il convient d'en rapprocher les lettres D N PIPI cantonnant les bras d'une croix, sur deux monnaies publiées par M. Paul Bordeaux, et qui paraissent devoir être lues D*ominus* N*oster* PIP[*inus*][10].

1. *Catal.*, n⁰ˢ 5, 227, 540, 626, 922, 925, 927, 928.
2. *Catal.*, n⁰ˢ 2, 3, 4, 923.
3. *Catal.*, n⁰ˢ 142, 184, 929.
4. *Catal.*, n° 924.
5. *Catal.*, n° 980.
6. Gariel, *Les monn. royales de France sous la race carolingienne*, 2ᵉ partie, pl. I, n° 12.
7. Gariel, pl. I, n° 14.
8. *Catal.*, n° 439
9. Gariel, pl. I, n° 17.
10. Cette interprétation est celle qu'a proposée M. Bordeaux, *Les monnaies de Trèves pendant la période carolingienne*, dans *Revue belge de numismat.*, 1893, p. 281.

Le revers des deniers de Pépin présente soit un nom de monétaire [1], soit un nom d'atelier écrit sur une ou plusieurs lignes horizontales [2], et exceptionnellement en légende circulaire [3], soit encore un monogramme [4] qui peut représenter le nom du monétaire ou celui de l'atelier.

Les deniers à monogrammes, comme aussi ceux qui portent le sceau de Salomon, relient, au point de vue des types, les monnaies carolingiennes aux monnaies mérovingiennes [5]. Ainsi le monogramme qui dès le commencement du VIIIe siècle était la marque de l'atelier de Clermont en Auvergne (*Arverni*)[6] se retrouve sur un denier de Pépin [7]. On connaît des deniers anépigraphes de l'époque mérovingienne dont le champ est occupé d'un côté par une figure à six pointes, formée de deux triangles se pénétrant, appelée sceau de Salomon, et de l'autre par un A [8]. Un denier au monogramme de Pépin présente au revers la même figure géométrique encadrant la même lettre A [9]. De l'étoile à six pointes, il convient de rapprocher la figure du quatrefeuilles qui, des deniers de l'époque mérovingienne a passé sur des deniers de Pépin et même de Charlemagne [10], et dont le lieu d'émission paraît devoir être cherché dans la région flamande [11]. Signalons encore : sur un denier avec R F, une croix toute semblable [12] à celle des deniers mérovingiens de Brioux [13] ; sur un autre denier, au monogramme R P, la croix ancrée et à pendentifs qu'on considère comme le signe distinctif de l'atelier de Paris [14] ; enfin sur des deniers de Sainte-Croix de Poitiers, avec le monogramme R P ou les sigles R F, la croix potencée, d'un usage si fréquent pendant la période mérovingienne [15]. Le type de Rome assise, emprunté par les monétaires mérovingiens aux Romains, mais profondément défiguré [16], est reproduit plus barbare encore, à peine reconnaissable, sur des deniers de Pépin [17].

1. *Catal.*, nos 2 à 5.
2. *Catal.*, nos 142, 227, 540, 927, 928.
3. *Catal.*, no 439.
4. *Catal.*, nos 922, 925.
5. Voyez Vte de Ponton d'Amécourt, *Recherches sur l'origine et la filiation des types des premières monnaies carolingiennes*, dans *Annuaire de la Soc. fr. de numismat.*, t. III, p. 306 et suiv.
6. *Catal. des monn. mérov. de la Bibl. nat.*, nos 1756 et suiv.
7. Gariel, pl. II, no 30.
8. *Catal. des monn. mérov. de la Bibl. nat.*, nos 2873 et 2874.
9. Gariel, pl. II, no 32.
10. D'Amécourt, *Annuaire de la Soc. fr.*, t. III, pp. 314 et 315, fig. 28 à 32 d'une part, et fig. 33 et 34 d'autre part. On trouvera des deniers mérovingiens de ce type dans le *Catal. des monn. mérov. de la Bibl. nat.*, nos 2885 à 2889, et des deniers carolingiens, dans Gariel, pl. II, nos 38 et 39. Voyez le denier de Maastricht, dans le présent *Catal.*, no 86.
11. J. Menadier, *Deutsche Münzen*, t. I. p. I.
12. Gariel, pl. IV, no 78.
13. *Catal. des monn. mérov. de la Bibl. nat.*, nos 2286, 2295 et suiv.
14. *Catal.*, no 315. Comparez *Catal. des monn. mérov. de la Bibl. nat.*, nos 731 et suiv.
15. D'Amécourt, *Annuaire*, t. III, p. 224, fig. 74 et 75. Gariel, pl. III, nos 59 et 60.
16. *Catal. des monn. mérov. de la Bibl. nat.*, Introduct., pp. XCVII à C, CXII.
17. *Catal.*, nos 923 et 924.

La transition du type mérovingien au type carolingien est nettement marquée sur les pièces de Lyon. Les deniers frappés à Lyon dans le système mérovingien offrent d'un côté le monogramme cruciforme du mot *episcopus*, de l'autre les lettres **LV** ou **LVG**, abréviations de *Lugdunum*[1]. Ces deux abréviations se retrouvent dans le champ de deniers carolingiens, mais le monogramme d'*episcopus* a fait place à celui de *Pipinus rex*[2].

Si les deniers de la seconde espèce ressemblent par le type à ceux de la première, ils en diffèrent par l'aspect du flan. Les deniers de l'époque mérovingienne sont petits et épais ; les deniers carolingiens ont un flan plus large et mince. Le système monétaire n'a pas été modifié subitement ; la réforme du monnayage par Pépin, qui consista à rétablir le nom royal sur toutes les monnaies, puis à uniformiser le type et le poids, n'a dû s'introduire que peu à peu dans les divers ateliers de la Gaule. En ce qui touche l'unité de type, Pépin, si même il a cherché à l'établir, n'y a pas pleinement réussi : la variété des types est sans doute moins grande sous son règne que précédemment, mais si nous sommes assurés que toutes les monnaies frappées à son nom remontent bien à son règne, exception faite de celles qui en raison de leur barbarie doivent être considérées comme des imitations postérieures, nous ne pouvons pas affirmer que les monnaies portant le nom de Pépin soient les seules qui aient été émises sous le règne de ce prince ; il est probable, au contraire, que ce n'est pas dès son avènement au trône qu'il a imposé l'inscription du monogramme royal sur les espèces, et il est au moins douteux que tous les monétaires se soient immédiatement conformés à ses prescriptions.

Le départ à faire entre les monnaies du fils de Pépin et celles du fils de Louis le Bègue, tous deux appelés Carloman, ne présente aucune difficulté. Il est évident que celles-là seules sont attribuables à Carloman, fils de Pépin, qui par leur type, se rattachent à la fois aux pièces de Pépin et à celles de Charlemagne. La brièveté du règne de Carloman explique la rareté de ses monnaies. Elles présentent, au droit, le nom royal figuré par un monogramme essentiellement composé des lettres **CARLM**[3] ou **CARLO**[4], le C affectant généralement la forme carrée, ou ce même nom écrit **CAR ∥ LOM** sur deux lignes horizontales[5] ; au revers, soit les lettres **R F**[6] (*rex Francorum*), soit le nom de l'atelier écrit par abréviation en une ligne horizontale[7], ou tout au long en légende circulaire[8].

---

1. *Catal. des monn. mérov. de la Bibl. nat.*, nos 98 à 114.
2. *Catal.*, n° 626. Voy. aussi Gariel, pl. II, n° 37.
3. *Catal.*, n° 762.
4. Gariel, pl. IV, n° 5.
5. Gariel, pl. IV, nos 7 et 8.
6. Gariel, pl. IV, n° 1.
7. Gariel, pl. IV, nos 3 et 6.
8. Gariel, pl. IV, nos 7 et 8.

On connaît un nombre assez considérable de deniers offrant, au droit, le nom de CARO ‖ LVS disposé en deux lignes horizontales ; au revers, les lettres R F[1] ou un nom d'homme[2], ou bien un nom de lieu[3], ou encore un monogramme[4]. Il n'est pas douteux que ces deniers n'appartiennent à Charlemagne et ne soient les premiers qu'il ait émis ; leur ressemblance avec les deniers de Pépin suffit à le prouver. Sont-ce là les seules monnaies qu'on doive attribuer à Charlemagne roi ?

Il existe toute une série de deniers marqués du monogramme de *Karolus* ou *Carolus*, parmi lesquels s'établissent facilement deux groupes : un groupe de pièces avec la légende circulaire CARLVS REX FR, gravée soit au droit, autour du monogramme, soit au revers, autour de la croix[5] ; un autre groupe, où le monogramme est entouré de la légende GRATIA DEI REX[6]. Il est certain aussi que, d'une façon générale, le premier groupe est antérieur au second, car dans les trouvailles les pièces au monogramme et à la légende CARLVS REX FR se rencontrent mêlées à des monnaies de Louis le Pieux, celles au monogramme et à la légende GRATIA DEI REX, mêlées à des monnaies de Louis II ou III, de Carloman et d'Eudes[7]. De plus, le second type, usité sous Eudes et Raoul, qui ont substitué le monogramme de leur nom à celui de *Karolus*, s'est immobilisé et persisté dans la première période du monnayage baronal.

Mais auquel des Charles revient le premier usage du monogramme ? En d'autres termes, les pièces au monogramme *Karolus* et à la légende CARLVS REX FR doivent-elles être données à Charlemagne, roi, ou à Charles le Chauve ?

M. de Coster a appuyé l'attribution qu'il en a faite à Charlemagne sur la découverte de quarante-cinq deniers et oboles au monogramme, à Wijk-bij-Duurstede, dans une couche de terre contenant des débris de toutes sortes et des cendres, indices certains d'un incendie. « Les deniers déterrés à Duurstede en Hollande, « dit M. de Coster, ne proviennent pas de dépôts enfouis ; ils ont été retrouvés « successivement pendant plusieurs années ; cependant l'ensemble trace une limite « quelconque pour le temps auquel on peut reporter les pièces les plus récentes. « Cette époque me paraît être l'année 837 lorsque les Normands dévastèrent et « détruisirent Duurstede de fond en comble[8]. » On sera sans doute peu touché de

---

1. Gariel, pl. V, nos 1 et 2.
2. *Catal.*, n° 7.
3. *Catal.*, nos 56 et suiv., 84, 85, 95, 96, 100, 112, 143, 144, 214, etc.
4. *Catal.*, nos 931, 934, 940.
5. Voyez, par exemple, *Catal.*, nos 30 à 33, 40, 41, 62, 688, 791, 800, etc.
6. Voyez, par exemple, *Catal.*, nos 88, 89, 101, 104, 110, 116, etc.
7. Voyez Gariel, *Les monnaies royales de France sous la race carolingienne*, 1re partie.
8. L. de Coster, *Restitution de quelques monnaies à Charlemagne*, dans Rev. de la numismat. belge, 2e sér., t. II (1852), p. 369. MM. Engel et Serrure ont repris la thèse de L. de Coster et l'ont enrichie de nouveaux documents, *Traité de numismat. du m. âge*, t. I, p. 222.

cet argument, car il est rare qu'une ville soit complètement détruite d'un seul coup, au point qu'il n'y reste aucun habitant. Quand même Duurstede aurait été brûlée en 837, il n'en résulterait pas que cette importante place de commerce fût devenue subitement un désert. Qu'on remarque aussi qu'il s'agit non d'un trésor, mais de pièces recueillies en divers lieux, en diverses fois et par diverses personnes. Il y a plus : si la ville de Duurstede fut au cours du IXe siècle l'objet des attaques répétées des Normands, et à plusieurs reprises la proie d'incendies, du moins ne fut-elle pas détruite en 837. Je passe sur les attaques des Normands dans les années 834, 835, 836[1]. Je remarque cependant que les Annales de Saint-Bertin ne parlent d'incendie qu'à l'année 834. J'arrive à l'année 837; voici ce que rapporte l'auteur des Annales de Saint-Bertin[2] : « En ce temps-là (au printemps de 837), les Normands « faisant irruption en Frise, comme c'était leur habitude, attaquèrent dans l'île de « Walcheren nos hommes qui n'étaient pas sur leurs gardes; ils en tuèrent beaucoup, « en dépouillèrent un plus grand nombre; puis, après avoir demeuré là quelque « temps et avoir levé un impôt à leur volonté, toujours emportés par la même « furie, ils parvinrent jusqu'à Duurstede où il exigèrent aussi des tributs. » De la destruction de la ville il n'est pas question. Au reste, lors du partage de l'Empire en 839, Duurstede était encore une ville assez importante pour que l'annaliste ait cru devoir la mentionner parmi celles qui étaient assignées à Lothaire[3]. J'admets volontiers que les Normands, lorsqu'ils occupèrent Duurstede en 837, ne se sont pas abstenus d'allumer des incendies, mais pourquoi les cendres au milieu desquelles les monnaies ont été trouvées proviendraient-elles de cet incendie plutôt que de tel autre incendie postérieur ? Car la ville de Duurstede ne fut pas détruite en 837, et les Normands vinrent la ravager plus d'une fois au temps de Charles le Chauve. Ils l'incendièrent en 847[4]. L'an 850, Lothaire voyant qu'il ne pouvait résister au chef normand Roric, lui abandonna Duurstede et le territoire de quelques comtés[5]. En 855, les Normands occupaient encore Duurstede[6]; sans doute cette place leur fut enlevée, car peu après, en 857, ils la reprirent sur les Francs[7]. Enfin, au mois de janvier 863, les Danois remontèrent par le Rhin

---

1. Voyez les *Annales Bertiniani*, aux années 834, 835, 836, éd. Waitz (*Scriptores rerum germanicar. in usum scholar.*), pp. 9, 11, 12.

2. « Ea tempestate Nordmanni inruptione solita Frisiam inruentes, in insula quæ Walacra dicitur, nostros imparatos aggressi, multos trucidaverunt, plures deprædati sunt. Et aliquamdiu inibi commorantes, censu prout libuit exacto, ad Dorestadum eadem furia pervenerunt, tributa similiter exegerunt. » *Annales Bertiniani*, p. 13.

3. *Ibid.*, p. 21, l. 11.

4. Les Annales de Saint-Bertin ne parlent que de l'occupation de Duurstede : « Alii quoque Danorum emporium quod Doraestadum dicitur et insulam Batavum occupant atque obtinent. » (p. 35); mais les *Annales Fuldenses* mentionnent un incendie : « Nordmanni Dorestadum incendentes vastaverunt. » (éd. Kurze, *ad usum scholarum*, p. 36.)

5. *Annales Bertiniani*, a. 850, p. 38.

6. *Ibid.*, a. 855, p. 46.

7. *Ibid.*, a. 857, p. 48.

jusqu'à Cologne, après avoir ravagé Duurstede [1]. Le roi Zwentibold, par un diplôme en date du 24 juin 896, déclara que l'église d'Utrecht jouirait dorénavant à Thiel et à Deventer des mêmes prérogatives qu'elle possédait déjà à Duurstede [2]. Citerai-je encore une mention de la même ville dans un diplôme du 15 mai 904 par lequel Louis l'Enfant concéda à l'église de Strasbourg l'exemption du tonlieu dans tout le royaume, sauf à Quentovic, Duurstede et Sluis [3] ? La ville de Duurstede n'a pas été détruite en 837 ; elle est restée au moins jusqu'à la fin du xie siècle un centre commercial ; les monnaies qu'on a trouvées sur son emplacement ne sont donc pas nécessairement antérieures au règne de Charles le Chauve.

Nous n'avons d'autre moyen de résoudre la question posée que de recourir aux monnaies elles-mêmes. Il suffira de dire qu'un denier au monogramme avec la légende *Carlus rex Fr(ancorum)* porte au revers la légende *et Lang(obardorum) ac pat(ricius) rom(anorum)* [4], complémentaire de la légende du droit, pour prouver que Charlemagne a fait marquer ses monnaies d'un monogramme ; car lui seul a pu prendre de tels qualificatifs : ce sont les titres qu'il porte, dans la souscription de ses diplômes [5], entre 774 et 800.

Le denier que nous venons de citer est exceptionnel ; le type ordinaire présente d'un côté **CARLVS REX FR**, et de l'autre le nom de l'atelier. Or, parmi les pièces de ce type, il en est, comme l'a remarqué L. de Coster [6], qu'on ne peut attribuer qu'à Charlemagne : tels les deniers avec les noms de Pavie, Milan, Trévise, Lucques [7], autant de villes italiennes que, seul des Charles du ixe siècle, Charlemagne a possédées comme roi ; car Charles le Chauve n'a régné sur l'Italie qu'après son couronnement comme empereur ; et certes, à la fin du ixe siècle, le titre impérial était trop prisé et trop plein de prestige pour qu'un souverain eût négligé de le faire inscrire sur ses monnaies.

L'attribution à Charlemagne des deniers au monogramme carolin et à la légende **CARLVS REX FR**, sortie des ateliers de Mayence [8] et de Trèves [9], est historiquement probable ; car Charles le Chauve ne posséda ces villes qu'un an à peine, depuis le 8 août 869, date de la mort de Lothaire II, jusqu'au partage de 870 qui ne lui laissa que la partie occidentale de l'héritage de Lothaire. Or, comme l'a remarqué L. de Coster [10], s'il eût frappé monnaie à Mayence et à Trèves dans ce court

---

1. *Annales Bertiniani*, a. 863, p. 61 : « Et depopulato emporio quod Dorestatus dicitur. »
2. Wauters, *Table chronolog. des diplômes*, t. I, p. 314.
3. Grandidier, *Hist. de l'église... de Strasbourg*, t. II, p. CCCXVII.
4. *Catal.*, n° 896.
5. Giry, *Manuel de diplomatique*, p. 718.
6. L. de Coster, *mémoire cité*, p. 385.
7. *Catal.*, n°s 897, 898, 899, 905, 906, 912, 915, 916.
8. *Catal.*, n°s 30 à 33.
9. Gariel, 2e partie, pl. XIII, n° 215.
10. L. de Coster, *mémoire cité*, p. 384.

intervalle de temps, il est probable qu'il y eût adopté le même type que dans les autres ateliers de Lorraine où des monnaies ont été émises à son nom, à savoir le type avec **GRATIA DEI REX**. Ajoutons qu'on trouve sur les monnaies de Mayence la croix haussée sur des degrés [1], type que le monnayage carolingien avait hérité du monnayage mérovingien, et qu'on ne trouvera plus sous les successeurs de Charlemagne.

S'il n'était surabondamment prouvé que Charlemagne a fait usage du monogramme de *Karolus* ou *Carolus* comme type monétaire, on pourrait encore invoquer la présence sur les deniers d'Ecgbeorht, roi de Wessex (802-838), d'un monogramme [2] dont la signification nous échappe, mais qui, dans sa forme, est visiblement imité du monogramme carolin.

Le type monétaire au monogramme et à la légende **CARLVS REX FR** a été inauguré par Charlemagne; ce n'est pas à dire que toutes les monnaies de ce type doivent lui être attribuées. Il est possible que Charles le Chauve l'ait repris dans certains ateliers, et nous verrons que cela est probable. Pour démêler parmi les deniers au monogramme ceux qui doivent être donnés à Charlemagne, il faut les comparer à ceux du même type sortis d'ateliers où Charles le Chauve n'a pu monnayer comme roi. Malheureusement il est difficile de dégager les caractères propres aux deniers qui, en toute certitude, appartiennent à Charlemagne; tantôt le monogramme commence par un **C**, tantôt par un **K** ; l'**◊** central est parfois muni d'un chevron, de façon à former un **A**, et parfois il en est dépourvu ; enfin la légende **CARLVS REX FR** n'entoure pas constamment la croix ; il arrive qu'elle est gravée du côté du monogramme. C'est seulement dans leur aspect général que les deniers de Charlemagne au monogramme ont entre eux une certaine ressemblance.

Nous ne rechercherons pas ici quels sont parmi les deniers de ce type ceux qui doivent être donnés à Charlemagne; nous croyons plus facile de déterminer ceux qui ne lui appartiennent pas; c'est ce que nous ferons quand nous en viendrons au monnayage de Charles le Chauve.

Si l'on veut déterminer l'époque à laquelle Charlemagne a adopté son second type monétaire, il convient de ne pas oublier qu'en règle générale à un changement de type correspond un changement dans le poids et le titre des monnaies. C'est bien le cas pour Charlemagne, car les monnaies du second type sont notablement plus pesantes que celles du premier.

L'adoption du monogramme comme motif d'ornement monétaire est certainement postérieur à la conquête du royaume lombard, soit 774; on connaît en effet des monnaies de Charlemagne au type de **CAROLVS** en deux lignes, et

---

1. *Catal.*, nos 30 et 31.
2. Grueber et Keary, *A catalogue of english coins in the British Museum*, t. II, p. xx et 1, pl. I, n° 1.

dans l'ancien système, frappées en Italie [1]. De plus, c'est en Italie qu'a apparu pour la première fois sur les deniers de Charlemagne le monogramme cruciforme : il existe un denier de Trévise [2] qui, par son poids, se rattache au premier système monétaire de Charlemagne, et sur lequel paraît déjà le monogramme de *Karolus*.

Il n'est pas surprenant que les monétaires italiens aient eu les premiers l'idée de transporter sur les monnaies le monogramme cruciforme employé dans la souscription des diplômes de Charlemagne, car le monogramme cruciforme du nom impérial figurait dans le champ de certaines monnaies byzantines [3] qui sans doute avaient cours dans la péninsule.

Un capitulaire a conservé le souvenir de cette mutation des monnaies. Le chapitre 9 du capitulaire dit de Mantoue, porte : « Au sujet de la monnaie, que personne après les calendes d'août n'ose donner ou recevoir les deniers que nous avons maintenant; celui qui contreviendra à cet ordre paiera notre ban [4]. » Charlemagne procède à une démonétisation; à partir du 1er août prochain, dit-il, nos deniers maintenant en usage n'auront plus cours; le ban royal, c'est-à-dire une amende de soixante sous, sera infligé à ceux qui continueront à s'en servir. Comme on ne connaît, pour Charlemagne roi, que deux types monétaires — abstraction faite de quelques monnaies exceptionnelles — on est autorisé à penser que ce capitulaire vise l'abolition des deniers portant **CAROLVS** en deux lignes, et la mise en circulation des deniers au monogramme. Ce texte n'est pas daté; il a été édicté à Mantoue, mais il a pu l'être en 776, en 781 ou en 787. Il est vraisemblable, mais non certain, qu'il faut entre ces trois dates choisir celle de 781 ; ce capitulaire serait de mars 781 [5].

Cependant, à cette date, la réforme n'était pas accomplie en Gaule; en effet, on possède un denier de Clermont [6], au nom de Louis, visiblement imité des plus anciens deniers de Charlemagne, et qui conséquemment ne peut être attribué qu'à son fils Louis. Or, c'est en 781 que celui-ci reçut le titre de roi d'Aquitaine; ce

---

1. *Catal.*, nos 891 à 895.
2. *Catal.*, n° 911. — Nous ne faisons que reproduire ici une observation de MM. Engel et Serrure, dans leur *Traité*, t. I, p. 213.
3. On peut citer : deux monnaies de bronze de Justinien Ier (527-565), Sabatier, *Monnaies byzantines*, pl. XVII, nos 18 et 19 ; une monnaie de bronze de Maurice Tibère, *Ibid.*, pl. XXVI, n° 20. Sur les *follis* de Tibère Absimare (698-705) le monogramme cruciforme de son nom n'est pas le type principal, mais il est placé au-dessus de l'indice M, *Ibid.*, pl. XXXVIII, nos 5 à 7 ; il en est de même sur une monnaie de Léon l'Isaurien (716-741), *Ibid.*, pl. XXXIX, n° 13.
4. Capitul. de Mantoue, c. 9 : « De moneta. Ut nullus post kalendas augusti istos denarios quos modo habere visi sumus dare audeat aut recipere; si quis hoc fecerit, bannum nostrum componat. » Boretius, *Capitularia* (*Monumenta Germaniae historica*, série in-4°), n° 90, t. I, p. 191.
5. Voyez Pertz, *Leges*, t. I, p. 40, et Boretius, t. I, p. 190.
6. Gariel, 2e partie, pl. XIV, n° 1. Il existe un autre denier au nom de Louis, imité également des monnaies de Charlemagne, premier type; il a été publié par Engel et Serrure, *Traité*, t. I, p. 232, fig. 409 ; mais son lieu d'origine est incertain.

denier ne saurait donc être antérieur à 781. Il y a là une preuve qu'au moins en avril 781, Charlemagne n'avait encore opéré en Gaule aucune réforme monétaire, ou que l'émission des anciens deniers n'avait pas cessé.

Le capitulaire de Francfort, de l'année 794, fait allusion aux deniers au monogramme qu'il qualifie de nouveaux : « Pour ce qui regarde les deniers, sachez que nous avons décidé qu'en tout lieu, dans toute cité, dans tout marché, ces nouveaux deniers aient un cours pareil et qu'ils soient reçus par tous, pourvu qu'ils portent la marque de notre nom (*nominis nostri nomisma*), qu'ils soient d'argent pur et de bon poids [1]. » Suit l'énumération des peines à infliger à ceux qui refuseraient ces deniers. Le mot *nomisma* isolé ne signifie pas monogramme, mais on ne saurait assigner à l'expression *nominis nostri nomisma* d'autre sens. Charlemagne n'a pas entendu dire que les deniers devaient porter son nom, ce qui eût été parfaitement inutile et n'eût pas constitué un caractère distinctif des nouveaux deniers, puisque les premiers qu'il avait émis portaient aussi le nom royal. D'ailleurs, on ne voit pas de quels deniers il pourrait être question dans le capitulaire de Francfort, sinon des deniers au type monogrammatique.

Mais comment expliquer que ces deniers, qui apparaissent déjà dans le capitulaire de Mantoue, en mars 781, soient encore qualifiés nouveaux en 794 ? On pourrait dire que le capitulaire de Mantoue, qui se présente sans date dans les manuscrits, ne remonte pas à 781; mais on ne saurait le rajeunir de plus de six ans; or, qu'il soit de 787 au lieu de 781, la difficulté de le concilier avec les données du capitulaire de Francfort n'est guère moindre. On remarquerait encore avec justesse que le capitulaire n'est applicable qu'à l'Italie, et que, par conséquent, Charlemagne a pu procéder à la réforme des monnaies d'abord en Italie, puis l'étendre plus tard à ses autres États, ce qui semblerait confirmé par la monnaie de Louis d'Aquitaine à Clermont, citée plus haut. Mais est-il vraisemblable que Charlemagne ait maintenu en France une monnaie qu'il abattait en Italie ? De plus, du fait qu'en 794, les deniers à monogramme sont appelés nouveaux, il n'en résulte pas que leur émission ait été alors récente; elle pouvait remonter à quatorze ans. En les appelant nouveaux, on prétendait les distinguer des deniers du premier type, des anciens deniers. Il faut songer qu'au viiie siècle, il était difficile de faire exécuter rapidement les ordonnances royales, et que les deniers de Charlemagne, frappés dans le premier système et au premier type, ont été employés, dans l'usage

---

1. Capitul. de Francfort, c. 5 : « De denarius autem certissime sciatis nostrum edictum quod in omni loco, in omni civitate et in omni empturio similiter vadant isti novi denarii et accipiantur ab omnibus, si autem nominis nostri nomisma habent et mero sunt argento, pleniter pensantes. Si quis contradicit eos in ullo loco, in aliquo negotio emptionis vel venditionis, si ingenuus est homo, quindecim solidos conponat ad opus regis ; si servilis conditionis, si suum est illud negotium proprium, perdat illud negotium aut flagelletur nudus ad palam coram populo; si autem ex jussione domini fecerit, tunc ille dominus solidos quindecim conponat, si ei adprobatum fuerit. » Boretius, n° 28, t. I, p. 74.

journalier, longtemps après leur démonétisation, et concurremment avec les deniers au monogramme.

Les divers documents cités nous amènent à cette conclusion : la réforme monétaire de Charlemagne eut lieu en 781. En cette année, on commença de frapper, au moins dans les ateliers de l'Italie, des monnaies à un nouveau type. Le cours des anciennes monnaies fut interdit à partir du 1er août 781. Bien que nous possédions une monnaie d'ancien type au nom de Louis, roi d'Aquitaine, et qui n'a pu être frappée qu'après le 15 avril 781, date du sacre de Louis, il n'est pas croyable que la mesure prise par Charlemagne en mars 781, relativement à la circulation monétaire en Italie, n'ait pas été, peu après, étendue à la France. Il est impossible que Charlemagne ait tardé jusqu'en 794 pour doter la France de monnaies conformes au nouveau système inauguré en Italie. Mais ce n'est pas chose si étonnante que les ordres royaux n'aient pas reçu dans tous les ateliers une exécution immédiate et que les monétaires de Clermont aient encore frappé après le 15 avril 781 des deniers d'ancien style, qui d'ailleurs ont pu être émis avant le 1er août 781, dernière limite fixée pour la circulation des anciens deniers.

L'émission des deniers avec la légende **CARLVS REX FR** a peut-être continué après l'an 800, c'est-à-dire après le couronnement de Charlemagne comme empereur. Les deniers avec le nom de Charles suivi du titre impérial sont en effet assez rares. Cependant on ne peut avoir aucune hésitation sur l'attribution à Charlemagne des deniers[1] qui portent, au droit, le buste impérial avec la légende **D N KARLVS IMP AVG REX F ET L**, et au revers un temple tétrastyle à fronton triangulaire, surmonté d'une croix, entouré de la légende **XPICTIANA RELIGIO**. L'imitation des monnaies antiques est ici évidente : Charles apparaît tel que les empereurs romains du haut Empire sur leurs monnaies : la tête laurée et le buste couvert du paludamentum ; il semble toutefois qu'on ait voulu donner à la tête un caractère iconique, car Charlemagne porte une moustache comme sur la célèbre mosaïque du Latran. C'est également dans le monnayage romain que l'artiste du IXe siècle a trouvé le modèle du temple ; cet édifice, accompagné de la légende *Christiana religio*, marqué deux fois du signe chrétien de la croix, est sans doute une symbolisation de la religion chrétienne ; mais c'est aussi, croyons-nous, une figuration sommaire de la basilique de Saint-Pierre de Rome dans laquelle Charlemagne avait reçu la couronne impériale des mains du pape Léon. Si l'on admet seulement que le temple chrétien et l'inscription qui l'encadre font allusion à la cérémonie du 25 décembre 800, il devient impossible de donner à Charlemagne aucune des monnaies au temple avec la légende **CARLVS REX FR** du côté

---

1. *Catal.*, n° 982.

de la croix [1], puisque, dans notre hypothèse, ce type n'a été inauguré qu'en 800. D'ailleurs, sur toutes ces monnaies avec l'image du temple, frappées au nom d'un Charles roi, le temple est d'un style tout autre que celui des deniers de Charles empereur, et d'un dessin moins correct qui indique une époque plus récente; c'est une dégénérescence du type adopté par Charlemagne empereur.

Au contraire, par comparaison avec les deniers impériaux qui appartiennent incontestablement à Charlemagne, on donnera à ce même prince des deniers du même type et de même style, mais avec la légende plus simple **KAROLVS IMP AVG** [2] ou **KARLVS IMP AVG** [3].

La légende **D N KARLVS IMP AVG REX F ET L** et une légende plus brève **KAROLVS IMP AVG** sont gravées la première sur des deniers d'Arles [4], la seconde sur des deniers de Lyon [5] et de Rouen [6], qui présentent au revers l'image d'une porte, symbolisant à la manière antique la ville dans laquelle avait été frappée la monnaie. Une observation doit être faite pour le denier de Rouen; la légende du droit est altérée, et autant qu'on peut en juger par le dessin de Conbrouse, reproduit par Gariel, le dessin du buste est plus grossier que sur les autres deniers de la même série; il est donc possible que cette monnaie soit postérieure au règne de Charlemagne, simple imitation d'un prototype non retrouvé.

Louis le Pieux, fils de Charlemagne, proclamé roi d'Aquitaine en 781, associé à l'Empire en août 813, succéda à son père le 28 janvier 814. Nous avons déjà signalé un denier à son nom frappé à Clermont dès les commencements de son règne en Aquitaine. Cette monnaie appartient encore au premier système de Charlemagne. Nous avons une série d'oboles sur lesquelles le nom de **LVDO VVIC** écrit en deux lignes comme sur le denier précédent, n'est suivi d'aucun qualificatif [7]; elles se placent tout naturellement à la suite de ce denier dont elles reproduisent le type du droit, mais avec une meilleure orthographe du nom et plus de correction dans le dessin et la gravure; par leur poids, elles se rattachent au second système monétaire de Charlemagne, comme aussi par le type du revers, une légende circulaire autour d'une croix. Cette légende est généralement le mot **AQVITANIA**; ce seraient donc là des monnaies frappées entre 781 et 814. Cependant l'absence du titre d'*imperator* à la suite du nom de Louis le Pieux n'implique pas que les monnaies qui présentent cette particularité aient été frappées avant 814. Il existe, en effet, toute une série d'oboles frappées

---

1. *Catal.*, n°s 1057 à 1066.
2. *Catal.*, n° 981.
3. *Catal.*, n° 983.
4. Gariel, 2e part., pl. V, n° 9.
5. *Ibid.*, pl. XXIV, n° 90.
6. *Ibid.*, pl. XXIV, n° 92.
7. *Catal.*, n° 655.

dans des villes étrangères au royaume d'Aquitaine comme Nantes [1], Tours [2], Meaux [3], Reims [4], Rouen [5], Quentovic [6], sur lesquelles le nom de *Ludowicus* n'est accompagné d'aucun qualificatif; cependant, on n'a dû monnayer dans ces villes, au nom de Louis le Pieux, qu'après 814, ou tout au moins après son association à l'Empire. Quant aux oboles portant au droit **LVDOVVIC** en deux lignes, et au revers **XPISTIANA REL**(*igio*) en légende circulaire [7], on ne peut décider si elles ont été frappées par Louis le Pieux comme roi d'Aquitaine ou comme empereur, puisque nous ne connaissons pas leur lieu d'émission.

Les monnaies frappées au nom de Louis le Pieux empereur sont d'une détermination facile, car il est le seul empereur du nom de Louis qui ait régné en France. Il ne peut donc y avoir hésitation que pour les ateliers italiens.

Les monnaies de Louis le Pieux se répartissent en deux groupes : celles qui ont une effigie, celles qui n'en ont point; le flan des premières est moins large que celui des secondes. Ces deux types ont-ils été employés successivement ou simultanément? La première hypothèse paraît plus plausible, car quelques ateliers ont frappé des monnaies à l'un et l'autre de ces types [8].

Les documents écrits témoignent d'ailleurs d'une ou plusieurs mutations de monnaies sous le règne de Louis le Pieux. Des instructions données aux *missi*, en 819, contiennent un chapitre intitulé *De nova moneta* [9]. Nous lisons dans un capitulaire général d'entre 823 et 825 : « Au sujet de la monnaie sur laquelle, il y a trois ans, nous avons fait une admonition en même temps que nous avons fixé l'époque à laquelle une seule monnaie serait conservée, et toutes les autres cesseraient d'avoir cours, nous avons décrété et voulons faire savoir à tous que nous accordons un délai, à savoir jusqu'à la fête de saint Martin, pour l'exécution de nos ordres....., de telle sorte qu'à partir de ce jour cette seule monnaie ait cours dans tout notre royaume [10]. »

1. Gariel, 2ᵉ part., pl. XVII, n° 84.
2. *Catal.*, n° 448.
3. Gariel, 2ᵉ part., pl. XVI, n° 67.
4. *Ibid.*, pl. XVIII, n° 111.
5. *Ibid.*, pl. XVIII, n° 115.
6. *Catal.*, n° 186.
7. Gariel, 2ᵉ part., pl. XX, nᵒˢ 148 à 150.
8. MM. Engel et Serrure (*Traité*, t. I, p. 225) forment un troisième groupe avec les monnaies au temple. On peut faire rentrer ces monnaies dans l'un ou l'autre de nos deux groupes; car il en est qui ont une effigie et d'autres qui n'en ont pas; le flan des premières est d'un diamètre moindre que celui des secondes.
9. Capitul. 819, c. 12, Boretius, n° 141, t. I, p. 290.
10. Capitul. d'entre 823 et 825, c. 20 : « De moneta vero, unde jam per tres annos et ammonitionem fecimus et tempus quando una teneretur et aliæ omnes cessarent constituimus hoc et omnibus notum esse volumus quoniam, ut absque ulla excusatione cito possit emendari, spatium usque ad missam Sancti Martini dare decrevimus, ut unusquisque comitum in suis ministeriis de hoc jussionem nostram tunc possit habere adimpletam; quatenus ab illa die non alia sed illa sola per totum regnum nostrum ab

Les monnaies à effigie doivent être les premières qui aient été émises sous Louis le Pieux; car, comme l'ont remarqué MM. Engel et Serrure [1], elles continuent le type adopté par Charlemagne après 800.

C'est au contraire un type nouveau qui fait son apparition avec les deniers sans effigie : au droit, une croix avec le nom de l'empereur HLVDOVVICVS IMP en légende circulaire; au revers, le nom de l'atelier disposé en une, deux ou trois lignes horizontales dans le champ; à ce groupe se rattachent les monnaies au type du temple [2], avec la légende XPISTIANA RELIGIO, présentant au droit non plus le buste impérial, mais une croix. Ce type, autant qu'on peut en juger par les styles très variés des monnaies où il est empreint, a été usité dans de nombreux ateliers; il paraît cependant avoir joui en Allemagne et en Italie d'une faveur plus grande qu'en France. Il s'est immobilisé et perpétué pendant plusieurs siècles, mais il paraît impossible de faire le départ entre les deniers dont l'émission est contemporaine du règne de Louis le Pieux et ceux qui ne sont que des imitations postérieures. Encore moins peut-on distinguer les deniers de Louis le Pieux et ceux de Louis II en Italie.

Le nom de l'empereur Louis a été inscrit sur quelques monnaies d'or. Ce sont là des monnaies exceptionnelles : nous en parlerons plus loin.

En 817, Louis le Pieux ayant, dans une assemblée tenue à Aix-la-Chapelle, partagé l'Empire entre ses trois fils, assigna à Pépin le royaume d'Aquitaine. Pépin mourut le 13 décembre 838; il avait deux fils, Pépin et Charles. Louis le Pieux ne laissa régner ni l'un ni l'autre et donna leur héritage à Charles le Chauve, donation qui fut confirmée par le traité de 843. Mais quelques seigneurs aquitains avaient reconnu Pépin dès 839. Combattu pendant de longues années par Charles le Chauve, il ne se maintint que difficilement, perdant et reprenant tour à tour les territoires de son royaume. En 845, Charles le Chauve abandonna l'Aquitaine à Pépin, se réservant toutefois les cités de Poitiers, Saintes et Angoulême; en 855, il fit couronner à Limoges, comme roi d'Aquitaine, son fils aîné Charles l'Enfant, qui mourut l'an 866. Cependant Pépin II ne cessait de combattre, tantôt soutenu, tantôt abandonné par les Aquitains; enfin, l'an 865, livré par le comte de Poitiers au roi de France, il fut emprisonné.

Il est impossible, au moins avec les documents dont nous disposons, de distinguer les monnaies de Pépin I de celles de Pépin II; il n'y a guère lieu d'espérer qu'on puisse jamais faire cette répartition, car comme ces deux rois portaient le même nom, il n'était pas nécessaire à l'avènement de Pépin II de changer les coins

---

omnibus habeatur, juxta illam constitutionem sicut in capitulis quæ de hac re illis comitibus dedimus in quorum ministeriis moneta percutitur, constitutum est. » Boretius, n° 150, t. I, p. 306.

1. *Traité*, t. I, p. 225.
2. *Catal.*, n°ˢ 987 à 1041.

monétaires. On ne saurait non plus tirer des arguments des diverses modifications territoriales éprouvées par le royaume d'Aquitaine, car elles ne sont pas connues avec précision. Tout ce qu'on peut faire, c'est indiquer l'époque à laquelle remonte tel ou tel type monétaire. Ainsi, il nous paraît que si le type avec **AQVITANIA**[1] ou **BITVRICES**[2] en deux lignes a été inauguré sous le règne de Pépin I en imitation du type monétaire de Louis le Pieux, le type au monogramme royal cruciforme[3] n'a pu être adopté que par Pépin II en imitation du type monétaire de Charles le Chauve; nous verrons en effet que ce roi marqua ses monnaies du monogramme de son nom comme avait fait Charlemagne. Peut-être trouverait-on dans les légendes quelques éléments de classification. Ainsi le nom de l'Aquitaine revêt sur les monnaies à monogramme pippinien, qui ne peuvent appartenir qu'à Pépin II, la forme **EQ**(*uitanorum*); la légende complète est **PIPINVS REX EQ**[4]. Faut-il en conclure que les deniers et oboles au temple avec cette légende[5], et encore l'obole avec **EQVITANIORVM**[6] dans le champ du revers doivent être classés à Pépin II ?

Lors du partage de la monarchie, en 817, Louis le Pieux avait associé à l'empire, l'aîné de ses fils, Lothaire; celui-ci, après la mort de son père, survenue le 20 juin 840, garda le titre impérial. Le traité de Verdun de 843 lui constitua un royaume formé de l'Italie, de la Provence et du territoire plus tard désigné sous le nom de Lotharingie. Lothaire I mourut le 28 septembre 855. Il a frappé monnaie dès avant la mort de son père[7]. Les types monétaires employés dans ses ateliers ne diffèrent pas de ceux de Louis le Pieux; comme il a été le seul empereur carolingien du nom de Lothaire, la détermination de ses monnaies ne donne lieu à aucune discussion. Elles n'ont pu être émises que dans un laps de temps assez restreint; elles ont donc une importance particulière par les points de repère et de comparaison qu'elles fournissent dans la classification des monnaies carolingiennes.

Charles le Chauve, le plus jeune des fils de Louis le Pieux, qui, du vivant de son père, avait reçu à diverses reprises le gouvernement de territoires considérables[8], régnait au moment de la mort de Louis le Pieux (20 juin 840) sur une partie de la France, la Bourgogne, la Neustrie, la marche de Bretagne, l'Aquitaine, la Gascogne,

---

1. *Catal.*, nos 659 à 664.
2. *Catal.*, no 735.
3. *Catal.*, nos 677, 689 à 691, 807 à 812.
4. *Catal.*, nos 689 et 690.
5. Gariel, 2e partie, pl. XX, nos 4, 7 et 8.
6. *Catal.*, no 666.
7. Nous pensons ici au denier de Bordeaux au nom de Lothaire, *Catal.*, no 790; il serait possible que ce denier eût été frappé entre 840 et 843.
8. Voyez sur les partages successifs de l'empire franc entre les fils de Louis le Pieux : Longnon, *Atlas historique de la France*, p. 67 et suiv.

la Septimanie et la Provence [1]. Le traité conclu à Verdun en août 843, entre Charles le Chauve et ses frères Lothaire et Louis, eut pour résultat de diminuer la part du premier dans la succession de son père : il perdit la Provence assignée à Lothaire. Lothaire II étant mort le 8 août 869, Charles le Chauve prétendit annexer à ses États la plus grande partie du royaume de son neveu ; il se fit couronner roi à Metz, en 869 ; mais sur les réclamations de son frère Louis le Germanique, il dut, dès 870, partager avec lui l'héritage de Lothaire. « Le royaume de Charles le Chauve s'accrut alors régulièrement de trois groupes territoriaux formés des parties les plus occidentales du royaume lotharien : le premier de ces groupes s'étendait des bouches du Rhin à Toul ; le second comprenait la moitié méridionale du Portois et la ville de Besançon ; le troisième enfin réunissait le Lyonnais, le Viennois, le pays de Sermorens, le Vivarais et l'Uzège, c'est-à-dire les contrées dont Lothaire avait été mis en possession, en 863, après la mort de Charles le Jeune [2]. » Lorsque l'empereur Louis II mourut, Charles le Chauve reçut, le jour de Noël 875, des mains du pape Jean VIII, la couronne impériale. Il réunit à son royaume la part de Louis II, c'est-à-dire la Bourgogne transjurane, la Provence et l'Italie. Charles le Chauve mourut le 6 octobre 877.

Un seul document écrit nous renseigne sur les types monétaires de Charles le Chauve, c'est l'article 11 de l'édit promulgué à Pitres le 25 juin 864 : « Nous voulons que les deniers de notre nouvelle monnaie portent d'un côté notre nom en légende circulaire et, dans le champ, le monogramme de notre nom ; de l'autre côté, le nom de la cité et, dans le champ, une croix [3]. » Quelques deniers nous sont parvenus qui correspondent à cette description : au droit, la légende **CARLVS REX FR** et, dans le champ, le monogramme de *Karolus* ; au revers, un nom de lieu entourant une croix. Tout d'abord, on remarquera qu'aucune des monnaies à ce type n'a été frappée dans les ateliers que l'édit de Pîtres énumère comme étant les seuls qui devront continuer d'ouvrer. D'après l'édit de Pîtres, on ne devait plus frapper monnaie que dans le Palais, à Quentovic, à Rouen, à Reims, à Sens, à Paris, à Orléans, à Chalon, à Melle et à Narbonne [4]. Or les villes dont on relève les noms sur des deniers au type décrit par l'édit de Pîtres sont : Agen [5],

---

1. Longnon, *Atlas histor.*, p. 71.
2. Longnon, *Ibid.*, p. 76.
3. Édit de Pîtres, c. 11 : « Ut in denariis novæ nostræ monetæ ex una parte nomen nostrum habeatur in gyro et in medio nostri nominis monogramma, ex altera vero parte, nomen civitatis et in medio crux habeatur. » Boretius-Krause, n° 273, t. II, p. 315.
4. Édit de Pîtres, c. 12 : « Sequentes consuetudinem prædecessorum nostrorum, sicut in illorum capitulis invenitur, constituimus ut in nullo loco alio in omni regno nostro moneta fiat nisi in palatio nostro et in Quentovico ac Rotomago, quæ moneta ad Quentovicum ex antiqua consuetudine pertinet, et in Remis et in Senonis et in Parisio et in Aurelianis et in Cavillono et in Metullo et in Narbona. » Boretius-Krause, n° 273, t. II, p. 315.
5. *Catal.*, n° 791.

Arles [1], Marseille [2], Mayence [3], Saint-Denis [4], Sennes [5] ; ajoutons l'atelier inconnu duquel est sorti le denier à la légende *Ex metallo novo* [6]. En second lieu, ces deniers, s'ils correspondent par leur figure à la description de l'édit, se rattachent pour la plupart par d'autres caractères au monnayage de Charlemagne.

Les deniers d'Agen au monogramme carolin se répartissent en deux groupes : les uns, avec la légende *Carlus rex Fr* entourant le monogramme [7] ; les autres avec cette même légende entourant la croix [8] ; les premiers avec la légende *Agin civitas*, les seconds avec *Aginno*. Or, les deniers du premier groupe, conformes à la description de l'édit de Pîtres, sont, au contraire, par les dimensions du flan, le dessin des lettres et celui du monogramme, l'aspect général, tout à fait analogues aux pièces dont l'attribution à Charlemagne est certaine, tandis que les deniers du second groupe, plus larges, d'un dessin moins correct, appartiennent sans doute à une époque plus avancée de la période carolingienne et peuvent être assignés à Charles le Chauve. Pour les deniers d'Arles, ceux qui, à cause de leur aspect général, pourraient être réclamés par Charles le Chauve [9], sont nécessairement antérieurs à l'édit de Pîtres, car ce n'est qu'entre 840 et 843 qu'on a pu frapper dans cette ville des pièces au nom de ce souverain avec le seul titre de roi. La même observation s'applique aux deniers de Marseille. Il a été question plus haut [10] des deniers de Mayence qui remontent incontestablement au règne de Charlemagne. Il en est de même du denier de Saint-Denis ; le dessin du monogramme avec C initial carré est tout différent de celui qu'on trouve sur les monnaies qui appartiennent certainement à Charles le Chauve. Enfin, pour le denier de *Sennes*, son analogie avec les les deniers de Mayence ne permet pas de l'attribuer à un autre roi que Charlemagne. De ces observations, il résulte que l'article 11 de l'édit de Pîtres n'a pas été exécuté, ce qui n'est pas surprenant, car à partir du règne de Charles le Chauve, il en a été ainsi de la plupart des ordonnances royales. Ce texte ne nous apporte donc aucun élément de classification.

Les types monétaires de Charles le Chauve sont nombreux et variés. Leur succession chronologique ne peut être rigoureusement établie. De plus, des types monétaires paraissent avoir été en usage dans le même temps, différents suivant les régions. Le désordre commence à s'introduire dans le monnayage par suite de

---

1. *Catal.*, nos 852 à 855.
2. Gariel, 2e part., pl. XIII, nos 201 et 202.
3. *Catal.*, nos 30 à 33.
4. Gariel, 2e part, pl. XIII, n° 212.
5. *Catal.*, nos 40 et 41.
6. *Catal.*, nos 942 et 943.
7. *Catal.*, n° 791.
8. *Catal.*, nos 792 à 794.
9. *Catal.*, nos 854 et 855.
10. Voyez plus haut, p. VII.

Monnaies carolingiennes.

la décentralisation, résultat de l'affaiblissement du pouvoir royal. Sous ce règne, les types monétaires se localisent et s'immobilisent.

Gariel[1] a attribué à Charles le Simple des deniers qui présentent, au droit, la légende **CARLVS REX** autour d'une croix, et au revers, un nom de lieu inscrit en deux lignes dans le champ. MM. Engel et Serrure les ont attribués à Charlemagne[2]. Pour ma part, je les considère comme frappés au nom de Charles le Chauve et au commencement de son règne, car ils reproduisent le type monétaire en usage sous Louis le Pieux. En Aquitaine, on trouve des monnaies de Charles avec le nom de l'atelier en deux lignes[3] qui prennent leur place à la suite des monnaies de Pépin I d'Aquitaine.

Si l'on admet que le type du temple n'a été introduit dans le monnayage qu'après le couronnement de Charlemagne empereur, il faut rapporter au règne de Charles le Chauve tous les deniers à ce type[4] et à la légende **CARLVS REX FR** ou **CAROLVS REX FR** ou simplement **CAROLVS REX**. Le style de la plupart de ces monnaies ne contredit pas à cette classification ; si quelques-unes paraissent, par la grossièreté du dessin et de la frappe, postérieures à Charles le Chauve, ce qui indique une immobilisation du type, aucune ne semble devoir se placer avant les monnaies du même type au nom de Louis le Pieux.

Un fait remarquable de l'histoire des types monétaires sous Charles le Chauve, c'est le retour au monogramme carolin inauguré par Charlemagne. Un certain nombre de monnaies portant du côté de la croix le nom du roi, et du côté du monogramme le nom de la ville ne sauraient être reculées jusqu'au règne de Charlemagne. Toutes ces espèces sont sorties d'ateliers aquitains. Nous avons déjà indiqué la répartition des deniers d'Agen entre Charlemagne et Charles le Chauve. Les monnaies à monogramme carolin donnent pour le nom de Bourges les unes la forme *Bituricas*[5], les autres la forme *Biturices*[6]. Comme les monnaies de Louis le Pieux portent *Bituriges*[7], celles de Pépin I *Bituricas*[8], que la même forme se retrouve sur des deniers de Charles roi à effigie[9], évidemment imités quant au revers (où le nom de la ville est écrit en deux lignes) des deniers de Louis le Pieux, il est naturel d'attribuer à Charlemagne les monnaies à la légende *Bituricas*, et à Charles le Chauve celles à la légende *Biturices civi* (*tas*) ;

---

1. Gariel, 2ᵉ part., pl. L, n° 41; pl. LI, nᵒˢ 55, 71.
2. *Traité*, t I, pp. 217 et 223.
3. *Catal.*, nᵒˢ 668 à 674.
4. *Catal.*, nᵒˢ 296, 297, 323, 513, 514, 1057 à 1066.
5. *Catal.*, nᵒˢ 728 à 732.
6. *Catal.*, nᵒˢ 739 à 742.
7. *Catal.*, nᵒˢ 733, 734.
8. *Catal.*, n° 735.
9. *Catal.*, nᵒˢ 736 à 738.

de plus, sur les unes le nom royal est suivi du qualificatif *rex Fr(ancorum)*, tandis que sur les autres, *Carolus* est accompagné du seul mot *rex* comme si l'on eût voulu appliquer cette légende *Carolus rex* tout à la fois à Charles le Chauve et à son fils Charles l'Enfant, à qui il avait assigné l'Aquitaine en 855. De tous les deniers de Clermont au monogramme carolin jusqu'ici signalés[1], pas un seul ne peut être réclamé par Charlemagne. Du reste la suscription royale y est toujours **CARLVS REX** que nous n'avons jamais rencontrée sur les deniers certains de Charlemagne, et que nous avons remarquée au contraire sur des deniers de Bourges attribuables pour d'autres raisons à Charles le Chauve. De plus, ce type monétaire s'est immobilisé à Clermont pendant la plus grande partie du xe siècle.

Pour distinguer parmi les deniers de Melle[2] au type monogrammatique et à la légende *Carlus rex Fr* ceux qui appartiennent à Charlemagne et ceux qui appartiennent à Charles le Chauve, nous n'avons d'autre critérium que la forme des lettres, ce qui est évidemment insuffisant pour établir un principe de classification. A Toulouse, c'est comme à Bourges la forme du nom de lieu qui nous guidera dans la répartition des deniers au nom de Charles; sous Charlemagne, on écrit *Tolusa*[3], et sous Charles le Chauve *Tolosa civi*; voici, en effet, la transformation de la légende indiquant l'atelier : Charlemagne, *Tolusa*; Louis le Pieux, *Tolusa*[4], puis, *Tolusa civi*[5], enfin, *Tolosa civitas*[6]; Pépin, *Tolosa civi*[7]; Charles le Chauve, *Tolosa civi*[8], légende qui persiste sous Louis le Bègue, Carloman, Charles le Gros et Eudes[9].

J'arrive enfin à un type monétaire qui, inauguré sous Charles le Chauve, a joui d'une faveur considérable jusqu'à la fin de la période carolingienne, a persisté même au delà dans certains ateliers, et a fait sentir son influence sur le monnayage de la période baronale, je veux parler du type à monogramme entouré de la légende **GRATIA D͞I REX**. Ce type était peut-être en usage avant 855; en effet, Gariel a publié[10] une pièce qui, d'un côté offre la légende **LOTHARIVS REX IMPE**, autour d'une croix, et de l'autre, le monogramme de *Karolus* entouré de la légende **GRATIA D͞I REX**. Je n'ose pas de cette pièce conclure à une alliance monétaire entre Charles et Lothaire[11]; l'importance de ce monument serait assez grande si

---

1. *Catal.*, n°s 764 et suiv.
2. *Catal.*, n°s 688, 692 à 702.
3. *Catal.*, n°s 800 à 802.
4. *Catal.*, n°s 803 et 804.
5. *Catal.*, n° 805.
6. *Catal.*, n° 806.
7. *Catal.*, n°s 807 à 812.
8. *Catal.*, n°s 814, 815, 817. Exceptionnellement le n° 813 porte *Tolusa civi*.
9. *Catal.*, n°s 818 à 826.
10. Gariel, 2e part., pl. LIX, n° 12.
11. Engel et Serrure, *Traité*, t. I, p. 257.

l'on pouvait en tirer la preuve que la création du type du monogramme de *Karolus* entouré de *Gratia Dei rex* est antérieur à 855, car il n'y a eu qu'un Lothaire à la fois roi et empereur, qui est Lothaire I mort en 855. Cependant, si l'on ne voit dans ce rapprochement de deux coins aux noms de deux souverains, que le résultat d'une erreur de monnayeur reprenant dans un atelier un coin tombé d'usage, notre monnaie n'aura plus la signification que nous lui attribuons. En effet, s'il est possible qu'un monnayeur de Lothaire ait accolé à un coin de celui-ci un coin de Charles le Chauve, le contraire est plus vraisemblable ; car, tandis que Lothaire n'a dans aucune partie de l'Empire succédé à Charles le Chauve, celui-ci au contraire est entré, l'an 869, en possession d'une partie de l'héritage de Lothaire. Il y a donc eu dans le royaume de Charles le Chauve un certain nombre d'ateliers où pouvaient être restés des coins au nom de l'empereur Lothaire.

Les monnaies frappées à Rennes[1] et à Nantes[2] au type du monogramme et à la légende *Gratia Dei rex* paraîtraient au premier abord pouvoir fournir un élément pour déterminer l'époque d'apparition de ce type ; il n'est est rien. En effet, Nantes et Rennes furent envahies par Noménoé, roi des Bretons, dès 843 et officiellement cédées à son fils Erispoé par Charles le Chauve en 851 ; mais comme Erispoé prêta serment de fidélité au roi des Francs, il a pu faire émettre dans ses ateliers des monnaies au nom de son suzerain. Ce qui rend probable la frappe à Rennes et à Nantes sous la domination d'Erispoé de deniers carolins, c'est que le type au monogramme et à la légende *Gratia Dei rex* s'y est immobilisé[3].

Quoi qu'il en soit de l'époque où ce type fut introduit dans le monnayage franc, il a continué à jouir après Charles le Chauve d'une faveur marquée. Comme dans certains ateliers on ne trouve pas de monnaies aux noms des successeurs de Charles le Chauve, qu'on remarque dans les produits de ces ateliers des déformations successives du type que nous étudions se poursuivant à travers plusieurs siècles, l'on peut en conclure que dans bon nombre d'ateliers, même dans quelques-uns où l'on a inscrit exceptionnellement les noms des derniers souverains carolingiens, l'émission des monnaies au type du monogramme a continué longtemps après la mort de Charles le Chauve.

Nous citerons quelques monnaies marquées du monogramme de *Karolus* et sur lesquelles celui-ci n'a d'autre raison de figurer que celle de favoriser le cours de la monnaie, en reproduisant un type connu et jouissant d'une faveur particulière sur les marchés occidentaux. Ainsi ce monogramme occupe le champ de monnaies de

---

1. *Catal.*, nᵒˢ 651, 652.
2. *Catal.*, n° 654.
3. Ce sont sans doute des deniers au monogramme de *Karolus* qu'une charte de 865 (A. de Courson, *Cartul. de l'abbaye de Redon*, p. 65, n° LXXXVI) désigne par l'expression *solidi Karolici*. Le texte porte « pro XX solidis Karolicis » ; l'expression exacte serait « pro XX solidis denariorum Karolicorum ».

Louis le Bègue[1]. On le retrouve, parfaitement dessiné, sur des deniers du roi Eudes frappés à Angers[2] et à Orléans[3], et, légèrement déformé, sur un denier du même roi frappé à Amiens[4]. Il figure encore sur des monnaies au nom d'Otton[5]. Il passe la mer, pour orner les pennies frappés au xe siècle en Northumbrie par les rois Danois[6].

Pour les pièces sur lesquelles le nom de *Carolus*, écrit en toutes lettres sous ses formes diverses ou représenté par un monogramme, est accompagné du titre d'*imperator*, il est difficile d'établir parmi elles (abstraction faite des deniers attribuables à Charlemagne) une classification, ni de dire auquel des deux empereurs Charles le Chauve (875-877) ou Charles le Gros (881, et en France 884-887) il convient de les donner.

L'empereur Lothaire I mourut le 28 septembre 855 après avoir partagé ses états entre ses fils Louis II, Lothaire II et Charles le Jeune. Nous n'avons pas à parler des monnaies du premier de ces princes qui succéda à son père dans la dignité impériale : il n'a frappé monnaie qu'en Italie. Les monnaies de Lothaire II, qui régna sur la Lotharingie de 855 à 869, ne peuvent se confondre avec celles d'aucun autre roi ; il a employé deux types empruntés tous deux à Louis le Pieux : le type au temple[7] et le type avec le nom de ville écrit en deux lignes horizontales[8]. Charles II, troisième fils de Lothaire I, régna de 855 à 863, sous le titre de roi de Provence sur la vallée du Rhône ; on n'a pas encore signalé de monnaies qui lui soient attribuables.

Louis le Germanique, s'il a frappé monnaie, ne l'a fait que dans la partie du royaume de Lothaire qui lui échut en 870. On ne peut guère lui refuser des pièces de Trèves où le nom de cette ville est écrit en deux lignes[9].

Il y a toute une série de pièces qui, avec la légende **LVDOVICVS REX**, présentent dans le champ le monogramme de *Karolus*[10], ou bien le monogramme de *Ludovicus* disposé comme celui de *Karolus* avec la légende **GRATIA D‾I REX**[11], ou encore le monogramme de *Ludovicus*, de forme carrée[12], analogue à celui qui figure sur les diplômes des souverains carolingiens du nom de Louis, entouré de la la légende **MISERICORDIA D‾I REX**; toutes ces pièces se placent donc par

---

1. *Catal.*, nos 92 à 94.
2. Gariel, 2e part., pl. XLVI, n° 3.
3. *Catal.*, n° 522.
4. Gariel, pl. XLVI, n° 1.
5. Dannenberg, *Die deutschen Münzen*, pl. 52, n° 1153 ; pl. 62, nos 1399 et 1400.
6. Keary, *A catalogue of english coins in the British Museum, Anglo-Saxon series*, t. I, p. 232, nos 1082 et 1083, pl. XXVIII, nos 6 et 7.
7. *Catal.*, nos 148, 149.
8. *Catal.*, n° 47.
9. P. Bordeaux, *Les monnaies de Trèves*, dans *Rev. belge de num.*, 1893, p. 330.
10. *Catal.*, nos 92 à 94.
11. *Catal.*, nos 276, 374, 375.
12. *Catal.*, nos 453 à 460, 480.

leur type à la suite des monnaies de Charles le Chauve, et doivent être attribuées soit à Louis le Bègue, roi d'Aquitaine de 867 à 877, roi de France de 877 à 879, soit à Louis III, son fils, qui régna sur la France proprement dite et la Neustrie de 880 à 882. Il est évident qu'il n'y a pas lieu de chercher à établir une distinction entre les pièces de Louis II et celles de Louis III. Cependant, un nouveau type apparaît à cette époque sur les deniers de Toulouse[1] qui appartiennent nécessairement à Louis II : le nom du roi est écrit en légende autour de la croix; il est en outre représenté au revers par les lettres **LVDO** disposées en deux lignes dans le champ. On a donné à Louis le Bègue des monnaies d'Arles[2] où figure avec la légende **LVDOVVICVS** le monogramme de *Carolus* ; mais il ne semble pas que ni Louis II ni Louis III aient jamais exercé aucune autorité à Arles; il convient peut-être de reporter ces pièces au temps du roi de Provence, Louis l'Aveugle.

En mars 880, les fils de Louis le Bègue, Louis III et Carloman, procédèrent au partage de leur royaume : au premier furent assignées une partie de la France et la Neustrie; au second, la Bourgogne et l'Aquitaine. Les monnaies de Carloman ne sauraient être confondues avec celles du premier Carloman, frère de Charlemagne; sur quelques-unes, le monogramme de *Carolus* a été conservé[3]; sur d'autres, ce monogramme a été modifié[4], **R** ayant été supprimé, et la lettre **S** ayant pris sa place, puis l'**M** posé à la place qu'occupait l'**S**.

M. Ch. Robert[5] a donné à Louis de Saxe, fils de Louis le Germanique, contemporain de Louis III et Carloman, des deniers de Metz[6] et de Marsal[7], où le nom de **LVDOVVICVS** est disposé en légende circulaire, dans le champ, autour de la croix, et enveloppé par la légende **GRATIA D͞I REX**.

Ces monnaies peuvent tout aussi bien remonter au temps de Louis le Germanique.

Un allié de la famille des Carolingiens, Boson, se fit proclamer roi en Provence, le 15 octobre 879. Il mourut le 11 janvier 887. Ses monnaies, toutes frappées à Vienne[8], portent une légende circulaire **BOSO GRACIA DEI**, à laquelle se rattache le mot **REX** inscrit dans le champ.

L'empereur Charles le Gros fut reconnu roi en France l'an 884. Nous avons déjà dit qu'il était impossible de déterminer la caractéristique de ses monnaies.

Le monogramme de *Karolus* jouit d'une faveur si persistante qu'on le rencontre encore sur quelques pièces du roi Eudes[9] (887-898); mais, d'ordinaire, il est

1. *Catal.*, n° 818.
2. *Catal.*, n°s 882 et 883.
3. *Catal.*, n°s 863 à 868.
4. *Catal*, n°s 777, 778, 840, 841.
5. Ch. Robert, *Études numismat. sur une partie du Nord-Est de la France*, p. 208.
6. *Catal.*, n° 130.
7. *Catal.*, n°s 134 et 135.
8. *Catal.*, n° 846.
9. Voyez plus haut, p. xxi.

remplacé par les mots **ODO** ou **ODO REX** disposés de façons diverses dans le champ ; dans quelques ateliers du centre, la formule **ODO REX** est réduite à un monogramme cruciforme [1] ou carré [2] dans lequel se trouve compris le mot *Rex* ; la légende circulaire est conséquemment réduite à **MISERICORDIA D⁻I**.

On ne peut déterminer les monnaies de Charles le Simple qu'atelier par atelier, en les comparant aux monnaies d'Eudes et de Raoul. Il est certain que bon nombre de monnaies au type du monogramme de *Karolus* et à la légende **GRATIA D⁻I REX** se placent, par la forme des lettres et celle de la croix, aussi par la technique, à côté des monnaies d'Eudes ; mais comme dans certains ateliers le type monétaire de Charles le Chauve s'était perpétué après sa mort, il est difficile de déterminer celles des monnaies à ce type qui appartiennent à Charles le Simple, et, quand on peut le faire par un rapprochement avec les monnaies d'Eudes et de Raoul, s'il s'agit d'un atelier où l'on avait cessé, depuis 875, de modifier les coins à chaque changement de règne, tout ce qu'on peut dire, c'est que ces monnaies sont contemporaines de Charles le Simple, mais non pas qu'elles ont été frappées par son ordre ni qu'on ait voulu y inscrire son nom.

Il y a cependant quelques monnaies avec le monogramme de *Karolus* et la légende **GRATIA D⁻I REX** qu'on ne saurait refuser à Charles le Simple : celles qui, au revers, présentent le nom de l'atelier en deux lignes séparées par un grénetis horizontal [3]. C'est là, sans doute, une disposition qui rappelle celle des deniers de Louis le Pieux ; les monnaies au monogramme de *Karolus* sur lesquelles le nom de lieu est écrit en deux lignes ne remontent toutefois pas au règne de Charles le Chauve : leur style les place à la fin du ixe siècle, et d'ailleurs ce type resta en usage dans l'Ile-de-France sous les rois Raoul [4], Louis IV [5], Hugues Capet [6]. Quelques ateliers ont usé sous le règne de Charles le Simple de types particuliers ; ainsi, à Trèves, l'ancien temple carolingien persiste [7], mais déformé, tel qu'on l'avait déjà vu sur les monnaies de Louis l'Enfant [8] (899-911) ; à Verdun [9], le mot **REX** occupe le milieu du champ comme sur les monnaies de Boson.

Robert I, le rival de Charles le Simple, roi du 29 juin 922 au 15 juin 923, n'a pas laissé de monnaies. Toutes celles qu'on lui a attribuées sont des monnaies avec des monogrammes d'*Odo* ou de *Rodulfus* déformés.

---

1. *Catal.*, nos 523, 524.
2. *Catal.*, nos 482 à 485. Le n° 481 montre la filiation entre le monogramme de Louis II et celui d'Eudes.
3. *Catal.*, nos 334 à 336, 354.
4. *Catal.*, nos 337 à 340, 355 à 357.
5. *Catal.*, n° 341.
6. Hoffmann, *Les monnaies royales de France*, pl. I.
7. P. Bordeaux, *Les monnaies de Trèves*, dans *Rev. belge de num.*, 1893, pp. 444, 445.
8. *Catal.*, n° 128.
9. *Catal.*, nos 165, 166.

Les monnaies portant le nom de Raoul en toutes lettres sont très rares[1]; dans ce cas, la légende est **RADVLFVS REX** ou **RODVLFVS**. Mais la plupart ont un monogramme ou cruciforme[2] ou en losange[3], ce dernier, difficile à distinguer du monogramme d'*Odo rex* duquel il est imité ; on a même conservé dans le monogramme de Raoul les deux ◊ en losange, dont l'un n'a plus de sens et qui d'ailleurs se sont rapidement transformés en croisettes, l'**E** de *rex* a été remplacé par un **F**; de plus, tandis que les monnaies d'Eudes portent en légende simplement **G RATIA D̄I** ou **MISERICORDIA D̄I**, sans addition du mot **REX** compris dans le monogramme du champ, la légende des monnaies de Raoul est **GRATIA D̄I REX**. Du reste, les monogrammes d'Eudes et de Raoul se sont perpétués dans certains ateliers, et par conséquent leur forme s'est progressivement altérée. Sous les derniers Carolingiens, la plupart des ateliers, qui ont échappé au contrôle de la royauté, ne frappent plus que des types immobilisés.

Les monnaies attribuables à Louis IV[4], Lothaire[5] et Louis V[6] sont rares. Il n'y a plus de type unique ; la figure des monnaies varie d'atelier à atelier.

1. *Catal.*, nos 772, 788. Voy. Gariel, 2e part., pl. LIV, nos 44 et 45.
2. *Catal.*, nos 259, 260, 337 à 340, 355 à 357, 506.
3. *Catal.*, nos 525 à 530, 537, 538.
4. *Catal.*, nos 307, 341, 390 à 393, 611, 612, 752.
5. *Catal.*, nos 373, 622 à 625, 753 à 761.
6. *Catal.*, n° 307.

CHAPITRE II

LES ESPÈCES MONÉTAIRES

Les monnaies mentionnées dans les textes de la période carolingienne sont : la livre, le sol et le denier; les deux premières, monnaies de compte, la dernière, monnaie réelle. On frappa aussi des demi-deniers ou oboles, mais cette espèce monétaire n'apparaît pas dans les documents écrits.

L'usage des payements en nature était très répandu au VIIIe siècle, surtout dans la partie orientale de l'empire franc[1]. On voit par les contrats de vente que les prix étaient acquittés soit avec des chevaux, des bestiaux, des vêtements, des armes, des objets de toutes sortes ; soit encore, partie en nature, partie en argent ou en or. Même sous Charlemagne, quand la puissance franque était à son apogée, on continuait de recourir aux échanges; ainsi, dans une charte de l'an 802, un homme déclare avoir vendu un petit domaine au monastère de Lorsch qui lui a donné en retour 14 onces d'argent, une tunique de soie et une épée[2]. Aux termes de la loi des Ripuaires, on pouvait se libérer du wergeld avec des objets divers au lieu de deniers; un article de la loi avait même fixé la valeur pour laquelle seraient reçus les objets les plus fréquemment offerts en payement par les coupables[3]. Ce mode de payement du wergeld n'en donnait pas moins lieu à des fraudes auxquelles un capitulaire de 818 chercha à mettre fin : « Objets qui ne peuvent être donnés pour le payement du wergeld. Nous voulons qu'on puisse donner les objets énumérés dans la loi des Ripuaires, excepté un faucon et une épée, parce que ces choses

---

1. Voyez les textes cités par Soetbeer, *Beiträge zur Geschichte des Geld- und Münzwesens in Deutschland*, dans *Forschungen zur deutschen Geschichte*, t. IV, p. 28, et aussi *Catal. des monn. mérov. de la Bibl. nat.*, introduction, p. VII.
2. « Vendidi... unum mansum cum omni ædificio superposito et 17 jurn. de terra aratoria et mancipia... et accepi ab ipsis fratribus pro meis rebus 14 uncias argenti et 1 tunicam de serico et 1 spatam... » Cité par Soetbeer, p. 354.
3. Loi des Ripuaires, éd. Sohm, XXXVI, 11.

donnent lieu quelquefois à des parjures, quand, par serment, on surfait leur valeur[1]. »

Le retour à cette coutume primitive avait été, sans doute, provoqué par la raréfaction des métaux précieux, résultat des conditions économiques de l'époque, comme je l'ai dit ailleurs[2], et aussi des évènements politiques : les Arabes d'une part, les Avares et les Hongrois d'autre part, avaient fermé aux Occidentaux les chemins commerciaux de l'Orient, ou tout au moins en avaient rendu l'accès difficile, et arrêté par là l'exportation des produits de l'empire franc[3]. Cependant cet usage des payements en objets divers s'explique moins par la rareté du métal que par la défiance qu'inspiraient les monnaies, car nous voyons que dans les contrats le prix de vente est stipulé en or ou argent au poids plus souvent encore qu'en objets. Avant la réforme de Charlemagne, le poids et le titre des monnaies variaient à l'infini. Les différences de poids n'auraient eu qu'un mince inconvénient, l'usage de la balance permettant d'y remédier ; mais il n'en était pas de même du titre : les monnaies étaient rarement de métal pur ; les monnaies fourrées étaient communes, lancées en grand nombre sur le marché par les faux monnayeurs. La monnaie, dès lors que ni son poids ni son titre ne sont plus garantis et qu'elle exige de continuelles vérifications, n'a plus de raison d'être.

Aussi, dans la plupart des actes de vente du VIIIe siècle et du commencement du IXe siècle, les prix sont-ils exprimés en livres et onces; le vendeur déclare avoir reçu tant de livres ou d'onces d'or et d'argent. On pesait donc encore le métal.

Cette répugnance à se servir des monnaies a son écho dans les capitulaires; elle obligea Charlemagne et ses successeurs, qui comprenaient quelles entraves les échanges en nature mettaient au développement des relations commerciales, à donner à la monnaie un cours forcé et à édicter des pénalités contre ceux qui refuseraient les deniers en payement.

Charlemagne s'efforça de rétablir l'ordre dans la fabrication des monnaies par l'unification du type, du poids, du titre. Mais de si excellentes mesures, outre qu'elles ne reçurent pas une complète exécution, n'eurent pas raison des défiances du peuple contre l'argent monnayé ; nous en trouvons la preuve dans les amendes et les peines dont le capitulaire de Francfort, en 794, menace les personnes qui refusent les deniers au nouveau type[4], les deniers au monogramme royal : « Au sujet des deniers, sachez ce que nous édictons ; les nouveaux deniers auront cours en tout lieu, en toute cité, en tout marché, et ils seront reçus par tous, pourvu

---

1. Capitul. addit. aux lois (818-819) c. 8 : « Quid in conpositione wirgildi dari non debeat. In conpositione wirgildi volumus ut ea dentur quæ in lege (Ribuaria) continentur, excepto accipitre et spata, quia propter illa duo aliquoties perjurium conmittitur, quando majoris pretii quam illa sint esse jurantur. » Boretius, n° 139 (numéroté par erreur 136), t. I, p. 182.
2. Catal. des monn. mérov. de la Bibl. nat., introduction, p. cv.
3. Inama-Sternegg, Deutsche Wirthschaftsgeschichte, t. I, p. 465.
4. Voyez ce texte cité plus haut, p. x, note.

qu'ils portent la marque de notre nom, qu'ils soient d'argent pur et de bon poids. Celui qui les refusera, en quelque lieu que ce soit, dans quelque affaire d'achat ou de vente qu'il s'agisse, s'il est homme libre, paiera 15 sols au profit du roi ; s'il est de condition servile et s'il a traité une affaire pour son propre compte, il en perdra le bénéfice, ou bien, attaché à un pieu il sera flagellé en public ; mais s'il a agi par ordre de son maître, le maître paiera les 15 sols, si la preuve a été faite. »

Charlemagne renouvela plus tard ces prescriptions et en 809 il rappela à ses *missi* quelles peines devaient être appliquées à ceux qui rejetaient les bons deniers, c'est-à-dire ceux qui étaient d'argent pur et de bon poids [1]. Le taux de l'amende qui frappait l'homme libre coupable de ce délit fut même élevé ; ce n'était plus 15 sols qu'il devait, mais l'amende appelée ban royal, c'est-à-dire soixante sols ; quant au serf, il subissait une peine corporelle, la flagellation, dont le capitulaire de 809 n'indique pas la mesure, mais qui est précisée par un capitulaire de Louis le Pieux [2], à savoir soixante coups, autant de coups que l'homme libre payait de sols. Le comte, l'évêque ou l'abbé, dans la juridiction duquel le délit avait été commis, était responsable du payement de l'amende ou de l'application du châtiment ; la non application du décret royal entraînait pour lui la perte de sa dignité [3]. Les représentants du pouvoir royal n'étaient pas seuls intéressés au respect de la volonté royale ; le maître du serf, ou, quand il s'agissait d'un serf d'église, son avoué, était responsable du délinquant et devait le présenter au comte ou au *missus*, faute de quoi il payait le ban de 60 sols [4]. Bientôt les temps devinrent durs. La France fut appauvrie ; la misère régnait partout. Le payement des tributs et des rançons aux Normands, la construction de vaisseaux, avaient nécessité la levée d'impositions extraordinaires. Comme l'a remarqué Soetbeer [5], la perception des impôts n'avait pas manqué de donner lieu à de nombreuses discussions entre les contribuables et les agents du fisc ; de plus, les bons deniers ayant été seuls reçus par le fisc, une

---

1. Capit. II d'Aix-la-Chapelle (809), c. 7 : « De monetis statutum est ut nullus audeat denarium merum et bene pensantem rejectare ; et qui hoc facere presumpserit, si liber fuerit, bannum componat, si servus, corporali disciplina subjaceat. Et in cujuscumque comitatum et potestate inventum fuerit, et denarius ex dominica moneta bene merus et pensantes rejectaverit, episcopus, abba aut comes, in cujuslibet potestate, ut diximus, inventi fuerit et hoc emendare distullerint, honore priventur. » Boretius, n° 63, t. I, p. 152.

2. Capitul. additionnel aux lois (818-819), c. 18 : « De his qui denarios bonos accipere nolunt. Quicumque liber homo denarium merum et bene pensantem recipere noluerit, bannum nostrum, id est sexaginta solidos conponat. Si vero servi ecclesiastici aut comitum aut vassallorum nostrorum hoc facere præsumpserint, sexaginta ictibus vapulent, aut, si magister eorum vel advocatus, qui liber est, eos vel comiti vel misso nostro jussus præsentare noluerit, prædictum bannum nostrum sexaginta solidorum componat. » Boretius, n° 139, t. I, p. 285.

3. Voyez ci-dessus la note 1.

4. Voyez ci-dessus la note 2.

5. Soetbeer, *Beiträge*, dans *Forschungen*, t. VI, p. 8.

foule de monnaies de mauvais aloi avaient nécessairement réapparu sur les marchés ; d'où le réveil des anciens préjugés contre l'usage de la monnaie. Cependant les *missi* ne se relâchaient pas de leur rigueur contre ceux qui refusaient les bons deniers; ils exagéraient même la sévérité des ordonnances royales. Charles le Chauve, par l'édit de Quierzy[1], de 861, les invita à plus de modération dans l'exécution de ses ordres en même temps qu'il apportait quelque tempérament aux anciennes pénalités. Il réduisit de moitié l'amende due par l'homme libre qui refu-

---

1. Constitution de Quierzy (861) : « Hoc edictum constituit domnus Karolus in Carisiaco anno incarnationis dominicæ DCCCLXI.
In nomine sanctæ et individuæ Trinitatis, Karolus gratia Dei rex omnibus regni nostri fidelibus.
Pervenit ad nos quia, quod ad timorem incutiendum, ne aliquis bonum denarium, id est merum et bene pensantem, reicere audeat, more prædecessorum nostrorum pro generali utilitate regni nostri commendavimus, aliqui missi ad hoc constitutum exequendum, minus intelligentes devotionem voluntatis nostræ et obsequentes intentioni suæ voluntatis quasdam adinventiones. quod multum Dominus detestatur, et in mallatione et in exactione intromittunt ; cum in eo, quod ad regni utilitatem jubetur et agitur, non privata contra generalem utilitatem commoditas neque aliquod turpe lucrum, quod in christiana religione et in regia dignitate aut in missorum fidelium sinceritate non condecet, se debet ullo modo miscere. Propterea necessarium duximus ut commendationem nostram ex hoc scribere rogaremus, quæ ex more in nostro palatio apud cancellarium retineatur et inde per missos nostros dirigatur, ut nemo per ignorantiam, nemo per industriam ab ea valeat deviare. Unde volumus quia et timor utilis et consideratio misericors et discretio moderata in hac commendatione nostra est necessaria propter paupertatem hominum, quia necesse fuit in istis temporibus conjectum de illis accipere et ad navium compositionem et in Nortmannorum causa pro regni, sicut res conjacet, salvamento, ut omnes cognoscant, qui non quæstum inhonestum sed publicam regni utilitatem quærimus. Salva constitutione et in postmodum jure firmissimo permanente, quæ in capitulari avi et patris nostri ex hoc scripta habetur, quilibet francus homo convictus, quia bonum denarium, id est merum et bene pensantem, post hunc bannum nostrum ejecerit, medietatem francilis banni componat. De colonis autem et servis cujuslibet potestatis, si in civitatibus vel mercatis aliis deprehensus aliquis fuerit denarium reicere, missus rei publicæ provideat ut, si non invenerit illum denarium merum et bene pensantem, ut cambiare illum mercanti jubeat; si autem illum denarium bonum invenerit, consideret ætatem et infirmitatem et sexum hominis, quia et feminæ barcaniare solent, et aut ictibus, prout viderit competere, aut minutis virgis cum ratione et discretione illum qui denarium bonum rejecit, castiget, quatenus et ceteri timorem habeant et homo crudeliter non damnetur.
Et qui post hunc præsentem bannum inventus fuerit pro tali correptione non castigatus, habeat missus rei publicæ in civitatibus et in mercatis denarium sic affectatum, ut deprehensum in fronte denario calefacto salvis venis taliter coquat, ut ipse homo et ceteri castigentur et homo non pereat et videntibus signum castigationis ostendat. Missi autem nostri colonos et servos pauperes cujuslibet potestatis non mallent nec bannum francilem solvere cogant, sed advocatus eorum non cum aliqua nova adinventione, sed quia de sua advocatione coloni vel servi contra bannum nostrum bonum denarium, id est merum et bene pensantem, rejecerint, sicut lex est, malletur.
Et unusquisque advocatus pro omnibus de sua advocatione, si suo sacramento eos inculpabiles de hoc banno nostro reddere non potuerit, unum tantum integrum bannum componat in convenientia, ut cum ministerialibus, de sua advocatione quos invenerit contra hunc bannum nostrum fecisse, sicut supra diximus, cum necessaria et moderata discretione castiget. Et si causa exegerit, ut advocatus de uno solo colono vel servo malletur, quia contra bannum nostrum fecerit, nolumus, quia nec lex est, ut, sicut audivimus aliquos interprendere, advocatus Francus suam legem, sed coloni vel servi de sua advocatione legem componat ; nisi forte ipse eum in hoc induxerit, qui contra nostrum fecerit bannum.
Hanc autem nostram de præsenti tempore constitutionem salva inpostmodum, ut diximus, ex hoc prædecessorum nostrorum constitutione et in palatio nostro et in civitatibus et in mallis atque in placitis seu in mercatis relegi, adcognitari et observari mandamus. » Boretius-Krause, n° 271, t. II, p. 301.

sait un bon denier. Un colon ou un serf était-il pris à rejeter un denier, l'agent royal devait examiner la qualité du denier; s'il était mauvais, ordonner à l'acheteur de le changer; s'il était bon, punir le colon ou le serf qui le refusait, mais tenir compte de son âge, de son état, de sa santé, de son sexe, et, suivant le cas, lui appliquer les coups réglementaires ou se contenter de le faire frapper de menues verges, et cela même avec modération. En outre, pour tout coupable qu'on découvrirait n'ayant pas subi de châtiment, on lui appliquerait sur le front un denier rougi au feu, sans toutefois brûler les veines. Charles le Chauve alla plus loin dans son indulgence : on peut conclure de l'article 21 de l'édit de Pitres[1] qu'en 861 il avait accordé aux hommes libres coupables d'avoir rejeté de bons deniers un délai pour l'acquittement de l'amende encourue de ce chef, sous condition de la remise d'un gage. Mais en juin 864, il décréta que les amendes ainsi garanties seraient payées, et que celles pour lesquelles aucun gage n'avait été donné, seraient gagées et payées. La prise des gages avait été pour les officiers royaux l'occasion de saisies illicites, car certains avaient exigé des pauvres des objets d'une valeur plus élevée que celle de l'amende. Le roi ordonna à ses *missi* d'ouvrir une enquête à ce sujet, de faire rendre à ces officiers ce qu'ils avaient perçu injustement, et de les amener devant lui afin qu'il leur infligeât un châtiment tel qu'il ne leur prît plus envie d'opprimer les pauvres. Mais le même édit de Pitres remit en vigueur les anciennes dispositions législatives contre ceux qui refusaient de bonnes monnaies, à savoir l'amende de 60 sols pour les hommes libres et un châtiment corporel modéré pour les serfs[2]. Telles sont les mesures auxquelles les rois carolingiens eurent recours pour donner cours forcé au métal monnayé.

Nous avons vu que dans bon nombre d'actes de ventes, le prix est exprimé en livres et onces d'or ou d'argent. Le plus souvent, il s'agit de métal livré au poids; mais dans quelques documents, le mot *libra* peut désigner une certaine somme de deniers. Cette somme a varié, comme nous le dirons plus loin.

Pépin avait fixé la valeur de la livre à vingt-deux sols[3]. A la fin du règne de Pépin ou seulement sous Charlemagne, sûrement avant 779, le nombre de sols

---

[1]. Édit de Pitres (25 juin 864). c. 21 : « Ut, quia per tres jam annos bannum pro rejectione bonorum denariorum perdonavimus, volumus, ut modo secundum discretionem, quam missis nostris commendavimus, rewadiatum persolvatur et, ubi rewadiatum non est, rewadietur et solvatur, quatenus et ex hoc et ex disciplina constituta ita constricti deinceps cessent denarios bonos reicere. Et quoniam audivimus occasione accepta pro rewadiato banno quosdam plus a pauperibus accepisse quam bannus levet, hoc a missis nostris diligenter requiri volumus. Et quicumque plus ab eis acceperunt, quam jussimus, cogantur illis restituere et illos absque ulla excusatione ad præsentiam nostram missi nostri adducant, quatenus per nostram harmiscaram ita castigentur, ne ulterius tali conludio eos delectet opprimere pauperes. » Boretius-Krause, n° 273, t. II, p. 319.

[2]. Édit de Pitres, c. 22, Boretius-Krause, t. II. p. 319.

[3]. Capitul. de date incertaine, c. 5 : « De moneta constituimus similiter ut amplius non habeat in libra pensante nisi XXII solidos et de ipsis XXII solidis monetarius accipiat solidum I et illos alios domino cujus sunt reddat. » Boretius, n° 13, t. I, p. 31.

compris dans la livre fut réduit à vingt. En effet, environ l'an 779 une famine[1] ayant décimé le royaume, Charlemagne ordonna à ses sujets d'apaiser la colère divine par des aumônes aux églises, dont un capitulaire fixa le taux[2]. Les sujets y sont divisés en trois classes : les évêques et abbés, les comtes, les vassaux, et ces classes à leur tour en plusieurs catégories dont chacune paye une somme double de celle qui vient au-dessous d'elle. Or, parmi les abbés, ceux du rang le plus élevé, les plus riches, donnent une livre d'argent; ceux qui viennent ensuite, une demi-livre ; ceux de la dernière catégorie, cinq sols. Si cinq sols sont la moitié d'une demi-livre, la demi-livre vaut dix sols, et la livre vingt sols. Le sol mentionné dans les documents de l'époque carolingienne doit être considéré le plus souvent comme une monnaie de compte ; sa valeur était représentée par douze deniers d'argent, sauf dans un cas particulier, pour le payement des amendes de la Loi salique, où l'on exigeait quarante deniers par sol. Cependant quelques chartes, la plupart d'origine italienne, mentionnent des sols d'or et des sols d'argent. Comme je l'ai expliqué ailleurs[3], il n'y a jamais eu qu'un seul *solidus* qui, tant qu'il fut frappé, le fut en or, mais qui, dès le VIIIe siècle en Gaule, n'était plus qu'une expression représentative d'un certain nombre de deniers. Par sol d'argent, les notaires entendaient déclarer l'acquittement de la valeur du sol en deniers d'argent; ceux qui se piquaient de plus d'exactitude disaient « in argento tot solidos ». Le mot *solidus* pouvait encore désigner un poids équivalent à la vingtième partie de la livre.

Les ateliers gaulois avaient cessé peu à peu, au cours du VIIIe siècle, d'émettre des monnaies d'or. On ne connaît qu'un atelier de la Gaule qui ait frappé des espèces de ce métal au nom d'un roi carolingien, c'est l'atelier d'Uzès dont le nom se lit sur quelques monnaies très rares attribuables à Charlemagne[4]. Quant aux pièces d'or de Louis le Pieux, exceptionnelles par leur poids et leur type, rien ne prouve qu'elles aient été émises en Gaule. On peut donc dire que le monnayage carolingien est essentiellement un monnayage d'argent. Les pièces d'or avaient été retirées de Gaule par les marchands orientaux[5] ; en second lieu, les Francs n'avaient plus accès dans les régions productives de l'or.

Si la frappe de l'or avait cessé en Gaule, il n'en était pas de même en Italie et à Byzance où elle persista. La monnaie d'or était assez répandue en Italie pour que

---

1. Il n'est pas certain qu'il s'agisse d'une famine. Le texte du capitulaire dont nous citons un extrait à la note suivante porte : « præsente tribulatione. »
2. « Et unusquisque episcopus aut abbas vel abbatissa, qui hoc facere potest, libram de argento in elemosinam donet, mediocres vero mediam libram, minores solidos quinque. » Boretius, n° 21, t. I, p. 52.
3. *Catal. des monn. mérov. de la Bibl. nat.*, introduction, p. XI.
4. Gariel, 2e partie. pl. X, n°s 140 à 144.
5. *Catal. des monn. mérov. de la Bibl. nat.*, introduction, p. XI.

Charlemagne ait pu imposer à Grimoald, duc de Bénévent, pour prix de la paix qu'il lui accordait, 25.000 sols d'or[1], et que plus tard Louis le Pieux ait exigé du même prince un tribut annuel de 7.000 sols d'or[2]. Il faut bien admettre que le cours des sols d'or n'était pas limité à leur pays d'origine ; car ces monnaies sont mentionnées dans des chartes rédigées en deçà des Alpes. Il est vrai que le plus souvent nous nous trouvons en présence d'expressions telles que : « inter aurum et argentum », « solidos probos atque pensales, » empruntées à de vieux formulaires et qui n'impliquent pas la remise de pièces d'or entre les mains du vendeur. Dans trois documents dijonais, ventes et donations, datés de 849, 884 et 891, l'amende à payer au fisc est exprimée en deniers d'or[3]. Fossati[4] prétend que le denier est ici considéré comme un poids, une fraction de la livre. Cependant, l'une de ces amendes est fixée à quinze deniers; si l'on avait voulu indiquer une quantité pondérale, on eût écrit non pas « auri denarios quindecim », mais « auri solidum unum et denarios tres. » Il est plus vraisemblable que *denarius* a le sens générique de monnaie qu'il a souvent dans les textes du moyen âge, et que les notaires bourguignons du IXe siècle, à qui les pièces d'or étaient peu familières et qui avaient perdu la notion des antiques *solidi*, ont entendu désigner des monnaies d'or quelconques, c'est-à-dire des monnaies très rares ; car l'on sait que les amendes stipulées en faveur du fisc, au cas de violation d'un contrat, étaient toujours, du IXe au XIe siècle, si élevées que les acquitter eût été le plus souvent impossible.

En dehors des sols italiens et byzantins, on rencontrait en France, au moins dans le Midi[5], des dinars arabes. Théodulfe, qui visita comme *missus* de Charlemagne, en 797 ou 798, la Provence et la Septimanie, a écrit sur son voyage un poème connu sous le nom de *Paraenesis ad judices*[6], et dans lequel il insiste sur la vénalité des

---

1. *Annales regni Francorum*, a. 812 : « Pax... cum duce Beneventanorum Grimoaldo, et tributi nomine XXV milia solidorum auri a Beneventanis soluta. » éd. Kurze, *Scriptores rerum Germanicar. in usum scholarum*, p. 137.

2. Mêmes annales, a. 814 : « Cum Grimoaldo Beneventanorum duce pactum fecit atque firmavit eo modo quo et pater, scilicet ut Beneventani tributum annis singulis VII milia solidos darent. » *Ibid.*, p. 141.

3. Donation à Saint-Bénigne de Dijon (849) : « fisco vero auri denarios III componat. » Pérard, *Recueil de plusieurs pièces curieuses servant à l'hist. de Bourgogne*, p. 146. — Donation à Saint-Etienne de Dijon (884) : « una cum socio fisco veri auri denarios XII componet. » Pérard, *Ibid.*, p. 53. — Vente à Saint-Etienne de Dijon (891) : « una et in fisco veri auri denarios quindecim componat. » Pérard, *Ibid.*, p. 59.

4. Fossati, *De ratione numorum*, dans *Memor. della r. Accademia della Scienze di Torino*, 2e série, t. V, p. 73, § 60.

5. Le capitulaire de Toulouse, de juin 844, relatif à l'administration ecclésiastique de la Septimanie (Boretius-Krause, *Capitularia*, n° 255, t. II, p. 256), semble indiquer que les deniers d'argent n'étaient pas les seules monnaies qui eussent cours dans cette région ; en effet, l'article 2 porte qu'à la place de certaines redevances en grains et vin, les prêtres pourront payer aux évêques : « duos solidos in denariis. » Le soin qu'on a pris de stipuler que la somme de deux sols serait payée en deniers prouve qu'on aurait pu exiger l'acquittement de la dette en monnaies d'or.

6. Voyez, sur ce poème, G. Monod, *Les mœurs judiciaires au VIIIe siècle*, dans *Mélanges Renier*, p. 193. M. Monod a cité les vers que nous rapportons à la page suivante.

juges; parmi les objets que ceux-ci recevaient des plaideurs, il cite les pièces d'or à légendes arabes :

> « Iste gravi numero nummos fert divites auri
> Quos Arabum sermo sive caracter arat. »[1]

Venons aux quelques pièces d'or frappées par des souverains carolingiens. Charlemagne, maître du royaume des Lombards, avant d'y importer le système monétaire franc, commença par se conformer aux habitudes du pays et fit frapper des monnaies dans le système byzantin : tels sont les tiers de sol d'or frappés à Lucques portant la légende **D N CARLVS REX**, et qui sont imités des tiers de sol du roi Didier[2].

Les pièces d'or que nous venons de citer ne sont pas françaises; elles ne sont même pas, à proprement parler, carolingiennes. Le seul atelier d'Uzès[3], en France, a émis des pièces d'or pendant la période carolingienne. On ne peut expliquer cette anomalie que par le désir de faire concurrence à l'or arabe, et aussi par des souvenirs du monnayage wisigoth. Ces monnaies présentent au droit le monogramme de *Karolus*, et au revers le nom de la ville **VCECIA** écrit en deux lignes dans le champ. On les reporte d'ordinaire au temps de Charlemagne. Leur type justifie cette attribution; le mot *Ucecia* est disposé comme sur les deniers frappés dans le même atelier pendant la première période du règne de Charlemagne. Quant au monogramme de *Karolus*, quoique cruciforme, il n'est pas absolument semblable au monogramme adopté sur les monnaies de Charlemagne et de Charles le Chauve, ce qui peut indiquer que le type de ce monogramme n'était pas encore définitivement fixé. Gariel donne le poids de quatre exemplaires de la monnaie d'or d'Uzès; le plus léger pèse 2 gr. 40, le plus lourd 4 gr. 20; en ne tenant compte que du dernier, on peut qualifier cette monnaie de sol d'or, car beaucoup de sols d'or byzantins de cette époque n'atteignent pas un poids plus élevé.

Il nous reste à signaler les belles pièces d'or de Louis le Pieux[4], offrant au droit le buste impérial, et au revers une couronne entourée de la légende **MVNVS DIVINVM**. J'ai vu[5] dans cette légende un équivalent de l'expression *Dono Dei* employée par les chrétiens pour désigner l'argent et qu'on lit sur une petite monnaie mérovingienne; c'est là une interprétation qu'il convient d'abandonner. En

---

1. Vers 173 et 174, éd. Duemmler, *Poetæ latini ævi carolini*, t. I, p. 498.
2. Gariel, 2ᵉ part., pl. XII, nᵒˢ 172 et 173. — La Bibliothèque nationale possède un de ces tiers de sol; il ne saurait entrer dans le cadre de ce catalogue, puisqu'il appartient à un système autre que le système carolingien.
3. Gariel, 2ᵉ part., pl. X, nᵒˢ 140 à 144.
4. Catal., nᵒˢ 1070 à 1077. — Voyez, sur ces pièces : Vᵗᵉ B. de Jonghe, *De la frappe de l'or sous les Carolingiens et spécialement sous Louis le Débonnaire*. Bruxelles, 1891, in-8. Extr. du Rec. des Mémoires présentés au Congrès international de numismatique de Bruxelles.
5. Catal. des monn. mérov. de la Bibl. nat., introduction, p. CIII.

effet, comme les mots *Munus divinum* entourent une couronne de laurier analogue à celle qui ceint la tête de Louis le Pieux sur l'autre face de la monnaie, je crois devoir l'appliquer à la couronne. La légende *Munus divinum* est une affirmation que la couronne, symbole de la dignité impériale, est un présent divin, une allusion au couronnement par le pape, représentant de Dieu ; c'est une humble et pieuse proclamation analogue à la formule *Gratia Dei*. Parmi les exemplaires connus de cette monnaie, un seul pèse 7 gr. 04 ; les autres ont un poids qui varie entre 3 gr. 41 et 4 gr. 41. Le premier peut donc être considéré comme un double sol ; les autres comme des sols d'or. Le cours de cette pièce a été assez répandu pour qu'elle ait été imitée par les peuples commerçants du Nord, probablement les Frisons. Quelques exemplaires, en effet, présentent, avec un buste et une couronne d'un dessin barbare, des légendes profondément altérées [1].

Toutes ces pièces [2] d'or sont bien des monnaies, mais des monnaies exceptionnelles et qui ne rentrent pas dans le système monétaire carolingien, exclusivement composé de pièces d'argent. En France, le mot *solidus*, sans qualificatif, désignait une somme de douze deniers et rien autre chose. Voulait-on parler du sol d'or, on devait le spécifier, *solidus auri*. Ces sols d'or valaient certainement plus de douze deniers. L'édit de Pîtres [3] nous fait connaître la valeur commerciale de l'or ; l'article 24 porte que le prix d'une livre de l'or le plus pur ne devra pas dépasser douze livres de deniers ; il ajoute que l'or qui ne sera pas assez pur pour qu'on puisse l'employer à la dorure [4] ne sera vendu qu'à raison de dix livres de deniers la livre. L'or n'était donc plus considéré que comme un métal marchandise. Les monnaies d'or étaient trop rares pour qu'on ait cru nécessaire d'en fixer la relation avec celles d'argent. Cependant puisqu'une livre d'or du second degré de pureté valait dix livres d'argent on peut en conclure que le rapport de l'or monnayé à l'argent monnayé s'exprimait par le chiffre 10 ou environ ; de sorte que si le poids légal

1. *Catal.*, nos 1073 à 1077. Voyez, outre la planche du mémoire cité de M. de Jonghe, la pl. XIII, nos 1 à 4, de Van der Chijs, *De munten den Frankische en duitsch-nederlandsche Vorsten*. Trois exemplaires ont été recueillis dans un trésor découvert en 1834 en Norvège. La plupart des exemplaires connus proviennent de la Frise. Voyez *Rev. num.*, 1836, p. 373, et Soetbeer, *Beiträge*, dans *Forschungen*, t. VI, p. 46.
2. J. de S. Quintino a signalé dans la *Rev. num.*, 1841, p. 56, une pièce d'or de Louis le Pieux présentant, au revers, un édifice surmonté d'une croix « et d'une forme différente de celle du temple qu'on trouve si souvent représenté sur les deniers de la dynastie carolingienne. » Cette pièce, qui faisait partie du Cabinet Trivulzio, à Milan, pesait 65 grains (3 gr. 44).
3. Édit de Pîtres (864), c. 24 : « Ut in omni regno nostro non amplius vendatur libra auri purissime cocti, nisi duodecim libris argenti de novis et meris denariis. Illud vero aurum, quod coctum quidem fuerit, sed non tantum ut ex eo deauratura fieri possit, libra una de auro vendatur decem libris argenti de novis et meris denariis. » Boretius-Krause, n° 273, t. II, p. 320.
4. Cet article est intéressant à relever pour l'histoire de la métallurgie ; il montre qu'on connaissait fort bien au IXe siècle les propriétés de malléabilité de l'or.

Monnaies carolingiennes. ***

XXXIV   INTRODUCTION

d'un denier d'argent pur était, comme nous verrons plus loin, d'environ 2 gr 04, on eût demandé 22 deniers pour un sol d'or du poids ancien de 4 gr. 55.

Certains auteurs ont pensé que le sol d'or était évalué à 40 deniers d'argent, ce qui, au point de vue du rapport entre les deux métaux, serait une solution inconciliable avec le prix de l'or au lingot, fixé par l'édit de Pitres. C'est d'ailleurs tirer de quelques capitulaires relatifs à l'application de la Loi salique une conclusion qu'ils ne comportent pas. Dans cette Loi, les amendes sont évaluées en sols, chaque sol estimé à quarante deniers ; au moment de la rédaction de la Loi, on avait en vue des sols d'or et des deniers différents de ceux qui étaient en usage au VIIIe siècle. Mais au VIIIe siècle, quand on eut cessé de frapper des sols d'or, que la taille des deniers d'argent eut changée, que le sol, monnaie de compte, fut devenu synonyme de douze deniers, on continua de réclamer des Francs saliens pour l'acquittement des amendes édictées par leur loi nationale, quarante deniers par sol, n'envisageant pas le sol comme une monnaie réelle, mais simplement comme une expression numérale. Le texte d'ailleurs n'indiquait pas qu'il s'agit de sols d'or, ce qui eût été superflu à l'époque de sa rédaction. Quant aux Francs du VIIIe siècle, ils ne se rendaient pas compte de l'origine de cette évaluation particulière à la Loi salique ; mais il leur paraissait étrange que le sol ne représentât pas la même quantité de métal, suivant qu'il s'agissait d'acheter quelque objet ou de payer une amende, et aussi selon qu'on était Salien ou Ripuaire. De là des parjures et des faux témoignages, car il arrivait que l'on se donnait pour Ripuaire afin de ne pas être jugé d'après la Loi salique, et d'éviter ainsi, en cas de condamnation, de payer quarante deniers au lieu de douze. Charlemagne, et peut-être avant lui Pépin, se préoccupa de faire disparaître les inconvénients de ce double compte. Dans un capitulaire de 801, qui vise les colonies de Francs établis chez les Saxons, Charlemagne déclare que toutes les sommes dues en vertu de la Loi salique, seront suivant une coutume ancienne, acquittées à raison de douze deniers par sol ; mais voulant accorder aux Francs une protection particulière, il maintient le compte de quarante deniers par sol pour l'amende qui frappe le Saxon ou le Frison coupable du meurtre d'un leude Salien [1]. Et cependant, un capitulaire de 803 déclare que les sommes dues au roi seront payées en sols de douze deniers, exception faite des amendes inscrites dans la Loi salique [2]. Encore en 813, un concile tenu à Reims [3]

---

1. Capitul. de 801, c. 76 : « De omnibus debitis solvendis, sicut antiquitus fuit consuetudo, per 12 denarios solidi solvantur per totam salicham legem, excepto leudem si Saxo aut Frixo Salicum occiderit, per 40 denarios solidi solvantur. » *Monumenta Germaniæ, Leges*, t. IV, p. 501.

2. Capitul. additionnel aux lois, c. 9 : « Omnia debita, quæ ad partem regis solvere debent, solidis duodecim denariorum solvant, excepto freda quæ in lege saliga scripta est ; illa eodem solido quo cœteræ compositiones solvi debent, componatur. » Boretius, n° 39, t. I, p. 114.

3. Concile de Reims (813), c. 41 : « Ut dominus imperator, secundum statutum bonæ memoriæ domini Pippini, misericordiam faciat ne solidi qui in lege habentur, per quadraginta denarios discurrant ;

priait l'empereur d'ordonner que les amendes de la Loi salique cessassent d'être acquittées à raison de quarante deniers pour un sol. Les évêques invoquaient une ordonnance du roi Pépin qui ne nous est pas parvenue. L'introduction dans la Loi salique du compte de douze deniers au sol ne se fit donc que lentement et difficilement. Le sol de la Loi salique, bien qu'il eût été à l'origine une monnaie réelle, le sol d'or, n'était plus considéré comme tel au VIIIe siècle ; on n'y voyait plus qu'une monnaie de compte. En résumé, s'il est vrai qu'on rencontre quelques monnaies d'or, d'un caractère tout à fait exceptionnel, frappées aux noms de Charlemagne et de Louis le Pieux, on n'en est pas moins autorisé à dire que ces monnaies ne rentrent pas dans le système monétaire carolingien. Ce système ne comporte que des monnaies d'argent ; il est essentiellement monométallique.

Le denier est l'unité monétaire carolingienne ; c'est une monnaie d'argent. Les deux qualités requises d'un denier étaient la pureté du métal et la justesse du poids. Il est sans cesse question dans les capitulaires de *denarii meri et bene pensantes*; ce sont les seuls auxquels le roi donne un cours forcé ; bien plus, les seuls dont l'usage soit toléré. L'édit de Pitres, de 864, exige des monnayeurs qu'ils s'engagent par serment à ne pas frapper de deniers dont l'argent soit allié avec un autre métal, ou qui aient un poids inférieur au poids légal[1]. Le monnayeur qui dans la fabrication des deniers ne se conformait pas, en ce qui regardait le titre et le poids, aux décisions du roi, était assimilé au faux monnayeur et subissait les mêmes châtiments. L'édit de Pitres interdisait la vente de tout alliage d'or ou d'argent, même sous forme d'objets[2].

Légalement, le denier était d'argent pur. Quant à son poids, avant de rechercher quel il a été, il importe d'examiner brièvement le régime des poids et mesures sous Charlemagne.

Les capitulaires témoignent des efforts de Charlemagne pour réformer les poids et mesures, et mettre l'ordre là où il n'y avait que désordre. Dans l'*admonitio gene-*

---

quoniam propter eos multa perjuria multaque falsa testimonia reperiuntur. » Mansi, *Sacror. concilior. collect.*, t. XIV, col. 81.

1. Édit de Pitres (864), c. 13 : « Ut hi in quorum potestate deinceps monetæ permanserint, omni gratia et cupiditate seu lucro postposito, fideles monetarios eligant, sicut Dei et nostram gratiam volunt habere. Et ipsi monetarii jurent quod ipsum ministerium, quantum scierint et potuerint, fideliter faciant, et mixtum denarium et minus quam debet pensantem non monetent nec monetari consentiant. » Boretius-Krause, n° 273, t. II, p. 315.

2. Édit de Pitres (864), c. 23 : « Ut nullus deinceps in regno nostro mixturam auri vel argenti ad vendendum facere vel consentire præsumat ; et nullus a missa sancti Remigii, id est a proximis kalendis octobris, aurum vel argentum ad vendendum vel emendum, nisi purificatum proferat: Et si quis inventus fuerit post præfatas kalendas octobris aurum vel argentum vel quodcumque fabricinium ex auro vel argento mixtum ad vendendum vel emendum portare, a ministris rei publicæ ipsum, quod portaverit, ab eo tollatur, et ipse per fidejussores, si res et mancipia in illo comitatu non habet, ad præsentiam nostram cum ipso auro vel argento adducatur, ut nos inde commendemus qualiter culpabilis judicetur... » Boretius-Krause, n° 273, t. II, p. 320.

ralis, du 23 mars 789, qui traçait à tous, clercs et laïques, leurs devoirs, le roi s'exprime ainsi : « Que tous se servent de mesures égales et justes, de poids égaux et justes, dans les cités comme dans les monastères, qu'il s'agisse de livrer ou de recevoir des marchandises[1]. » Le capitulaire de Francfort, de juin 794, parle du muid royal récemment établi[2]. A des mesures très diverses, Charlemagne en substituait une seule dont l'étalon était déposé au Palais[3]. Nous connaissons le rapport du muid nouveau au muid ancien : il était plus fort de la moitié; car des instructions aux *missi*, d'environ l'an 802, leur enjoignent de veiller à ce qu'on use de poids et de mesures justes et uniformes et de prescrire qu'en matière de redevance, quiconque avait donné trois muids n'en donne plus désormais que deux[4]. L'insistance avec laquelle Charlemagne revient dans ses capitulaires sur la nécessité d'avoir des mesures ou des poids partout les mêmes et conformes à l'étalon royal, prouve la résistance que ses ordres rencontrèrent; et là même où fut adopté le nouveau système, l'on ne dut pas tarder soit à le négliger soit à l'altérer. L'abbé Adalard, dans les statuts qu'il rédigea pour l'abbaye de Corbie, vers 822, prescrit de substituer à tous les anciens muids le muid nouveau établi par l'empereur[5]. Louis le Pieux aurait-il introduit de nouvelles modifications dans le système de poids et mesures établi par Charlemagne ? Cela est possible; mais il est plus probable qu'il n'avait fait que confirmer et renouveler les décrets de son père.

La réforme des poids alla de pair avec celle des mesures. Charlemagne s'efforça d'uniformiser les poids[6]; mais a-t-il établi un nouvel étalon, ou s'est-il contenté d'étendre à tout son royaume l'usage d'un poids préexistant? Que Charlemagne ait prescrit l'emploi d'une même unité pondérale dans les diverses parties de l'empire franc, c'est ce qui ressort des capitulaires; mais aucun texte de l'époque carolingienne ne fait allusion à une nouvelle livre créée par Charlemagne. Un

---

1. *Admonitio generalis*, c. 73 : « Omnibus. Ut æquales mensuras et rectas et pondera justa et æqualia omnes habeant, sive in civitatibus sive in monasteriis, sive ad dandum in illis sive ad accipiendum, sicut et in lege Domini præceptum habemus, item in Salomone, Domino dicente : pondus et pondus, mensuram et mensuram odit anima mea. » Boretius, n° 22, t. I, p. 60.
2. Capitul. de Francfort, c. 4 : « Statuit piissimus domnus noster rex... ut nullus homo... nunquam carius vendat annonam... quam modium publicum et noviter statutum... » Boretius, n° 28, t. I, p. 74.
3. Capitul. *de Villis*, c. 9 : « Volumus ut unusquisque judex in suo ministerio mensuram modiorum, sextariorum — et situlas per sextaria octo — et corborum eo tenore habeant sicut et in palatio habemus. » Boretius, n° 32, t. I, p. 84.
4. Capitul. (vers 802), c. 44 : « Ut æquales mensuras et rectas et pondera justa et æqualia omnes habeant. Et qui antea dedit tres modios, modo det duos. » Boretius, n° 35, t. I, p. 104.
5. C. VI : « Ratio vel numerus annonæ seu panis, qualiter vel unde vel quantum ad monasterium debeat annis singulis venire; vel qualiter custos panis illud debeat dispensare. Volumus ut annis singulis veniant de spelta bene ventilata atque mundata corbi DCCL, unusquisque corbus habens modia XII, bene coagitata et rasa, ad istum novum modium quem dominus imperator posuit. » — C. VII : « Volumus etiam ut illa modia anteriora coram illis molinariis ad istum novum modium æstimare faciat. » Migne, *Patrolog. lat.*, vol. 105, col. 540 et 542.
6. Voyez les textes cités dans les notes précédentes.

passage fameux de l'anonyme d'Aquitaine, d'environ l'an 845, mentionne une livre ancienne [1], d'où il semble qu'on soit en droit de conclure à l'existence d'une livre nouvelle; mais l'on doit remarquer qu'il s'agit d'une ancienne division de la livre plutôt que d'une livre ancienne; l'auteur oppose l'ancienne livre de 25 sols ou 300 deniers à la nouvelle livre de 20 sols ou 240 deniers. Or, tout ce qu'on peut inférer de là, c'est qu'il y avait eu un changement dans la taille des deniers, n'impliquant pas nécessairement une modification du poids de la livre : la livre pouvait être restée la même, alors qu'on n'y taillait plus que 240 deniers au lieu de 300.

Mais voici qui prouve que Charlemagne a substitué à l'antique livre romaine une livre plus pesante. Les deniers au nom de Charlemagne se répartissent en deux groupes, le premier comprenant des deniers du même type que ceux de Pépin, le second comprenant des deniers marqués du monogramme de *Karolus* et aussi les pièces impériales frappées après 800. Si le poids des deniers du premier groupe est conciliable avec la livre romaine, le poids des deniers du second groupe nous oblige à supposer ou bien que la somme des deniers fournis par une livre avait été diminuée, ou bien que le poids de la livre avait été relevé. Or, comme il est certain que jamais l'on n'a taillé moins de 240 deniers dans une livre d'argent, il faut en conclure qu'au même temps où Charlemagne inaugura un nouveau type monétaire, il prescrivit l'usage d'une livre plus lourde que la livre romaine.

Le souvenir de la réforme pondérale opérée par Charlemagne s'est perpétué au moyen âge. Arnold de Lübeck, chroniqueur, qui écrivait dans les premières années du XIIIe siècle, parle de 4.000 marcs d'argent que le roi de Danemark, Waldemar I, s'était engagé à payer à l'Empereur, et qui devaient être pesés au poids public institué par Charlemagne [2]. On a aussi relevé dans une constitution générale de Frédéric II, de l'an 1234, les expressions « centum libras auri in pondere Karoli [3] ». De plus, dans la langue allemande du XIIIe siècle, l'expression *Karleslot* (demi-once de Charles) désignait un poids juste [4]. Enfin le poids de marc déposé à la cour des monnaies avant la Révolution, et qui ne datait que du

---

1. «... Et trecenti tales nummi antiquam per viginti et quinque solidos efficiunt libram... » Mabillon, *Vetera analecta*, in-fol., p. 549. — Cf. *Catal. des monn. fr. de la Bibl. nat., Les monnaies mérovingiennes*, introduction, p. cvii.
2. *Chronica Slavorum*, III, 2 : « In tempore illo mortuus est (1182, 12 mai), rex Danorum Waldemarus et regnavit Kanutus filius ejus pro eo. Ad quem misit imperator legatos honoratos... pro sorore ipsius, quam pater ejusdem jampridem filio ejus desponsaverat et ut partem pecunie persolveret sicut determinatum fuerat. Hec enim pactio desponsationis fuerat inter imperatorem et regem Dacie ut quatuor millia marcarum filio persolveret, liberata pondere publico quod Karolus magnus instituerat. » *Mon. Germ. histor., Scriptores*, t. XXI, p. 143.
3. *Monum. Germ. histor., Leges*, t. II, p. 301.
4. Voyez le poème de *Wigalois*, éd. Benecke (Berlin, 1819, in-12), p. 495.

xv⁰ siècle, était désigné vulgairement sous le nom de Pile de Charlemagne [1]. Ainsi la tradition attribuait à Charlemagne une réforme des poids, ce qui n'implique pas d'ailleurs qu'il ait créé de toutes pièces un système nouveau, mais seulement qu'il ait imposé l'usage d'un certain système.

Si les textes ne peuvent nous apporter aucune lumière, serons-nous plus heureux avec les monuments? On conserve au Musée royal d'antiquités de Bruxelles [2] un poids en cuivre avec l'inscription *Rodulfus negotiens*; il pèse 327 gr. 10; il est donc l'équivalent de la livre romaine (327 gr. 453, d'après Böckh). Mais sa date est incertaine; nous n'avons pour la fixer que la forme des lettres, ce qui est un critérium insuffisant. Tandis que certains archéologues y ont vu un monument antérieur au ix⁰ siècle, d'autres l'ont reporté au x⁰ siècle. Du reste, quelle conclusion prendre de ce poids? S'il remonte à l'époque mérovingienne, il ne nous apprend rien de nouveau, puisque l'on sait par ailleurs que la livre romaine a été usitée en Gaule avant le ix⁰ siècle; s'il est postérieur à Charlemagne, il prouve que les efforts de ce souverain n'avaient pas eu un plein succès, et que certaines cités, après avoir adopté une livre conforme aux ordonnances impériales, l'avaient abandonnée par la suite pour revenir à un antique usage [3].

San-Quintino dit avoir eu entre les mains six ou sept poids d'une authencicité incontestable avec la légende **PONDVS CAROLI**, et qui prouvaient que la livre romaine avait persisté au temps de Charlemagne [4]. En tout cas, nous verrons plus loin qu'il est impossible que la livre romaine ait été celle sur laquelle se réglait la taille des deniers. Un poids dont Gruter a donné l'image [5] et qui faisait partie de la collection Maffei, semble corroborer l'affirmation de San-Quintino, à savoir que les poids à la légende **PONDVS CAROLI** rentraient dans le système romain. En effet, ce poids était égal à 3 onces et 20 scrupules de la livre usitée à Rome au xvi⁰ siècle et qui devait être la même qui a persisté jusqu'au xviii⁰ siècle, à savoir une livre correspondant à 339 gr. 0728; le *Pondus Caroli* de Gruter aurait donc pesé 108 gr. 34 : ce serait un poids représentant 4 onces de la livre romaine, avec un léger affaiblissement de moins d'un gramme [6]. Lupi a cité [7], en 1734, un

---

1. Voyez le remarquable mémoire de M. L. Blancard, *La pile de Charlemagne*, dans *Annuaire de la Soc. fr. de numismatique*, t. XI (1887), p. 595.
2. Deloche, *Description d'un poids de l'époque carolingienne; ses rapports avec l'ancienne livre romaine*, dans *Bulletin de numismat.*, publ. par R. Serrure, t. IV, p. 117.
3. Blancard, *mémoire cité*, p. 603.
4. G. di S. Quintino, *Osservazioni critiche intorno all' origine ed antichita della moneta Veneziana*, dans *Memorie della R. Accad. delle scienze di Torino*, ser. II, t. X, sc. morali, p. 381.
5. Gruter, *Corpus inscript.*, p. ccxxii, n° 9.
6. Si l'on admet que le poids de la livre romaine correspondait à 327 gr. 453, l'once correspondait à 27 gr. 288, et quatre onces à 109 gr. 152.
7. Antonio Lupi, *Dissertatio et animadversiones ad nuper inventum Severæ martyris epitaphium* (Palerme, 1734, in-4°), p. 74.

Pondus Caroli dont le poids correspondait, dit-il, à une demi-livre, moins une demi-once, soit 155 gr. 4084 ; c'était donc à peu près le poids de l'antique demi-livre romaine (163 gr. 726). On trouve dans le même auteur[1] le dessin d'un globule de cuivre portant l'inscription IVSTA LIBRA, et qui pesait onze onces et demi de la livre romaine du XVIIIᵉ siècle, soit 324 gr. 944 ; évidemment c'est un équivalent de l'antique livre romaine de 327 gr. 453. Il existe au Musée civique de Bologne un *Pondus Caroli* dont je dois la connaissance à M. J.-Adrien Blanchet ; c'est un disque rond sur lequel on lit en légende circulaire **PONDVS CAROLI** ; son épaisseur est de 17 millimètres. Il pèse 273 grammes[2], c'est-à-dire qu'il représente à peu près dix onces de la livre romaine. Mais il est évident que l'inscription gravée sur ce monument ne remonte pas à l'époque carolingienne :

les lettres, d'une maigreur extraordinaire, formées d'un seul trait, sont telles qu'on en chercherait vainement de semblables sur les monuments authentiques du IXᵉ siècle ; c'est là sûrement l'œuvre de quelque savant faussaire de a Renaissance. J'en dirai autant du *Pondus Caroli* conservé au Musée Kircher ; son poids est de 185 grammes, soit un peu moins de 7 onces de la livre romaine[3]. M. Blancard y voit une demi-livre, d'où cette conclusion que la livre de Charlemagne pesait

---

1. A. Lupi, *Ibid.*, tab. IX, n° V. Lupi indique ce monument comme étant au Musée Kircher. M. Pigorini m'a affirmé que ce poids ne s'y trouve plus.

2. Renseignement communiqué à M. Blanchet par M. Luigi Frati, conservateur du Musée de Bologne, qui a eu l'amabilité d'envoyer à mon collègue un moulage d'après lequel a été exécuté le dessin ci-joint.

3. J'adresse tous mes remerciements à M. Pigorini, conservateur des *Musei preistorico-etnografico e Kircheranio*, et à M. Goyau, membre de l'École française de Rome, qui ont bien voulu me donner sur ce *Pondus Caroli* les renseignements qui m'étaient nécessaires. — Voyez, sur ce monument, L. Blancard, *La livre de Charlemagne d'après le Caroli Pondus du Musée Kircher*, dans *Annuaire de la Soc. fr. de numismat.*, t. XIII (1889), p. 169. M. Blancard identifie le poids du Musée Kircher avec le poids publié par Gruter, uniquement à cause de l'identité des inscriptions, ce qui ne me paraît pas concluant, car tous les prétendus poids de Charlemagne portent Pondvs Caroli.

environ 370 grammes. Mais si l'on devait échafauder quelque théorie sur les monuments qui portent l'inscription *Pondus Caroli*, pourquoi donnerait-on la préférence à l'un d'eux ? Car les conclusions auxquelles amène le poids du Musée Kircher sont en contradiction avec celles qu'on peut tirer des autres poids analogues. Peut-être serait-il plus sage de ne tenir aucun compte de tous ces prétendus poids de Charlemagne [1]. En tout cas, il faudrait établir préalablement leur authenticité; et celle-ci une fois reconnue, déterminer l'époque de leur fabrication, car il ne résulte pas de la désignation *Pondus Caroli* qu'ils soient contemporains de Charlemagne, puisque nous avons vu cette expression employée dans des textes du XIIIe siècle.

Un fait paraît certain, c'est que la livre employée dans l'empire franc au temps de Charlemagne se divisait en 12 onces. Un capitulaire, d'environ l'an 780, permet d'établir tout à la fois que la livre comprenait vingt sols, et qu'elle se divisait en 12 onces; ce capitulaire a pour but de réglementer les prières et jeûnes que le roi avait prescrits pour apaiser la colère de Dieu. Il y est dit que les comtes qui voudront se dispenser du jeûne devront payer, les plus considérables, trois onces; ceux qui tiennent le milieu, une once et demi ou trente deniers; les moindres, un sol [2]. Or, dans ce capitulaire, chaque classe de personnes est divisée en trois catégories dont chacune est taxée à une somme double de la somme imposée à la catégorie qui vient immédiatement au-dessous; d'où il suit que soixante deniers valent trois onces, et que, par conséquent, il y a 12 onces à la livre, car un autre paragraphe établit qu'il y avait 12 deniers au sol et 20 sols à la livre [3], c'est-à-dire 240 deniers à la livre. Les mêmes équivalences sont énoncées dans un vieil auteur d'une date incertaine, mais qui ne doit pas beaucoup s'éloigner du temps de Charlemagne et qui, en tout cas, suppose la division de la livre en 240 deniers. « Douze onces, écrit-il, font une livre contenant 20 sols [4]. »

A quel nombre de nos grammes répondent ces douze onces? M. Blancard [5] a

---

1. Nous ne citerons pas ici un prétendu poids en plomb, au type du temple carolingien, trouvé à Duurstede, aujourd'hui conservé au Cabinet des Médailles de Bruxelles, et pesant 175 grammes; nous nous rangeons à l'avis de M. C.-A. Serrure qui n'y voit qu' « une des rondelles en plomb dont on se servait dans les forges monétaires pour la mise en train de la frappe et l'essai des coins. » *Bulletin de numismat. et d'archéologie*, publ. par R. Serrure, t. II (1882-83), p. 88.

2. « Capitulare qualiter institutum est in hoc episcoporum consensu...... Et qui redimere voluerit, fortiores comites uncias tres, mediocres *unciam et dimidiam*, minores solidum unum. » Boretius, t. I, p. 52. — Ce texte ne servirait de rien, si les mots *unciam et dimidiam* n'avaient été remplacés par *denarios triginta* dans un manuscrit de Beauvais reproduit par Baluze en appendice à la compilation de Benoît Lévite (Baluze, *Capitular.*, t. I, col. 1223).

3. « Et unusquisque episcopus aut abbas vel abbatissa, qui hoc facere potest, libram de argento in elemosinam donet, mediocres vero mediam libram, minores solidos quinque. » Boretius, *Ibid.*

4. « Juxta Gallos vigesima pars unciæ denarius est et duodecim denarii solidum reddunt... Nam duodecim unciæ libram XX solidos continentem efficiunt. » Traité *De Mensuris*, publié dans Goesius, *Rei agrariæ auctores*, p. 320; cité dans Ducange, *Glossar.*, éd. Didot., v° *Libra gallica*.

5. Blancard, *La pile de Charlemagne*, dans *Annuaire de la Soc. fr. de numismat.*, t. XI, p. 609.

très ingénieusement pensé à rechercher, au milieu de la multiplicité des mesures employées avant l'introduction du système métrique dans les territoires de l'ancien Empire franc, une livre de douze onces qui, par son ancienneté comme par la généralité de son usage, pût être considérée comme représentant l'étalon pondéral de Charlemagne. Il est vrai que dès la fin du xɪᵉ siècle, on adopta en France une nouvelle unité pondérale, le marc, qui comprenait 8 onces et donna naissance à la livre de 16 onces qu'on appela livre de poids de marc, pour la distinguer de la livre de douze onces qui ne tomba pas d'usage. Le marc représentait les deux tiers de la livre de douze onces. La Pile de Charlemagne, mentionnée plus haut, nous donne un marc de 244 gr. 7529, soit une once de 30 gr. 594. D'où l'on conclut à une livre de douze onces équivalant à 367 gr. 128. Cette valeur de la livre est très ancienne, car le Dormant du véritable poids de Troyes, conservé à Bruxelles, pèse 368 gr. 80 ; il représente l'étalon de la livre de Troyes adoptée en Flandre dès la fin du xɪɪɪᵉ siècle, et qui était identique à la livre de douze onces de Paris. La livre de Troyes fut également adoptée en Angleterre où elle avait en 1767 un poids égal à 372 gr. 91 ; aujourd'hui elle est estimée à 373 gr. 241. Enfin, M. Blancard a relevé en France, dans les Pays-Bas et en Allemagne toute une série de livres dont le poids s'échelonne de 350 à 373 grammes ; la conclusion de M. Blancard est que la livre dont Charlemagne a prescrit l'usage correspondait à un poids d'environ 367 gr. 128.

Nous ferons d'abord remarquer que l'existence de cette livre de douze onces n'est constatée dans les diverses villes d'Europe qu'à une époque très postérieure au ɪxᵉ siècle ; qu'il n'est pas prouvé que son usage remonte au ɪxᵉ siècle, et qu'au contraire elle a pu se répandre de France dans les principaux centres commerciaux étrangers postérieurement à l'adoption en France du système pondéral du marc avec lequel elle est en étroite connexion ; les douze onces dont elle se compose sont les onces du marc. Or l'once du marc n'était pas nécessairement la même que celle de la livre usitée au ɪxᵉ siècle dans l'empire de Charlemagne.

Nous croyons pouvoir affirmer que la livre usitée en France pour la taille des monnaies sous Charlemagne avait un poids très supérieur à 367 grammes. Supposons, en effet, que la livre ait été égale à ce poids, comme nous savons qu'on taillait 240 deniers à la livre, chaque denier devrait peser entre 1 gr. 52 et 1 gr. 53 ; or, parmi les deniers de Charlemagne au type du monogramme que j'ai pesés le plus lourd atteint le poids de 1 gr. 79.

Pour obtenir le poids légal, il ne faut pas, comme on l'a fait parfois, prendre la moyenne du poids des deniers qui nous sont parvenus. En effet, on a prétendu que la taille des flans était approximative, qu'il suffisait que l'ensemble des 240 deniers coupés dans une livre d'argent représentât un poids égal à cette livre. S'il en avait été ainsi, il eût été impossible de vérifier le poids des deniers, ceux-ci une fois lancés dans le commerce et dispersés. Alors que signifient les prescriptions si nombreuses des capitulaires sur l'obligation de recevoir les deniers de bon poids [1], les peines édictées contre les monnayeurs qui émettent des monnaies d'un poids inférieur au poids légal ? Pour que l'on pût vérifier le poids d'une monnaie isolée, il fallait qu'elle eût un poids déterminé par la loi et qui ne pouvait être inférieur que de très peu à la 240e partie d'une livre.

Dira-t-on que la livre-poids différait de la livre-monnaie ? Les documents écrits, loin de justifier pareille distinction, prouvent l'identité des deux livres : ainsi les mots *solidus* et *denarius* sont souvent employés pour désigner des fractions de la livre [2]. En tout cas, si la livre-poids et la livre-monnaie n'avaient pas été identiques, la différence en moins eût été pour la livre monétaire ; car on ne comprendrait pas, si la livre-poids avait été moins lourde que la livre-monnaie, c'est-à-dire que deux cent quarante deniers, que les rois eussent eu des mesures à prendre pour donner à la monnaie de bon poids un cours forcé. On eût préféré recevoir deux cent quarante deniers plutôt qu'un lingot d'une livre. D'ailleurs, quand au cours du Xe siècle, la livre-monnaie a cessé de se confondre avec la livre-poids, c'est que l'on taillait plus de deux cent quarante deniers à la livre, et que par conséquent deux cent quarante deniers ne représentaient plus une livre d'argent. Une livre de deniers comprenait encore deux cent quarante deniers, mais la somme de ces deniers donnait un poids inférieur à celui d'une livre d'argent non monnayé. Le poids de la livre-monnaie a toujours été s'abaissant. Si donc les deniers de Charlemagne pèsent plus de 1 gramme 52, c'est qu'une livre d'argent avait un poids supérieur à 367 grammes.

M. Blancard a été frappé de la difficulté qu'il y avait à concilier le poids des deniers carolingiens avec celui de la livre de 367 grammes. Il a donc pensé qu'on devait prendre en considération non pas le poids total du denier, mais le poids de fin, c'est-à-dire seulement le poids de l'argent fin contenu dans chaque denier [3]. En fait, les deniers carolingiens ne sont pas d'argent pur ; des analyses faites au

---

1. Capitul. de Francfort (794), c. 5 : « (denarii) si autem nominis nostri nomisma habent et mero sunt argento, pleniter pensantes. » Boretius, t. I, p. 74. — Capitul. de Thionville (805), c. 18 : « Illi tamen denarii, qui modo monetati sunt, si pensantes et meri fuerint, habeantur. » *Ibid.*, p. 125. — Capitul. d'Aix-la-Chapelle (809), c. 7 : « De monetis statutum est ut nullus audeat denarium merum et bene pensantem rejectare. » *Ibid.*, p. 152. — Capitul. de 818-819, c. 18 : « De his qui denarios bonos accipere nolunt. Quicumque liber homo denarium merum et bene pensantem recipere noluerit... » *Ibid.*, p. 285. — Capitul. de Quierzy (861) : «... missus reipublicæ provideat ut, si non invenerit illum denarium merum et bene pensantem, ut cambiare illum mercanti jubeat; si autem illum denarium bonum invenerit... » Boretius-Krause, t. II, p. 301. — Édit de Pitres (864), c. 8 : « Ut denarii ex omnibus monetis meri ac bene pensantes... in omni regno nostro non reiciantur... » ; c. 13 : « Et ipsi monetarii... merum denarium et minus quam debet pensantem non monetent. » *Ibid.*, p. 312.

2. Par exemple, le c. 57 du Concile d'Aix-la-Chapelle sous Louis le Pieux : « Ut libra panis triginta solidis per 12 denarios metiatur. » *Monum. Germ. histor., Leges*, t. I, p. 202.

3. Blancard, *mémoire cité*, p. 612.

XVIIIᵉ siècle ont établi qu'ils étaient à 0.958 de loi, c'est-à-dire fabriqués avec de l'argent de la qualité de celui qu'on appellera plus tard argent le Roi ; mais légalement, les deniers étaient d'argent pur ; les capitulaires reviennent sans cesse sur la nécessité de fabriquer des deniers sans alliage [1] ; Charles le Chauve interdit même le commerce de tout argent allié [2]. Si donc les deniers carolingiens ne sont pas purs, la cause en est dans l'insuffisance des moyens dont on disposait alors pour épurer le métal, ou bien c'est le résultat d'une fraude ; mais les monnayeurs honnêtes croyaient livrer au public des deniers d'argent pur ; les deniers qu'ils fabriquaient étaient au même titre que le lingot d'argent dans lequel ils avaient été taillés [3]. Quant aux faux monnayeurs, ils n'auraient eu aucun intérêt à émettre des deniers d'un poids supérieur au poids légal. Nous sommes donc autorisés à conclure que le denier le plus lourd est celui dont le poids s'approche le plus du poids légal ; et, en outre, que la livre était au moins égale à ce poids maximum multiplié par 240.

Mais il ne paraît pas qu'il y ait lieu, dans la recherche que nous faisons de distinguer entre les monnaies de Charlemagne et celles de ses successeurs. Nous avons dit que le denier le plus pesant de Charlemagne atteignait 1 gr. 79 ; or, un grand nombre de deniers de Charles le Chauve sont du même poids ; un certain nombre ont un poids plus élevé [4]. De tous les deniers carolingiens du IXᵉ siècle, le plus pesant est un denier de Charles le Chauve sorti de l'atelier de Paris [5], qui n'atteint pas moins de 2 gr. 03. C'est là un poids qui doit être très voisin du poids légal. La plupart des deniers du IXᵉ siècle bien conservés ont un poids qui varie entre 1 gr. 70 et 1 gr. 80 ; mais nous pouvons en citer qui s'élèvent à 1 gr 84, 1 gr. 87, 1 gr. 91, 1 gr. 92, 1 gr. 94. Il n'est pas étonnant que des deniers d'argent fin, et par conséquent n'offrant qu'une résistance médiocre à l'usure, aient perdu jusqu'au dixième de leur poids et même davantage. Nous considérerons donc le chiffre de 2 gr. 03 comme représentant à peu près le poids légal du denier du IXᵉ siècle.

1. Voyez les textes cités plus haut.
2. Édit de Pîtres, c. 23, texte cité plus haut, p. XXXV, note 2.
3. Les deniers sont dits *meri*. Par exemple, dans l'édit de Pîtres, c. 24 : « Ut in omni regno nostro non amplius vendatur libra auri purissime cocti, nisi duodecim libris argenti de novis et meris denariis. » Et dans le même édit, c. 14 : « Ut in proximis kalendis Julii per hanc duodecimam indictionem habeat in Silvanectis civitate unusquisque comes, in cujus comitatu monetam esse jussimus, vicecomitem suum cum duobus aliis hominibus qui in ejus comitatu res et mancipia vel beneficia habeant ; et suum monetarium cum ipsis habeat, quatenus ibi accipiant per manus suas de camera nostra ad opus uniuscujusque monetarii de mero argento cum pensa libras quinque, ut habeat unde initium monetandi possit incipere ; et pensam argenti, quam ex camera nostra accepit, per manus eorum, per quas illud accepit, sabbato ante initium quadragesimæ in monetatis denariis in præfato loco et cum ipsa pensa, cum qua argentum acceperat, unusquisque monetarius in nostra camera reddat. » Boretius-Krause, n° 273, t. II, p. 315. Ainsi les deniers sont qualifiés *meri*, et le lingot qu'on livre aux monnayeurs est de même qualifié *merus*.
4. Blancard, *mémoire cité*, p. 607, note, dit : « Les deniers de Charles le Chauve furent à la taille des deniers neufs de Charlemagne. »
5. *Catal.*, n° 324 (anc. collect. Rousseau).

D'où cette autre conclusion que la livre dépassait certainement un poids de 487 gr. 20.

Il n'est pas déraisonnable de penser que Charlemagne a voulu faire du système des poids et mesures un tout bien coordonné. Nous avons dit qu'il avait cherché à unifier les mesures et qu'il avait choisi pour étalon un muid plus fort que le muid ancien de la moitié, puisque deux muids nouveaux valaient trois muids anciens. S'il a établi la même relation entre la livre qu'il adopta et la livre romaine évaluée à 327 gr. 453, la livre nouvelle aurait dû peser 491 gr. 179. Nous obtenons ainsi un chiffre singulièrement voisin du chiffre auquel nous a amené le poids du denier.

Mais l'ancienne livre française en usage lors de l'établissement du système métrique, répondait à 489 gr. 50. Notre conclusion est donc que la livre dite de Charlemagne, c'est-à-dire la livre officielle de l'empire carolingien, devait avoir un poids voisin de celui de la livre française de seize onces.

Est-il impossible qu'une livre de douze onces comme était celle de Charlemagne ait par la suite été divisée en seize onces? Je ne le crois pas. Il est probable que le marc qui, si nous en croyons M. Blancard[1], était une diminution d'une livre ancienne, se composait de huit onces quand il a été importé en France. Mais ces onces n'étaient, sans doute, pas les mêmes que celles de la livre alors en usage et qui selon nous équivalait à 491 gr. 179. Une livre se composait normalement de douze onces; comme huit onces représentaient un certain poids, soit en langage moderne 244 gr. 752, on fut amené à donner le nom de livre à la réunion de douze onces du marc; c'est cette livre de 367 gr. 128 qui dans notre hypothèse devrait s'appeler livre-poids de marc. L'ancienne livre représentant le double du marc, on la divisa en seize onces.

En résumé, nous avons vu que la livre dont Charlemagne prescrivit l'usage devait peser un peu plus de 487 gr. 20, puisque nous sommes arrivés à ce résultat à l'aide d'un denier qui, nécessairement, a dû perdre de son poids, et qui dès lors représente un peu moins que la 240e partie d'une livre. Comme l'hypothèse d'un lien étroit entre les poids et les mesures nous a amené à une livre de 491 gr. 179, que, de plus, il a existé une livre de 489 gr. 50 qui a pu subir une légère diminution à travers les siècles, c'est au chiffre de 491 gr. 179 que nous fixerons le poids de la livre dite de Charlemagne.

Pépin avait défendu de tailler plus de 22 sols ou 264 deniers à la livre. S'il s'agit de la livre romaine, nous obtenons pour le denier un poids un peu supérieur à 1 gr. 24. Mais bon nombre de deniers de Pépin dépassent ce poids : le denier n° 315 de la Bibliothèque Nationale pèse 1 gr. 27; le n° 2, 1 gr. 29; le n° 928, 1 gr. 31; le n° 924, 1 gr. 41; le n° 927, 1 gr. 46; le n° 3, 1 gr. 47. Ces poids ne sont même pas tous explicables en supposant que dès le règne de Pépin furent

---

1. Blancard, *L'origine du marc*, dans *Annuaire de la Soc. fr. de numisnat.*, t. XII (1888), p. 224.

adoptés le compte de 20 sols et la taille de 240 deniers à la livre. En effet, le poids d'un denier représentant la 240ᵉ partie de la livre romaine (327 gr. 453) répond à 1 gr. 36. Il est probable que la livre romaine n'était pas restée identique à elle-même, que son poids primitif s'était altéré au cours de la période mérovingienne, et que les modifications qu'elle avait subies, avaient nécessairement varié d'une localité à l'autre. Que des poids extrêmement différents fussent en usage dans le royaume franc, c'est ce qui ressort de l'insistance avec laquelle les capitulaires reviennent sur la nécessité d'avoir partout des poids pareils. Cette altération de l'étalon romain permet de rendre compte du poids extraordinaire de quelques deniers au monogramme de Pépin, mais non de tous. Il faut donc admettre qu'une unité de poids différente de la livre romaine et plus lourde qu'elle, était en usage dans certaines régions : ce serait celle que Charlemagne aurait adoptée, à laquelle il aurait donné le caractère officiel, et dont il aurait fait déposer l'étalon au Palais. Le poids de certains deniers de Pépin suppose nécessairement l'existence d'une livre plus lourde que la livre romaine.

Parmi les deniers de Charlemagne du premier type, les poids de la plupart sont conciliables avec l'hypothèse de la taille de 240 deniers à la livre romaine, taille, qui inaugurée sous Pépin, aurait persisté sous son fils ; ce que confirmerait encore le poids d'un denier de Carloman qui atteint 1 gr. 27, et qui serait trop lourd si l'on avait coupé 264 flans dans une livre d'argent. Mais il en est un au moins, le n° 488 de la Bibliothèque Nationale, qui, pesant 1 gr. 39, est trop lourd et amène à la même conclusion que certains deniers de Pépin, à savoir que certains ateliers monétaires faisaient usage d'une unité pondérale autre que la livre romaine.

Vers 781, Charlemagne décria les deniers qui avaient cours, et les remplaça par des deniers d'un nouveau type. Il est certain que l'on continua de fabriquer les deniers à raison de 240 à la livre ; cependant, ces deniers sont tous beaucoup plus pesants que les précédents : donc on faisait usage d'une livre plus lourde. L'adoption d'une nouvelle livre a donc probablement coïncidé avec l'émisson des deniers au monogramme. Nous avons déterminé plus haut le poids de la livre et celui du denier; nous nous arrêtons pour le premier à 491 gr. 179, et pour le second à 2 gr. 04.

Dans le système monétaire français actuel, 4 gr. 50 d'argent fin valent 1 franc. La valeur intrinsèque du denier carolin du IXᵉ siècle, estimée au taux de l'argent monnayé, serait donc aujourd'hui de 0.4533...

On a frappé depuis le IXᵉ siècle, peut-être dès la fin du VIIIᵉ siècle, des demi-deniers, monnaies qu'on a désignées plus tard sous le nom d'oboles. Ce mot n'a pas été encore signalé avec la signification de demi-denier dans les textes carolingiens. *Obolus* avait, dans la langue latine, le sens générique de monnaie de faible valeur ; il n'est donc pas surprenant qu'on ait appliqué au IXᵉ siècle cette appellation à la monnaie la plus faible qui existât alors.

CHAPITRE III

LE DROIT DE MONNAIE

Le droit de frapper monnaie avait perdu en grande partie, au cours de la période mérovingienne, son caractère régalien. Le monnayage avait presque cessé d'être une institution publique pour devenir une industrie privée. Il n'est pas probable cependant que la monnaie ait jamais complètement échappé au contrôle de l'État, mais les pouvoirs publics ne garantissaient plus la valeur des espèces. Le poinçon royal, si l'on peut ainsi parler, avait cessé d'être apposé sur l'argent monnayé ; car, abstraction faite des quelques triens et deniers émis par le fisc, sur la plupart des pièces où figure le nom royal (et elles ne sont pas nombreuses), ce nom même paraît avoir été mis là comme une marque de déférence et d'honneur envers le souverain, ou encore à la façon d'une date. Les églises ont aussi frappé des espèces à leur nom ; mais toutes les monnaies mérovingiennes à peu d'exceptions près, quel que soit l'atelier d'où elles sont sorties, présentent ce caractère constant d'être signées du nom d'un *monetarius* ; il paraît donc que le monnayeur était garant de la valeur des monnaies. Dans quelle mesure cet officier dépendait-il du pouvoir royal, quels liens le rattachaient à l'autorité publique, c'est ce que nous ne saurions dire.

Avec l'avènement des Carolingiens, la situation des monnayeurs fut certainement modifiée. Pépin chercha à ressaisir le droit de monnayage duquel ses prédécesseurs ne s'étaient ni dépouillés ni laissé dépouiller complètement, mais dont ils avaient tout au moins négligé l'exercice. Cette reprise du gouvernement des monnaies par Pépin s'affirme par une modification importante dans le type même des monnaies : le nom du monnayeur disparaît pour faire place à celui du roi. Désormais la fabrication des monnaies sera, un siècle durant, sous le contrôle immédiat de la royauté et de ses agents ; le souverain reprend son droit exclusif d'émettre des monnaies ; il ne l'abandonnera plus, mais comme il en déléguera l'exercice à des représentants, ces délégations donneront lieu à des usurpations et provoqueront au Xe siècle un nouveau démembrement du pouvoir monétaire.

La réforme de Pépin ne s'accomplit pas d'un seul coup. Il existe quelques monnaies signées de noms inconnus, ceux de monnayeurs sans doute, et qui, par leur aspect extérieur, paraissent contemporaines du règne de Pépin, encore que le nom royal n'y figure pas. Tel est, par exemple, le denier à flan mince, sur lequel M. de Longpérier a cru reconnaître le nom du duc Waïfre [1]. Tel encore le denier de Narbonne [2], signé de *Milo*; on peut ne voir dans ce Milon qu'un obscur monnayeur, mais s'il faut l'identifier avec un comte de Narbonne du même nom qui vivait à la fin du VIIIe siècle, c'est une preuve à ajouter aux autres que la royauté n'exerçait plus son droit souverain dans toute son étendue, qu'elle avait à le reprendre, et qu'elle le reprit puisque sur les monnaies de Narbonne le nom de Milon sera bientôt supplanté par celui de Charlemagne.

D'autres monnayeurs, tout en gravant le nom ou le monogramme du souverain sur l'une des faces de la monnaie, maintinrent le leur sur l'autre face; il est conforme à la loi d'évolution qui, si manifestement, domine les institutions sociales au moyen âge, que les noms des monnayeurs n'aient pas disparu tout à coup des monnaies. Aussi considérons-nous comme des *monetarii* ces personnages qui ont signé quelques deniers marqués d'autre part, soit du monogramme de Pépin, soit du nom de Charlemagne; sous Pépin, *Autramnus* [3], *Gaddo* [4], *Novinus* [5]; sous Carloman, *Leutbra* [6]...; sous Charlemagne, mais seulement pendant les premières années de son règne, *Arfiuf* [7], *Autramnus* [8], *Gervasius* [9], *Maurinus* [10], *Odalricus* [11], *Rodlan* [12], *Walacarius* [13]. A partir de 781, c'est-à-dire de l'inauguration du type au monogramme, les noms de monnayeurs disparaissent complètement : le roi seul conservera ce privilège de marquer de son nom les monnaies.

---

1. *Catal.*, n° 1.
2. *Catal.*, n° 834. — Le nom de *Milo* figure aussi sur des deniers qui, par leur aspect général, se rattachent à la série mérovingienne, et qui, sur l'une des faces, présentent l'inscription ꟼRE qu'on interprète *Pippinus rex* (Gariel, pl. II, n° 43). La première lettre n'est pas un P; c'est certainement un T car les deux T du mot *transibit*, ont une forme exactement semblable dans une inscription chrétienne de l'Espagne, et du Xe siècle, que m'a signalée M. E. Le Blant et qui est reproduite dans Hübner, *Inscriptiones Hispaniæ cristianæ*, n° 148. Cette lettre se retrouve dans la légende d'un autre denier de Pépin (Gariel, pl. II, n°42) qu'on attribue à Meaux en faisant, à tort, de cette lettre le monogramme DI;
3. *Catal.*, n°s 2 à 4.
4. *Catal.*, n° 5.
5. Gariel, 2e part., pl. III, n° 49.
6. Gariel, pl. IV, n° 5.
7. *Catal.*, n° 6.
8. Gariel, pl. V, n° 8.
9. Gariel, pl. VII, n° 55.
10. Gariel, pl. IX, n° 98.
11. *Catal.*, n° 7.
12. Gariel, pl. IX, n° 113.
13. Gariel, pl. XI, n° 152.

Le souverain carolingien a sur la monnaie le pouvoir le plus étendu ; du moins il y prétend. Il fixe le poids, le titre et le type des espèces ; il détermine leur valeur ; il décrète les émissions nouvelles et, en même temps qu'il décrie certaines monnaies, il donne à d'autres un cours forcé ; il réglemente et surveille la fabrication des monnaies ; il édicte des peines contre les faux monnayeurs [1].

La monnaie était donc bien chose du roi. L'expression *moneta publica* se rencontre plusieurs fois dans les documents carolingiens. La monnaie était chose du droit royal « res juris regalis [2] ». Le caractère public du monnayage apparaît encore dans le taux de l'amende qui frappait ceux qui contrevenaient aux prescriptions du roi, relatives à la monnaie : c'est le *bannum dominicum*, l'amende de soixante sols. Elle est édictée contre ceux qui font usage de monnaies décriées [3] ou qui refusent les bons deniers [4], et aussi contre les complices des faux monnayeurs [5]. Or le *bannum dominicum* n'était appliqué qu'en cas d'atteinte aux droits royaux. On trouve une autre preuve du caractère public de la monnaie dans la forme de procédure applicable aux serfs coupables d'avoir refusé de bons deniers : leur maître était tenu de les amener devant le comte ou le *missus* [6]. Or, ce n'était que pour les crimes qui troublaient l'ordre public que le maître devait ainsi, non pas se contenter de répondre pour son serf, mais le présenter au juge [7].

Les comtes avaient mission, chacun dans le territoire soumis à sa juridiction, de faire exécuter les ordonnances royales relatives aux monnaies. Sous peine de perdre son *honor*, le comte, aux termes d'un Capitulaire de 809, était tenu de punir ceux qui refusaient les deniers d'argent fin qui avaient le poids légal [8]. Les

---

1. Voyez, pour les diverses fonctions de la royauté, relatives à la monnaie, les Capitulaires, édition Boretius : Capitulaire de Pépin (754-755), n° 13, c. 5. — Capitulaire de Charlemagne, de Mantoue (mars 781), n° 90, c. 9. — Capitul. de Francfort (juin 794), n° 28, c. 5. — Capitul. pour la Saxe (28 oct. 797), n° 27, c. 11. — Capit. additionnel aux lois (803), n° 39, c. 9. — Capitul. pour les *missi* (803), n° 40, c. 28. — Capitul. de Thionville (déc. 805), n° 44, c. 18. — Capitul. de 808, n° 52, c. 7. — Capitul. d'Aix-la-Chapelle, pour les *missi* (809), n° 62, c. 8. — Capitul. II d'Aix-la-Chapelle, pour les *missi* (809), n° 63, c. 7. — Concile de Reims (813), c. 41. — Capitul. de Louis le Pieux, additionnel aux lois (816), n° 135, c. 2. — Capitul. additionnel aux lois (818-819), n° 139, c. 18 et 19. — Capitul. pour les *missi* (819), n° 141, c. 12. — Capitul. relatif à la fabrication des monnaies (vers 820), n° 147. — Capitul. de 823-825, n° 150, c. 20. — Capitul. de Worms (829), n° 192, c. 8. — Capitul. de Louis II, roi d'Italie (mars 856), c. 2. (Pertz, *Leges*, t. I, p. 438). — Capitul. de Charles le Chauve, dit Constitution de Quierzy (juillet 861), n° 271. — Édit de Pîtres (25 juin 864), n° 273, c. 8 à 24.

2. Cette expression est empruntée au diplôme de Louis le Germanique, du 20 janvier 856, pour l'église de Worms (Böhmer-Mühlbacher, n° 1373, t. I, p. 542), qui est faux, mais dont la rédaction n'est pas très postérieure à la date prétendue.

3. Capitul. de Mantoue (mars 781), c. 9. Texte cité plus haut, p. IX, note 4.

4. Capitul. II d'Aix-la-Chapelle (809), c. 7. Texte cité plus haut, p. XXVII, note 1.

5. Capitul. additionnel aux lois (818-819), c. 19 : « De adulteratoribus monetæ. De falsa moneta jubemus : qui eam percussisse comprobatus fuerit, manus ei amputetur. Et qui hoc consensit, si liber est, sexaginta solidos componat ; si servus est, sexaginta ictus accipiat. » Boretius, n° 139, t. I, p. 285.

6. Capitul. additionnel aux lois (818-819), c. 18. Texte cité plus haut, p. XXVII, note 2.

7. Brunner, *Deutsche Rechtsgeschichte*, t. II, p. 278.

8. Voyez plus haut, p. XXVII, note 1.

évêques, les abbés, et même tous ceux qui tenaient du roi des bénéfices, devaient prêter leur aide aux comtes pour assurer l'observation des édits relatifs au cours de la bonne monnaie, et favoriser la poursuite et la saisie de ceux de leurs hommes qui auraient enfreint ces édits [1]. Charles le Chauve, en 864, prétendit même intéresser le peuple aux mesures qu'il prenait pour donner aux bons deniers un cours forcé : il décréta que dans toutes les cités, dans les *vici* et les *villæ*, même à l'intérieur des immunités, même dans les domaines des comtes et des vassaux, les agents royaux, d'accord avec les propriétaires des *villæ*, choisiraient parmi les habitants un nombre d'hommes proportionné à l'importance de la localité, qui auraient le devoir d'assurer le cours de la bonne monnaie, et qui s'engageraient par serment à dénoncer aux officiers publics les individus coupables d'avoir rejeté les deniers purs et de bon poids. Ceux qui violeraient leur serment seraient punis comme parjures, conformément aux lois civiles et au droit canon [2].

Les comtes avaient tout spécialement la surveillance des ateliers monétaires. La multiplicité des ateliers, pendant la période mérovingienne, avait dû singulièrement contribuer à annuler le contrôle des pouvoirs publics sur le monnayage. Les rois carolingiens, voulant ressaisir leur droit monétaire, s'appliquèrent à diminuer le nombre des ateliers, à les établir en des lieux déterminés et à en réglementer le fonctionnement. Peu s'en faut que, sur ce point, leurs efforts ne soient restés sans résultats. Charlemagne décréta, en 805, qu'on ne frapperait plus monnaie que dans le Palais [3]; il renouvela cette prescription [4] en 808. Il semble que ses ordres aient été exécutés, car les monnaies de Charlemagne empereur, portant des noms de cités, sont rares; on ne trouve le nom de Charlemagne suivi du titre d'*imperator* que sur des deniers à la légende *Christiana religio*, qui sont peut-être

---

1. Capitul. de Worms (829), c. 8 : « De bonis denariis quos populus non vult recipere, volumus ut hoc observeturet teneatur quod in priore capitulare nostro constitutum est, id est in libro quarto, capitulo 30..... Et ad hanc constitutionem nostram adimplendam episcopi et abbates sive reliqui qui beneficia nostra habent, adjuvent comitibus in suis hominibus distringendis. Et si comites hanc nostram constitutionem neglexerint, hoc per missos nostros ad nostram notitiam perferatur. » Boretius-Krause, n° 192, t. II, p. 15.

2. Édit de Pitres (25 juin 864), c. 8 : « Ut denarii ex omnibus monetis meri ac bene pensantes, sicut et in capitulari prædecessorum ac progenitorum nostrorum regum libro quarto, 32 capitulo continetur, in omni regno nostro non reiciantur usque ad missam sancti Martini. Et in omnibus civitatibus et vicis ac villis, tam nostris indominicatis quam et in his quæ de immunitate sunt vel de comitatibus atque hominum nostrorum, sive cujuscunque sint, per omne regnum nostrum a judicibus nostris et ab eis, quorum villæ sunt, unacum ministris rei publicæ, secundum quantitatem locorum et villarum tanti ac tales de ipsis incolis et inibi manentibus constituantur, qui inde providentiam habeant, ne boni denarii reiciantur et non nisi meri et bene pensantes accipiantur. » Boretius-Krause, n° 273, t. II, p. 314.

3. Capitul. de Thionville (805), c. 18 : « De falsis monetis, quia in multis locis contra justitiam et contra edictum fiunt, volumus ut nullo alio loco moneta sit, nisi in palatio nostro, nisi forte iterum a nobis aliter fuerit ordinatum. Illi tamen denarii, qui modo monetati sunt, si pensantes et meri fuerint, habeantur. » Boretius, n° 44, t. I, p. 125.

4. Capitul. de 808, c. 7, Boretius, n° 52, t. I, p. 140.

Monnaies carolingiennes.

des deniers palatins, et sur des deniers frappés à Arles, Lyon et Rouen [1]. Mais, dès le règne de Louis le Pieux, on monnayait dans la plupart des cités. Les capitulaires de cet empereur reconnaissent l'existence légale de ces ateliers provinciaux. L'article de l'édit de Pitres, qui interdisait la frappe des monnaies ailleurs que dans neuf villes, Quentovic, Rouen, Reims, Sens, Paris, Orléans, Chalon, Melle et Narbonne, sans compter l'atelier palatin, resta lettre morte, comme nous l'avons établi plus haut [2]. Charles le Chauve n'entendait pas d'ailleurs supprimer les ateliers dont ses prédécesseurs ou lui-même avaient concédé l'exploitation à des églises, comme cela résulte des dispositions prises pour le choix des monnayeurs. En somme, sous Louis le Pieux comme sous Charles le Chauve, on trouve, en outre des ateliers palatins, d'autres officines monétaires dans la plupart des cités, dans quelques chefs-lieux de *pagi* qui n'étaient pas des cités, dans les centres commerciaux et spécialement les ports, dans les lieux de production du métal comme à Melle.

La fabrication des monnaies avait lieu sous le contrôle immédiat des comtes [3]. Chaque comte avait la garde des ateliers établis dans le territoire soumis à son administration ; le comte assignait même aux monnayeurs un local spécial en dehors duquel il ne leur était pas permis de battre monnaie. Toute personne qui, sans autorisation du comte, se livrait dans le *pagus* à la fabrication des monnaies, était frappée des peines les plus sévères, et pour le moins de la confiscation de tous ses biens.

Lorsqu'en 864, Charles le Chauve voulut restreindre le nombre des ateliers, et abolir toutes les monnaies qui avaient cours pour les remplacer par des deniers d'un type uniforme, il décréta que les comtes, dans les territoires desquels il ordonnait l'ouverture ou le maintien d'un atelier, viendraient à Senlis à une date déterminée, chacun d'eux accompagné de son vicomte, de deux hommes possédant des bénéfices dans le comté, et de son monnayeur, pour y recevoir de la Chambre royale cinq livres d'argent destinées à fournir les premiers éléments de la nouvelle fabrication [4].

Il y avait, comme nous l'avons dit, d'autres ateliers que les ateliers royaux, à savoir ceux que les églises exploitaient en vertu de concessions royales. Le choix des monnayeurs, du moins à la fin du IXe siècle, n'appartenait au comte que dans les

---

1. Voyez plus haut, p. XII.
2. Voyez plus haut, p. XVII.
3. Voyez un capitulaire, d'environ l'an 820, relatif à la fabrication des monnaies, Boretius, n° 147, t. I, p. 299. Malheureusement ce capitulaire ne nous est parvenu que dans un seul manuscrit, le ms. lat. 4788, fol. 117, de la Bibliothèque Nationale ; l'humidité a détruit le texte dans sa plus grande partie. M. A. de Barthélemy a commenté ce texte dans sa *Note sur la classification des monnaies carolingiennes*, publiée dans les *Comptes rendus de l'Académie des Inscriptions*, 1893, puis dans la *Revue numismatique*, 1895, p. 79-87.
4. Édit de Pitres (864), c. 14. Ce texte a été transcrit plus haut, p. XLIII, note 3.

ateliers royaux ; car l'article 13 de l'édit de Pîtres porte que les monnayeurs seront désignés par ceux dans la puissance desquels seront placées les officines monétaires : « in quorum potestate deinceps monetæ permanserunt [1]. » D'autres personnes que les comtes pouvaient donc exercer leur *potestas* sur les ateliers : d'où l'on conclura ou bien que le roi n'entendait pas supprimer les ateliers dont l'exploitation avait été concédée à des églises, ou bien qu'il se réservait de faire aux églises de nouvelles concessions, et peut-être les deux choses à la fois. Ces propriétaires d'ateliers devaient apporter, dans le choix des monnayeurs, la plus grande circonspection, ne se laisser guider ni par un sentiment de faveur, ni par le désir de quelque gain, et élire des hommes de bonne foi. Les monnayeurs prêtaient serment de remplir loyalement leur office, de ne pas fabriquer ni laisser fabriquer des pièces de mauvais aloi ou d'un poids inférieur au poids légal, de ne commettre aucune fraude soit dans la purification du métal qui leur était remis par l'État, les églises ou les particuliers, soit dans la pesée de ces lingots, soit enfin dans l'échange du métal purifié contre le métal monnayé. Tout monnayeur coupable d'une de ces fraudes encourait les mêmes peines que le faux monnayeur : la perte de la main droite et, comme parjure, une pénitence publique imposée par l'évêque; dans les pays où le droit romain était en vigueur, il était puni conformément aux prescriptions de la législation romaine [2].

A côté, et quelquefois au-dessus des comtes, les *missi* étaient chargés de faire publier et respecter les ordonnances monétaires [3]. En 809 [4] et encore en 854 [5], les *missi* reçurent l'ordre d'ouvrir une enquête générale sur les monnaies; tout spécialement, ils devaient assurer le cours des bonnes monnaies et punir ceux qui les refusaient. Les personnes coupables de ce délit comparaissaient à leur tribunal, mais dans l'application des peines, les *missi* outrepassaient parfois les ordres royaux; quelques-uns se laissaient aller à des actes de violence; pour d'autres, c'était une occasion de pressurer le peuple. En 864, Charles le Chauve les rappela à la modération et leur interdit de commettre des exactions [6]. Les *missi* exerçaient un contrôle sur les comtes; ainsi, vers 820, Louis le Pieux ayant émis une nouvelle monnaie et interdit l'usage de toute autre, envoya, vers 823, des *missi* dans chaque comté, avec charge de s'enquérir de la façon dont les comtes

---

1. Quand même *potestas* désignerait non pas le « pouvoir de disposer », mais le territoire dans les limites duquel s'exerce ce pouvoir, le sens et la portée de l'article de l'édit n'en seraient pas changés.
2. Édit de Pîtres (864), c. 13 et 16, Boretius-Krause, n° 273, t. II, p. 315 et 316.
3. Capitul. de 819, c. 12, Boretius, n° 141, t. I, p. 290.
4. Capitul. I d'Aix-la-Chapelle, c. 8, Boretius, n° 62, t. I, p. 150.
5. Capitul. d'Attigny, c. 9, Boretius-Krause, n° 261, t. II, p. 278.
6. Édit de Pîtres (864), c. 22 : «... missis nostris hoc notum faciant et hoc ab eisdem missis nostris diligenter inbrevietur et nobis renuntietur ut nostra discretione decernamus qualiter et castigatio ex compositione fiat et homines ultra mensuram et indebite non graventur, quia, sicut sancta Scriptura dicit, non inde requirimus datum sed fructum, id est non inde requirimus inhonestum lucrum sed regni ex castigatione profectum. » Boretius-Krause, n° 273, t. II, p. 319.

avaient fait respecter ses décisions [1]. Tout comte qui s'était montré négligent dans l'exécution des ordres royaux devait être cité devant le roi pour expliquer sa conduite, exposer les motifs qui l'avaient empêché de remplir la volonté royale, se justifier s'il était possible, et, en tout cas, s'excuser de n'avoir pas prévenu le roi de l'impossibilité où il s'était trouvé d'assurer l'observation de son édit. Encore, en 829, Louis le Pieux prescrivit aux *missi* de lui dénoncer les comtes qui auraient négligé de faire respecter les ordonnances relatives aux monnaies [2].

Les efforts des rois carolingiens pour centraliser la fabrication monétaire, si grands qu'ils aient été, furent impuissants à restreindre les ateliers monétaires de façon à rendre possible la surveillance rigoureuse de la frappe des monnaies. La volonté royale dut se plier aux conditions économiques de l'époque ; les communications étaient difficiles d'un pays à un autre ; il n'y avait guère que les marchands qui fissent de lointains voyages ; c'était donc une nécessité que les habitants de chaque *pagus* eussent sous la main des ateliers où ils pussent se fournir de deniers. Particulièrement, il n'y avait guère de centre commercial qui ne fût pourvu d'une officine monétaire. Mais la multiplicité des ateliers (et Charlemagne le comprit), comme aussi la variété des types monétaires que les rois, s'ils parvinrent au IXᵉ siècle à les réduire, ne réussirent pas à uniformiser, favorisait l'industrie des faussaires. C'était surtout dans les lieux de marchés que les faux monnayeurs se donnaient libre carrière. Charles le Chauve, par l'édit de Pitres, ordonna aux comtes de faire dresser la liste des marchés qui se tenaient dans leur comté [3] ; il se proposait d'en réduire le nombre et de prendre les mesures nécessaires pour y arrêter le cours des fausses monnaies.

Les faux monnayeurs étaient nombreux au IXᵉ siècle, si l'on en juge par l'insistance avec laquelle les rois reviennent, dans leurs capitulaires, sur la nécessité de les poursuivre et de les punir. Les capitulaires de 803 et de 854 ordonnent de les rechercher [4] ; un capitulaire de 818-819 nous fait connaître la peine qui les frappait [5] : l'amputation de la main droite ; leurs complices payaient, s'ils étaient libres,

---

1. Capitul. de 823-825, c. 20, Boretius, n° 150, t. I, p. 306.
2. Capitul. de Worms (829), c. 8, Boretius-Krause, n° 192, t. II, p. 16.
3. Édit de Pitres (864), c. 19 : « Ut melius et commodius hæc providentia de bonis denariis non reiciendis et de monetæ falsæ denariis custodiri possit, volumus ut unusquisque comes de comitatu suo omnia mercata inbreviari faciat et sciat nobis dicere quæ mercata tempore avi nostri fuerunt et quæ tempore domni et genitoris nostri esse cœperunt, vel quæ illius auctoritate constituta fuerunt vel quæ sine auctoritate illius facta fuerunt, vel quæ tempore nostro convenire cœperunt, vel quæ in antiquis locis permanent, et, si mutata sunt, cujus auctoritate mutata fuerunt. Et ipsum brevem unusquisque comes ad proximum placitum nostrum nobis adportet ut decernere possimus quatenus necessaria et utilia et quæ per auctoritatem nostram, maneant, quæ vero superflua, interdicantur vel locis suis restituantur... » Boretius-Krause, n° 273, t. II, p. 317.
4. Capitul. de 803, c. 28 : « De falsis monetariis requirendum est. » Boretius, n° 40, t. I, p. 116. — Capitul. d'Attigny (854), c. 9 : « De monetis et falsariis fabris, videlicet ut diligenter inquirantur et emendentur. » Boretius-Krause, n° 261, t. II, p. 278.
5. Capitul. additionnel aux lois, c. 19 : « De adulteratoribus monetæ. » Boretius, n° 139, t. I, p. 285.

l'amende de soixante sols et, s'ils étaient serfs, recevaient soixante coups. Cette pénalité persista ; elle est encore prescrite par l'édit de Pîtres ; mais cet édit ajoute que dans les pays de droit romain, on devait appliquer aux coupables les dispositions de ce droit [1]. Sous Charles le Chauve, les ateliers clandestins se multiplièrent, comme le prouvent les mesures rigoureuses prescrites par l'édit de Pîtres dans la recherche des faux monnayeurs et des faussses monnaies : « Que les comtes et les agents de l'État, dit Charles le Chauve [2], veillent chacun dans son comté ou le territoire de son office à ce qu'en aucun lieu on ne puisse faire de la monnaie clandestinement ou frauduleusement. Et si quelqu'un est pris en flagrant délit de fabrication de fausse monnaie, ou s'il est prouvé qu'il en a frappé, qu'on le traite comme faux monnayeur » et qu'on lui applique, à lui et à ses complices, les peines édictées par les anciennes constitutions. Mais les faux monnayeurs, comme aussi ceux qui répandaient la fausse monnaie, cherchaient un refuge dans les *fiscs* royaux, dans les immunités ou dans les territoires des grands propriétaires, et prétendaient se soustraire ainsi aux poursuites de l'autorité publique. Pour ceux qui se réfugiaient dans les *fiscs*, c'est-à-dire sur des terres tenues du roi en bénéfice, il était facile de les y atteindre, car le roi pouvait agir contre le détenteur du bénéfice qui refusait de livrer le coupable. Mais la saisie de ceux qui s'étaient enfuis sur le territoire d'un immuniste ou de quelque puissant, nécessitait une procédure plus longue, la même qui était suivie pour s'emparer des meurtriers et des voleurs [3].

Le comte avait donc l'administration des monnaies dans les limites de son comté. Il était, en cette matière, le représentant du roi dont il exécutait les ordres ; il surveillait la fabrication et le cours des monnaies. D'un mot, la *moneta* faisait partie du *comitatus*; elle était comprise dans les attributions administratives et judiciaires du comte. Tant que la royauté fut assez forte pour maintenir ses droits, les comtes restèrent les représentants du roi dans les provinces ; mais, au même temps que les comtes rendirent leurs offices héréditaires, ils usurpèrent les droits régaliens et les exercèrent à leur profit. La *moneta* fut un de ces droits régaliens qui passèrent entre leurs mains. Dès lors, ils exploitèrent les ateliers monétaires pour leur propre compte ; ils s'attribuèrent toutes les fonctions royales relatives aux monnaies : prenant pour eux les bénéfices de la fabrication, fixant le titre et le poids des monnaies, percevant les amendes auxquelles pouvait donner lieu le faux mon-

---

1. Édit de Pîtres (864), c. 16 : « .....Et inventus mixti vel minus quam debeat pensantis denarii monetator in illa terra, in qua judicia secundum legem romanam terminantur, secundum ipsam legem judicetur ; et in illa terra, in qua judicia secundum legem romanam non judicantur, monetarius, sicut supra diximus, falsi denarii manum dexteram perdat, sicut in quarto libro capitulorum continetur capite XXXIII. Et qui hoc consenserit, si liber est, LX solidos componat, si servus vel colonus, nudus cum virgis vapulet. » Boretius-Krause, n° 273, t. II, p. 316.
2. Édit de Pîtres (864), c. 17, Boretius-Krause, n° 273, t. II, p. 317.
3. *Ibid.*, c. 18.

nayage [1]. La *moneta* était toujours une portion du *comitatus*, mais ce *comitatus* avait cessé d'être une délégation des pouvoirs royaux pour devenir la propriété des comtes. Telle est l'origine du monnayage seigneurial. S'il était besoin de le prouver, on alléguerait que parmi les évêques, — abstraction faite de ceux dont les églises avaient reçu des concessions monétaires — ceux-là seuls ont frappé monnaie au xe siècle qui étaient entrés en possession du *comitatus*, par exemple les évêques de Beauvais et de Laon.

Cette usurpation du droit de monnaie ne se produisit pas partout dans le même temps, pas plus qu'elle ne fut complète d'un seul coup. Les comtes s'approprièrent les bénéfices avant de s'attribuer le droit de législation monétaire ; ils conservèrent le nom du roi sur les monnaies sorties des ateliers qu'ils avaient fait entrer dans leur patrimoine. « La monnaie était royale quant au type, mais elle était fabriquée par les comtes et à leur profit [2]. » Le nom du roi ne figurait sur les espèces que pour assurer leur cours ; du reste, souvent ce n'était plus le nom du roi régnant, mais c'était simplement le nom du dernier roi dont l'autorité eût été reconnue. Cette immobilisation des types monétaires permet, au moins pour certains ateliers, de déterminer l'époque à laquelle les comtes usurpèrent la monnaie : les usurpations commencèrent certainement sous le règne de Charles le Chauve.

Quelques documents écrits nous fournissent aussi de précieux renseignements. En 900, Charles le Simple accorda, par un diplôme spécial [3], à l'église d'Autun

1. Voyez A. de Barthélemy, *Note sur la classification des monnaies carolingiennes*, dans *Comptes rendus de l'Académie des Inscriptions*, 1893, et dans *Revue numismatique*, 1895, p. 79.
2. A. de Barthélemy, *Note*, etc., *Revue num.*, 1895, p. 80.
3. *Rec. des histor. de France*, t. IX, p. 486 : « In nomine sanctæ et individuæ Trinitatis, Carolus divina propitiante clementia rex. Si locis sacris... Quamobrem noverit omnium sanctæ Dei ecclesiæ fidelium et nostrorum, præsentium scilicet et futurorum, generalis unanimitas quoniam adiens nostræ serenitatis præsentiam Richardus comes illustris et marchio, adhibito secum Walone venerabili Eduensis ecclesiæ episcopo, retulit nobis qualiter antecessor ipsius episcopi castrum, quod est situm in latere Eduæ civitatis, in quo mater ecclesia in honore sancti Nazarii habetur sacrata, per præceptum regium adeptus fuerat, et præsens pontifex hactenus libero est potitus arbitrio ; et ob hanc causam, quo liberius eum in restitutione illius ad custodiam suæ ecclesiæ invigilare delectet, precatus est ut illud eidem suæ ecclesiæ præcepto nostræ auctoritatis largiendo confirmaremus, addens insuper ut monetam ejusdem urbis, dudum ab hac ecclesia pravitate quorumdam comitum indebite alienatam, nostra innovatione ei redintegraremus. Cujus rationabilem petitionem prospicientes, ob amorem Dei et reverentiam beati Nazarii, atque ad deprecationem praenominati proceris, hoc nostræ confirmationis praecepto jam dictum castrum cum omni sua integritate ecclesiæ beati Nazarii et jam dicto præsuli ac successoribus suis, absque ulla judiciariæ potestatis inquietudine, nostris futurisque temporibus habendum, regendum atque possidendum renovamus, delegamus et confirmamus. Similiter et pro remedio domini et avi nostri animæ Karoli piissimi augusti, seu et genitoris nostri Hludovici serenissimi regis, necnon et pro absolutione nostrorum peccaminum, et pro stabilitate regni nostri, monetam, quam in præfata urbe comitalis potestas dominabatur, per consensum et deprecationem supra memorati comitis sæpedicto martyri et suæ ecclesiæ restituendo, restauramus, immo et largiendo confirmamus et inviolabiliter indulgemus ; ea videlicet conditione ut præsens futurique ipsius ecclesiæ episcopi tam præfatam regendi castri confirmationem quam et subjectam nostræ cessionis largitionem, immo et regiæ munificentiæ innovationem ecclesiastico jure, nemine inquietante, possideant, et canonice in dispensando fruantur arbitrio. Pro integra quoque nostræ tuitionis firmitate, nostra devotione eidem ecclesiæ conferenda,

la monnaie de cette cité; il le fit du consentement du comte d'Autun, et même à sa prière. C'était, paraît-il, de la part du comte une restitution : cela importe peu ; mais ce qu'il faut retenir de ce document, c'est qu'en 900 la monnaie éduenne avait échappé à l'autorité royale pour passer sous celle du comte. Le fait que la cession de la monnaie à l'église est consentie par le comte ne suffirait pas à prouver que celui-ci fût maître de l'atelier monétaire; il eût été assez conforme aux idées du temps que le roi ne dépouillât pas un de ses représentants, même amovible, d'une partie de ses fonctions sans s'être assuré que celui-ci ne s'opposerait pas à cette diminution de ses attributions et même de ses revenus, car il est probable que les comtes, quand ils étaient encore de simples agents royaux, devaient percevoir une part sur les bénéfices du monnayage. Cependant nous ne voyons pas que Louis le Pieux et Charles le Chauve aient jamais mentionné, dans les diplômes de concessions monétaires accordés aux églises, le consentement du comte à cette libéralité. Il est donc probable que les droits du comte Richard sur la monnaie d'Autun étaient plus étendus que ne l'étaient ceux de ses prédécesseurs du IXe siècle. En effet, le roi déclare donner à l'église Saint-Nazaire la monnaie qui était en la puissance du comte : « monetam, quam in præfato urbe comitalis potestas dominabatur. » Ce n'est pas là une manière de parler quelconque : les mots *comitalis potestas dominabatur* ont une valeur juridique; ils sont l'équivalent de *potestas* et de *dominium* qui expriment la propriété dans ce qu'elle a de plus absolu. La monnaie d'Autun faisait donc partie du domaine et de la propriété du comte; si cependant le comte prie le roi de confirmer l'abandon qu'il fait de la monnaie à l'église, c'est qu'il tient à prémunir l'évêque contre toute réclamation ultérieure du roi, car à cette époque on n'avait pas encore oublié que le *comitatus* était une émanation de la royauté.

L'explication que nous avons donnée des mots *comitalis potestas dominabatur* est confirmée par le passage d'un diplôme de Louis l'Enfant, de l'an 902, en faveur de l'évêque de Trèves [1]. Ici deux comtes interviennent pour prier le roi

omnia præcepta a suprascripto avo nostro divæ recordationis augusto ei deinceps stabilita, hanc nostri decreti roborationem superaddentes confirmamus; et ut a nemine in præsenti aut in futuro cujusquam inquietari præsumantur temeritate, modis omnibus prohibemus. Ut autem hujus nostræ confirmationis, renovationis et largitionis cessio tutiorem in Dei nomine obtineat firmitatis plenitudinem, manu propria eam firmantes, annuli nostri impressione jussimus insigniri. Signum Karoli gloriosissimi regis. Heriveus notarius ad vicem Anskirici episcopi recognovit. Data pridie kal. julii, indictione tertia, anno VIII regnante et redintegrante III Karolo gloriosissimo rege. Actum apud Vermeriam in Dei nomine feliciter amen. »

1. Beyer, *Urkundenbuch zur Geschichte der..... mittelrheinischen Territorien*, n° 150, t. I, p. 214 : « In nomine sanctæ et individuæ Trinitatis, Hludovicus, divina favente gratia rex. Si nostrorum presulum justis petitionibus faveamus..... Idcirco omnium sancte Dei ecclesiæ nostrorumque fidelium presentium et futurorum comperiat agnitio, quod Cunradus et Gebehardus, illustres comites, nostræ mansuetudini suggesserunt nostræque celsitudinis clementiam popoascerunt ut Trevericæ civitatis monetam, theloneum, censales, tributum atque medemam agrorum cum fiscalibus hominibus, quæ quondam tempore Vuiomadi, ejusdem urbis archiepiscopi, de episcopatu abstracta et in comitatum conversa fuisse noscuntur, eidem episcopio nostræ majestatis auctoritas restitueret. Quorum petitionem justam nostræque saluti

de rendre à l'église de Trèves la monnaie de cette ville qui lui a été enlevée, et le comte de la cité consent à cette restitution. La *moneta* apparaît comme une portion du *comitatus*, mais en même temps elle est encore droit du roi. Louis l'Enfant la détache du *comitatus* pour la transporter dans le domaine et sous la puissance de l'évêque et de l'église Saint-Pierre : « monetam .....ipsius civitatis....... de comitatu ad episcopatum cum omni integritate convertimus et de nostro jure ad partem et *potestatem* sancti Petri reddidimus ejusque *dominio*........ mancipavimus. » Enfin, dans un diplôme de l'an 924, par lequel le roi Raoul concède la monnaie du Puy à l'évêque de cette cité [1], la *moneta* est d'abord mise par le roi au nombre des choses de son droit : « de rebus juris nostri » ; plus loin elle figure parmi les choses qui jusque là avaient fait partie du domaine comtal : « universa quæ ibidem ad dominium et potestatem comitis hactenus pertinuisse visa sunt ». Ces deux affirmations ne sont pas si contradictoires qu'elles paraissent tout d'abord ; car si les comtes au Xe siècle avaient donné à leurs fonctions un caractère patrimonial, c'était un état de fait et non de droit. La royauté persistait à considérer le *comitatus* comme une

---

proficuam esse censentes pro amore Dei et reverentia beati Petri, Apostolorum principis, necnon pro dilectione Rathbodi, memoratæ civitatis venerabilis archiepiscopi, per consensum Vuigerici, comitis, et omnium nostrorum fidelium, qui presentes affuerunt, universa suprascripta, monetam scilicet ipsius civitatis, theloneum, omneque tributum infra civitatem et extra per omnem comitatum, de monasteriis et villis ac vineis, sed et cunctos censuales atque fiscales et medemam agrorum de comitatu ad episcopatum cum omni integritate convertimus et de nostro jure ad partem et potestatem sancti Petri reddidimus ejusque dominio per hoc nostræ serenitatis preceptum sanctientes, perpetua stabilitate firmiter mancipavimus ; precipientes obnixe ut omnia hec, sicut comiti solvebantur, sic a die presente deinceps in perpetuum in potestate maneant pontificis..... Data XIII kalend. octobris, anno dominicæ Incarnationis DCCCCII, indictione V, anno vero tertio domni Hludovici gloriosi regis. Actum in villa Vuadegozzinga, in Dei nomine feliciter, amen. » Cf. Böhmer-Mühlbacher, *Regesta*, n° 1950, t. I, p. 724.

1. *Rec. des histor. de France*, t. IX, p. 564 : « In nomine Dei et salvatoris nostri Jesu Christi, Rodulphus divina ordinante providentia rex. Si petitionibus servorum Dei..... Idcirco notum fore volumus cunctis fidelibus sanctæ Dei ecclesiæ et nostris, præsentibus scilicet ac futuris qualiter veniens Adelardus, episcopus ecclesiæ Aniciensis seu Vallavensis, expetierit celsitudinem nostram ut ecclesiam, cui, Deo ordinante, præsul esse dignoscitur, de rebus juris nostri adcrescere sub nostræ præceptionis authoritate dignaremur. Cujus petitioni benignum praebentes assensum, regum morem servantes, hoc præceptum immunitatis fieri jussimus ; concedentes ei omnibusque successoribus omnem burgum ipsi ecclesiæ adjacentem et universa quæ ibidem ad dominium et potestatem comitis hactenus pertinuisse visa sunt, forum scilicet, teloneum, monetam, et omnem districtum, cum terra et mansionibus ipsius burgi. Et ita deinceps hæc nostri præcepti authoritas, quam pro remedio animæ nostræ, consentiente fideli nostro Guillelmo comite, pro remedio animæ Guillelmi avunculi sui atque omnium parentum suorum, Dei genitricis et perpetuæ virginis ecclesiæ prædicto pontifici commissæ concedimus, firmiter et inviolabiliter deinceps conservetur, ut nullus comes aut judex publicus aut aliqua sæcularis potestas ibi audeat aliquam exactionem facere neque mansionatias aut pactiones aut aliquas redhibitiones exigere sine voluntate aut permissione episcopi qui ipsam tenuerit ecclesiam, sed omnia in potestatem episcopi redigantur et ipse omnia, prout sibi recte placuerit, ordinet, teneat atque possideat. Ut autem hæc auctoritas firmiter habeatur et a fidelibus sanctæ Dei ecclesiæ futuris temporibus diligentius conservetur, id annulo nostro subter jussimus sigillari. Signum Rodulphi regis gloriosi. Datum VI idus aprilis, indictione X, anno primo regnante Rodulpho rege gloriosissimo, anno DCCCCXXIII. Actum Cabilono civitate, in Dei nomine feliciter, amen. »

délégation. D'ailleurs, le roi Raoul, dans ce diplôme pour l'église du Puy, déclare n'agir qu'avec le consentement du comte Guillaume ; et en réalité, c'est le comte bien plutôt que le roi qui fait cette donation à l'église du Puy, car il la fait pour le salut de son âme et celui de ses parents ; son adhésion à la volonté du roi a donc une importance toute particulière.

Ainsi, dès les premières années du xe siècle, la monnaie, dans plusieurs cités, était devenue, en fait, la propriété du comte ; le roi n'avait plus sur elle qu'une vague suzeraineté qu'on reconnaissait en recourant à son autorité pour sanctionner les aliénations qu'on pouvait faire de ce droit régalien. Ce n'est toutefois que dans la seconde moitié du xe siècle que quelques comtes osèrent inscrire leur nom sur les monnaies, d'abord à côté, puis à la place de celui du roi.

Par les concessions de monnaies aux églises, les rois ouvrirent eux-mêmes la voie au démembrement et à l'usurpation de leur droit régalien. Les églises avaient joué, dans le monnayage mérovingien, un certain rôle, mal déterminé d'ailleurs, et dont on ne peut saisir ni l'origine ni le caractère. Les églises possédaient-elles des officines particulières distinctes de celles du roi, ou bien, au contraire, avaient-elles simplement part à la fabrication des monnaies royales et aux bénéfices qui en résultaient ? Peut-être la situation différait-elle d'une église à une autre ? Les Carolingiens ne songèrent pas à supprimer le monnayage ecclésiastique, mais ils le replacèrent sous leur autorité directe ; les églises qui continuèrent de frapper monnaie le firent sous le contrôle de l'État ; les espèces sorties de leurs ateliers sont au même type et du même poids que les espèces royales. Voilà ce que permettent de constater et les monnaies elles-mêmes et les documents écrits. Pépin et Charlemagne limitèrent le monnayage ecclésiastique : les églises dont les noms figurent sur les deniers de ces deux rois sont peu nombreuses. Il est vrai que quelques églises apparaissent à cette époque dans l'histoire monétaire qui n'ont pas laissé de traces dans le monnayage mérovingien, mais les preuves de leur activité monétaire peuvent avoir disparu. A supposer que Pépin et son fils aient permis à quelques églises de frapper monnaie, ç'a été dans des conditions qui laissaient les ateliers ecclésiastiques sous la dépendance du roi et de ses officiers, et qui faisaient des monnaies sorties de ces ateliers des succédanées des monnaies royales.

Il faut venir au règne de Louis le Pieux pour trouver des concessions monétaires par actes spéciaux.

Un auteur du xe siècle rapporte qu'à l'occasion du transport des reliques de saint Sébastien dans l'église Saint-Médard, à Soissons, en 827, l'empereur Louis voulant témoigner de sa dévotion envers le saint, combla son église de présents ; particulièrement, il lui soumit la *moneta publica*[1]. Ainsi l'empereur ne donne pas à

---

1. *Liber de translatione reliquiarum sancti Sebastiani martyris*, auctore Odilone monacho : « Præterea

l'abbaye le droit de monnaie ; il ne lui permet pas d'établir un atelier nouveau ; il lui concède l'exploitation de l'atelier royal (ce qui est marqué par les mots *cum incudibus*, « avec les enclumes, » dont le chroniqueur fait suivre les mots *moneta publica*), et par suite les bénéfices résultant de cette exploitation. De fait, ce n'est que plus tard que l'église de Saint-Médard émettra des deniers à son nom : les deniers fabriqués à son profit, à partir de 827, et aussi longtemps que la royauté put maintenir au droit de monnaie son caractère régalien, étaient des deniers portant le nom du roi. Louis le Pieux, en même temps qu'il concédait la monnaie à l'église Saint-Médard, lui permettait d'avoir parmi ses *famuli* un *trapezeta*, c'est-à-dire un monnayeur ou un changeur, peut-être l'un et l'autre tout ensemble. Il est assez probable que le mot *trapezeta* désigne sous la plume du chroniqueur du xe siècle, un monnayeur, comme dans un diplôme de concession monétaire accordé l'an 915 à l'abbaye de Tournus[1].

Louis le Pieux ayant fondé le monastère de Corvei, dans la vallée du Weser, permit aux religieux d'établir un atelier monétaire dans leur abbaye, mais à condition que les pièces fabriquées seraient des pièces royales ; c'est bien là ce qu'entend l'empereur quand il décide qu'il y aura dans le monastère une monnaie publique dont les bénéfices reviendront aux moines : « monetam nostrae auctoritatis publicam ultra ibi semper inesse, Christo militantibus proficuam, statuimus[2]. » Louis le Pieux n'abandonne pas son *jus monetae* ; il établit à Corvei un atelier public, c'est-à-dire royal, dont les moines auront l'exploitation et les profits. La raison qui détermine l'empereur à agir ainsi est notable : c'est qu'il n'y avait dans la région aucun lieu de marché ; dès lors les moines ne pouvaient s'approvisionner de l'argent nécessaire à leurs besoins. Nous verrons plus loin le lien étroit qui unissait la monnaie et le marché.

On a longtemps suspecté l'authenticité du privilège monétaire de Louis le Pieux

---

memorandi cæsaris Chludowici qualis quantave circa sanctum (Sebastianum) devotio fuerit, largissima operis patefecit exsecutio... Monetam etiam publicam cum incudibus et trapezetam perpetuo famulatu sacris ipsius (sancti) deserviturum subdidit. » *Rec. des histor. de France*, t. VI, p. 322-323. Sur la date de la translation, août 827, voyez Böhmer-Mühlbacher, *Regesta imperii*, t. I, p. 299.

1. *Rec. des histor. de France*, t. IX, p. 523. Texte cité, plus loin, p. LXIV, note 4.
2. Diplôme du 1er juin 833. Fac-simile d'après l'original, dans H. von Sybel und Th. Sickel, *Kaiserurkunden in Abbildungen*, livr. I, pl. 6 : « In nomine Domini Dei... Hludowicus divina ordinante providentia imperator augustus omnibus sanctae Dei ecclesiae nostrisque fidelibus praesentibus scilicet atque futuris notum esse volumus quomodo Corbagense monasterium in Saxonia... fundavimus... Insuper etiam, quia locum mercationis ipsa regio indigebat, monetam nostræ auctoritatis publicam ultra ibi semper inesse, Christo militantibus proficuam, statuimus, quatenus cum omni integritate absque ullius contradictione vel impedimenti occasione, locus ipse sanctitatis omnem inde reditum nostræ auctoritatis publicum possideat et utilitatibus monasterii perpetuis temporibus multiplicatum nostrum hoc largitatis donum proficiat... Data kalend. junias, anno Christo propitio XX imperii domni Hludowici piissimi augusti, indictione XI. Actum Wormacia civitate, in Dei nomine feliciter, amen. » Cf. Böhmer-Mühlbacher, *Regesta*, n° 893, t. I, p. 329.

pour l'église du Mans. Le texte nous a été transmis par l'auteur de la biographie de l'évêque Aldric, intitulée *Gesta domni Aldrici*. Au contraire des *Actus pontificum Cenomannis in urbe degentium* qui renferment nombre d'actes faux, les *Gesta*, œuvre d'Aldric lui-même, ne contiennent que des documents authentiques : telles sont les conclusions de Julien Havet [1]. Le diplôme délivré par Louis le Pieux à l'évêque du Mans, Aldric[2], est daté du 22 mars 836. L'évêque, pour obtenir de l'empereur la concession de l'atelier du Mans, avait produit à l'appui de ses prétentions des privilèges de Thierry, de Pépin et de Charlemagne ; les deux derniers, nous ne les connaissons pas ; quant au premier, le diplôme de Thierry, il a été transcrit dans les *Actus* ; il est manifestement faux[3]. Quoi qu'il en soit de la valeur des privilèges royaux invoqués par Aldric, il est certain qu'il existe des monnaies de l'époque mérovingienne frappées au nom de l'église du Mans ; mais il est possible que même au VIIe siècle, cette église n'ait pas eu une monnaie particulière, mais simplement l'administration à son profit de la monnaie publique, car il est remarquable qu'Aldric ne réclamait rien autre chose que la monnaie publique du Mans « monetam

---

1. J. Havet, *Questions mérovingiennes, Les actes des évêques du Mans*, dans *Biblioth. de l'École des Chartes*, t. LIV (1893), p. 597 et suiv.
2. *Rec. des histor. de France*, t. VI, p. 609 : « In nomine Domini Dei et salvatoris nostri Jesu Christi, Hludovicus divina repropitiante clementia imperator augustus. Si sacerdotum servorumque Dei... Idcirco notum esse volumus cunctis fidelibus sanctae Dei ecclesiae nostrisque, presentibus scilicet et futuris, quia vir venerabilis Cenomanicae urbis episcopus, Aldricus nomine, nobis innotuit eo quod antecessores sui, Merolus scilicet et Gauzciolenus, atque praedecessores eorum in praedicta urbe monetam publicam per praecepta bonae memoriae domni et genitoris nostri Karoli et Pipini avi nostri sive Theodorici regis atque anteriorum regum plena eorum auctoritate concessam praedictam monetam habuissent ; quae propter ablationem rerum praedictae sedis ecclesiae, sive propter vastationem earum, aliquo tempore, licet parvo, nostroque sive in fine genitoris nostri praedicta moneta dimissa et propter praedictarum rerum inopiam atque desolationem cessata esset ; quam neque nos neque domnus Karolus genitor noster neque ullus missus noster nostra aut sua auctoritate prohibuit, sed solummodo propter praefatam indigentiam dimissa esset. Obtulit etiam antedictus episcopus obtutibus nostris praecepta regum praedecessorum nostrorum videlicet Francorum, in quibus continebatur quod praedicta moneta antecessoribus praedicti Aldrici episcopi a praescriptis regibus concessa antiquis et modernis temporibus fuisset. Quae et nos relegentes ita invenimus et signa atque sigilla regum praedecessorum nostrorum quoque auctoritate in eis inspicientes, vera esse quae dicebat cognovimus. Idcirco praecipientes jubemus ut nullus missus noster vel comes ipsius nostrae aut quilibet ex judiciaria potestate ei successoribusque suis ex praefata moneta ullo unquam tempore aliquam calumniam aut molestiam aut injustam pulsationem sive causationem atque machinationem facere praesumat ; sed nostris futurisque temporibus praescripta moneta in praefata urbe saepedicto episcopo atque ejus successoribus permaneat ; ita tamen ut hoc praevideat tam praefixus Aldricus quam et sui successores, ut aliqua falsitas in ipsa moneta non appareat. Et ut haec concessio nostra de praedicta moneta futuris conservetur temporibus, quam nos pro Dei amore et pro reverentia ipsius loci fieri jussimus et verius credatur et diligentius conservetur, manu nostra subterfirmavimus et de anulo nostro sigillari jussimus. Signum Hludovici piissimi imperatoris. Hirminmarus notarius ad vicem Hugonis recognovi et subscripsi. Data XI kal. aprilis, anno Christo propitio XXIII imperii domni Hludovici piissimi augusti, indictione XIV. Actum Aquisgrani palatio regio in Dei nomine feliciter, amen. » Cf. Böhmer-Mühlbacher, *Regesta*, n° 928, t. I, p. 352.
3. Voyez A. de Barthélemy, *Examen de documents apocryphes relatifs aux monnaies*, dans *Revue num.*, 1868, p. 261.

publicam », c'est-à-dire l'exploitation de l'atelier royal. C'est là ce que lui accorda Louis le Pieux, en même temps qu'il interdisait à ses *missi* et au comte ou à tout autre agent royal d'inquiéter les évêques du Mans dans la jouissance de ce privilège. En revanche, le roi exigeait qu'ils se conformassent, dans la fabrication des monnaies, aux ordonnances royales, ce qui est exprimé par la phrase : « ut aliqua falsitas in ipsa moneta non appareat. »

Par un diplôme du 12 juin 873, Louis le Germanique autorisa Rataud, évêque de Strasbourg, à établir une monnaie dans telle *villa* du domaine épiscopal qu'il lui plairait[1]. Antérieurement, en 856, Louis le Germanique aurait abandonné à l'église de Worms divers droits utiles[2] : la monnaie, le muid royal, le tonlieu, les gages et les amendes. Il semble bien, d'après cette énumération, que le roi n'ait cédé à l'église que les profits qu'il retirait de l'exercice de ces droits. La libéralité de Louis le Germanique fut confirmée par le roi Arnulf[3] en 898. Le diplôme de 856 est le plus ancien qui nous montre la cession simultanée de la *moneta* et du tonlieu, des revenus provenant du monnayage et de ceux qui provenaient des marchés. Mais cet acte a été reconnu faux par les diplomatistes[4]. Toutefois, au point de vue spécial de l'union de la monnaie et du marché, il peut être invoqué, car sa composition ne doit pas être très postérieure à sa prétendue date. D'ailleurs un acte de Louis le Pieux nous avait déjà montré le lien étroit qui unissait le *mercatum* et la *moneta* ; cette union est plus fortement marquée dans le privilège accordé en 861 par le roi Lothaire II à l'abbaye de Prüm[5]. L'éloignement d'un marché et d'un

---

1. Grandidier, *Histoire de l'église et des évêques-princes de Strasbourg*, t. II, p. cclvii : « ..... Concessimus quoque venerabili episcopo Rataldo vel successoribus ejus, rectoribus scilicet jamdictæ ecclesiæ ut in quacumque placuerit villa episcopii sui monetam statuat, quatenus pro mercedis nostræ augmento utilitati ipsius ecclesiæ deserviat. » Cf. Böhmer-Mühlbacher, *Regesta*, n° 1454, t. I, p. 579. Voyez J. Cahn, *Münz-und Geldgeschichte der Stadt Strassburg*, et le compte-rendu de ce livre, dans *Revue num.*, 1895, p. 474.

2. Ce diplôme, du 20 janvier 856, a été publié dans Schannat, *Historia episcopatus Wormatiensis*, t. II, p. 6.

3. Boos, *Urk.-Buch der Stadt Worms*, t. I, p. 18. Cf. Böhmer-Mühlbacher, n° 1894, t. I, p. 707.

4. Voyez : Heumann, *Commentarii de re diplomatica imperatorum*, t. II, p. 225 ; Th. von Sickel, *Beiträge zur Diplomatik*, dans *Akademie der Wissenschaften* (de Vienne), *Sitzungsberichte*, t. XXVI, p. 396 ; Böhmer-Mühlbacher, *Regesta*, n° 1373, t. I, p. 542.

5. Diplôme du 28 juillet 861, publié dans Beyer, *Urkundenbuch zur Geschichte der mittelrheinischen Territorien*, n° 96, t. I, p. 100 : « In nomine omnipotentis Dei et Salvatoris nostri Jhesu Christi. Hlotharius divina preveniente clementia rex. Si utilitatibus ecclesiarum... Idcirco omnium fidelium sanctæ Dei ecclesie ac nostrorum presentium videlicet et futurorum noverit industria quia Ansboldus, Prumiacensis monasterii abbas, nostris serenissimis innotuit auribus quod ipse locus, propter mercati et monete longinquitatem non modicum patitur discrimen, unde petiit clementiam magnitudinis nostræ ut licentiam in loco qui vocatur Romarivilla, non procul ab eodem monasterio sito, mercatum et monetam ad utilitatem ejusdem loci fieri non dedignaremur. Cujus peticioni, ob reverentiam Domni et Salvatoris nostri Jhesu Christi et remedium animæ nostræ libenter acquiescentes, has nostræ pietatis litteras fieri decrevimus, per quas statuentes decernimus atque jubemus ut abhinc in antea in predicto loco mercatum habeant more humano et moneta ad bonos et meros denarios perficiendum fiat, et nulla pars publica inde teloneum vel aliquam exactionem exigat, sed in utilitatibus ejusdem sancti loci

atelier monétaire causait un dommage considérable au monastère. Sur les instances de l'abbé Ansbold, le roi autorisa donc les moines à établir à Romersheim, lieu voisin de Prüm, un marché et une monnaie dont tous les profits viendraient à l'abbaye sans que les pouvoirs publics y pussent rien prétendre. La seule condition imposée au monastère était que les deniers fabriqués dans son atelier fussent d'argent pur. Désormais dans les pays germaniques et en France, une concession de marché comportera le plus souvent le droit d'établir une monnaie et de percevoir les revenus provenant de la monnaie et du marché. En effet, la *moneta* était le corollaire du *mercatum*. Il était nécessaire que les marchands eussent à leur portée un lieu où ils pussent s'approvisionner de deniers et échanger soit celles de leurs monnaies qui n'avaient pas cours, soit des lingots de métal contre de l'argent monnayé.

Du privilège de 861, il convient de rapprocher la confirmation qu'en fit, l'an 920, le roi Charles le Simple[1]. La comparaison du diplôme de 861 avec celui de 920 nous permet de mesurer les progrès accomplis en un demi-siècle par les monastères dans leurs empiétements sur les droits régaliens. Lothaire avait permis aux moines de Prüm d'établir un marché et un atelier monétaire en un lieu déterminé ; de plus, ils ne devaient émetttre que des monnaies semblables aux monnaies royales ; aucun pouvoir public n'avait cependant rien à prélever ni sur le marché ni sur la monnaie. Charles le Simple n'impose plus au monastère un lieu fixe pour la tenue du marché : les abbés ont le droit d'établir un marché en tel endroit qu'il leur plaira dans les limites de leur domaine ; de plus, le roi ne se dépouille pas seulement des revenus de la monnaie, il abandonne tout son droit ; il reconnaît au monastère la faculté de frapper monnaie à sa marque propre « proprii numismatis monetam » ; ainsi la *moneta* perd son caractère public pour devenir une chose privée, la propriété du monastère. L'abandon par le roi de ses droits utiles avait provoqué l'usurpation par les moines des droits de souveraineté.

Nous avons de Charles le Chauve plusieurs diplômes de concessions monétaires.

---

vel fratrum ibidem Deo militantium in futuro perseveret. Et ut hæc nostræ concessionis auctoritas inviolabilis perseveret... Data V kal. augusti, anno Christo propicio regni domni Hlotharii regis VI, indictione VIII. Actum Aquisgrani palatio regio, in Dei nomine feliciter amen. » Cf. Böhmer-Mühlbacher, *Regesta*, n° 1260, t. I, p. 485. Voyez aussi J. Menadier, *Deutsche Münzen*, t. I, p. 34.

1. *Rec. des histor. de France*, t. IX, p. 548 : « In nomine sanctæ et individuæ Trinitatis, Carolus, divina favente clementia rex Francorum. Si erga loca divinis cultibus mancipata... Inter liberales donationes, quas decessores nostri reges loco eidem contulerunt, reperietur hoc ab eis esse concessum, quatenus, si rectores ejus utile judicaverint, mercatum statuant in quocumque potestatis suæ loco voluerint, propriique numismatis percutiendi monetam ex regali haberent auctoritate licentiam ; quod et nos, si abbas necessarium duxerit, libenter annuimus et auctoritate nostra roboramus, sitque locus ille sub tutamine vel emunitate nostræ defensionis, sicut fuisse probatur sub omni, qui ante nos fuerunt, regum tuitione..... Et ut hæc liberalitatis nostræ firmiorem obtineat firmitatem.... Data XIII kalend. septembris, indictione octava, regnante Carolo rege, redintegrante XXII, largiore vero hæreditate IX. Actum in pago Arduennaria in villa nuncupata Longramp. »

Le premier en date est celui qui fut octroyé l'an 865 à l'église de Châlons-sur-Marne [1]; c'était, non pas une dérogation, mais bien plutôt une conséquence de l'édit rendu l'année précédente par le roi dans l'assemblée de Pîtres sur le conseil des grands laics et ecclésiastiques. En effet, l'édit de Pîtres interdisait le cours de toute monnaie autre que celle dont le roi avait prescrit l'émission et fixé le type. Mais comme les neuf ateliers monétaires [2] que le roi avait maintenus en France étaient éloignés de Châlons, les hommes de l'église châlonnaise ne pouvaient se procurer que difficilement des deniers au nouveau type, ce qui donnait aux officiers royaux l'occasion de les frapper d'amendes. L'évêque Erchenraus pria le roi d'établir une monnaie dans la cité de Châlons comme il l'avait fait dans d'autres cités de son royaume. Le roi y consentit, et à titre d'aumône, à charge pour les chanoines de prier pour le salut de son père et celui de sa femme, et de célébrer leur obit et le sien, il abandonna à l'évêque de Châlons et à ses successeurs, comme aussi aux chanoines, les revenus de l'atelier dont il autorisait l'ouverture. Il est bien évident que les deniers qui y furent frappés ne pouvaient être qu'au type royal et spécialement au type arrêté par l'édit de Pîtres.

Il semble donc que par là soit confirmée l'opinion des numismatistes qui pensent qu'une erreur de scribe s'est glissée dans l'article de l'édit de Pîtres consacré à la description des nouveaux deniers, et que les deniers avec la légende **GRATIA D͞I REX** entourant le monogramme royal sont ceux qui ont été émis à la suite de l'édit de Pîtres. Il est certain, en effet, que les deniers de Charles le Chauve frappés

---

1. A. de Barthélemy, *Lettre à M. E. Cartier sur les concessions du droit de frapper monnaie*, dans *Revue num.*, 1851, p. 33 : « In nomine sancte et individue Trinitatis, Karolus gratia Dei rex. Si nostrorum et ecclesie Dei..... Igitur noverit omnium fidelium sancte Dei ecclesie et nostrorum tam presentium quam futurorum sollertia quia nos, pro amore Dei regnique nostri stabilimento atque trapezatarum astuta fraudulentia, unacum consilio procerum nostrorum, pontificum scilicet ac nobilium laicorum, innovavimus per omne regnum nostrum monetam quam ubique corruptam esse cognovimus, et ne aliqua calliditate iterum immutaretur, monogramma nominis nostri illi jussimus insignari, precipientes regia potestate ut nemo aliis in nostro regno, in emendo aut in vendendo, utatur denariis, et qui hujus nostre jussionis edicti temerator apparuerit, bannum nostrum componat. Unde adiens excellentiam nostram venerabilis presul nobisque gratissimus, nomine Erchenraus, deprecatus est ut pro oppressione familie ecclesie sancti Sephani, cui preest, que denarios ejusdem monete in propria nequibat civitate invenire, nisi alibi tediose ac laboriose perquireret, in eadem civitate, sicut in aliis regni nostri, statueremus monetam. Quapropter, ad deprecationem carissime nostre conjugis Yrmintrudis ipsiusque venerabilis pontificis, jussimus illi dari de camera nostra monetam nostram, et pro elemosina domni genitoris nostri nostreque ac dilectissime nobis conjugis, pro cujus deprecatione hoc egimus, censum qui inde exierit canonicis in prefata ecclesia Deo militantibus tradidimus et annuatim in cena Domini quasi annua dona illum accipientes donum pro incolumitate nostra amandeque nobis conjugis ac remedio animarum nostrarum perhenniter efflagitare satagent et diem obitus utriusque eternaliter celebrent. Unde et hoc celsitudinis nostre preceptum fieri ac prefato presuli ejusdem ecclesie jussimus dari, per quod eandem monetam cum omni reddito possidere valeat eternaliter et possidendo ordinare legaliter ut ipse et successores sui quicquid inde exigere potuerint eisdem fratribus conferant..... Data X kalend. decembris, indictione XIII, anno XXV, regnante Karolo gloriosissimo rege et piissimo. Actum apud Casnum in Cosia, in Dei nomine feliciter amen. ».

2. Voyez plus haut, p. XVI, note 4.

dans les dernières années de son règne sont bien ceux qui portent GRATIA D¯I REX ; mais il est certain aussi que leur type n'est pas conforme aux termes de l'édit. Cependant, il n'en résulte pas que le texte de cet édit ait été altéré, car le type qu'il décrit n'est pas absurde puisqu'il a existé sous Charlemagne. Le nom du roi devait entourer le monogramme ; il y avait là comme une répétition. Il était inutile d'écrire en légende circulaire le nom de *Carolus* qui figurait au centre sous forme de monogramme ; c'est sans doute ce qui aura déterminé le roi à modifier aussitôt après la promulgation de l'édit de 864, les dispositions de cet édit relatives au type monétaire. L'essentiel, comme on le voit par le diplôme pour Châlons, c'était que la monnaie fût marquée du monogramme royal. Il n'en résulte pas que tous les deniers à la légende GRATIA D¯I REX et au monogramme soient postérieurs à l'édit de Pîtres ; car il est possible que les monnayeurs, d'accord avec le roi, n'aient fait qu'adopter et généraliser un type déjà usité dans quelques ateliers.

Par un diplôme du 1er novembre 871, Charles le Chauve retira du *jus comitum* la *moneta* de Besançon[1] pour la transférer à l'église Saint-Étienne, représentée par l'évêque Arduic, et en même temps que la monnaie, les marchés et le tonlieu. En 873, même libéralité à l'égard d'Isaac, évêque de Langres, abbé de Saint-Étienne de Dijon, et à ses successeurs, relativement aux monnaies et marchés de Langres et de Dijon[2]. Et ce qui marque assez que dans l'une et l'autre concession il s'agit non

---

1. Archives du département des Médailles de la Bibliothèque nationale, copie de 1692, d'après une copie plus ancienne : « In nomine sanctæ et individuæ Trinitatis, Karolus Dei gratia rex. Si servorum Dei..... Comperiat igitur omnium sanctæ Dei ecclesiæ seu nostrorum tam præsentium quam futurorum fidelium sollertia qualiter dilectus et fidelis noster Arduicus, sanctæ ecclesiæ Vesontionensis reverendus archiepiscopus, nostram adiit præsentiam humiliter postulans quatinus per nostram pietatem sibi seu ecclesiæ Vesontionensi, cui, Deo ordinante, præesse videtur, monetam nostram concederemus..... Cujus laudabilibus petitionibus aurem accommodavimus et hoc nostræ sublimitatis præceptum fieri jussimus, per quod ipse venerabilis Arduicus et ejus successores præfatam monetam..... et etiam de mercatis et theloneo civitatis, quemadmodum supra habetur insertum, quieto ordine obtinere in perpetuum valerent. Et ne nostra largitio ex moneta jam dicta a monetariis falsis seu comitum ministris aliquo potuisset violari ingenio, idcirco non ad jus comitum sed ad utilitatem jam prædictæ ecclesiæ et ejus rectoris provisionem in tota ipsius parochia volumus pertinere..... Data kal. novembris, indict. IIII, anno XXXII regnante Karolo rege gloriosissimo. Actum Vesontione civitate, feliciter amen. » Ce diplôme a été publié par A. Castan, *Concession monétaire de Charles le Chauve à l'église métropolitaine de Besançon*, dans *Revue num.*, 1891, p. 47.

2. *Rec. des histor. de France*, t. VIII, p. 643 : « In nomine sanctæ et individuæ Trinitatis, Karolus gratia Dei rex. Si servorum Dei justis..... Comperiat omnium fidelium sanctæ Dei ecclesiæ nostrorumque tam præsentium quam futurorum solertia qualiter carissimus nobis Isaac, Lingonensis ecclesiæ reverendus antistes, ad nostram se colligens majestatem, humiliter postulavit quatenus, pro nostra pietate, ecclesiæ sancti Mammetis Lingonensis atque ecclesiæ sancti Stephani Divionensis, quibus, Deo ordinante, ipse præerat, monetam quam antea habere non consueverant, concederemus. Simili modo etiam deprecatus est de mercatis in sua potestate constitutis, in Lingonensi scilicet et in Divione.... Cujus laudabilibus petitionibus atque ammonitionibus aurem accommodantes, hoc sublimitatis nostræ præceptum fieri eique dari jussimus, per quod ipse venerabilis antistes ejusque successores et præfatas monetas et de mercatis, quemadmodum supra habetur insertum, quieto ordine, æterna stabilitate obtinere in perpetuum valerent. Et ne nostra concessio ex jam dictis monetis a falsis monetariis comitumque ministris aliquo violari potuisset ingenio, idcirco non ad jus comitum sed ad utilitatem jam

pas de ce qu'on peut appeler le *jus monetae*, mais seulement des droits utiles, c'est-à-dire l'exploitation et les revenus de l'atelier monétaire, comme aussi sans doute les amendes auxquelles pouvait donner lieu la violation des ordonnances royales relatives aux monnaies, ce sont les termes par lesquels est indiqué le transfert de la *moneta* du comte à l'évêque : « (monetam) non ad jus comitum sed ad utilitatem jam praedictarum ecclesiarum earumque rectoris provisionem volumus pertinere. » En 887, Charles le Gros[1] et, en 889, le roi Eudes[2] confirmèrent le privilège de Charles le Chauve pour l'église de Langres. L'an 889, Eudes concéda à l'abbaye de Tournus la *moneta*[3]. Le diplôme ne nous donne aucun éclaircissement sur la nature du droit abandonné ; mais un diplôme de Charles le Simple, de l'an 915, pour la même abbaye, est plus explicite. On y voit, en effet, que l'abbaye possédait un atelier monétaire, mais qu'elle devait dans la fabrication des monnaies se conformer aux édits royaux, c'est-à-dire ne frapper que des deniers d'argent pur, marqués du monogramme du roi : « Nous consentons, dit le roi Charles, à ce que l'abbaye de Saint-Philibert ait des monnayeurs (*trapezetas*) qui sur chaque denier impriment le monogramme de notre nom comme garantie de la pureté du métal[4]. »

D'Arnoul, roi de la France Orientale, contemporain d'Eudes, nous connaissons deux diplômes de concessions monétaires : l'un pour l'église de Brême (888), l'autre pour l'église d'Osnabrück (889). L'un et l'autre ont été reconnus faux[5].

praedictarum ecclesiarum earumque rectoris provisionem volumus pertinere..... Data XII kal. septembr., indictione II, anno XXXIV regnante Karolo gloriosissimo rege. Actum Pontiliaco palatio regio, in Dei nomine feliciter amen.. » — Voyez A. de Barthélemy, *Notice sur les monnaies ducales de Bourgogne*, dans E. Petit, *Histoire des ducs de Bourgogne*, t. V, p. 340.

1. Publié par Roserot, *Diplômes carolingiens originaux*, dans *Bulletin de la Société des Sciences de l'Yonne*, t. XLVII (1893), p. 525, n° 15, d'après l'original. Cf. Böhmer-Mühlbacher, *Regesta*, n° 1693, t. I, p. 650.
2. Publié par Roserot, *Ibid.*, p. 527, n° 16, d'après l'original.
3. *Rec. des histor. de France*, t. IX, p. 448 : « In nomine sanctae et individuae Trinitatis, Odo clementia Dei rex. Si sacris locis..... Damus eidem ecclesiae et monetam et pregas, sicut et alii antecessores nostri eidem ecclesiae..... indulgemus..... Datum XVII kalendas augusti, indictione VI, anno incarnationis Domini DCCCLXXXVIIII, anno II regnante domno Odone gloriosissimo rege. Actum Parisius civitate, in Dei nomine feliciter amen. »
4. *Rec. des histor. de France*, t. IX, p. 523 : « In nomine sanctae et individuae Trinitatis, Karolus divina propitiante clementia rex Francorum. Si cultis et Deo..... Quocirca noverit omnium sanctae Dei ecclesiae fidelium nostrorumque praesentium ac futurorum industria, quoniam, intimante Wicheramno venerabili abbate necnon et deprecante venerando comite Richardo, seu fideli nostro Rotberto, quatenus praecepta quae fecerunt antecessores nostri beatae et intemeratae semperque virginis Mariae et sancti Filiberti Christi confessoris egregii abbatibus sive monachis, corroboraremus..... Nos autem..... confirmamus atque concedimus venerabili abbati supradicto congregationique sibi commissae, abbatiam S. Valeriani martyris, quae est in pago Cabilonensi super Sagonnam..... et castrum Trenorchium..... Concedimus quoque ut trapezetas locus praedictus habeat qui nostri nominis signum singulis imprimant nummis, ne metallorum mixtura adesse valeat..... Datum VI idus octobris, indictione IIII, anno XXIII regnante Karolo rege gloriosissimo, redintegrante XVIII, largiore vero hereditate indepta IIII. Actum Gondulfivilla, in Dei nomine feliciter amen. »
5. Cf. Böhmer-Mühlbacher, *Regesta*, n° 1744, t. I, p. 664, et n° 1780, t. I, p. 672.

LE DROIT DE MONNAIE

Les privilèges monétaires, concédés par Charles le Simple à des églises, sont assez nombreux ; mais, à la vérité, le roi n'a plus guère, à cette époque, sur les monnaies des cités qu'un droit de souveraineté, la monnaie étant entrée, avec les autres droits et revenus qui constituaient le *comitatus*, dans le domaine propre du comte ; de sorte que le roi, en cédant la *moneta* d'une cité à une église, ne fait guère que ratifier une libéralité dont le mérite revient au comte, ce que le roi exprime en disant qu'il agit à la prière du comte. Du domaine comtal, la monnaie passe dans le domaine épiscopal, ce que nous avons déjà remarqué à propos du privilège monétaire accordé par Charles le Simple à l'évêque d'Autun.

En 919, Hervé, qui occupait le siège épiscopal d'Autun, ayant assigné un certain nombre de revenus de l'évêché, et spécialement les revenus de la monnaie, à la manse canonicale, ne crut pas pouvoir prendre ces dispositions sans le consentement de sa mère et de ses frères [1], tant il est vrai que l'évêque considérait la *moneta* comme sa chose propre.

Vers 901, Charles le Simple concéda à Heidilon, évêque de Noyon et de Tournai, et à ses successeurs, la forteresse élevée à Tournai avec la monnaie de la cité, le marché et le tonlieu de la monnaie et du marché [2].

1. *Rec. des histor. de France*, t. IX, p. 717 : « Auxiliante in perpetuum Domino Deo et Salvatore nostro Jesu Christo, Heriveus ejusdem miseratione humilis Aeduorum episcopus, omnibus sanctæ Dei ecclesiæ fidelibus, præcipue autem reverendis episcopis, instantibus videlicet et succedentibus, cognitum fore optamus quoniam, cum nostram exiguitatem divina pietas ad regendam suæ ecclesiæ cathedram vocari et sublimari permisisset, in ipso primo nostræ ordinationis anno, ad exhortationem dilectæ genitricis nostræ domnæ Hirmingardis, venerabilis comitissæ, et fratrum nostrorum, diligenter studuimus inquirere et sollicite perscrutari qualiter caput ipsius ecclesiæ in constitutis canonicorum ibidem Deo et sancto Nazario militantium stipendiis dispositum maneret, vel quibus prædecessorum nostrorum subsidiis congregatio ipsa ordinata consisteret. Sed, ut experti sumus, obsistentibus semper sæculi perturbationibus, et adversariis divini cultus impedientibus, labor præcedentium pontificum in his certare cupientium in contrariam semper est impulsus dilationem ; nisi tantum quod permanentibus perparvis villarum solatiis, domnus Adalgarius, sanctæ recordationis episcopus, villam Beliniacum, et successor illius, domnus Walo, pius præsul et noster avunculus, villam Tilionacum usibus prædictæ congregationis mancipaverunt et scriptis suis confirmaverunt. Nos igitur aliarum ecclesiarum congregationes honorabiliter in canonicis sumptibus subsistere cernentes, ...quæ libere ad præsens fieri posse reperimus, supradictæ congregationis usibus dedicavimus.....

Monetam vero, quam idem pater (Walo) a prælibata sua ecclesia olim subtractam fuisse didicerat et interventu domni Richardi, piissimi ducis, per regium præceptum receperat, et hujusmodi officiis unacum dispositis quarumdam festivitatum luminariis aptari decreverat, in eadem nos dispositione servituram delegavimus. Ut igitur hoc nostræ confirmationis testamentum tuitionem in Dei nomine obtineat et firmitatis plenitudinem, manu propria illud firmavimus et prælibatorum patrum manibus insigniri poposcimus, amicorum quoque et omnium nostræ ecclesiæ fidelium assignationibus subterjussimus roborari. Actum apud Cabilonum civitatem ob præsentiam episcoporum feliciter in Domino, amen.

Heriveus humilis sanctæ æduensis ecclesiæ episcopus huic scripto voluntate plena assensum præbui. Remigius sanctæ Lugdunensis ecclesiæ humilis archiepiscopus subscripsi. (Suivent les souscriptions d'autres évêques et de témoins laïcs, spécialement celles de la comtesse Hermengarde et de ses fils Walon et Gilbert). Data pridie kalendas novembris, indictione VIII, anno XXII post obitum domni Odonis quondam regis, regnante Karolo glorioso rege. »

2. *Rec. des histor. de France*, t. IX, p. 492 : « In nominæ sanctæ et individuæ Trinitatis, Karolus divina propitiante clementia rex. Si liberalitatis nostræ..... Noverit interea sagacitas seu utilitas omnium

Monnaies carolingiennes.

Par diplôme du 20 décembre 911, le même roi, à la prière de deux comtes, Garnier et Thierry, et du consentement de Létard, comte de Cambrai, autorisa Étienne, évêque de Cambrai [1], à protéger par l'édification d'un château sa villa de Lestorphem, contre les incursions des Normands et les attaques des gens du pays, à y établir un marché et à y frapper monnaie, ce dernier privilège étant ainsi formulé : « proprii nomismatis percussuram », expression dont nous avons déjà signalé l'emploi dans un diplôme du même roi pour l'abbaye de Prüm, et que nous retrouverons dans un diplôme pour Saint-Martin de Tours. Étienne, évêque de Cambrai, obtint encore du roi Charles le Simple, à la prière des deux comtes Isaac et Sigard, un autre privilège pour son église [2] : c'était l'exercice de tous les droits régaliens à

fidelium nostrorum tam præsentium quam futurorum quod veniens vir venerabilis Heidilo Vermandensis, Noviomagensis atque Tornacensis ecclesiæ præsul..... postulavit..... insuper autem in prædicta civitate Tornaco firmitatem antiquitus statutam et nunc destructam denuo ei ædificare liceret, monetam equidem ac rivaticum cum mercato et omni eorum undique in eadem civitate teloneo, sæpedictæ ecclesiæ concederemus ac nostro edicto in perpetuum confirmaremus. Cujus petitioni libenter assensum præbuimus... »

1. Cartulaire de l'église de Cambrai, Bibl. nat., ms. lat. 10968, fol. 6 : « In nomine sancte et individue Trinitatis, Karolus, divina propiciante clementia rex Francorum, vir illustris. Quociens alicujus munificentie... Siquidem noverit industria fidelium nostrorum tam presentium quam futurorum venerabiles comites Guarnerum scilicet et Theodericum nostre majestatis adiisse presentiam et interpellasse super reverende sanctitatis Cameracensis ecclesie pontificis, Stephani, atque fidelis nostri commoditate, astruentes eum habere villam nomine Lestorphen hereditario jure sacrosancto corpore almi confessoris Christi Crispini, olim sancte Romane sedis pontificis, insignem, pago Indensi, super fluvium vocabulo Saregna sitam, multimodis tam barbare gentis quam intestine cladis objectam periculis, fore necessarium pro calamitosi temporis angustia eundem castello muniri locum et imperii habere mercatum ac proprii nomismatis percussuram atque sub immunitatis nostre defensione perpetuo manere securum, atque ita, ut suggesserant, consentiente Letardo, fideli nostro, ejusdem pagi venerabili comite, ob amorem Dei et reverentiam prelibati sancti ac predicti fidelis nostri Stephani devotionem, loco illi et successoribus suis quibus illum post se commodavit fundum omnibus coniventie auribus prebuimus. Precipientes ergo jubemus et hujus precepti vigore invicto firmamus quod prefate locus ville munimen castelli nostra possideat perpetuo munificentia ac mercatum et proprii nummismatis percussuram atque sub immunitatis nostre defensione protegatur perempni. .....Datum XIII kal. januarii, indictione XIIII, anno XVIIII regni Karoli. Actum villa Cruciaco in Dei nomine feliciter amen. » Ce texte a été publié d'après une autre copie, aussi défectueuse que la précédente, par C. Robert, *Numismatique de Cambrai*, p. 306, n° III, et par Le Glay, *Glossaire topograph. de l'ancien Cambrésis*, p. 1 et 141. La formule de suscription qui renferme le qualificatif *vir illustris* n'est pas conforme aux usages de la chancellerie sous Charles le Simple. Ce diplôme a donc été remanié au moins dans sa forme.

2. *Rec. des histor. de France*, t. IX, p. 528 : « In nomine sanctæ et individuæ Trinitatis, Carolus divina propiciante clementia rex Francorum. Si nostrorum petitiones..... Quapropter omnium sanctæ Dei ecclesiæ fidelium tum præsentium tum et futurorum religiositas noverit quoniam adeuntes nostræ dignitatis præsentiam Isaac et Sigardus comites, humiliter deprecati sunt ut concederemus cuidam Cameracensis ecclesiæ præsuli, venerabili viro nomine Stephano, ejusque successoribus omnem quam regia majestas habet potestatem, scilicet legalis justitiæ disciplinam, excepto dumtaxat stipite quo comitis industria, mallo accersito justitiam Dei et regis regaliter habet exhibere, in quodam loco juxta Accis castrum trans fluviolum qui dicitur Criencio, ad eam scilicet plagam qua ecclesia beatæ genitricis Mariæ sita est, infra unius leucæ undique spatium. Quorum omnino petitionibus annuendo concessimus, sed in ejusdem castri pago villa quæ fertur Lambris ultra citraque fluminis ripam quod dicitur Scarpus, totum ejusdem villæ prædium et ultra quantum arcus jacere potest undique, ac teloneum, si quod ibidem forte debebitur, sed et advenas eo loci commorantes, atque monetæ officinam simili modo donamus..... Datum XI kal. junii, indictione XI, anno XXIV regnante Carolo rege glorisissimo. »

Lambres, port et place de marché sur la Scarpe, et spécialement l'exploitation de l'atelier monétaire ; à Lestorphem, il s'agissait pour l'évêque d'établir une monnaie particulière, et à Lambres, d'exploiter une monnaie royale.

Nous avons parlé plus haut du privilège accordé, en 915, par Charles le Simple à l'abbaye de Tournus. En 917, le même roi accorda, pour le repos de l'âme de sa femme Frederune, à l'abbaye de Saint-Corneille de Compiègne, la *villa* de Ponthion, au comté de Changy, avec la moitié de la monnaie : il n'y a là, évidemment, que la cession d'un revenu [1]. C'est une concession de même nature que le roi fit, en 918, à l'abbaye de Saint-Clément de Compiègne, en lui assignant la dix-neuvième partie de la monnaie du Palais de Compiègne [2]. En 919, Robert, abbé de Saint-Martin de Tours, obtint du roi Charles le Simple la confirmation des privilèges et des biens de son monastère [3] : le roi confirma les moines dans la possession du

---

1. L'abbé E. Morel, *Cartulaire de l'abbaye de Saint-Corneille de Compiègne*, p. 18, n° VII : « In nomine sanctæ et individuæ Trinitatis, Karolus divina propitiante clementia rex. Si locis cultibus divinis..... Notum denique sanctæ Dei ecclesiæ fidelibus, nostrisque, præsentibus scilicet ac futuris, volumus fieri quod conjunx nostra, Frideruna, carissima, nostram flagitavit crebrius clementiam ut post discessum suæ hujus vitæ præceptum nostræ corroborationis super quandam villam quæ vocatur Pontigo, quam ei donavimus in dotem, facere dignaremur..... Cujus namque precamina pio ac spontaneo animo suscipientes fratribus venerandi Compendiensis monasterii Deo servientibus concedimus libenter quod nostra uxor Frideruna precata nos est humiliter..... Tunc igitur ministeriales...... quibus Deo fidelibus in unum convenientes, omnia quæ infra vel extra villam sunt, de moneta et molendinis et cambis, de pratis quoque, censubus et de silvis, quod etiam rustice dicitur silviu, et quæque pertinere ad sæpe prædictam villam tam intrinsecus quam extrinsecus... Deum sibi propitium habere desiderant..... Datum VII kal. augusti, indictione V, anno XXV, regnante Karolo rege gloriosissimo, redintegrante XX, largiori vero hæreditate indepta VI. Actum Aquisgrani palatii, in Dei nomine feliciter amen. »

2. L'abbé E. Morel, *Cartulaire de l'abbaye de Saint-Corneille de Compiègne*, p. 26, n° X : « In nomine sanctæ et individuæ Trinitatis, Karolus divina propitiante clementia rex Francorum. Cum simus omnes.., Pluribus denique notum habetur capellam in Compendio palatio nostram dilectissimam gratissimamque conjugem Frederunam maxima ex parte construxisse in honore sanctissimi Clementis papæ et martyris..... sed, adveniente suæ obitus die, expetiit eam perficiendo consummare..... Quapropter universalis sanctæ Dei ecclesiæ tam præsentium quamque futurorum fidelium nostrorum agnoscat industria quoniam præfata nostra conjunx celsitudinem serenitatis nostræ adiens, humiliter deprecata est..... ut unum mansum quem illi dedimus in villa Venetta, causa dotis, traderemus ad altare prædictæ capellæ..... Postea, prout visum est nobis, deprecante fidele nostro ac venerabili comite Aganone, contulimus sancto Clementi martyri ad capellam jam dictam....., de teloneo quidem mercati memoratæ villæ (Compendii) nonam et decimam partem ;..... et de moneta ejusdem palatii (Compendii) decimam et nonam partem..... Datum VII kalend. decembris, indictione VII, anno XXVI regnante Karolo rege gloriosissimo, redintegrante XXI, largiore vero hæreditate indepta VII. Actum Lauduni castro, in Dei nomine feliciter amen. »

3. *Rec. des histor. de France*, t. IX, p. 542 : « In nomine sanctæ et individuæ Trinitatis, Carolus ejusdem omnipotentis Dei misericordia rex. Si petitionibus regni nostri..... Cognitum igitur fore omnimodis cupimus omnibus Christi nostrisque fidelibus præsentibus scilicet atque futuris, quoniam adiit serenitatem culminis nostri vir quidam specialius venerabilis germanus quondam prædecessoris nostri domni Odonis regis, fidelis noster Robertus, gregis eximii confessoris Christi beati Martini, basilicæque ipsius atque rerum abbas, reverenter exposcens ut res omnes..... Insuper etiam idem reverendus et admodum amabilis noster Robertus, abbas, nostræ serenitatis familiaritatem humiliter supplicando expetiit ut, sicut jam ipsius petitione in alia nostra præceptione fratribus firmaveramus, ut quicquid intra castellum citra capellam beati Martini noviter constructum continetur, quicquidque foris in circuitu ipsius castri ex terris antea ditioni sancti Martini per regia præcepta subactis usque ad fluvium

bourg de Châteauneuf, en même temps que dans le droit qu'ils possédaient d'ancienneté et en vertu des concessions royales (du moins telle était la prétention des religieux) d'y avoir un atelier monétaire particulier, « propriam monetam », et d'y frapper des monnaies marquées d'un signe particulier, « percussuram proprii numismatis. » Le roi interdisait à qui que ce fût, même aux *ministri* du monastère, de prélever aucun droit sur l'argent des moines, aucun *monetaticum*, voulant que tout le revenu du monnayage profitât aux seuls religieux. Ce privilège fut encore reconnu à Saint-Martin de Tours, par le roi Raoul, en 931 [1]. Nous avons parlé plus haut du diplôme de Charles le Simple confirmatif de l'abbaye de Prüm [2].

Le diplôme de Zwentibold (13 nov. 898) pour l'abbaye de Münster-Eiffel est intéressant [3] : il comporte l'établissement en ce lieu d'un marché et d'une monnaie. Le roi ne donne pas à l'abbaye le droit d'établir un marché et une monnaie : il consent à ce qu'il y ait un marché et une monnaie, mais cette monnaie est qualifiée *moneta publica*; le roi se contente d'en remettre l'exploitation et les bénéfices à l'abbaye, mais il n'abandonne pas à l'église le tonlieu du marché tout entier, s'en réservant un tiers pour marquer son droit de souveraineté.

Louis l'Enfant, roi de Germanie, permit, en 900, à l'abbaye de Corvei, d'établir un marché et une monnaie dans une villa de son domaine [4], dite *Horohusun*, et sise

Ligeris habetur, totum in nostram communem elcemosynam, juxta quod præfatum Christi antistitem pro nobis cupieramus superhabere interventorem, per hanc interim nostram præceptionem in generales usus fratrum semper habenda confirmaremus, et ut eidem sancto in eodem castro, sicut priscis temporibus a prædecessoribus nostris regibus concessum fore probatur, propriam monetam et percussuram proprii numismatis nostra auctoritate concederemus, et ut nullus ex eadem ipsorum minister de ipsorum proprio argento monetaticum accipiat, et quicquid annuatim exinde exactum fuerit, in usibus fratrum conferatur..... Quapropter decernimus atque jubemus ut supradictæ res omnes et villæ, [cum] castello et prædictis terrulis extra positis atque moneta, mercede imperatorum et regum atque nostra aliorumque Christi fidelium, ad supplementum seu confugium fratrum permaneant..... Datum V calendas julii, indictione VII, anno XXVII regnante Carolo rege glorioso, redintegrante XXII, largiore vero hereditate indepta VII. Actum Heristallo palatio regio in Dei nomine feliciter. »

1. *Rec. des histor. de France*, t. IX, p. 573.
2. Voir plus haut, p. LXI.
3. Beyer, *Urkundenbuch zur Geschichte der mittelrheinischen Territorien*, t. I, p. 212. n° 147 : « In nomine sancte et individue Trinitatis, Zuentibulchus, divina clementia rex. Si pro domni nostri... Omnium ergo fidelium nostrorum. præsencium et futurorum, noverit sollercia quia nos, ad novum monasterium in pago Riuverense situm venientes, cogitavimus ut, pro elemosina domni genitoris nostri ac pro nostra nostræque conjugis remuneratione aliqua nostræ liberalitatis munificentia illud augmentaretur. Statuimus itaque quatinus nostra nostrorumque successorum licentia in eodem loco mercatum habeatur et publica fiat moneta et de teloneo ipsius mercati duas partes ad beatos Chrisantum et Dariam, quorum corpora ibidem quiescunt, perpetualiter concessimus. Unde et hos nostra mansuetudo apices fieri jussit, per quos enixius precipiendo sanccimus ut due partes telonei atque moneta, sicut dictum est, ad sanctos Chrisantum et Dariam, absque aliqua ullius repetitione aut contradictione perhenniter tradite veniant et in corum jure et eorum ministrorum dispositione consistant... Data idus novembres, anno dominicæ incarnationis DCCCXCVIII, anno vero domni Zventibulchi gloriosi regis IIII, indictione II. Actum Treveris civitate, in Dei nomine feleciter, amen. » Cf. Böhmer-Mühlbacher, *Regesta*, n° 1929, t. I, p. 718.
4. Schaten, *Annales Paderbornenses*, t. I, p. 236 : « In nomine sanctæ et individuæ Trinitatis, Hludovicus, divina favente gratia rex. Si petitiones nostrorum fidelium... Unde noverit omnium

sur l'emplacement de Nieder-Marsberg. Nous avons déjà mentionné le privilège du même roi pour l'église de Trèves, et fait ressortir l'intérêt de ce document [1]. Nous ajouterons que la prétention émise par l'église de Trèves et exprimée dans le diplôme du roi Louis, d'avoir possédé jadis la *moneta* de Trèves, serait justifiée s'il était certain que le nom de *Sancti Petri*, qu'on lit sur un denier de Pépin [2], désigne Saint-Pierre de Trèves, et que le monogramme gravé sur une monnaie de Charlemagne doive être lu *Sancti Petri Treverensis* [3]. Par diplôme du 5 février 908, le roi Louis l'Enfant permit à Erchambaud, évêque d'Eichstädt, en Bavière, d'établir un marché, de frapper monnaie et de lever le tonlieu auprès du monastère de Saint-Willibold [4]. En 908, le même roi concéda à l'évêque de Liège, Étienne, et à ses successeurs, le tonlieu et la monnaie de Maastricht, et cela du consentement du comte de la cité [5]. Cette concession, comprenant à la fois

fidelium nostrorum præsentium et futurorum industria qualiter, per interventum venerabilis ac dilecti comitis nostri Conradi, monasterium quoddam, Nova Corbeia nominatum,... in nostram tuitionem ac mundiburdium suscepimus et omnes concessiones... corroboramus... ; sed et hoc pro nostræ mercedis augmento ad eorum utilitates addere decrevimus ut intra ipsam abbatiam, in villa Horohusun nuncupata, publicum eis liceat habere mercatum et monetam et ibi potestatem habeant accipiendi telonium, quod ipsorum advocatus noster exigat banno ab his qui illuc causa emendi veniunt intra marcam memoratæ villæ et Montis Eresburg nuncupatæ, præterea quod ab exordio constructionis ejusdem monasterii a nostris antecessoribus concessum in eorum præceptis cognoscitur..... Data IIII iduum octobrium die, anno incarnationis Domini DCCCC, indictione III, anno Domini Hludovici I. Actum Triburias in Dei nomine feliciter amen. » Cf. Böhmer-Mühlbacher, *Regesta*, n° 1938, t. I, p. 721.

1. Voyez plus haut, p. LV.
2. *Catal.*, n° 928.
3. P. Bordeaux, *Les monnaies de Trèves pendant la période carolingienne*, dans *Revue belge de numismat.*, 1893, p. 312.
4. *Monumenta boïca*, vol. XXXI, pars I, p. 178 : « In nomine sanctæ et individuæ Trinitatis, Hludovicus divina favente clementia rex. Noverint omnes fideles nostri presentes scilicet et futuri quia Erchanbaldus, venerabilis Eihstensis ecclesiæ episcopus, per supplicationes fidelium nostrorum, Hathonis videlicet et Adelperonis, amabilium episcoporum, comitum vero Chuonradi et Cotefredi, petiit serenitatis nostre clementiam ut ei liceret ad suum cœnobium Eihsteti dictum, ubi sanctus Vuillibaldus, confessor Christi, corporaliter quiescit, in pago Nordcovue, in comitatu Arnolfi, publice negotiationis mercatum constituere et monetam efficere theloneumque, sicut in ceteris mercationum locis mos est, exigere..... Unde et hoc preceptum conscribi jussimus, per quod ei regiæ auctoritatis sceptro licentiam concedimus in antedicto loco juxta suam petitionem ceterorumque fidelium nostrorum mercatum et monetam habere urbemque construere et quicquid inde utilitatis venire vel acquiri potuerit in jure et dominio cœnobii ipsius pro remedio animæ nostræ perpetualiter consistat... Dat. non. februarii, anno incarnationis Domini DCCCCVIII, indictione X, regnante domino Hludowico anno VIIII. Actum Francofurt, feliciter in Dei nomine amen. » Cf. Böhmer-Mühlbacher, *Regesta*, n° 1992, t. I, p. 737.
5. *Gallia Christiana*, t. III, *instr.*, col. 146 : « Hlodovicus divina ordinante gratia rex. Si ecclesiis Dei... Quocirca omnium sanctæ Dei ecclesiæ fidelium et nostrorum præsens futuraque comperiat generalitas quoniam Herimannus, Agrippinensis ecclesiæ archipræsul inclitus, simulque Repehardus et Reginharius, egregii comites, ad nostræ sublimitatis accedentes excellentiam, vice Stephani, venerabilis episcopi, humiliter sunt deprecati ut ob Dei sanctæque Mariæ atque Lamberti martyris amorem, cuncta quæ retro omnibus temporibus Tungrensi ecclesiæ fuerunt tradita a nostris prædecessoribus, pari voto eidem habenda concederemus..... Insuper teloneum ac monetam de Trajecto nostra donatione, cum consensu Albuini eo tempore illius comitis concessam..... concedimus, eo videlicet ordinis modo ut quicquid secundum Dei ac suam dispositionem facere maluerint libero, quemadmodum ex aliis

le tonlieu et la monnaie, est analogue à celle qu'en 920 Louis l'Aveugle fit à l'église d'Arles [1] du port, du tonlieu et de la monnaie de la même ville, ces trois choses passant à tout jamais dans le droit et la propriété de l'église, « ad jus et proprietam ecclesiæ. »

De Raoul, roi de France, deux privilèges monétaires nous sont parvenus, que nous avons déjà mentionnés : l'un pour l'église du Puy [2], l'autre pour l'abbaye de Saint-Martin de Tours [3].

Nous n'avons plus le diplôme accordé par Louis IV d'Outremer à l'église de Reims ; mais le chroniqueur Flodoard [4] rapporte que ce roi donna, par un précepte, à l'évêque Artaud, comme représentant l'église de Reims, la monnaie de cette ville, et tout à la fois le *comitatus*.

Le roi Lothaire confirma, en 955, les droits de l'église du Puy sur la monnaie de cette ville [5] et, en 967, ceux de l'église de Langres sur les monnaies de Langres et de Dijon [6].

En résumé, la monnaie nous apparaît comme une dépendance du marché ; l'un et l'autre droit font partie du *comitatus* ; la cession de l'un entraîne celle de l'autre. Encore faut-il s'entendre sur le sens de cette cession. Au IXe siècle, ce n'est pas à proprement parler le droit régalien de marché et de monnaie que le roi abandonne aux églises. Il ne donne jamais à une église le droit de frapper monnaie partout où il lui plaît : il lui concède seulement les revenus d'un atelier monétaire public, ou

---

ecclesiasticis rebus, in faciendo potiantur arbitrio..... Datum XV calend. febr., anno incarnationis DCCCC VIII, indict. XI, anno autem regni domini Hludovici octavo. Actum Aquisgrani palatii feliciter amen. »

1. *Rec. des histor. de France*, t. IX, p. 686 : « In nomine summi Dei æterni et salvatoris nostri Jesu Christi, Ludovicus superna favente gratia imperator augustus. Decet imperialem celsitudinem... Igitur comperiat omnium fidelium sanctæ Dei ecclesiæ nostrorumque præsentium et futurorum industria quia Manasse, sanctæ Arelatensis ecclesiæ archiepiscopus, noster charissimus propinquus, nostræ suggessisset serenitati ut super omnes res, quas per præceptum quondam antecessor suus Rostagnus a genitore meo, Bosone, sive et a nostris prædecessoribus adquisivit, itidem ei facere juberemus præceptum... Cujus petitioni... assensum præbentes, hos eminentiæ nostræ apices fieri decrevimus, per quos ipsas res, id est abbatiam Ananiam..., portum etiam Arelatensem, tam ex Græcis quam ex aliis advenientibus hominibus, necnon et teloneum simul cum moneta, ad jus et proprietatem ecclesiæ sancti Stephani omni tempore teneat et possideat et in suos proprios usus quiquid facere voluerit faciat, nemine contradicente... Datum est hoc præceptum Viennæ, kalendis februarii, anno XX domni nostri Lodoici augusti, in Christi nomine feliciter amen. »

2. Voyez plus haut, p. LVI.

3. *Rec. des histor. de France*, t. IX, p. 573.

4. Flodoardi *Annales*, à l'année 940, dans *Monumenta German., Scriptores*, t. III, p. 386 : « Dedit autem rex Artoldo, archiepiscopo, ac per eum ecclesiæ Remensi, per præceptionis regiæ paginam, Remensis urbis monetam jure perpetuo possidendam, sed et omnem comitatum Remensem eidem contulit ecclesiæ. » La même assertion est reproduite dans l'*Histoire de l'église de Reims*, du même Flodoard, l. IV, c. 27, *Monumenta German., Scriptores*, t. XIII, p. 581.

5. *Rec. des histor. de France*, t. IX, p. 618.

6. Roserot, *Diplômes carolingiens originaux*, dans *Bulletin de la Soc. des sciences de l'Yonne*, t. XLVII (1893), p. 530, n° 18, d'après l'original.

mieux encore l'exploitation de cet atelier; même, dans le second cas, les deniers frappés par les monnayeurs de l'église doivent être conformes aux deniers royaux. C'est ce qui explique pourquoi, parmi les noms de saints qu'on relève sur les deniers des rois carolingiens, on ne rencontre pas ceux des patrons des églises qui ont obtenu de ces mêmes rois des privilèges monétaires; les monnaies frappées dans les ateliers administrés par ces églises ne devaient pas différer de celles qui sortaient des ateliers maintenus sous la puissance des comtes. Quant aux églises qui, dès le IXe siècle, ont inscrit leur nom sur des deniers, ce sont celles qui avaient d'ancienneté un atelier, celles dont le monnayage remontait à l'époque mérovingienne.

Puisque l'église qui avait obtenu la régie d'un atelier public remplissait simplement le rôle du comte, il en résultait qu'à moins d'une clause spéciale insérée par le roi dans le diplôme, telle que « secluso fisco », l'église ne devait toucher sur les bénéfices de l'atelier que la part dévolue précédemment au comte, le roi continuant à percevoir la part qui lui revenait.

Si au IXe siècle les rois s'étaient contentés d'abandonner aux églises la fabrication des monnaies dans certains ateliers publics, et les bénéfices qui en résultaient, il en fut autrement au Xe siècle; c'est non plus l'exercice d'une fonction que le roi abandonne à l'église, mais la fonction elle-même. Sans doute, quand la monnaie d'une cité est cédée à un évêque, cet évêque ne fait que prendre la place du comte; mais la position de celui-ci vis-à-vis du souverain avait changé : de simple officier, possesseur temporaire de ses fonctions, il était devenu de fait, sinon en droit, propriétaire perpétuel de son *honor*. Comme la *moneta* avec le reste du *comitatus* était dans le *dominium* et la *potestas* du comte, elle passa dans le *dominium* et la *potestas* de l'évêque. Le roi prétend bien maintenir son droit au-dessus de celui du comte : c'est encore lui qui cède la monnaie aux églises, mais il ne le fait plus qu'avec le consentement du comte. Ajoutez qu'à côté des privilèges par lesquels un roi donne un atelier public à une église, il en est d'autres, au Xe siècle, par lesquels il accorde à des abbayes le droit de frapper monnaie sans dire en quel lieu; ce n'est plus de la remise à une église d'un atelier public qu'il s'agit, mais de l'autorisation d'avoir un atelier privé. Ainsi la monnaie publique devient la chose privée de l'évêque ou de l'abbé. De là à légiférer sur la monnaie, à en fixer le titre et le poids, à en déterminer le cours, à lever les amendes auxquelles cette matière pouvait donner lieu, à saisir en un mot tout le droit régalien de la monnaie, il n'y avait qu'un pas : les comtes et les églises le franchirent au cours du Xe siècle.

CHAPITRE IV

LES ATELIERS MONÉTAIRES

Il nous reste à dresser la liste[1] des ateliers monétaires qui ont fonctionné sous les rois carolingiens dans les limites de la monarchie franque avant 843 et dans le royaume de France après cette date.

Les villes et églises auxquelles il semble qu'on puisse attribuer des deniers au nom de Pépin (752-768) sont : en Austrasie, Duurstede[2], Metz (*Mets*)[3], Strasbourg (*Argrat civ* pour *Argentorati civitate*)[4], Trèves (*Treferis*)[5], Verdun (*Virdun*)[6]. En Neustrie : Amiens (église de Saint-Firmin), Cambrai (*Cam...raco*)[7], et l'église Saint-Géry de la même ville (*Sancti Gau[gerici]*)[8], Chartres, Paris, Quentovic, Tours (église de Saint-Martin)[9]. En Aquitaine : Brioux[10], Clermont[11], Poitiers

---

1. Pour dresser cette liste nous avons mis surtout à profit le livre de Gariel, *Les monnaies royales de France sous la race carolingienne*, et celui de MM. Engel et Serrure, *Traité de numismatique du moyen âge*.
2. Pour les ateliers qui sont représentés dans la collection du Cabinet de France, nous ne donnerons pas de références, puisqu'on les retrouvera facilement grâce à la table alphabétique qui suit le Catalogue. Cependant pour l'atelier de Duurstede, il importe de remarquer qu'on lui attribue les deniers de Pépin portant au droit les lettres **PIPI** et, au-dessous, une hache, et, au revers, le monogramme de *Pipinus rex* (*Catal.*, n° 980), car l'un de ces deniers présente dans le champ du revers de petites lettres qui paraissent former le mot **ΔVRSTA**. Cf. Engel et Serrure, *Traité*, p. 199, fig. 358, et p. 201.
3. Gariel, 2ᵉ partie, pl. II, n° 42.
4. Gariel, pl. III, n° 72.
5. L'identification de *Treferis* avec Trèves est due à M. Paul Bordeaux, *Les monnaies de Trèves*, dans *Revue belge de numismat.*, 1893, p. 285. Il la justifie par ce fait que dans plusieurs manuscrits, des ixᵉ et xᵉ siècles, de la *Notitia Galliarum*, le mot *Treverorum* se présente sous les formes *Treferorum*, *Trefororum*, *Treforum*, *Trephorum*. Voyez l'édition de Mommsen, dans les *Monumenta Germaniæ historica* (in-4°), p. 589.
6. Outre le n° 142 du *Catal.*, voyez *Revue num.*, 1858, pl. XI, fig. 13 et 14 ; Gariel, pl. IV, nᵒˢ 75 à 77.
7. Gariel, pl. I, n° 19.
8. Gariel, pl. III, n° 64. — Cette attribution n'est pas certaine, pas plus que la suivante (Chartres).
9. Outre le n° 439 du *Catal.*, voyez Gariel, pl. III, n° 66.
10. Voyez plus haut, p. 111.
11. Gariel, pl. II, n° 30.

LES ATELIERS MONÉTAIRES LXXIII

(église Sainte-Croix, *Sancti Crucis*)[1]. En Bourgogne : Besançon (*Veson*...)[2], Lyon[3] et Troyes.

Peu nombreux, comme on le voit, sont les ateliers monétaires jusqu'ici reconnus sur les monnaies de Pépin. Les identifications qui précèdent n'ont pas même toutes un égal degré de certitude. La plupart des légendes restent des énigmes. Rien n'est plus hypothétique que la lecture *Andecavis* proposée pour un monogramme formé essentiellement des lettres ADE[4] ; car on ne peut pas être assuré qu'il s'agisse d'un nom de lieu, puisque quelques monétaires ont inscrit leurs noms sur des deniers de Pépin[5].

Les diverses interprétations proposées pour la plupart des monogrammes qui ornent les deniers de Pépin sont encore plus incertaines : Aoste[6], Arles[7], Chalon[8], Langres ou Laon[9], Nevers[10], Rufach[11].

Les lettres isolées ne sont pas plus faciles à interpréter. Rien n'autorise à reconnaître le nom de Chelles dans les lettres KAS gravées sur un denier qui, peut-être, n'est même pas de Pépin[12], ni le nom de Condé dans CON[13]. Que signifient les lettres B T[14] ? Peut-être *Beterris*, Béziers. On cherchera vainement le nom de Genève dans une légende dont les lettres ne sont pas toutes déterminables[15]. Toute hypothèse sur la signification des lettres KAΘ gravées, sur un denier, à côté du nom de Pépin nous paraît prématurée[16]. Nous hésiterons même à reconnaître le nom de Mayence dans les inscriptions qui occupent le champ de deniers analogues[17] aux n°s 935 à 937 du Catalogue, qui, eux, sont contemporains de Charlemagne, et celui de Narbonne dans les lettres NR[18]. Sur les deniers n°s 46 et 47 de la planche II de Gariel, faut-il lire NVESSIO et identifier ce nom avec Neuss-sur-le-Rhin, ou convient-il de lire SENNOIS et d'y voir une déformation de *Senonis* ? Est-ce la ville de Reims qu'on a voulu désigner par le sigle R sur

1. Gariel, 2ᵉ partie, pl. III, n°s 59 et 60.
2. Gariel, pl. I, n° 18.
3. Outre le n° 626 du Catal., voyez Gariel, pl. II, n° 37.
4. *Catal.*, n° 922.
5. Voyez plus haut, p. XLVII.
6. Gariel, pl. I, n° 5.
7. Gariel, pl. I, n° 6.
8. Gariel, pl. I, n° 20.
9. Gariel, pl. II, n° 33.
10. Gariel, pl. II, n° 48.
11. Gariel, pl. III, n° 57.
12. Gariel, pl. II, n° 25.
13. Gariel, pl. II, n° 26.
14. Fougères et Combrouse, *Descript. complète et raisonnée des monnaies de la 2ᵉ race royale de France*, n° 212. La seconde lettre est un T analogue à celui que nous avons signalé sur une pièce de Narbonne. Voyez plus haut, p. XLVII.
15. Gariel, pl. II, n° 27.
16. Gariel, pl. II, n° 29.
17. Gariel, pl. II, n°s 40 et 41.
18. Gariel, pl. II, n° 45.

un denier [1] et par **REM** sur un autre [2] ? L'attribution à Vénasque d'un denier de la trouvaille d'Imphy nous paraît inadmissible [3].

L'identification des noms d'églises est le plus souvent impossible en présence de la multiplicité des églises placées sous le même vocable. S'il est certain que *Sancti Martini* désigne Saint-Martin de Tours, si les identifications de *Sancti Firmini* avec Saint-Firmin d'Amiens, de *Sancti Gau(gerici)* avec Saint-Géry de Cambrai sont probables, et celle de *Sancti Cirici* avec Saint-Cirgues, vraisemblable, on n'a pas su déterminer la valeur d'une légende qui rappelle **SCI GAV** [4], ni le sens de la légende **SCS AO** sur un denier provenant de la plage de Domburg [5]. L'emplacement des églises de *Sancta Maria* [6] et de *Sancto Stef(ano)* [7] est incertain.

Tous les numismates ont échoué dans le déchiffrement du nom de saint gravé au revers d'un denier trouvé à Wijk-bij-Duurstede [8].

Les ateliers dont les monnaies nous révèlent le fonctionnement sous le règne de Carloman (768-771) sont peu nombreux : Arles (*Are[latis]*) [9], Clermont-Ferrand, Lyon (*Lug[duno]*) [10] Orléans (église Saint-Aignan, *Sancti Aniani*) [11], Poitiers (église Sainte-Croix, *Sancti Crucis*) [12].

Les ateliers dont les noms figurent sur les deniers de Charlemagne au premier type, c'est-à-dire avec le nom de **C/RO ‖ LVS** en deux lignes, et qui par conséquent ont fonctionné avant 781, les uns depuis 768, les autres depuis 771, sont les suivants :

En Austrasie : Aix-la-Chapelle (*Aquisgran*) [13], Bonn, Condé-sur-l'Escaut, Dinant, Duurstede, Laon, Liège, Maastricht, Mayence [14], Mouzon ? (*Mosmo*) [15], Namur, Reims et l'église de Notre-Dame de la même ville, Saint-Trond (*SciTrudo [nis]*) [16], Strasbourg [17], Trèves [18] et l'église de Saint-Pierre de la même ville, Verdun.

1. *Catal.*, n° 926.
2. Gariel, pl. III, n° 56.
3. Gariel, pl. IV, n° 74.
4. Gariel, pl. III, n° 65.
5. R. Serrure, *Bullet. de numismat. et d'archéolog.*, t. IV (1884-85), p. 128, fig. 22.
6. Ch. Robert, *Études numismat. sur une partie du Nord-est*, p. 186, pl. XII, n° 1.
7. Gariel, pl. III, n° 61.
8. Gariel, pl. III, n° 71.
9. Gariel, pl. IV, n° 3.
10. Gariel, pl. IV, n° 6.
11. Gariel, pl. IV, n° 7.
12. Gariel, pl. IV, n° 8. Le denier de Sainte-Croix de Poitiers est un document dont il y aurait à tenir compte dans la question du partage du royaume entre Charlemagne et Carloman. Il est en contradiction avec les conclusions de Krœber, *Partage du royaume des Francs*, dans *Bibl. de l'École des Chartes*, t. XVII, p. 341 et suiv. Voyez Longnon, *Atlas historique*, p. 45 et pl. IV, 9e carte.
13. Gariel, pl. V, n° 3.
14. Cappe, *Beschreibung der Mainzer Münzen*, pl. I, n° 5.
15. Gariel, pl. IX, n° 99.
16. Gariel, pl. X, n° 128.
17. Au denier du *Catal.*, n° 42, il faut ajouter le denier n° 135 de la pl. X de Gariel qui offre la légende **STRATBVRC**.
18. P. Bordeaux, *Les monnaies de Trèves pendant la période carolingienne*, dans *Revue belge de numismat.*, 1893, p. 313, fig. 7.

En Neustrie :

Amiens[1] et l'église de Saint-Firmin, Arras, Avranches (*Abrincas*)[2], Cambrai (*Cam...raco*)[3], Chartres, Paris[4], Rennes[5], Térouanne (*T[ar]vuanna*)[6], Tournai (*Tornaco, Turnaco*)[7], Tours (*Turnis*)[8] et l'église Saint-Martin.

En Bourgogne : Lyon, Ramerupt et Troyes.

En Provence : Avignon, Marseille, Uzès (*Ucecia*)[9].

En Septimanie : Béziers (*Beterris*)[10], Carcassonne (*Carcas...*)[11], Narbonne (*Nrbo*)[12].

En Aquitaine : Angoulême (*Ecolisina*)[13], Clermont-Ferrand, Limoges, Melle (*Medolus* et *Melolo*), Poitiers (l'église Sainte-Croix)[14], Saintes (*Scōnis*)[15], Saint-Maixent (*S. Maxent*)[16].

Charlemagne, après s'être emparé du royaume lombard en 774, y fit monnayer à son nom. L'atelier de Lucques continua d'émettre des tiers de sol d'or dans le système monétaire italien[17]. On se contenta de substituer le nom de Charles à celui de Didier[18].

Mais Charlemagne ne tarda pas à imposer à ses sujets d'Italie le système monétaire français. Un certain nombre de deniers avec le nom de C∆RO ‖ LVS en deux lignes portent au revers les lettres R F, auxquelles se rattachent des monogrammes, ou bien autour desquelles sont disséminées de petites lettres qui sont sans doute la marque de l'atelier[19] ; sur d'autres monnaies, on lit les noms de villes suivants :

---

1. Gariel, pl. V, n° 4.
2. Gariel, pl. V, n° 18.
3. Ch. Robert, *Numismat. de Cambrai*, pl. II, fig. 1.
4. Outre le denier n° 316 du *Catal.*, il faut signaler, mais avec un point d'interrogation, le denier n° 105, pl. IX, de Gariel, qui porte au revers, en deux lignes, PRI ‖ SVS pour *Parisus*.
5. Aux n°s 649 et 650 du *Catal.*, ajouter le n° 111, pl. IX de Gariel, sur lequel les lettres REDS sont inscrites dans les cantons de la croix.
6. Gariel, pl. X, n° 136.
7. Gariel, pl. X, n°s 137 et 138.
8. Gariel, pl. X, n° 139.
9. Gariel, pl. XI, n° 146.
10. Cité par Engel et Serrure, *Traité*, t. I, p. 206.
11. Cité par Engel et Serrure, *Ibid.*, p. 207.
12. Gariel, pl. IX, n° 101.
13. Gariel, pl. V, n° 7.
14. Gariel, pl. IX, n° 116.
15. Gariel, pl. X, n° 132.
16. Gariel, pl. IX, n° 119.
17. Voyez Engel et Serrure, *Traité*, t. I, p. 213.
18. La Bibliothèque nationale possède un tiers de sol de cette espèce. Nous avons cru devoir le laisser dans la série des monnaies lombardes. En voici la description : D·N·CARVLVS R·EX. Croix potencée. R⟩. + FL·AVIA· LVCA entre un cercle lisse et un grènetis ; au centre, une étoile à douze rais. Sur d'autres tiers de sol, la croix est remplacée par un buste.
19. Voyez *Catal.*, n°s 893 à 895.

Florence (*Florent*)[1], Lucques (*Luca*)[2], Parme (*Parma*)[3], Sienne (*Sen...*)[4], Trévise (*Tarvisius*)[5].

Un grand nombre de deniers de Charlemagne, du premier type, offrent des monogrammes et des légendes dont la signification n'a pu encore être déterminée. En dehors de ceux qui appartiennent au Cabinet des Médailles de la Bibliothèque nationale et qui sont décrits dans le Catalogue, il en existe quelques autres que nous signalerons. Nous retrouvons sur un denier de Charles le monogramme[6] déjà relevé sur un denier de Pépin[7], et qu'on a lu *Andecavis*. Dans un autre monogramme on a cru voir le nom d'Amiens[8], dans un autre encore le nom de Paderbonn[9]. Il convient, sans doute, de rapprocher des deniers décrits dans le Catalogue sous les n°s 935 à 937, un denier sur lequel la croix du revers est cantonnée des lettres **DMGC**[10]. Il est difficile de former **AVENI** (Avignon) avec les lettres semées dans le champ du denier figuré sous le n° 16 de la pl. V de Gariel. Je ne saurais décider à quel atelier appartient le denier n° 20 du même auteur et s'il faut lire *Veson*[11] pour *Vesontium* où *Seson*[12] pour *Suessionis*, ou tout autre nom. Faut-il reconnaître, avec Gariel[13], *Arvernis* dans les lettres **ARNS** jetées au hasard dans le champ d'un denier de Charlemagne[14]. La valeur des lettres inscrites sur le denier figuré dans Gariel, pl. VII, n° 56, n'a pas été jusqu'ici déterminée. On y trouve le signe **ꟼ** qui sur des pièces de Melle[15] semble représenter un **O**, mais qui pourrait être aussi une déformation d'un **T** minuscule.

Faut-il lire **CINOMNI**, *Cenomanis*[16], dans une légende circulaire[17] dont, pour ma part, je ne sais pas déchiffrer les lettres avec certitude, bien loin que je puisse

---

1. Gariel, 2° part., pl. XII, n° 171.
2. Gariel, pl. XII, n°s 174 à 176.
3. Engel et Serrure, *Traité*, t. I, p. 212, fig. 390. Sur ce denier, les lettres **PARM** cantonnent la croix. Mlle de Man en a publié un autre dans le *Bulletin de numismatique et d'archéologie*, t. III (1883-84), pl. V, fig. 10, trouvé sur la plage de Domburg, et qui présente le nom *Parma* écrit en deux lignes dans le champ du revers.
4. Gariel, pl. X, n° 133.
5. Gariel, pl. XII, n° 181.
6. Gariel, pl. V, n° 6.
7. Voyez plus haut, p. LXXIII.
8. Gariel, pl. V, n° 5.
9. Gariel, pl. IX, n° 103. L'attribution à Paderbonn a été proposée par J. de S. Quintino, *Revue num.*, 1841, p. 54.
10. Gariel, pl. VIII, n° 96.
11. Gariel, 2° partie, p. 103.
12. Engel et Serrure, *Traité*, t. I, p. 209.
13. Gariel, 2° partie, p. 105.
14. Gariel, pl. VI, n° 31.
15. *Catal.*, n°s 679, 680, 683 à 687.
16. A. de Longpérier, *Quelques deniers de Pépin, de Carloman et de Charlemagne*, dans *Revue num.*, 1856, p. 182.
17. Gariel, pl. VII, n° 62.

les assembler ? Ch. Robert [1] n'a-t-il pas eu raison de faire des réserves sur l'attribution à Mâcon d'un denier avec les lettres **MAICN** cantonnant la croix [2] ? Enfin a-t-on le droit de reconnaître Venasque dans **VINSCO C** [3], alors que Venasque s'appelait *Vendasca* au ixe siècle ?

Sur un certain nombre de deniers de Charlemagne, du premier type, on relève quelques noms de saints trop répandus pour qu'on puisse déterminer les églises auxquelles ils se rapportent.

La légende **SCE MRE** [4] doit-elle se lire *Sancte Marie*, voilà un premier point à résoudre avant de rechercher l'église dédiée à la Vierge au nom de laquelle cette pièce a été frappée.

L'abréviation **SCI MAR** représente-t-elle *Sancti Mauricii* ou *Sancti Mauri* [5] ?

Il n'est pas certain que **SPE** et **SPR** soient les abréviations de *Sancti Petri* [6].

L'an 781 ou environ, Charlemagne modifia le poids et le type des deniers. Les nouveaux deniers portaient au centre, d'un côté, le monogramme royal entouré du nom de la ville, et de l'autre côté, la légende **CARLVS REX FR** autour d'une croix. Il arrive exceptionnellement que la légende circulaire donnant le nom du roi encadre le monogramme.

Ce type a été repris dans quelques ateliers par Charles le Chauve ; nous avons cherché plus haut à distinguer entre les deniers au monogramme attribuables à Charlemagne et ceux qu'il convient de donner à son petit-fils.

Voici la liste des ateliers dans lesquels il semble qu'on ait frappé sous Charlemagne des deniers au monogramme.

En Austrasie : Cologne (*Colonia*) [7], Duurstede, Laon et l'église Notre-Dame de la même cité, Mayence, Trèves (*Treveris*) [8].

En Neustrie : Châteaudun (*Casteldun*) [9], le monastère de Chelles (*Cala monas[terium]*) [10], Quentovic, Rouen (*Rotomagus*) [11], Saint-Denis (*Sancti Dyonisii*) [12], Thun, Tours.

En Bourgogne : Lyon.

En Provence : Arles, Marseille (*Massilia*) [13], Vienne (*Vienna*) [14].

---

1. Ch. Robert, *Monnaies de Mâcon*, dans *Revue num.*, 1860, p. 465.
2. Gariel, pl. VIII, n° 75.
3. Gariel, pl. XI, n° 148. Voyez R. Vallentin, *Du prétendu atelier carolingien de Venasque* (*Bulletin de numismat.*, t. III, p. 78).
4. Gariel, pl. IX, n° 120.
5. Gariel, pl. X, n° 125.
6. Gariel, pl. X, nos 127 et 129.
7. Engel et Serrure, *Traité*, t. I, p. 216.
8. Gariel, pl. XIII, n° 215.
9. Gariel, pl. XII, n° 190.
10. Gariel, pl. XII, n° 191.
11. Gariel, pl. XIII, n° 211.
12. Gariel, pl. XIII, n° 212.
13. Gariel, pl. XIII, n° 201.
14. Gariel, pl. XIII, n° 216.

En Septimanie : Béziers (*Bederris*) [1], et Narbonne.
En Aquitaine : Agen, Bourges, Dax, Melle, Toulouse.
Dans la Marche d'Espagne : Barcelone (*Barcinona*) [2], Girone.
En Italie : Lucques, Milan, Pavie, Pise (*Pisa*) [3], Trévise.

Enfin Charlemagne a eu une certaine part à la frappe des monnaies dans le duché de Bénévent. Son nom est inscrit sur les monnaies de Grimoald (788-806) [4].

Les deniers portant le nom de *Karolus*, suivi du qualificatif *imperator*, et attribuables à Charlemagne, empereur, sont très rares. De plus, ils sont généralement dépourvus d'indications topographiques [5], ce qui s'explique par les efforts de Charlemagne pour centraliser au Palais la fabrication des monnaies [6]. Cependant quelques ateliers provinciaux continuèrent de fonctionner après l'an 800 :

Arles (*Arelato*) [7], Duurstede (*Dorestado*) [8], Lyon (*Lugdunum*) [9], Rouen (*Rodomagum*) [10], Trèves (*Treveris*) [11].

Un denier portant en légendes, d'un côté, **KARLVS IMP AVG**, et de l'autre, **METALL**um **GERMAN**icum [12], et qui par conséquent doit avoir été frappé dans une mine de Germanie, peut être donné à Charlemagne ; cependant, comme la légende du droit est altérée, il est plus probable que nous sommes en présence d'une copie ou d'une immobilisation d'un prototype qui remonterait à l'époque de Charlemagne.

C'est encore comme empereur que Charlemagne a fait inscrire son nom sur les monnaies romaines conjointement avec celui du pape Léon III [13] (795-816).

Nous avons parlé précédemment [14] du monnayage de Louis le Pieux comme roi

1. Gariel, pl. XXII, n° 36.
2. Gariel, pl. XXII, n° 35.
3. Denier d'argent du Musée de Padoue, publ. par Kunz, *Il museo Bottacin annesso alla civica biblioteca e museo di Padova*, dans le *Periodico di Numismatica*, t. III, pp. 22 à 35, pl. II. Je dois ce renseignement à M. R. Serrure.
4. Gariel, pl. XI, n°s 153, 154, 158 et 159. On sait que Grimoald, livré par son père en otage à Charlemagne, n'entra en possession du duché que par la faveur du roi des Francs et à condition de reconnaître sa suzeraineté. On lit dans l'*Historia Langobardorum Beneventanorum* de Erchempert, qui écrivait au xe siècle, c. 4 : « Accepta denique licentia repedandi, a Beneventi civibus magno cum gaudio, exceptus est (Grimoaldus). In suos aureos ejusque nomine aliquamdiu figurari placuit. Scedas vero similiter aliquanto jussit exarari tempore. Reliqua autem pro nihilo duxit observanda ; mox rebellionis jurgium initiavit. » Éd. Waitz, *Monumenta German., Scriptores rerum Langobardic.* (1874, in-4°), p. 236.
5. Voy. plus haut, p. XI.
6. Voy. plus haut, p. XLIX.
7. Gariel, pl. V, n° 9.
8. Gariel, pl. VI, n° 43.
9. Gariel, pl. XXIV, n° 90.
10. Gariel, pl. XXIV, n° 92.
11. P. Bordeaux, *Les monnaies de Trèves*, dans la *Revue belge de numism.*, 1893, p. 317.
12. *Catal.*, n° 972.
13. D. Promis, *Monete dei romani pontefici avanti il Mille*, p. 35, pl. I, n°s 11 et 12, pl. II, n° 1.
14. Voy. plus haut, p. XII.

d'Aquitaine. En qualité d'empereur, Louis le Pieux a frappé des monnaies dans le Palais et dans les localités dont l'énumération suit :

En Bavière [1] : Ratisbonne (*Reganesburg*) [2].

En Rhétie : Coire (*Curia*) [3].

En Austrasie : *Alaboteshaim* [4], *Aldunheim* [5], Cologne, Duurstede [6], Mayence, *Stotenburc* [7], Strasbourg [8].

En France : Cambrai, Meaux [9], Metz (*Mediomatrici, Mettis*) [10], Orléans [11], Paris, Quentovic [12], Reims, Trèves, Verdun.

En Neustrie : Nantes, Rennes (*Redonis*) [13], Rouen, Tours [14].

En Bourgogne : Besançon (*Vesontium*) [15], Chalon-sur-Saône (*Cavilonum*) [16], Lyon, Sens [17].

En Provence : Arles [18], Marseille, Vienne.

En Septimanie : Narbonne.

En Aquitaine [19] : Bordeaux, Bourges, Dax [20], Melle (*Metallum*) [21], Toulouse [22].

Dans la Marche d'Espagne : Barcelone, Empurias, Roda.

En Italie : Lucques (*Luca*) [23], Milan [24], Pavie [25], Trévise, Venise. Le nom de

---

1. Nous nous conformons, pour la répartition des localités entre les différentes parties de l'Empire franc, à la carte n° 1 de la pl. VI de l'*Atlas historique* de M. Longnon.
2. Gariel, 2ᵉ partie, pl. XVIII, n° 105. Les ateliers pour lesquels nous ne donnons aucune indication de type ne sont connus que par des deniers et oboles où le nom de lieu se présente inscrit en une ou plusieurs lignes horizontales. Quand divers types ont été usités dans un même atelier, nous les mentionnons en note.
3. Gariel, 2ᵉ partie, pl. XV, n° 45.
4. Gariel, pl. XIV, n° 20.
5. Gariel, pl. XV, n° 34.
6. Deux types : navire ; nom de la ville en trois lignes.
7. Gariel, pl. XIX, n° 124.
8. Deux types : porte de ville ; nom de la ville en trois lignes.
9. Le nom de la ville est disposé en une ligne, sur les deniers, et en légende circulaire sur les oboles (Gariel, pl. XVI, n° 67).
10. Gariel, pl. XVII, n°ˢ 78 et 79.
11. Deux types : porte de ville ; nom de la ville en deux lignes (Gariel, pl. XVII, n° 88).
12. Deux types : navire ; nom de la ville en deux lignes sur les deniers, en légende circulaire sur les oboles.
13. Gariel, pl. XVIII, n° 112.
14. Deux types : porte de ville ; nom de la ville en deux lignes sur les deniers, et en légende circulaire sur les oboles (Gariel, pl. XIX, n° 132).
15. Gariel, pl. XV, n° 38.
16. Gariel, pl. XV, n° 44.
17. Deux types : porte de ville ; nom de la ville en deux lignes.
18. Les deux mêmes types qu'à Sens.
19. Il y a toute une série de monnaies à la légende *Aquitania*.
20. Dax est qualifié *Aquis Vascon[ie]* (Catal., n°ˢ 796 et 797). On donne au même atelier des oboles avec AQVIS (Gariel, pl. XVI, n° 52) ou AQVIS PALA*tio* (Ibid., pl. XVI, n° 53), attribution qui semble justifiée par la forme du Q qui est la même sur toutes ces monnaies.
21. Deux types : instruments du monnayage ; nom de l'atelier en légende circulaire.
22. Trois types : porte de ville ; *Tolusa civi* en légende circulaire ; *Tolosa civitas* en trois lignes.
23. Gariel, pl. XVI, n° 63.
24. Deux types : temple ; nom de la ville en deux lignes.
25. Deux types : porte de ville ; nom de la ville en une ligne ou deux lignes (Gariel, pl. XVII, n° 97).

l'empereur Louis figure aussi sur les deniers romains concurremment avec ceux des papes[1] Léon III, Étienne IV, Pascal I, Eugène II, Valentin et Grégoire IV.

Il est impossible, comme nous l'avons dit plus haut, de distinguer avec certitude les monnaies de Pépin I, roi d'Aquitaine, des monnaies de son fils Pépin II. Il n'y a, pour cette classification, que des indices trop vagues. Nous nous contenterons de donner ici la liste des villes dont les noms sont gravés sur des monnaies portant, d'autre part, la légende **PIPPINVS REX**. Ce sont (sans compter l'atelier indéterminé désigné par *Aquitania* ni les deniers avec *Christiana religio*) :

Bourges, Dax (*Aquis urbi*)[2]. Limoges, Melle, Poitiers, Toulouse.

Un grand nombre de pièces de Lothaire I, empereur, ne portent aucun nom de lieu, mais seulement la légende **XPISTIANA RELIGIO**.

Les seuls ateliers dont les monnaies nous révèlent l'existence sous Lothaire I sont, outre les ateliers du Palais et de Bordeaux (ce dernier dans lequel on n'a pu frapper au nom de cet empereur qu'entre 817 et 843), les suivants :

Cambrai (*Camaracus civi*)[3], Cologne (*Colonne civitas*)[4], Duurstede, Metz, Milan, Pavie, Tours (*Turones*)[5], Trèves, Trévise (*Tarbisio*)[6], Venise (*Venecia*)[7], Verdun.

Quant à l'atelier de *Hogis*[8], qui doit être le même que *Chogis*, son identification avec Huy (*Hoio*) ne laisse pas que d'être douteuse.

Lothaire II, roi de Lotharingie de 855 à 869, n'a eu qu'un monnayage très limité. On connaît des pièces à son nom frappées à :

Metz (*Mettis civitas*)[9], Strasbourg, Trèves (*Treveris*)[10], Verdun.

Il y a aussi des deniers de Lothaire II à la légende **XPISTIANA RELIGIO**[11].

Venons à Charles le Chauve qui régna sur la France occidentale, la Neustrie, une partie de la Bourgogne et de l'Aquitaine[12], de 840 à 875 ; sur la Lorraine entière, en 869-870, et sur la partie occidentale, seulement, de ce pays, de 870 à 875 ; sur la totalité de l'empire franc, comme empereur, de 875 à 877. Les types monétaires employés sous le règne de ce prince ont été nombreux et variés. Mais il en est un qui a joui d'une faveur particulière, c'est celui où le nom du roi est représenté par

1. D. Promis, *Monete dei romani pontefici avanti il Mille*, p. 50 à 58, pl. II, n°s 3 à 12 ; pl. III, n°s 1 et 2.
2. Gariel, pl. XX, n°s 7 et 8.
3. Gariel, pl. LIX, n° 14.
4. Engel et Serrure, *Traité*, t. I. p. 258, fig. 484.
5. Gariel, pl. LX, n° 25.
6. Gariel, pl. LX, n° 27.
7. Gariel, pl. LX, n° 28.
8. Gariel, pl. LIX, n° 18.
9. Gariel, pl. LX, n° 1.
10. Gariel, pl. LX, n° 3.
11. Gariel, pl. LX, n° 6.
12. Il assigna, il est vrai, en 855 le royaume d'Aquitaine à Charles l'Enfant ; mais, en réalité, il continua de gouverner ce pays dans la mesure où les révoltes de Pépin le lui permirent, et d'ailleurs on ne trouve pas de pièces où le nom de Charles soit suivi du qualificatif *rex Aquitanorum* : il faut bien penser que l'on a monnayé au nom de Charles le Chauve.

LES ATELIERS MONÉTAIRES

un monogramme entouré de la légende **GRATIA D¯I REX**. Ce type s'est immobilisé et a continué d'être employé dans certains ateliers sans interruption jusque bien au delà de la période carolingienne. Il en résulte qu'il est fort difficile, pour ne pas dire impossible, de distinguer entre les monnaies de ce type contemporaines de Charles le Chauve et celles qui n'ont été frappées qu'après sa mort ; cependant, par comparaison avec des monnaies de Louis le Bègue ou de Louis III, de Carloman et d'Eudes, on peut, pour certains ateliers, affirmer que tel denier au monogramme de *Karolus* et à la légende *Gratia Dei rex* est postérieur à Charles le Chauve [1]. Ce serait une erreur sans conséquences de rapporter au règne de Charles le Chauve des pièces émises sous ses successeurs, si, après sa mort, l'on n'avait monnayé à son nom que dans les ateliers qui avaient fonctionné de son vivant : car tout atelier dont on relèverait le nom sur des pièces à l'un des types monétaires de Charles le Chauve, pourrait être considéré comme ayant été ouvert dès le règne de ce prince. Il n'en est rien : une pièce du Xᵉ siècle, au type de Charles le Chauve, sortie d'un atelier, n'implique pas nécessairement l'existence d'un prototype frappé dans le même atelier sous Charles le Chauve. Car certains ateliers qui ne sont entrés en activité qu'à la fin du IXᵉ siècle ou au Xᵉ siècle, surtout les ateliers ouverts par les comtes, ont adopté le type au monogramme de *Karolus*, seul moyen de faire accepter des pièces de bas aloi et de poids faible ; car les espèces dont elles étaient la copie avaient, en raison de leur bonne fabrication, joui d'une grande faveur sur les marchés.

En laissant de côté les deniers avec **XPISTIANA RELIGIO** et ceux qui sont sortis de l'atelier palatin, voici les localités de l'empire franc où l'on a monnayé au nom ou au type de Charles le Chauve roi.

En France : Amiens [2], Arras, Attigny, Beauvais [3], Bruges [4], Cassel, Châlons-sur-

---

1. Le style barbare d'une pièce et l'altération de ses légendes ne sont pas deux indices certains que cette pièce soit postérieure au règne du prince dont elle porte le nom. Car il y avait un grand nombre d'ateliers de fausses monnaies où l'on copiait plus ou moins grossièrement les espèces des ateliers officiels et surtout les espèces les plus répandues. Nous considérons comme un produit d'un atelier clandestin un denier de la collection de M. P. Pinette, de Chalon, qui porte, d'un côté, le nom de Dijon, et de l'autre, celui de Clermont. C'est là le fait d'une erreur d'un monnayeur qui a rapproché deux coins destinés

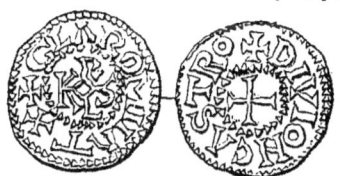

à deux pièces différentes. Cette monnaie, que son possesseur nous a si aimablement autorisé à reproduire, provient de la trouvaille faite au Bourgneuf, près Chalon, en mai 1893.

2. Nous rappelons que nous ne donnons pas de références aux monnaies qui figurent dans le Catalogue, la table alphabétique permettant de les retrouver facilement. Quand pour un atelier nous n'indiquons, en note, aucun type, c'est que l'on ne connaît que le type au monogramme de *Karolus* et à la légende *Gratia Dei rex*.

3. Type au monogramme et à la légende *Carolus rex Fr.*

4. Tous les deniers de Bruges jusqu'ici signalés présentent des altérations dans les légendes, qui nous

Marne, Chelles, Compiègne, Courtrai, Gand, Ham (*Hamo castello*)[1], Jouarre, Laon[2], Lens, Meaux[3], Melun, Morienval, Paris[4], Péronne (*Perronensis mo[neta]*)[5] et l'église Saint-Fursy de la même ville (*Sancti Fursei castello*)[6], Quentovic[7], Reims[8], Rethondes, Rodenburg, Rouen, Saint-Denis, Saint-Omer (*Sancti Audomari*)[9], Saint-Quentin, Soissons et le monastère de Saint-Médard ou Saint-Sébastien[10], Le Talou, Thérouanne, Tournai (*Tornaii porto*)[11].

En Neustrie : Angers, Bayeux, Beaugency (*Balgenti[aco] castro*)[12], Blois, Chartres[13], Châteaudun, Châteaulandon, Chinon (*Cainoni castro*)[14], *Curtisasonien*, le monastère des Deux Jumeaux, Évreux, Le Mans, Lisieux, Mayenne, Orléans[15], Tours et la basilique de Saint-Martin[16].

En Bourgogne : Autun et le monastère de Saint-Andoche, Auxerre[17], Avallon, Bar-sur-Aube, Beaune (*Belna castro*)[18], Besançon, Chalon-sur-Saône (*Cavilonis civis*)[19], Dijon, Langres (*Lingonis civi*)[20], Lyon, Nevers, Semur (*Sinemuro castro*)[21],

font croire qu'ils sont postérieurs au règne de Charles le Chauve ; le prototype ne serait donc pas retrouvé.

1. Gariel, pl. XXIX, n° 116.
2. Deux types : temple ; légende *Gratia Dei rex*.
3. Deux types : nom de la ville en deux lignes (Gariel, pl. L, n° 41) ; légende *Gratia Dei rex*.
4. Quatre types : nom de la ville en deux lignes ; temple ; monogramme avec la légende *Carolus rex* (Gariel, pl. XLII, n° 52) ; légende *Gratia Dei rex*.
5. Gariel, pl. XXXII, n° 186.
6. Gariel, pl. XXXIV, n° 225.
7. Deux types : temple ; légende *Gratia Dei rex*.
8. Deux types : temple ; légende *Gratia Dei rex*.
9. Gariel, pl. XXXIV, n° 230.
10. Gariel, pl. XXXIV, n°⁵ 228 et 240.
11. Gariel, pl. XXXVI, n° 265.
12. Gariel, pl XLIX, n°⁵ 5 et 6.
13. Trois types : temple ; porte de ville (Gariel, pl. XXI, n° 5) ; légende *Gratia Dei rex*.
14. Type au monogramme sans nom de roi, avec le nom de Chinon et celui de Tours (Gariel, pl. XLIX, n°⁵ 20 et 24).
15. Trois types : porte de ville ; temple ; légende *Gratia Dei rex*.
16. Type au temple.
17. Deux types : temple ; légende *Gratia Dei rex*.
18. Ce denier provenant de la trouvaille du Bourgneuf, près Chalon (mai 1893), fait partie de la collection de M. P. Pinette, de Chalon, qui m'a autorisé à le reproduire. Je lui adresse tous mes remerciements pour sa libéralité.

19. Gariel, pl. XXVII, n°⁵ 67 et 69.
20. Gariel, pl. XXX, n° 124.
21. Gariel, pl. XXXV, n° 241.

Sens[1], Tonnerre[2], Troyes, Vienne (*Vienna civis*)[3].

En Bretagne : Nantes, Rennes.

En Aquitaine : Bourges[4], Clermont[5], Limoges (*Limovicas civis*)[6], Melle[7], Agen[8], Dax[9], Toulouse[10].

En Lotharingie : Aix-la-Chapelle (*Aquisgrani pal[atio]*)[11], Bastogne (*Hin fisco Bastonia*)[12], Cambrai et le monastère de Saint-Géry, Chièvres, Condé-sur-l'Escaut, Curange (*De fisco Curinio*)[13], Dinant, Estinnes, Famars (*Fanum Marti*)[14], Huy, Maastricht[15], Maubeuge, Namur, Nivelle, Toul (*Tullo civitas*)[16], Valenciennes, Verdun.

Il existe un certain nombre de pièces de Charles le Chauve, dont les lieux d'émission n'ont pas été identifiés avec des localités modernes. Outre celles dont la Bibliothèque nationale possède des exemplaires, nous citerons un denier[17] portant la légende **BOIOIIIS CIVII**, dans laquelle on a vu la déformation de *Bolonia civitas*. Je ne saurais dire quel est le Chemiré dont le nom est inscrit sur un denier du Cabinet de Bruxelles[18], sous la forme **CHIMIRIACO**, ni quelle est la localité qui correspond à **VENDVNIS FISC**[19]. La légende **GENCLIACO POR** est

---

1. Quatre types : nom de la ville en deux lignes ; temple ; monogramme avec la légende *Carlus rex Fr.* ; légende *Gratia Dei rex*.
2. Au denier n° 616 du Catalogue qui porte *Tornetremsi*, il faut ajouter le denier à la légende *Tornodoro castel(lo)* (Gariel, pl. XXXV, n° 260).
3. Gariel, pl. XXXVII, n° 289.
4. Trois types : nom de la ville en deux lignes ; temple (Gariel, pl. XXI, n° 3) ; monogramme avec la légende *Carlus rex*.
5. Deux types : temple avec la légende *Halivernis* ou *Haliverna cives* (Gariel, pl. XXI, n°s 6 et 7) monogramme avec les légendes *Carlus rex* et *Claromunt*.
6. Monogramme avec la légende *Carlus rex Fr.* (Gariel, pl. XXIII, n° 57).
7. Monnaies aux légendes *Metullo* et *Carlus rex Fr.*, avec le monogramme ; temple (Gariel, pl. XXI, n° 8) ; monnaies aux légendes *Metallum* et *Carlus rex Fr.* Il y a donc eu sous Charles le Chauve deux séries de pièces émises à Melle, les unes portant le nom de la ville, *Metullo*, les autres le nom latin qui signifie mine, *metallum*. Ce qui suppose l'existence à Melle de deux ateliers, dont l'un plus spécialement affecté au monnayage de l'argent extrait des mines. Cette division des deniers de Melle en deux groupes m'a été suggérée par M. Raymond Serrure. Il serait possible encore qu'une confusion se fût établie entre *Metullum* et *Metallum*.
8. Monogramme avec la légende *Carlus rex Fr.*
9. Même type qu'à Agen.
10. Même type qu'à Agen et à Dax.
11. Gariel, pl. XXV, n° 1. C'est à tort que Gariel indique ce denier comme étant au Cabinet de France.
12. R. Serrure, *Bulletin de numismatique*, t. II (1882-83), p. 143, pl. VIII, fig. 2.
13. Gariel, pl. XXIX, n° 97. L'identification de *Curinio* avec Curange (Limbourg) a été proposée par M. R. Serrure, *Revue belge de numismat.*, t. XXXV (1879), p. 94. Il est probable que la légende du n° 979 du Cabinet de France est une déformation de *De fisco Curinio*.
14. R. Chalon, dans *Revue de la numismat. belge*, t. XVII (1861), p. 237.
15. Outre la légende *Triieto moneta* des n°s 88 et 89 du Cabinet de France, on relève sur un denier, publ. par Gariel, pl. XXX, n° 137, la légende *Triiettense mon*.
16. Gariel, pl. XXXV, n°s 261 et 262.
17. Gariel, pl. XXVII, n° 54.
18. Gariel, pl. XXVIII, n° 87.
19. Gariel, pl. XXIX, n° 106. — C'est peut-être la même localité que le *Fiscus Vendrut*, n°s 968 et

sans doute pour *Geneliaco* ou *Gemeliaco porto*[1]. Le *castrum Latisio*[2] est probablement le mont Lassois, c'est-à-dire le même lieu dont le nom parait sur notre n° 564, sous la forme **CASTEL LATS**, et sur un autre denier[3] sous la forme **CASTRE LATSIS**.

Nous avons proposé d'identifier *Niviella* avec Nivelle. Il est possible que *Nigella*[4] soit une variante de *Niviella*, forme réduite de *Nivigella*. Citons encore l'atelier de **PORTA VICVS** dont le nom est gravé sur denier, de la trouvaille du Bourgneuf, près Chalon, appartenant à M. Pinette.

Quant aux monnaies que Charles le Chauve a frappées après 875, c'est-à-dire après son couronnement comme empereur, il est impossible, comme nous l'avons dit, de les distinguer de celles de Charles le Gros. Nous nous bornerons donc à donner la liste des ateliers qui ont émis des monnaies au nom d'un *Carolus imperator*, abstraction faite de celles qui doivent être reportées au temps de Charlemagne[5]. Ce sont :

En France : Lens, Tournai.

En Bourgogne : Auxerre, Chalon-sur-Saône, Langres, Nevers.

En Provence : Arles, Uzès (*Ucecius civis*)[6].

En Septimanie : Béziers (*Bisterris civ*)[7], Nîmes ? (*Nimis civis*)[8].

En Aquitaine : Bourges.

En Toulousain : Toulouse.

En Lotharingie : l'église Saint-Géry de Cambrai, Maastricht, Mons, Verdun.

Le nom de Charles le Chauve empereur est inscrit sur les monnaies du pape Jean VIII[9].

Par le traité de Verdun (843), Louis le Germanique avait reçu dans son lot la

---

969 du *Catal.*, ou que le *Vendenis castro*, n°s 966 et 967 du *Catal.* En tout cas, la lecture que nous proposons parait préférable à celle de Gariel, p. 227, *Aecianis*.

1. Gariel, pl. XXIX, n° 115.
2. Gariel, pl. XXIX, n° 120.
3. Gariel, pl. XXX, n° 122.
4. Gariel, pl. XXXI, n° 158.
5. C'est ce qu'ont déjà fait MM. Engel et Serrure, *Traité*, p. 243.
6. Gariel, pl. XLI, n° 25.
7. Gariel, pl. XLII, n°s 39 et 40.
8. Gariel, pl. XLI, n° 21.
9. D. Promis, *Monete dei romani pontefici avanti il Mille*, p. 68, pl. IV, n° 10.

partie de l'Empire franc la moins civilisée ; la monnaie n'y devint d'un usage courant qu'au xᵉ siècle [1].

Il est donc probable qu'au ɪxᵉ siècle, dans la France orientale, les ateliers monétaires furent peu nombreux. Il y a peut-être une autre raison à la rareté des monnaies attribuables à Louis le Germanique : à savoir que l'on a frappé dans son royaume des monnaies à type immobilisé, et spécialement au nom de Louis empereur et à la légende *Christiana religio*. Dans la Lotharingie, les ateliers ouverts précédemment ont continué de fonctionner, mais il est bien difficile de distinguer entre les monnaies des trois rois homonymes qui se sont succédé : Louis le Germanique, Louis le Bègue, qui posséda la partie occidentale de la Lotharingie, et Louis de Saxe. C'est à Louis le Germanique qu'il convient d'attribuer les deniers et oboles avec le nom de Trèves se présentant sous la forme TREV‖ERIS en deux lignes dans le champ [2] ; type qui, d'ailleurs, a pu se continuer sous Louis de Saxe.

Les ateliers de Metz et de Marsal paraissent avoir ouvré au nom de Louis le Germanique. Un denier de Mayence semble, d'après son style, appartenir plutôt à Louis de Saxe [3].

Louis II le Bègue, roi d'Aquitaine depuis 867, succéda à son père, Charles le Chauve, dans la France occidentale en 877 ; il mourut en 879. Ses fils, Louis III et Carloman, lui succédèrent. Louis III étant mort en 882, son frère Carloman joignit son royaume au sien. Il est impossible, comme nous l'avons dit, de distinguer entre les monnaies de Louis II et celles de Louis III [3], sauf pour Toulouse, Arles et Troyes, villes qui n'ont pas appartenu à Louis III. D'ailleurs cette distinction, les contemporains eux-mêmes n'ont pas dû la faire, car il n'y avait aucune raison de changer les coins des monnaies à la mort de Louis II dans les ateliers qui se trouvèrent dans le lot de Louis III.

Il convient de faire ici une autre observation, c'est que, quand même nous posséderions toutes les pièces au nom de Louis II et de Louis III, nous ne pourrions pas dresser une liste complète des ateliers qui ont fonctionné sous leur règne, car dans beaucoup d'ateliers, le type monétaire, au monogramme de *Karolus* et à la légende *Gratia Dei rex*, s'est immobilisé, puis lentement déformé. Si l'on peut dans chaque atelier fixer la chronologie relative de ces déformations, il est impossible d'assigner à chacune d'elles une date précise, et par conséquent de les classer par règnes.

1. Engel et Serrure, *Traité*, t. I, p. 260.
2. P. Bordeaux, *Les monnaies de Trèves*, dans *Revue belge de numismat.*, 1893, p. 330, fig. 16 et 17.
3. *Catal.*, n° 35.
4. Encore doit-on remarquer que Louis III et Carloman ont régné en commun pendant une année (10 avril 879 — mars 880), et que l'on a pu frapper dans ces villes au nom de l'un et l'autre de ces rois. Il est plus probable qu'on a conservé les coins monétaires au nom de Louis II.

A partir de 877, nous pouvons constater l'existence de tels ou tels ateliers sous tel ou tel règne; mais les listes que nous dresserons sont nécessairement incomplètes, et on ne saurait en tirer aucune conclusion sur le plus ou moins grand nombre d'ateliers qui ont monnayé après 877, puisque certains ateliers, émettant des monnaies au nom et au monogramme de Charles, ne manifestent pas leur activité à une date précise. L'immobilisation des types s'explique par le fait qu'un grand nombre de *monetæ* étaient entrées dans le domaine des comtes et des évêques. Le nom du roi régnant, quand il figure sur les pièces du xe siècle, n'est bien souvent qu'une date [1].

Voici la liste des villes dont on relève les noms sur les monnaies de Louis II ou de Louis III (877-882), abstraction faite des monnaies sorties de l'atelier palatin.

En France : Laon (*Lugduni Clavati*) [2], Pierrepont, Provins.

En Neustrie : Blois, Tours.

En Bourgogne : Troyes [3] (*Trecas civitas*).

En Lotharingie : Huy [4], Maastricht [5], Visé [6].

Les ateliers monétaires dont l'existence nous est révélée par les monnaies au nom de Carloman (879-884), sont :

En France : le monastère de Saint-Médard de Soissons (*Sancti Medardi Mont*) [7].

En Neustrie : Château-Landon.

En Bourgogne [8] : Auxerre, Troyes.

En Provence : Arles.

En Septimanie : Substantion.

En Toulousain : Toulouse.

En Aquitaine : Limoges, Melle (*Metullo*) [9].

A la mort de Carloman, son royaume passa à l'empereur Charles le Gros. Nous avons déjà dit qu'il était impossible de distinguer entre les pièces de Charles le Chauve, empereur, et celles de Charles le Gros. On ne peut guère donner en toute certitude à Charles le Gros qu'un denier de Metz[10], qui aurait été frappé après 882, date à laquelle Charles hérita de son frère, Louis de Saxe, la Lotharingie[11], et des deniers, à la légende **XPISTIANA RELIGIO**, de style italique, à flan large et mince avec une marge circulaire formant bourrelet autour de la légende[12].

1. A. de Barthélemy, *Note sur la classification des monnaies carolingiennes*, dans *Revue num.*, 1895, p. 87.
2. Gariel, pl. LIII, n° 24.
3. Gariel, pl. XXXVIII, n° 7.
4. Les monnaies frappées à Huy ne peuvent appartenir qu'à Louis le Bègue ou à Louis de Saxe, mais non à Louis III, dans le royaume duquel Huy n'a pas été compris.
5. Même observation que pour l'atelier de Huy.
6. Même observation que pour les deux ateliers précédents.
7. Gariel, pl. XXXIX, n° 14.
8. Nous ne mentionnons pas l'atelier d'Autun. Voyez la note du n° 603, p. 86 du *Catal.*
9. Gariel, pl. XXXIX, n° 13.
10. Gariel, pl. XL, n° 17. Voy. Engel et Serrure, *Traité*, t. I, p. 261.
11. Longnon, *Atlas histor.*, p. 79.
12. Gariel, pl. XLI, fig. 27 à 29.

On n'a pas retrouvé davantage de monnaies sur lesquelles *Carolus rex* représente le nom de Charles le Gros qui, avant d'être empereur, avait régné, du 28 août 876 au 25 décembre 880, sur l'Allemagne et la Rhétie [1].

Pour l'usurpateur Boson, qui régna sur la Provence de 879 à 887, on ne connaît qu'un atelier monétaire, celui de Vienne.

Eudes régna, de 887 à 893, sur tout le territoire qui correspond à la France actuelle, sauf la Provence; mais, en 896, il dut céder à Charles le Simple une partie de son royaume. Il mourut le 1er janvier 898. Voici la liste des ateliers dont les noms sont gravés sur les monnaies de ce roi, abstraction faite de l'atelier palatin.

En France : Amiens (*Ambianis c*) [2], Arras, Compiègne (*Compendio palatio*) [3], le monastère de Corbie, Laon (*Lugduni Clavati*) [4], Noyon (*Noviomus civitas*) [5], Paris, l'église Saint-Fursy de Péronne, Reims, Saint-Denis, Saint-Quentin (*Sancti Quintini mo[neta]*) [6], Soissons.

En Neustrie : Angers, Blois, Chartres, Châteaudun, *Curtisasonien*, Orléans, Tours.

En Bourgogne : Chalon-sur-Saône (*Cavilon civitas, Cavilonis civis*) [7], Sens.

En Aquitaine : Bourges, Limoges (*Limovicas civis*) [8].

En Toulousain : Toulouse.

En Septimanie : Carcassonne (*Carcasona civ*) [9].

Ajoutons l'atelier d'une église dédiée à la Vierge, *Sancte Marie m(onasterium)*, et jusqu'ici non identifiée [10].

La liste des ateliers qui ont fonctionné sous le règne de Charles le Simple ne peut être dressée. On ne saurait reconnaître avec certitude, parmi les monnaies au monogramme de *Karolus*, celles qui sont contemporaines de Charles le Simple, puisque dans bon nombre d'ateliers on a frappé des pièces à ce type, postérieurement au règne de Charles le Chauve, et que la déformation du type s'étant produite peu à peu, on ne saurait marquer les déformations qui se rapportent au temps de Charles le Simple; et, d'ailleurs, sur les monnaies de ce genre, la présence du monogramme n'a plus d'autre valeur que de favoriser le cours des espèces; l'on a pu imprimer sur les pièces le monogramme de *Karolus*, alors que des rois d'un autre nom occupaient le trône. Cependant nous avons signalé, dans le Catalogue, quelques monnaies au type du monogramme carolin que leur style place au temps de Charles le Simple. Ici, nous nous contenterons d'indiquer les

---

1. Longnon, *Atlas histor.*, p. 79.
2. Gariel, pl. XLVI, n° 1.
3. Gariel, pl. LIII, n° 13.
4. Gariel, pl. LIII, n° 23.
5. Gariel, pl. XLVII, n° 30.
6. Gariel, pl. XLVII, n° 48.
7. Gariel, pl. XLVI, n°s 17 et 18.
8. Gariel, pl. XLVII, n°s 26 à 29.
9. Gariel, pl. XLVI, n° 15.
10. Gariel, pl. XLVII, n° 47.

noms des ateliers, relevés sur des pièces au nom de Charles roi, et qui, en raison de leur type particulier [1], doivent être attribuées à Charles le Simple.

En France : Châlons-sur-Marne (*Catalaunis*)[2], Meaux (*Meldis civis*)[3], Paris, Saint-Denis, Senlis (*Silvanectis*)[4].

En Bourgogne : l'église Saint-Nazaire d'Autun, Mâcon (*Matiscon ci*)[5].

En Lotharingie : Cologne, Strasbourg, Toul, Trèves (*Treveris*)[6], Verdun.

Les ateliers qui ont émis des monnaies au nom du roi Raoul (923-936) sont :

En France : Beauvais, Meaux? (*Maidi civita*)[7], Paris, Saint-Denis, Soissons (*Suessio*[8]).

En Neustrie : Chartres, Châteaudun, Châteaulandon, *Curtisasonien*, Dreux (*Drcas castr*)[9], Étampes, Nogent (*Nvientus castr*)[10], Orléans.

En Bourgogne : Nevers (*Nevernis civit*)[11], Sens (*Senonis civitas*)[12].

En Aquitaine : Angoulême, Bourges (*Biturices civit*)[13], Le Puy.

Quant au nom de Louis IV (936-954), ou de Louis V (986-987), on le relève sur des monnaies de Bourges, Chalon-sur-Saône (*Cavilonis civ*)[14], Chinon, Langres, Mâcon (*Mastico civitas*)[15], Nevers (*Nevernis cvt*)[16], Paris, Reims, Rouen.

Enfin le nom de Lothaire se lit (abstraction faite de quelques monnaies franchement baronales comme celles d'Heribert de Vermandois) sur les pièces sorties des ateliers de : Arras (*Atrebas ci*, *Atradus*)[17], Bordeaux (*Burdegal*)[18], Bourges, Chalon-sur-Saône, Clermont en Auvergne (*Claromonti*)[19], Mâcon, Meaux, Melun, Reims (*Remi civi*)[20], Soissons (*Suessio civitas*)[21], Troyes.

Nous croyons avoir suffisamment insisté sur la difficulté de la répartition des

---

1. Voyez plus haut, p. XXIII.
2. Gariel, pl. XLIX, n° 19.
3. Gariel, pl. L, n° 42.
4. Gariel, pl. LI, n° 70.
5. Gariel, pl. L, n° 39.
6. P. Bordeaux, *Les monnaies de Trèves*, dans *Revue belge de numismat.*, 1893, p. 444, fig. 24 et 24 bis.
7. Gariel, pl. LIV, n° 28.
8. Gariel, pl. LIV, n° 45.
9. Gariel, pl. LIII, n° 16.
10. Gariel, pl. LIV, n° 29.
11. Gariel, pl. LIV, n° 30.
12. Gariel, pl. LIV, n° 44.
13. Gariel, pl. LIII, n° 6.
14. Gariel, pl. LV, n°s 2 à 5.
15. Gariel, pl. LV, n°s 13 et 14.
16. Gariel, pl. LV, n°s 18 à 20. Sur tous les exemplaires des monnaies de Nevers au nom de Louis, conservées à la Bibliothèque nationale, le mot *rex*, inscrit dans le champ, est tellement déformé, qu'on a cru devoir considérer ces monnaies comme postérieures au règne de Louis IV et comme baronales.
17. Gariel, pl. LVI, n°s 1 et 2.
18. Gariel, pl. LVI, n° 4.
19. Gariel, pl. LVII, n° 13.
20. Gariel, pl. LVII, n° 24.
21. Gariel, pl. LVII, n° 27.

monnaies entre les souverains du même nom, sur l'autonomie des ateliers à partir du règne de Charles le Chauve, sur l'immobilisation des types monétaires, pour amener à cette conclusion que le classement le plus scientifique d'une collection de monnaies carolingiennes est le classement géographique. C'est donc ce classement que nous avons adopté, nous conformant ainsi aux conclusions d'un mémoire de M. A. de Barthélemy [1], dont nous avons à plusieurs reprises reproduit les arguments et invoqué l'autorité.

1. *Note sur la classification des monnaies carolingiennes*, dans *Comptes rendus de l'Académie des inscriptions et belles-lettres*, 1893, et dans *Revue num.*, 1895, p. 78.

CATALOGUE

CATALOGUE
DES
MONNAIES CAROLINGIENNES
DE LA
BIBLIOTHÈQUE NATIONALE

MONNAIE DE TRANSITION

1. VVFᴾAϘVVω en légende circulaire autour d'un **A**. Grènetis au pourtour.
 ℞. ωՐ˙A:L:E:F:E˙˙˙ en légende circulaire autour d'un globule central. Grènetis au pourtour.
 Denier, 1 gr. 15. Pl. I.

 A. de Longpérier a lu au droit *Vufarins*, qu'il identifie avec Waifre, duc d'Aquitaine, et, au revers, *Flaulefcs* (*Deniers de Waifre, duc d'Aquitaine*, dans *Revue num.*, 1858, p. 331).

MONÉTAIRES

Pépin (752-768).

2. R̄ P dans le champ; sous R, un globule; entre les deux lettres, deux globules superposés; sous la panse du P, trois globules disposés triangulairement. Grènetis au pourtour.
 ℞. A/T ‖ TRΔ⁻ ‖ NO (*Anttramno*) en trois lignes, deux traits horizontaux, séparant la première ligne de la seconde et la seconde de la troisième. Grènetis au pourtour.
 Denier, 1 gr. 29. Pl. I.

 Sur le nom d'homme *Anttramno*, voy. A. de Longpérier, *Cent deniers découverts près Imphy*, dans *Revue num.*, 1858, p. 228. C'est sur un autre exemplaire de cette pièce que Gariel, p. 42, pl. 1, n° 2, a lu *Intramno* qu'il identifie à tort avec Entrain. Les différents deniers signés d'*Anttramno* ont été reproduits dans l'*Histoire d'Entrain* par l'abbé Baudiau (Nevers, 1879, in-8°), pl. 6.

MONÉTAIRES

3. Même type.
℞. AIT ‖ TRA˜ ‖ ·N◊ en trois lignes, deux traits horizontaux, séparant la première ligne de la seconde et la seconde de la troisième. Grènetis au pourtour.
Denier, 1 gr. 47.

4. Même type.
℞. M ‖ T⚬Δ˜ ‖ N◊ en trois lignes, le premier T incliné et lié au groupe N; deux traits horizontaux, séparant la première ligne de la seconde et la seconde de la troisième. Grènetis au pourtour.
Denier, 1 gr. 11.   Pl. I.

5. Monogramme de PiPiNus Rex, surmonté d'un trait horizontal; sous la panse du P, trace d'un I. Grènetis au pourtour.
℞. ϛAD ‖ DO en deux lignes. Grènetis au pourtour.
Denier, 1 gr. 14.   Pl. I.

Charlemagne, roi (1ʳᵉ période : 768-781).

6. + KRL + BF autour d'un annelet auquel les lettres se rattachent par le pied. Grènetis au pourtour.
℞. + ARFIVF en légende circulaire autour d'un annelet•auquel les lettres se rattachent par le pied; entre la 2ᵉ et la 3ᵉ lettre, groupe de trois points disposés triangulairement. Grènetis au pourtour.
Denier, 1 gr. 03.   Pl. I.

7. ⊂ÆRO ‖ LVS en deux lignes. Grènetis au pourtour.
℞. O◊ALRICVS· autour d'une croisette. Grènetis au pourtour.
Denier, légèrement échancré, 1 gr. 12.   Pl. I.

MONNAIES CLASSÉES PAR ATELIERS [1]

ATELIER DU PALAIS

Louis le Pieux (814-840).

8. + HLVDOVVICVS IMP entre deux grènetis. Croix.
 ℞. PALA ‖ TINA MO ‖ NETA en trois lignes. Grènetis au pourtour.
 Denier, 1 gr. 70. Pl. I.
9. Mêmes légendes. Même type. Variété : les bras de la croix plus longs.
 Denier, légèrement échancré, 1 gr. 59.
10. Mêmes légendes. Même type. Variété de coin : le flan plus large, les lettres plus épaisses et plus hautes.
 Denier, 1 gr. 73.

Lothaire, empereur (817-855).

11. + LOHARIVS IMPERATO entre deux grènetis. Croix cantonnée de quatre globules.
 ℞. PALATINA MONETA. Temple tétrastyle, sur deux degrés, à fronton triangulaire surmonté d'une croix; au centre du temple, une croix, dont la haste est aussi longue que les colonnes. Grènetis au pourtour.
 Denier, 1 gr. 69. Pl. I.

Charles le Chauve, roi (840-875)
et imitations des monnaies de Charles le Chauve.

12. + CAROLVS REX entre deux grènetis. Croix cantonnée de quatre globules.
 ℞. + PALATINA MONETA entre deux grènetis. Monogramme de Karolus.
 Denier, 1 gr. 67. Pl. I.
13. Mêmes légendes. Mêmes types. Variété : les globules cantonnant la croix plus gros.
 Denier, 1 gr. 52.

---

1. L'atelier palatin mis à part, les ateliers ont été classés géographiquement d'après les divisions de la Gaule au xᵉ siècle, telles qu'elles sont établies par M. A. Longnon dans son *Atlas histor. de la France*, pl. vi à ix.

MONNAIES CLASSÉES PAR ATELIERS

14. Mêmes légendes. Mêmes types. Variété de coin.
    Denier, 1 gr. 57.
15. Même légende. Même type.
    ℞. + PALATIIIA MONET entre deux grènetis. Monogramme de *Karolus*, les branches du K éloignées du centre.
    Denier, 1 gr. 55.
    Par son style, ce denier, au flan large, aux lettres d'un dessin plus maigre et moins arrêté, paraît avoir été frappé postérieurement aux deniers précédents, et peut-être après le règne de Charles le Chauve.
16. + CAROLVω REX entre deux grènetis. Croix.
    ℞. + PALATINA MONE entre deux grènetis. Monogramme de *Karolus*, rétrograde, sauf L.
    Denier, 1 gr. 73.   Pl. I.
17. Autre exemplaire.
    Denier, 1 gr. 61.
18. + CAROLVS REX entre deux grènetis. Croix.
    ℞. + RALATIIIA MOИEA entre deux grènetis. Monogramme de *Karolus*, les branches du K éloignées de la haste ; au centre, un point.
    Denier, 1 gr. 62.
19. Mêmes légendes. Mêmes types. Variété de coin.
    Denier, 1 gr. 68.
20. + C·RATIA D¯I REX entre deux grènetis. Monogramme de *Karolus*, les branches du K éloignées de la haste.
    ℞. + PALATINA MONE entre deux grènetis. Croix.
    Denier, 1 gr. 55.   Pl. I.
21. + CRATIA D¯I REX entre deux grènetis. Monogramme de *Karolus*.
    ℞. + PALATINA MONET entre deux grènetis. Croix.
    Denier, 1 gr. 55.
22. + C·RATIA D¯I REX entre deux grènetis. Monogramme de *Karolus*.
    ℞. + PALATINA MoNE entre deux grènetis. Croix.
    Denier, 1 gr. 77.
23. + CRATIA D¯I REI entre deux grènetis. Monogramme de *Karolus*, R réduit à P.

℞. + PALATINA MO entre deux grènetis. Croix.
Obole, 0 gr. 56. Pl. I.

24. + CRATIA D͞I REX en légende rétrograde, entre deux grènetis. Monogramme de *Karolus*, les branches du K éloignées de la haste, S retourné ; au centre, un point.
℞. + PALATINA MOME entre deux grènetis. Croix.
Denier, 1 gr. 71.

25. X GRATIA D͞I REX entre deux grènetis. Monogramme de *Karolus*, les branches du K partant des extrémités de la haste.
℞. X PALATINA MOT entre deux grènetis. Croix.
Denier, 1 gr. 58. Pl. I.

Louis II (877-879) ou Louis III (879-882).

26. + MISIRICORDIA D͞I REX entre deux grènetis. Monogramme de *Hludovicus*.
℞. + PALATINA MONET entre deux grènetis. Croix.
Denier, 1 gr. 54. Pl. I.

Eudes (887-898).

27. + CRATIA:D͞I entre deux grènetis. Dans le champ, la légende ODO REX disposée circulairement autour d'un globule.
℞. + PALATINA MONE entre deux grènetis. Croix.
Denier, 1 gr. 62. Pl. I.

28. + GRATIA D͞I REX entre deux grènetis. Monogramme cruciforme de *Odo r(ex)*.
℞. + PALATINA MO entre deux grènetis. Croix.
Denier, 1 gr. 19. Pl. I.

29. + GRACIA D͞I REX entre deux grènetis. Dans le champ, ODO disposé triangulairement.
℞. + PALATINA MONE entre deux grènetis. Croix.
Denier, 1 gr. 45. Pl. I.

FRANCE ORIENTALE

MAYENCE

Charlemagne, roi (2ᵉ période : 781-800).

30. + CARLVS REX FR entre deux grènetis. Monogramme de *Karolus*.

MONNAIES CLASSÉES PAR ATELIERS

    ℞. + MOGONTIA entre deux grènetis. Croix sur trois degrés.
    Denier, 1 gr. 62.   Pl. I.

31. Mêmes légendes. Mêmes types. Variété de coin.
    Denier, 1 gr. 67.

32. + CARLVS REX FR entre deux grènetis. Monogramme de *Karolus*.
    ℞. + MOGONTIA entre deux grènetis. Croix.
    Denier, 1 gr. 66.   Pl. I.

33. + CARLVS REX FR entre deux grènetis. Monogramme de *Karolus*.
    ℞. + MOGONTIA entre deux grènetis. Dans le champ, P.
    Denier, 1 gr. 71.   Pl. I.

           Louis le Pieux (814-840).

34. + HLVDOVVICVS IMD entre deux grènetis. Croix.
    ℞. MO ‖ GON ‖ TIA ‖ CVS en quatre lignes. Grènetis au pourtour.
    Denier, échancré, 1 gr. 69.   Pl. I.

    Louis le Germanique (840-876) ou *Louis de Saxe* (876-882).

35. Monogramme de *Ludovicus*, divisé en deux parties, entre lesquelles une croisette. Grènetis au pourtour.
    ℞. + MOCONTIA entre deux grènetis. Croix.
    Denier, 1 gr. 12.   Pl. I.

          Arnoul, roi (887-899).

36. + ARNO[LD]VS RE entre deux grènetis. Croix cantonnée de quatre globules.
    ℞. MO[CO]NCIVE CIVIT (*Moconciae civit*). Temple tétrastyle, sur deux degrés, le fronton triangulaire surmonté d'une croix; au centre du temple, une croix. Grènetis au pourtour.
    Denier, 1 gr. 70.   Pl. I.

37. [+ AR]NOFIDVS R////. entre deux grènetis. Croix cantonnée de quatre globules.
    ℞. [MOCON]CIAE CIVIT. Temple du même type qu'au n° 36. Grènetis au pourtour.
    Denier, échancré, 1 gr. 39.

          Louis l'Enfant (899-911).

38. [+ HLVDOVV]IDVS R////. entre deux grènetis. Croix cantonnée de quatre globules.

ALSACE 7

℞. [M]OCOMC/////. Temple tétrastyle, à fronton triangulaire, sur deux degrés ; au centre du temple, une croix. Grènetis au pourtour.
Denier, 1 gr. 64.

39. + //HIΛIƆO||VIC////M (déformation de *Hludovicus rex*) en légende rétrograde, entre deux grènetis. Croix cantonnée de quatre globules.
℞. + WOCOMCIAE CVIT. Temple du même type qu'au denier précédent. Grènetis au pourtour.
Denier, 1 gr. 74. Pl. I.

SENNES
(Atelier non identifié de la région rhénane).

Charlemagne, roi (2ᵉ période : 781-800).

40. + CARLVS REX FR entre deux grènetis. Monogramme de *Karolus*, l'O central muni d'un chevron.
℞. + SENNES entre deux grènetis. Croix sur trois degrés.
Denier, 1 gr. 37. Pl. II.

41. + CARLVS REX FR entre deux grènetis. Monogramme de *Karolus*.
℞. + SENNES entre deux grènetis. Croix fortement pattée.
Denier, 1 gr. 66. Pl. II.

ALSACE

STRASBOURG

Charlemagne, roi (1ʳᵉ période : 771-781).

42. CARL || B F en deux lignes séparées par un trait horizontal. Grènetis au pourtour.
℞. CIVI ARGE en deux lignes séparées par un trait horizontal. Grènetis au pourtour.
Denier, rogné, 1 gr. 22. Pl. II.

Louis le Pieux (814-840).

43. HTVDOVVICVα IMP AVC. Buste impérial lauré, à droite. Cercle au pourtour.
℞. + STRAZBVRC. Portail. Cercle au pourtour.
Denier, 1 gr. 81. ̷1,82 Pl. II.

44. + HLVDOVVICVS IMP entre deux grènetis. Croix.
    ℞. STRA ‖ TBVR ‖ GVS en trois lignes. A la suite de la légende, sorte de petite crosse. Grènetis au pourtour.
    Denier, 1 gr. 75.

45. Variété. Au revers, la petite crosse placée à la fin de la seconde ligne.
    Denier, 1 gr. 92.   Pl. II.

46. + HLVDOVVICVS IMP entre deux grènetis. Croix dont les bras s'étendent jusqu'au grènetis intérieur.
    ℞. STRA ‖ TBVR ‖ CVS en trois lignes. Grènetis au pourtour.
    Denier, 1 gr. 05.
    Par son style, ce denier accuse une époque postérieure au règne de Louis le Pieux.

Lothaire II (855-869).

47. + HLOTHARIVS REX entre deux grènetis. Croix.
    ℞. STRAZB ‖ CIVITAS en deux lignes. Grènetis au pourtour.
    Denier, 1 gr. 57.   Pl. II.

Louis l'Enfant (899-911).

48. + IILVDOVVICVS PIVS entre deux grènetis. Croix.
    ℞. ARCENTI ‖ NA CVNAS (déformation d'*Argentina cvitas*) en deux lignes. Au centre, un point. Grènetis au pourtour.
    Denier, 1 gr. 33.

49. Même légende. Même type.
    ℞. Même légende, sauf qu'il y a N au lieu de И.
    Obole, rognée, 0 gr. 80.

50. + NLVDOVVICVS PIVS entre deux grènetis. Croix.
    ℞. ARCENTI ‖ IIA CVIIS en deux lignes rétrogrades. Au centre, un point. Grènetis au pourtour.
    Denier, rogné, 1 gr. 35.

51. + HLVDOVVICVS PVS entre deux grènetis. Croix.
    ℞. ARCENTI ‖ NA CVNAS en deux lignes. Au centre, un point. Grènetis au pourtour.
    Denier, 1 gr. 69. Trouvaille de Cuerdale. (*Don du comté de Lancastre.*)

52. + IIVDOVVIƆVS PIVS I entre deux grènetis. Croix.

℞. IICIITI ∥ A CITAS en deux lignes, la seconde renversée. Au centre, un point. Grènetis au pourtour.
Denier, 1 gr. 69. Pl. II.

Sur un denier semblable, A. de Longpérier a lu au revers SITPA ∥ ILIIƆII, qu'il considérait comme une altération de STRATB ∥ CIVITA (*Rev. num.*, 1857, p. 332), ce qui l'a entraîné à attribuer ce denier à Louis le Germanique. Cette lecture a été adoptée par MM. Engel et Lohr, *Numismatique de l'Alsace*, p. 153, n° 20. Ne convient-il pas plutôt de voir dans cette légende une déformation de la légende ARCENTI ∥ NA CVITAS en partie retournée, en partie renversée. Ce denier, loin d'être antérieur à Louis l'Enfant, est plutôt, en raison de son style, postérieur à son règne ; ce qui est encore mieux marqué sur le denier suivant. De plus, ces deux deniers, n°s 52 et 53, ont une croix d'un dessin très différent de celle qu'on rencontre sur les pièces strasbourgeoises ; de sorte que nous sommes portés à y voir de simples imitations de deniers strasbourgeois sortis d'un atelier autre que Strasbourg.

53. + IIVDOVVIDVS PIVS entre deux grènetis en forme de couronnes. Croix.
℞. Même légende du même coin qu'au n° 52.
Denier, 1 gr. 77.

Charles le Simple (911-912) [1].

54. + I'IROLVS PIVS REX entre deux grènetis. Croix.
℞. ARGENTI ∥ NA CIVITS en deux lignes. Au centre, un point. Grènetis au pourtour.
Denier, 1 gr. 40. Pl. II.

55. + IVI'ROLVS PIVƧ REX entre deux grènetis. Croix.
℞. ARCEIITI ∥ NA CVITƧ en deux lignes. Au centre, un point. Grènetis au pourtour.
Denier, 1 gr. 34.

LOTHARINGIE

WIJK-BIJ-DUURSTEDE

Charlemagne, roi (1ʳᵉ période : 768-781).

56. CÆRO ∥ LVS en deux lignes. Grènetis au pourtour.
℞. ƆOR ∥ STAƆ (*Dorstad*) en deux lignes, les lettres de la première ligne plus petites. Au dessous, une hache posée horizontalement. Grènetis au pourtour.
Denier, 1 gr. 27. Pl. II.

---

1. Cf. sur ces dates : Longnon, *Atlas hist. de la France*, p. 82.

57. C/RO ‖ LVS en deux lignes rétrogrades. Grènetis au pourtour.
℞. nOn ‖ STAD en deux lignes, les lettres de la première ligne plus petites. Au dessous, une hache posée horizontalement. Grènetis au pourtour.
Denier, 1 gr. 10. Pl. II.

58. C/RO ‖ LVS en deux lignes. Grènetis au pourtour.
℞. ƆϘꟼ ‖ STПT (*Dorstat*) en deux lignes, les lettres de la première ligne plus petites. Au dessous, une hache posée horizontalement. Grènetis au pourtour.
Denier, 1 gr. 14.

59. C/RO ‖ LVS en deux lignes. Grènetis au pourtour.
℞. nOn ‖ STПT en deux lignes, les lettres de la première ligne plus petites. Au dessous, une hache dont le fer est accosté de deux globules. Grènetis au pourtour.
Denier, 1 gr. 13.

Cette monnaie et les deux suivantes présentent une altération paléographique du nom *Dorstat* ont pu ne pas être frappées à Duurstede. Les deniers de cet atelier, au nom de Charlemagne, ont eu un cours très étendu. Ils ont servi de prototypes aux plus anciennes monnaies de la Suède et de la Pologne. Voy. : Hans Hildebrand, *Nordens äldsta mynt*, dans *Kongl. Vitterhets historie och Antiquitets Akademiens Månadsblad*, 1885, pp. 128 à 134; C. F. Keary, Dr. *Hildebrand on the earliest scandinavian coinage*, dans *Numismatic chronicle*, 3e sér., vol. VII (1887), p. 222 et suiv. ; Engel et Serrure, *Traité de numismatique du moyen âge*, pp. 331, 332.

60. C/RO ‖ LV3 en deux lignes. Grènetis au pourtour.
℞. InQ ‖ TVT (dégénérescence de *Dorstat*) en deux lignes. Au dessus, une hache. Grènetis au pourtour.
Denier, légèrement échancré, 0 gr. 95.

61. C/RO ‖ LVS en deux lignes. Grènetis au pourtour.
℞. ꟼΛЛΔꞀ autour d'un ▽. Au dessous, une hache et un globule. Grènetis au pourtour.
Denier, 1 gr. 16. Pl. II.

Charlemagne, roi (2e période : 781-800).

62. + CARLVω REX FR entre deux grènetis. Croix cantonnée de quatre points triangulaires.
℞. + DOREωTΛDO entre deux grènetis. Monogramme de *Karolus*, l'◊ muni d'un chevron.
Denier, 1 gr. 65. Pl. II.

Louis le Pieux (814-840).

63. HLVDOVVICVS IMP AVC. Buste impérial, lauré, à droite. Grènetis au pourtour.
    ℞. DORESTATVS. Navire dont le mât est surmonté d'une croix servant de croisette initiale à la légende. Grènetis au pourtour.
    Denier, 1 gr. 57.   Pl. II.
64. Mêmes légendes. Mêmes types. Variété de coin.
    Denier, avec traces de dorure, 1 gr. 72.
65. + HLVDOVVICVS IMP entre deux grènetis. Croix cantonnée de trois globules.
    ℞. DOR || ESTA || TVS en trois lignes. Grènetis au pourtour.
    Denier, 1 gr. 66.   Pl. II.
66. Même légende. Croix cantonnée de quatre points triangulaires.
    ℞. Même légende. Variété dans la forme des lettres.
    Denier, 1 gr. 81.
67. Mêmes légendes. Même type. Variété de coin.
    Denier, rogné et échancré, 1 gr. 25.
68. + LVDOVVICVS IMPI entre deux grènetis. Croix.
    ℞. DOR || +ES•TA || TVS en trois lignes. Grènetis au pourtour.
    Denier, 1 gr. 73.   Pl. II.

Lothaire I, empereur (840-855).

69. + HLOTHARIVS HPEPA (*Hlotarius impera*) entre deux grènetis. Croix.
    ℞. DOR || ES•TA || TVS en trois lignes. Grènetis au pourtour.
    Denier, 1 gr. 51.   Pl. II.
70. + HLOTIARVS HLMP entre deux grènetis. Croix.
    ℞. DOR || ES•TA || TVS en trois lignes. Grènetis au pourtour.
    Denier, 1 gr. 41.
71. + HIOTIAIVS IIEI'A entre deux grènetis. Croix.
    ℞. DOR || ESTA || TAS en trois lignes. Grènetis au pourtour.
    Denier, 1 gr. 54.
72. + IIIOTIAISIHA entre deux grènetis. Croix.
    ℞. DOR || ES•TA || TVS en trois lignes. Grènetis au pourtour.
    Denier, 1 gr. 41.

73. + IIIOTIAIIVSIIA entre deux grènetis. Croix.
℞. DOR ‖ ES·TA ‖ TVS en trois lignes. Grènetis au pourtour.
Denier, 1 gr. 40.

74. + IOTAIIVS IMHPAT (déformation de *Hlotarius imperat*) entre deux grènetis. Croix cantonnée de quatre globules.
℞. DORESTATVS MON. Temple tétrastyle, sur deux degrés; le pignon triangulaire surmonté d'une croix. Au centre du temple, une croisette. Grènetis au pourtour.
Denier, 1 gr. 40.   Pl. II.

75. + IOTAIIVS IPIIƎPAT entre deux grènetis. Croix cantonnée de quatre globules.
℞. Même légende. Même type. Variété : R réduit à P.
Denier, 1 gr. 66.

76. + IOTAIIVS IPIIƎIPAT entre deux grènetis. Croix cantonnée de quatre globules.
℞. DORESTATVS HON. Temple du même type qu'aux n°⁵ 74 et 75. Grènetis au pourtour.
Denier, 1 gr. 49.

77. + IOTAMVS IPIEIRAT entre deux grènetis. Croix cantonnée de quatre globules.
℞. DORESTATV MON. Temple du même type qu'aux n°⁵ 74 à 76. Grènetis au pourtour.
Denier, 1 gr. 58.

78. + IOTAMVS IPMEIEAT entre deux grènetis. Croix cantonnée de quatre globules.
℞. DORESTATVS MOH. Temple du même type qu'aux n°⁵ 74 à 77, mais plus allongé. Grènetis au pourtour.
Denier, 1 gr. 60.   Pl. II.

COLOGNE

Louis le Pieux (814-840).

79. + HLVDOVVICVS IHP entre deux grènetis. Croix.
℞. COLO ‖ NIA en deux lignes. Au centre, un point. Grènetis au pourtour.
Denier, 1 gr. 69.   Pl. II.

LOTHARINGIE

Louis l'Enfant (899-911).

80. ✠ LVDOVVCVᴼ REX entre deux grènetis. Croix cantonnée de quatre globules.
 ℞. COLONIA en une ligne. Au dessus, S; au dessous, A. Grènetis au pourtour.
 Denier, 1 gr. 84. Pl. II.

81. ✠ LVDOVVICVᴼ REX entre deux grènetis. Croix cantonnée de quatre globules.
 ℞. COLONII en une ligne. Au dessus, S; au dessous, A.
 Denier, rogné, 1 gr. 47.

Charles le Simple (911-923).

82. ✠ KVROLVᴼ REX entre deux grènetis. Croix cantonnée de quatre globules.
 ℞. COLONIA en une ligne. Au dessus, 6; au dessous, A. Grènetis au pourtour.
 Denier, 1 gr. 65. Pl. II.

83. ✠ KVROLᴼ VEX entre deux grènetis. Croix cantonnée de quatre globules.
 ℞. COLONA en une ligne. Au dessus, S; au dessous, A. Grènetis au pourtour.
 Denier, 1 gr. 87.

BONN

Charlemagne, roi (1ʳᵉ période : 768-781).

84. CΛRO ‖ LVS en deux lignes. Grènetis au pourtour.
 ℞. BOΛA en une ligne. Au dessus, une croisette et un globule; au dessous, une hache posée horizontalement. Grènetis au pourtour.
 Denier, fortement échancré, 1 gr. 04. Pl. II.

BAB.....
(Atelier indéterminé de la région rhénane.)

85. CΛRO ‖ LVS en deux lignes. Grènetis au pourtour.
 ℞. BAB en une ligne. Au dessus, une hache posée horizontalement; au dessous, ᴼΠᴼ. Grènetis au pourtour.
 Denier, 1 gr. 20. Pl. II.

MAASTRICHT

Monnaie de transition.

86. Les lettres **T·R** dans le champ ; au dessus, trois globules ; au dessous, une croisette pommetée. Grènetis au pourtour.
℞. Sans légende. Croix formée de deux ellipses se pénétrant, cantonnée de groupes de points. Grènetis au pourtour.
Denier, 1 gr. 27. Pl. II.

Charlemagne, roi (1re période : 768-781).

87. **CARO ‖ LVS** en deux lignes. Grènetis au pourtour.
℞. **TRI ‖ IECT** en deux lignes. Grènetis au pourtour.
Denier, 1 gr. 28. Pl. III.

Charles le Chauve, roi de Lotharingie (869-875).

88. **+ CRATIA D⁻I REX** entre deux grènetis. Monogramme de *Karolus*.
℞. **+ TRIIETO MONETA** entre deux grènetis. Croix.
Denier, 1 gr. 74. Pl. III.
89. **+ CRATIA D⁻I RE** entre deux grènetis. Monogramme de *Karolus*, R réduit à P ; au centre, un point.
℞. **+ TRHETTO MON** entre deux grènetis. Croix.
Denier, 1 gr. 74.

Charles le Chauve, empereur (875-877).

90. **+ INPERATOR ACVSTVS** entre deux grènetis. Monogramme de *Karolus*, S retourné.
℞. **+ IN PORTO TRIIECTO** entre deux grènetis. Croix.
Denier, 1 gr. 65. Pl. III.
91. **+ INPIRATOR ACVSTVS** entre deux grènetis. Monogramme de *Karolus*.
℞. **+ IN PORTO TRIECTO** entre deux grènetis. Croix.
Denier, 1 gr. 66.

Louis le Bègue (877-879).

92. **+ HLVDOVVICVS PEX** entre deux grènetis. Monogramme de *Karolus*, R réduit à P.
℞. **+ IN VICO TRIIECTO** entre deux grènetis. Croix.
Obole, 0 gr. 73.

LOTHARINGIE 15

VISÉ

Louis le Bègue (877-879).

93. + HLVDOVVICVഗ REX entre deux grènetis. Monogramme de *Karolus*.
℞. + IN VICO VIOSATO entre deux grènetis. Croix.
Denier, 1 gr. 63. Pl. III.

94. + HIVDOVVICVഗ R entre deux grènetis. Monogramme de *Karolus*, R réduit à D.
℞. + IH VICO VIOSATO entre deux grènetis. Croix.
Obole, 0 gr. 60.

LIÈGE

Charlemagne, roi (1ʳᵉ période : 768-781).

95. CARO ‖ LVS en deux lignes. Grènetis au pourtour.
℞. LEO ‖ DICO en deux lignes. Au centre, un point. Grènetis au pourtour.
Denier, 0 gr. 97. Pl. III.

DINANT

Charlemagne, roi (1ʳᵉ période : 768-781).

96. CARO‖ LVS en deux lignes.
℞. DEO ‖ NEII (*Deonen*) en deux lignes séparées par un trait horizontal.
Denier, rogné, 0 gr. 68.

Monnaie au type de Charles le Chauve.

97. + C ÞA+I////A DT ÞE entre deux grènetis. Monogramme de *Karolus*, déformé.
℞. + NOVICO DEONI+HI (pour *In vico Deonenti*) entre deux grènetis. Croix; dans l'un des cantons, un point.
Obole, 0 gr. 77. Pl. III.

HUY

Monnaie au type de Charles le Chauve.

98. + [C]DATIA DI DEX entre deux grènetis. Monogramme de *Karolus*, K et S retournés.
℞. + X IN [VI]CO HOIO entre deux grènetis. Croix.
Denier, 1 gr. 74. Pl. III.

Ce denier paraît être postérieur à Charles le Chauve. Nous le plaçons avant celui de Louis le Bègue parce qu'il représente un type qui a servi de modèle à l'obole de Louis le Bègue.

Louis le Bègue (877-879).

99. + HLVDOVVC REX entre deux grènetis. Monogramme de *Karolus*, K et S retournés.
℞. + IN VICO HOIO entre deux grènetis. Croix.
Obole, o gr. 65. Pl. III.

NAMUR

Charlemagne, roi (1ʳᵉ période : 768-781).

100. CΛRO || LVS en deux lignes. Grènetis au pourtour.
℞. NA*||*Π V, rétrograde, en deux lignes séparées par un trait horizontal précédé d'un globule. Grènetis au pourtour.
Denier, 0 gr. 82. Pl. III.

Monnaie au type de Charles le Chauve.

101. + CRATIA D⁻I REX entre deux grènetis. Monogramme de *Carolus* rétrograde, avec C initial, R réduit à P et retourné ; au centre, un point.
℞. + IN VICO HAMVCO entre deux grènetis. Croix.
Denier, 1 gr. 84. Pl. III.

Ce denier est du même style que le n° 98 frappé à Huy. L'un et l'autre paraissent postérieurs à Charles le Chauve. On ne peut pas songer à les attribuer à Charles le Simple (911-923), car le denier de Namur est certainement antérieur au denier n° 102, du même atelier et d'un roi Louis, et qu'on ne saurait faire descendre plus bas que Louis l'Enfant (899-911).

Louis l'Enfant (899-911).

102. + HLVIDOVVICVω O entre deux grènetis. Croix à laquelle sont

attachées les lettres **RE** ; dans le quatrième canton, **X** (*Rex*) ; dans le premier, **J** ou **V** ; dans le troisième canton, un globule.

℞. + III **VICO NAMVCO** entre deux grènetis. Croix cantonnée de deux globules dans deux cantons opposés.

Denier, 1 gr. 58. Pl. III.

103. Même légende, même type. Variété : les lettres plus minces et plus petites.

℞. + [III VI]CO HAIIVC ! O entre deux grènetis. Croix cantonnée de deux globules dans deux cantons opposés.

Denier, fortement échancré, 0 gr. 96.

NIVELLE

Monnaie au type de Charles le Chauve.

104. + **CRATIA D7 REX** entre deux grènetis. Monogramme de *Karolus* rétrograde.

℞. + **NIVIELLA VICV** entre deux grènetis. Croix.

Denier, 1 gr. 56. Pl. III.

CHIÈVRES

Monnaie au type de Charles le Chauve.

105. + **CRATIA D⁻I REX** entre deux grènetis. Monogramme de *Carolus* avec **C** initial, **L** transformé en ⊥.

℞. + **CERVIA MONETA** entre deux grènetis. Croix.

Denier, 1 gr. 74. Pl. III.

MONS

Charles le Chauve, empereur (875-877).

106. + **CAROLVS IMRA** entre deux grènetis. Monogramme de *Karolus*, les branches du **K** éloignées de la haste.

℞. + **CASTRALOC MO** entre deux grènetis. Croix.

Denier, 1 gr. 69. Pl. III.

ESTINNES

Charles le Chauve, roi de Lotharingie (869-875).

107. + **CRATIA D⁻I REX** entre deux grènetis. Monogramme de *Karolus*, les branches du **K** éloignées de la haste.

℞. + **LEPTINAS FISCO** entre deux grènetis. Croix.
Denier, 1 gr. 64. Pl. III.

MAUBEUGE

Charles le Chauve, roi de Lotharingie (869-875).

108. + **CRATIA D¯I REX** entre deux grènetis. Monogramme de *Karolus*, rétrograde, les branches du **K** partant des extrémités de la haste, les lettres **R** et **S** tournées en sens inverse des autres; au centre, un point.
℞. + **MELBODIO M¯¯T** entre deux grènetis. Croix.
Denier, 1 gr. 90. Pl. III.

109. Même légende. Variété dans le dessin du monogramme : **C, L, S** rétrogrades.
℞. Même légende. Même type.
Denier, 1 gr. 94.

BAVAI

Charles le Chauve, roi de Lotharingie (869-875).

110. + **CRATIA D¯I REX** entre deux grènetis. Monogramme de *Carolus*, avec **C** initial.
℞. **ᛒAVACA CIVITAS** entre deux grènetis. Croix.
Denier, 1 gr. 60. Pl. III

111. Autre exemplaire.
Denier, 1 gr. 72.

CONDÉ-SUR-L'ESCAUT

Charlemagne, roi (1ʳᵉ période : 768-781).

112. **CARO ‖ LVS** en deux lignes. Grènetis au pourtour.
℞. **COH ‖ DAT** en deux lignes séparées par un trait horizontal; à gauche, une hache posée verticalement. Grènetis au pourtour.

Denier, échancré, 0 gr. 83.

Charles le Chauve, roi de Lotharingie (869-875).

113. + CRATIA D̄I REX entre deux grènetis. Monogramme de *Karolus*.
    ℞. + CONDATO MONETA entre deux grènetis. Croix.
    Denier, 1 gr. 77. Pl. III.

CAMBRAI

Louis le Pieux (814-840).

114. + HLVDOVVICVS IMP entre deux grènetis. Croix.
    ℞. CAMA ⁞ RACVS en deux lignes. Au centre, un point. Grènetis au pourtour.
    Denier, échancré, 1 gr. 58. Pl. III.

115. Mêmes légendes. Même type. Variété : dans la légende du droit, les V ouverts à la partie inférieure.
    Denier, 1 gr. 49.

Charles le Chauve, roi de Lotharingie (869-875).

116. + GRACIA D̄I REX entre deux grènetis. Monogramme de *Karolus*.
    ℞. + CAMARACVS CIVIS entre deux grènetis. Croix fichée.
    Denier, 1 gr. 77. Pl. III.

117. Mêmes légendes. Mêmes types. Variété : la croix du revers n'est pas fichée.
    Denier, 1 gr. 74.

118. GRACIA D̄I REX entre deux grènetis. Monogramme de *Karolus*.
    ℞. + CAMARACVS CI entre deux grènetis. Croix.
    Obole, 0 gr. 71.

119. + CRATIA D̄I REX entre deux grènetis. Monogramme de *Karolus*.
    ℞. + CAMARACVS CIVI entre deux grènetis. Croix.
    Denier, 1 gr. 70. Pl. III.

120. + CRATIA D̄I REX entre deux grènetis. Monogramme de *Karolus*.
    ℞. + CAMARACVS CIV entre deux grènetis. Croix.
    Obole, 0 gr. 60.

121. + CRATIA D̄I REX entre deux grènetis. Monogramme de *Karolus* rétrograde.

℞. + CAMARACVS CI entre deux grènetis. Croix ; dans l'un des cantons, un point triangulaire.
Obole, o gr. 74.

CAMBRAI. MONASTÈRE DE SAINT-GÉRY

Charles le Chauve, roi de Lotharingie (869-875).

122. + RACIA D¯I REX entre deux grènetis. Monogramme de *Karolus*.
℞. + SCI GAVGERICI M entre deux grènetis. Croix.
Obole, o gr. 74.

123. + CRATIA D¯I REX entre deux grènetis. Monogramme de *Karolus*; défaut de gravure par suite duquel la barre horizontale d'L se prolonge en arrière de façon à donner ⊥. Au centre, un point.
℞. + SCI GAVGERICI MO entre deux grènetis. Croix.
Denier, 1 gr. 75. Pl. III.

124. + GRACIA D¯I REX entre deux grènetis. Monogramme de *Karolus*, rétrograde, sauf R, les branches du K partant des extrémités de la haste, L devenu ⊥.
℞. + SCI GAVGERICI MO* entre deux grènetis. Croix.
Denier, 1 gr. 64.

Charles le Chauve, empereur (875-877).

125. + IMPERATOR AGVST entre deux grènetis. Monogramme de *Carolus* avec C initial, L devenu ⊥, S retourné ; au centre, un point.
℞. + SCI GAVGERICI MON entre deux grènetis. Croix.
Denier, 1 gr. 60. Pl. III.

TRÈVES

Louis le Pieux (814-840).

126. + HLVDOVVICVS IMP entre deux grènetis. Croix.
℞. TREV || ERIS en deux lignes. Grènetis au pourtour.
Denier, 1 gr. 81. Pl. III.

Lothaire, empereur (840-855).

127. + HLOTARIVS IMP entre deux grènetis. Croix.
℞. TREVERIS CIVI. Temple tétrastyle, sur deux degrés ; le fronton

LOTHARINGIE 21

triangulaire surmonté d'une croix ; au centre du temple, une croix. Grènetis au pourtour.
Denier, échancré, 1 gr. 22. Pl. IV.

Louis l'Enfant (899-911).

128. + HLVDOVVICVS REX entre deux grènetis. Croix cantonnée de quatre globules.
℞. TR || EV || ER || IS en quatre groupes disposés en croix autour d'un édicule à fronton triangulaire. Grènetis au pourtour.
Denier, 1 gr. 59. Pl. IV.

METZ

Lothaire, empereur (840-855).

129. + HLVTHVRIVS MP entre deux grènetis. Croix cantonnée de quatre globules.
℞. MEDIOMATRICORV. Temple tétrastyle, sur deux degrés, le fronton triangulaire surmonté d'une croix ; au centre du temple, une croix. Grènetis au pourtour.
Denier, rogné, o gr. 85. Pl. IV.

Louis le Germanique (870-876).

130. + CRATIA D⁻ REX entre deux grènetis. Dans le champ, LVDOVVICVS en légende circulaire autour d'une croix centrée d'un losange.
℞. + MLTTIS CIVITAS entre deux grènetis. Croix cantonnée de huit points disposés en croix de Saint-André.
Denier, 1 gr. 74. Pl. IV.

Monnaies au type de Charles le Chauve.

Les monnaies qui suivent (nᵒˢ 131 à 133) ne sauraient être attribuées à Charles le Chauve, d'abord parce que ce roi n'a possédé Metz que passagèrement, entre 869 et 870 ; en 2ᵉ lieu, parce que leur style le reporte à une époque postérieure à celle du nᵒ 130 ; elles n'appartiennent pas à Charles le Gros, puisque celui-ci n'a possédé Metz qu'après la mort de Louis de Saxe, en 882, et quand il était déjà empereur. D'autre part, on ne peut les donner à Charles le Simple ; car les pièces de ce roi frappées dans les autres ateliers lorrains, Toul, Verdun, sont d'un type différent. Il est donc probable que ce sont là des pièces imitées de celles de Charles le Chauve, à la fin du IXᵉ siècle ou au début du Xᵉ siècle, peut-être même jusqu'au temps d'Otton I (936-962).

131. + ЄRATIA D⁻I IFX entre deux grènetis. Monogramme de *Carolus*, avec Є initial, L devenu ⊥ ; au centre, un point.
℞. + IIETTIS CIVITAS entre deux grènetis. Croix.
Denier, 1 gr. 49.   Pl. IV.

132. + ЄIƆATIA D⁻I IIX entre deux grènetis. Monogramme de *Karolus* plus déformé qu'au n° 131.
℞. + IIETTIS CIVITAS entre deux grènetis. Croix avec un globule dans l'un des cantons.
Denier, 1 gr. 41.

133. + Є//////IA D⁻I RЄ/// entre deux grènetis. Monogramme de *Karolus*, les branches du K partant des extrémités de la haste, L devenu T ; au centre, un point.
℞. + METTIᘁ CIVITAᘁ entre deux grènetis. Croix.
Obole, 0 gr. 59.

MARSAL

Louis le Germanique (870-876).

134. + GRATIA D⁻ REX entre deux grènetis. Dans le champ, LVDOVVICVS en légende circulaire autour d'une croix centrée d'un losange.
℞. + MARSALLO VICO entre deux grènetis. Croix centrée d'un globule.
Denier, 1 gr. 58.   Pl. IV.

135. Autre exemplaire.
Denier, 1 gr. 44.

TOUL

Arnoul (887-899).

136. + ARNVLFVS REX entre deux grènetis. Croix.
℞. + TVLLO CIVITAS entre deux grènetis. Croix cantonnée de quatre globules.

Denier, 1 gr. 17.

Louis l'Enfant (899-911).

137. ∴ **LVDOVVICVS PX** entre deux grènetis. Croix cantonnée de quatre globules.
 ℞. **TVLLO** en une ligne. Grènetis au pourtour.
 Denier, 1 gr. 41. Pl. IV.
138. Mêmes légendes. Même type.
 Obole, 0 gr. 61.

Charles le Simple (911-923).

139. ✚ **KAROLVS REX** entre deux grènetis. Croix cantonnée de quatre globules.
 ℞. **TVLLO** en une ligne. Grènetis au pourtour.
 Denier, 1 gr. 23. Pl. IV.
140. Mêmes légendes. Même type. Variété de coin.
141. ✚ **KAROLVS REX** entre deux grènetis. Croix cantonnée de quatre globules.
 ℞. **TVLLO** en une ligne. Grènetis au pourtour.
 Obole, 0 gr. 63.

VERDUN

Pépin le Bref (752-768).

142. Dans le champ, **B·F·**. Au dessus, un trait horizontal. Grènetis au pourtour.
 ℞. ∴ **VIR** ‖ **DAH** en deux lignes tendant à la légende circulaire. Au centre, une croix. Grènetis au pourtour.
 Denier, 1 gr. 07. Pl. IV.

Charlemagne, roi (1ʳᵉ période : 768-781).

143. **CARO** ‖ **LVS** en deux lignes. Grènetis au pourtour.
 ℞. **V R D N** dans les cantons d'une croix. Grènetis au pourtour.

Denier, échancré, 0 gr. 74.

144. C*R·|| LVS en deux lignes. Au centre, étoile. Grènetis au pourtour.
 ℞. ✠ VIRDVN en légende circulaire autour d'un cercle encadrant une croisette pommettée. Grènetis au pourtour.
 Denier, 1 gr. 07. Pl. IV.

Louis le Pieux (814-840).

145. ✠ HLVDOVVICVS IMP entre deux grènetis. Croix.
 ℞. VIRID || VNVM en deux lignes. Grènetis au pourtour.
 Denier, 1 gr. 79. Pl. IV.

146. Mêmes légendes. Même type. Variété : les lettres plus petites.
 Denier, 1 gr. 74.

Lothaire, empereur (840-855).

147. ✠ HLOTHARIVS IMP entre deux grènetis. Croix cantonnée de quatre globules.
 ℞. VIRIDVNVM CIVIS. Temple tétrastyle, sur deux degrés, le fronton triangulaire surmonté d'une croix; au centre du temple, une croix. Grènetis au pourtour.
 Denier, 1 gr. 54. Pl. IV.

Lothaire II (855-869).

148. ✠ HLOTHARVS REX entre deux grènetis. Croix cantonnée de quatre globules.
 ℞. VIRIDVNVM CVIS. Temple tétrastyle, sur deux degrés, le fronton triangulaire surmonté d'une croix; au centre du temple, une croix. Grènetis au pourtour.
 Denier, 1 gr. 31. Pl. IV.

149. ✠ HLOTHARIVS REX entre deux grènetis. Croix cantonnée de quatre globules.
 ℞. VIRIRVNVM CIVIS. Même type qu'au n° 148.
 Denier, fortement échancré, 0 gr. 54.

Charles le Chauve, roi de Lotharingie (869-875).

150. ✠ GRATIA D⁻I REX entre deux grènetis. Monogramme de *Karolus*, rétrograde, les branches du K éloignées de la haste; au centre, un point.
 ℞. ✠ VIRIDVNVM CIVI entre deux grènetis. Croix.
 Denier, 1 gr. 72. Pl. IV.

151. + CRATIA D⁻I RE entre deux grènetis. Monogramme de *Karolus*.
 ℞. + VIRDVN CIVITAS entre deux grènetis. Croix cantonnée de quatre globules.
 Denier, 1 gr. 52.

152. Mêmes légendes. Mêmes types. Variété de coin.
 Denier, légèrement rogné, 1 gr. 35.

153. + CACIA DI RE+ entre deux grènetis. Monogramme de *Karolus*, les branches du K partant des extrémités de la haste ; au centre, un point.
 ℞. + VRDVNI CIVIV entre deux grènetis. Croix cantonnée de quatre globules.
 Denier, 1 gr. 68.
 Le denier n° 153 paraît être postérieur au règne de Charles le Chauve.

Charles le Chauve, empereur (875-877).

154. + REX IMPERAT✧R entre deux grènetis. Monogramme de *Karolus*; au centre, un point.
 ℞. + VIRDVNVM CVI entre deux grènetis. Croix cantonnée de quatre globules.

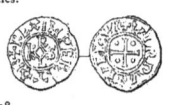

 Denier, 1 gr. 18.

Charles le Gros, empereur, roi de Lotharingie (882-887).

155. + IMPERATOR AVG entre deux grènetis. Monogramme de *Karolus*.
 ℞. + VIPDVNI CIVITAS entre deux grènetis. Croix cantonnée de quatre globules.
 Denier, 1 gr. 57.   Pl. IV.

156. + IMPERATORI entre deux grènetis. Monogramme de *Carolus* avec C initial.
 ℞. + VIRDVNI CIVITS entre deux grènetis. Croix cantonnée de quatre globules.
 Denier, 1 gr. 39.   Pl. IV.
 Les monnaies n°⁵ 156 à 164 proviennent d'une trouvaille faite aux environs de Verdun.

157. Même légende. Même type.
    ℞. + VIRDVNI CIVITƧ entre deux grènetis. Croix cantonnée de quatre globules.
    Denier, 1 gr. 36.
158. Même légende. Même type.
    ℞. + VIRDVNI CIUITS entre deux grènetis. Croix cantonnée de quatre globules.
    Denier, 1 gr. 36.
159. Même légende. Même type.
    ℞. + VIRDVNI CIVI entre deux grènetis. Croix cantonnée de quatre globules.
    Denier, 1 gr. 37.
160. Même légende. Même type. Variété : au centre du monogramme, un point.
    ℞. + VIRQVNI CIVI entre deux grènetis. Croix cantonnée de quatre globules.
    Denier, échancré, 1 gr. 29.
161. Autre exemplaire du n° 160. Variété de coin.
    Denier, 1 gr. 34.
162. + IMPERATORA entre deux grènetis. Monogramme de *Carolus* avec C initial.
    ℞. + VIRDVNI CIVI entre deux grènetis. Croix cantonnée de quatre globules.
    Denier, 1 gr. 32.
163. + IMPERATI entre deux grènetis. Monogramme de *Carolus* avec C initial ; au centre, un point.
    ℞. + VIRQVNI CIV entre deux grènetis. Croix cantonnée de quatre globules.
    Denier, 1 gr. 36.
164. Même légende. Même type.
    ℞. + VINQVNI CIVI entre deux grènetis. Croix cantonnée de quatre globules.
    Denier, 1 gr. 07.

LOTHARINGIE

Charles le Simple, roi de Lotharingie (911-923).

165. + CAROLVS entre deux grènetis. Dans le champ, REX en une ligne.
    ℞. + VIRDVN CIVITVS entre deux grènetis. Croix.
    Denier, 1 gr. 27.   Pl. IV.

166. + CAROLVƧ entre deux grènetis. Dans le champ, REX en une ligne.
    ℞. + VIRIƆVN C////VIS entre deux grènetis. Croix.
    Denier, rogné, 1 gr. 28.

MOUZON

Charles le Chauve, roi de Lotharingie (869-875).

Le type au monogramme paraît s'être immobilisé dans l'atelier de Mouzon. Il est possible qu'aucune des monnaies qui suivent ne soit contemporaine de Charles le Chauve.

167. + CRATIA D⁻ RΓX entre deux grènetis. Monogramme de *Karolus*, les branches du K partant de l'extrémité de la haste, R devenu Γ.
    ℞. + MOSOMO MOTA* entre deux grènetis. Croix.
    Denier, 1 gr. 62.   Pl. IV.

168. + CRATIA D⁻ REX entre deux grènetis. Monogramme de *Karolus*, du même type qu'au n° 167, mais surfrappé et confus.
    ℞. + MOSOMO MON entre un grènetis et un cercle lisse. Croix.
    Denier, 1 gr. 36.

169. + CRATIA D⁻ RX entre deux grènetis. Monogramme de *Karolus*, rétrograde.
    ℞. + IIOSOIIO IIOIMT entre deux grènetis. Croix.
    Denier, 1 gr. 56.

170. + CRATIA D⁻ RIX entre deux grènetis. Monogramme de *Carolus*, R devenu Λ et L réduit à I.
    ℞. + MOSOMO MOTA * entre deux grènetis. Croix.
    Denier, 1 gr. 68.

171. + CRATIA D⁻ RX entre deux grènetis. Monogramme de *Carolus*, R devenu ⊢ et L réduit à ⊢.
    ℞. + MOSOMO MO M-MT entre deux grènetis. Croix.
    Denier, 1 gr. 54.   Pl. IV.

FRANCE

RODENBURG, auj. ARDENBOURG (Belgique)

Charles le Chauve, roi (840-875).

172. + CRATI D̄I REX entre deux grènetis. Monogramme de *Karolus*, les branches du K éloignées de la haste.
℞. + ROTANIS CIVITAS entre deux grènetis. Croix.
Denier, 1 gr. 64. Pl. IV.

BRUGES

Monnaies au type de Charles le Chauve.

173. + GRIATIA GI REX entre deux grènetis. Monogramme de *Karolus*, rétrograde; au centre, un point muni de quatre pointes.
℞. + BRVGGAS MON entre deux grènetis. Croix.
Denier, 1 gr. 86. Pl. IV.

174. + CRATA Ɔ̄ REX entre deux grènetis. Monogramme de *Karolus*, déformé, les branches du K partant des extrémités de la haste.
℞. + BRVCCIA MO entre deux grènetis. Croix cantonnée de quatre pointes s'échappant du grènetis intérieur.
Denier, 1 gr. 80. Trouv. de Cuerdale. (*Don du comte de Lancastre.*) Pl. IV.

Par son style, le denier n° 174 pourrait descendre jusqu'au temps de Charles le Simple (898-923), comme le prouve la trouvaille d'Assebrouck, qui comprenait des pièces de ce type, et qui confirme les conclusions qu'on peut tirer de la composition de la trouvaille de Cuerdale. Voy. C.-A. Serrure, *Vaderlandsch Museum*, t. II, p. 405 et suiv.

GAND

Charles le Chauve, roi (840-875)
et Monnaies au type de Charles le Chauve.

175. + GRATIA D̄I REX entre deux grènetis. Monogramme de *Karolus*.
℞. + GANDAVVM MONE entre deux grènetis. Croix.
Denier, 1 gr. 66. Pl. IV.

176. + GRATIA D̄I REX entre deux grènetis. Monogramme de *Karolus*; au centre, un point.

℞. + GANDAVVM entre deux grènetis. Croix.
Denier, 1 gr. 81.

177. + CRATA D REX entre deux grènetis. Monogramme de *Karolus*.
℞. + GVVDAD◁AM entre deux grènetis. Croix.
Denier, 1 gr. 41. Pl. IV.

CASSEL

Monnaie au type de Charles le Chauve.

178. + CRA·TIA DI DEX entre deux grènetis. Monogramme de *Carolus* avec C initial dont la haste dépasse les branches en haut et en bas.
℞. + CASSEL·LO AV entre deux grènetis. Croix.
Denier, 1 gr. 62. Pl. V.

COURTRAI

Charles le Chauve, roi (840-875).

179. + CRATIA D⁻I REX entre deux grènetis. Monogramme de *Karolus*.
℞. + CVRTRIACO entre deux grènetis. Croix.
Denier, échancré, 1 gr. 55. Pl. V.

THÉROUANNE

Charles le Chauve, roi (840-875).

180. + GRATIA D⁻I REX entre deux grènetis. Monogramme de *Karolus*.
℞. + TA·RVENNA CIV·T entre deux grènetis. Croix.
Denier, 1 gr. 62. Pl. V.

181. + GRATIA D⁻A REX entre deux grènetis. Monogramme de *Karolus*.
℞. + TARVENNA CI entre deux grènetis. Croix.
Denier, 1 gr. 61.

182. + CRATIA D⁻ REX entre deux grènetis. Monogramme de *Karolus*, les branches du K éloignées de la haste, l'◊ central muni d'un chevron.
℞. + TARVENNA CIV·T entre deux grènetis. Croix cantonnée de deux globules dans des cantons opposés.
Denier, 1 gr. 65.

183. + GRATIA D⁻I REX entre deux grènetis. Monogramme de *Karolus*.
℞. + TARVENNA CIV entre deux grènetis. Croix cantonnée de deux globules dans des cantons opposés.
Denier, 1 gr. 89. Pl. V.

QUENTOWICUS

(Lieu disparu, près d'Étaples.)

Pépin (752-768).

184. Monogramme de *Pipinus* R*e*X *Francorum* formé de la lettre R, le pied barré, et de la lettre F, séparées par deux globules; au dessus, un trait horizontal; sous R, un globule. Grènetis au pourtour.

℞. ꟼUCQI | UUIꟼ (*Quenciiwig*, ou *Quentiwig*, ou *Quendiwig*) en deux lignes séparées par un trait horizontal. Grènetis au pourtour.

Denier, 1 gr. 24. Pl. V.

S'il est certain qu'il faut reconnaître dans la légende du revers le nom de Quentovic, et non pas, comme l'a fait A. de Longpérier, sur un exemplaire de la trouvaille d'Imphy (*Cent deniers*, dans *Rev. num.*, 1858, p. 213), un nom d'homme *Duodiwigus*, il est toutefois difficile de déterminer la valeur d'un certain nombre de caractères. Cartier (*Lettres*, dans *Rev. num.*, 1837, p. 260, pl. VIII, nº 6) lisait *Quan*[*tine*]*wic*[*us*]. On peut, en effet, reconnaître dans le caractère que nous avons rendu par CQ, un *a* cursif; mais il serait alors étonnant que le premier jambage de l'N se fût soudé à cette lettre. Parmi les lectures que nous proposons, la première est la plus vraisemblable.

Charlemagne, roi (2e *période* : 781-800).

185. + CARLVS REX FR entre deux grènetis. Monogramme de *Karolus*, les branches du K partant des extrémités de la haste, l'◊ central muni d'un chevron.

℞. + QVANTOVVICO entre deux grènetis. Croix ornée de deux globules à chacune de ses extrémités.

Denier, 1 gr. 45. Pl. V.

Louis le Pieux (814-840).

186. HVDO | VVIC (*Hludovvic*) en deux lignes. Grènetis au pourtour.

℞. + ꟼVCIITOVICO entre deux grènetis. Croix.

Obole, 0 gr. 75. Pl. V.

187. HLVDOVVICVS IMP AVC. Buste impérial, lauré, à droite. Grènetis au pourtour.

℞. + QVENTOVVICVS. Vaisseau. Grènetis au pourtour.

Denier, 1 gr. 57. Pl. V.

188. + HLVDOVVICVS IMP entre deux grènetis. Croix.

℞. QVENTO | VICVS en deux lignes. Au centre, un point. Grènetis au pourtour.
Denier, 1 gr. 81. Pl. V.

Charles le Chauve, roi (840-875).

189. + CAROLVS REX entre deux grènetis. Croix cantonnée de trois points et d'un groupe triangulaire de trois points.
℞. XPISTIANA REIICIO (*Christiana religio*). Temple tétrastyle, sur deux degrés, le degré supérieur plus long que l'inférieur, le fronton triangulaire surmonté d'une croix; au centre du temple, une croix; le temple accosté de deux globules; au dessous, trois globules disposés triangulairement. Grènetis au pourtour.
Denier, 1 gr. 33. Pl. V.
La comparaison des types de la monnaie n° 189 avec ceux de la monnaie n° 190 justifie l'attribution de la première à l'atelier de *Quentovicus*.

190. + CAROLVS REX entre deux grènetis. Même type qu'au n° 189.
℞. QVENTVVICVS. Même type qu'au n° 189.
Denier, 1 gr. 76. Pl. V.
Le type au monogramme s'est immobilisé dans l'atelier de *Quentovicus*. Il n'est donc pas certain que tous les deniers qui suivent soient contemporains de Charles le Chauve. Il est même probable que ces deniers ne sont pas antérieurs au xe siècle; ils peuvent dater du règne de Charles le Simple.

191. + GRATIA D—I REX entre deux grènetis. Monogramme de *Karolus*, l'◊ central muni d'un chevron.
℞. + QVVENTOVVICI entre deux grènetis. Croix cantonnée de deux globules dans des cantons opposés.
Denier, 1 gr. 76. Pl. V.

192. Mêmes légendes. Mêmes types. Variété : dans le monogramme, les branches du K éloignées de la haste.
Denier, 1 gr. 82.

193. Autre exemplaire. Variété de coin.
Denier, 1 gr. 76.

194. Autre exemplaire. Variété de coin.
Denier, 1 gr. 76.

195. Mêmes légendes. Mêmes types. Variété : l'◊ central du monogramme muni d'un chevron.
Obole, 0 gr. 86.

196. + CRATIA D⁻ PE entre deux grènetis. Monogramme de *Karolus*, les branches du K éloignées de la haste, R réduit à P.
℞. + QVENTOVICI entre deux grènetis. Croix.
Obole, 0 gr. 54. Pl. V.

197. + CRATIA D⁻ PE entre deux grènetis. Monogramme de *Karolus*, comme au n° 193.
℞. + QVETNOVVICI entre deux grènetis. Croix cantonnée de deux globules dans des cantons opposés.
Denier, 1 gr. 55.

198. + ᴓOATIA DI REX entre deux grènetis. Monogramme de *Karolus* déformé, ayant l'aspect d'une croix ancrée.
℞. + OVVENTOVVICI entre deux grènetis. Croix.
Denier, 1 gr. 43. Pl. V.

199. + CRATIA DI REX entre deux grènetis. Monogramme de *Karolus*.
℞. + QVVENTOVVICI entre deux grènetis. Croix cantonnée de deux globules dans des cantons opposés.
Denier, échancré, 1 gr. 38. Pl. V.

200. Même légende. Même type.
℞. + QVVENTOVVIC entre deux grènetis. Même type.
Denier, 1 gr. 25.

201. ////ᴍNRVAAV /// entre deux grènetis. Croix.
℞. + OVVENTOV ///// entre deux grènetis. Monogramme de *Karolus*, K devenu H; au centre, un point.
Denier, 1 gr. 02.

202. + CRATIA ƆI REX en légende rétrograde entre deux grènetis. Monogramme de *Karolus*, les branches du K partant des extrémités de la haste.
℞. + OVIIIVOVIV entre deux grènetis. Croix.
Obole, 0 gr. 96.

TOURNAI

Charlemagne, roi (1ʳᵉ période : 768-781).

203. CÆRO ‖ LVS en deux lignes. Grènetis au pourtour.
℞. TOR ‖ NA ‖ CO en trois lignes, séparées par deux traits horizon-

taux, la seconde ligne comprise entre deux croisettes. Grènetis au pourtour.
Denier, 1 gr. 09. Pl. V.

Charles le Chauve, empereur (875-877)
ou *Charles le Gros* (884-887).

104. + CRATIA D︠I IMDER (*Gratia Dei imperator*) entre deux grènetis. Monogramme de *Carolus* avec C initial.
℞. + TORNAII PORTI entre deux grènetis. Croix.
Denier, 1 gr. 78. Pl. V.

205. Même légende. Même type.
℞. + TORIIAII PORT entre deux grènetis. Croix.
Denier, 1 gr. 70.

VALENCIENNES

Charles le Chauve, roi (840-875).

206. + CRATIA D︠I REX entre deux grènetis. Monogramme de *Karolus*.
℞. + VALENCIANIS entre deux grènetis. Croix.
Denier, 1 gr. 62. Pl. V.

207. + CRATIA D︠E RIX entre deux grènetis. Monogramme de *Karolus* rétrograde.
℞. + VALENCIANIS entre deux grènetis. Croix.
Denier, 1 gr. 34.

208. + CRATIA D︠I REX entre deux grènetis. Monogramme de *Karolus*.
℞. + VALENCIANIS PORT entre deux grènetis. Croix.
Denier, 1 gr. 54. Pl. V.

209. Mêmes légendes. Mêmes types. Variété de coin.
Denier, 1 gr. 74.

210. Même légende. Même type.
℞. + VALENCIANIS RT entre deux grènetis. Croix.
Denier, 1 gr. 70.

211. + CRATIA D︠I REX entre deux grènetis. Monogramme de *Karolus*.

℞. + VALENCIAHIS ROT entre deux grènetis. Croix.
Denier, 1 gr. 57.

THUN (Nord)

Charlemagne, roi (2ᵉ période : 781-800).

212. + CARLVs RE F entre deux grènetis. Croix.
℞. + TVN+NIω entre deux grènetis. Monogramme de *Karolus*.
Denier, 1 gr. 69. Pl. V.

LENS

*Charles le Chauve, empereur (875-877)
ou Charles le Gros (884-887).*

213. + IRATIA D˜I IMR (*Gratia Dei imperator*) entre deux grènetis. Monogramme de *Karolus*.
℞. + LENNIS FISCO entre deux grènetis. Croix.
Denier, 1 gr. 64. Pl. V.

ARRAS

Charlemagne, roi (1ʳᵉ période : 768-781).

214. CΛRO ‖ LVS en deux lignes. Grènetis au pourtour.
℞. AD'RA ‖ DI.S en deux lignes. Grènetis au pourtour.
Denier, rogné et échancré, 1 gr. 10. Pl. V.

La plupart des numismates, et spécialement A. de Longpérier (*Collect. Rousseau*, pp. 101, 102) ont considéré *Adradis* comme un nom d'homme. Nous adoptons l'opinion de M. Longnon (*Atlas historique*, p. 123), pour qui *Adradis* est le nom d'Arras correspondant aux adjectifs *Adratensis* et *Adertisus* qui, dans des textes carolingiens, désignent l'Artois.

Charles le Chauve, roi (840-875).

215. + GRATIA D˜I REX entre deux grènetis. Monogramme de *Karolus*.
℞. + ATREBA'TIS CIVITA'S entre deux grènetis. Croix.
Denier, 1 gr. 62. Pl. V.

216. + GRATIA D˜I REX entre deux grènetis. Monogramme de *Karolus*.
℞. + AREB'ATIS CIVIT'A'S entre deux grènetis. Croix.
Denier, 1 gr. 71.

217. + CRATIA Ɔ˜I REX entre deux grènetis. Monogramme de *Karolus*; au centre, un point.

℞. + ATREBATIS CIVITAS entre deux grènetis. Croix.
Denier, 1 gr. 68.

218. Même légende. Même type.
℞. + ATREBAIS CIVITAS entre deux grènetis. Croix.
Denier, 1 gr. 92.

219. Même légende. Même type.
℞. + ATREBATS CIVITA·S entre deux grènetis. Croix.
Denier, 1 gr. 53.

220. + GRACIA D⁻I REX entre deux grènetis. Monogramme de *Karolus*.
℞. + ATRA·SI CIVIT·A·S entre deux grènetis. Croix.
Denier, 1 gr. 75.

221. + CIRATIA D⁻I REX entre deux grènetis. Monogramme de *Karolus*, R réduit à P.
℞. + ATDEBATIS CIVITAS entre deux grènetis. Croix.
Denier, 1 gr. 57.   Pl. V.

Eudes (887-898).

222. + GRATIA D⁻I REX entre deux grènetis. Dans le champ, les lettres O Δ O disposées triangulairement. Au centre, un point.
℞. + ·A·TREB·A·S CIAI entre deux grènetis. Croix.
Denier, 1 gr. 29.   Pl. VI.

223. + IPATIA D⁻I IAIEX entre deux grènetis. Dans le champ, les lettres O Δ O disposés triangulairement. Au centre, un point.
℞. + ·ATREB·AS CIVI entre deux grènetis. Croix.
Denier, 1 gr. 61.

Charles le Simple (898-923).

224. X GDATIA D⁻I REX entre deux grènetis. Monogramme de *Karolus*.
℞. + ATREB·ATIS CVITIAS entre deux grènetis. Croix.
Denier, 1 gr. 67.   Pl. VI.

225. + CIDATIA D⁻I REX entre deux grènetis. Monogramme de *Càrolus* avec Є initial, R réduit à P.
℞. + ATREBAS CIVI entre deux grènetis. Croix.
Denier, 1 gr. 72. Trouv. de Cuerdale. (*Don du comté de Lancastre.*)

MONNAIES CLASSÉES PAR ATELIERS

226. ✠ C\9IIVT⁻IPE (déformation de *Gratia dei rex*) en légende rétrograde entre deux grènetis. Monogramme de *Carolus*.
℞. ✠ ATREB·A·∾ CV entre deux grènetis. Croix cantonnée de deux ∩ dans des cantons opposés.
Denier, 1 gr. 17.   Pl. VI.

AMIENS. ÉGLISE DE SAINT-FIRMIN

Pépin (752-768).

227. Monogramme de P*i*P*i*N*us* R*ex*. Au dessus, un trait horizontal. Au centre, un globule ; sous R, un globule ; sous la panse du second P, un globule plus gros. Grènetis au pourtour.
℞. SCI ∥ FIRH ∥ II (*Sancti Firmini*) en trois lignes. Grènetis au pourtour.
Denier, fortement échancré, 1 gr. 05.   Pl. VI.
Cf. un autre denier mieux conservé et d'une lecture plus certaine, dans Gariel, 2ᵉ partie, pl. III, n° 62.

Charlemagne, roi (1ʳᵉ période : 768-781).

228. C*Æ*RO ∥ LVS en deux lignes. Au centre, un point. Grènetis au pourtour.
℞. SCI ∥ FIRMI ∥ NI ✠ en trois lignes. Grènetis au pourtour.
Denier, échancré, 1 gr. 10.

229. Mêmes légendes. Variété : au revers, la croisette finale remplacée par un groupe triangulaire de trois points.
Denier, 1 gr. 10.   Pl. VI.

230. CA ∥ ROL ∥ REX en trois lignes. Grènetis au pourtour.
℞. SCI ∥ FIRMI ∥ NI ✠ en trois lignes. Grènetis au pourtour.
Denier, rogné, 1 gr. 18.   Pl. VI.

AMIENS. CITÉ

Charles le Chauve, roi (840-875).

231. ✠ GRATIA D⁻I REX entre deux grènetis. Monogramme de *Karolus*.
℞. ✠ AMBIANIS CIVI entre deux grènetis. Croix.
Denier, 1 gr. 81.   Pl. VI.

232. + CRATIA D̄I REX I entre deux grènetis. Monogramme de *Karolus*, les branches du K éloignées de la haste.
℞. + AMBIANIS CIVITAS entre deux grènetis. Croix.
Denier, 1 gr. 58.   Pl. VI.

233. + GRATIA D̄I REX entre deux grènetis. Monogramme de *Karolus*, les branches du K éloignées de la haste.
℞. + AMBIANIS CIVITA entre deux grènetis. Croix.
Denier, 1 gr. 73.

234. ✢ GRATIA D̄I REX entre deux grènetis. Monogramme de *Karolus*, les branches du K éloignées de la haste, R et L renversées ; au centre, un point.
℞. + AMBIANIS CIVITA entre deux grènetis. Croix.
Denier, 1 gr. 76.

235. + CRATIA ID̄ REX entre deux grènetis. Monogramme de *Karolus* rétrograde.
℞. + AMBIANIS CIVII entre deux grènetis. Croix.
Denier, 1 gr. 56.

236. Même légende. Même type.
℞. + ΛIIBIΛMIω CIVITΛƧ entre deux grènetis. Croix.
Denier, 1 gr. 58.

237. + CRATIA D̄ RI entre deux grènetis. Monogramme de *Karolus* rétrograde.
℞. + AMbIANIC CIV entre deux grènetis. Croix.
Obole, 0 gr. 60.

238. + CRATIA D̄ REX entre deux grènetis. Monogramme de *Karolus* rétrograde.
℞. + AMBIANS CIV·II entre deux grènetis. Croix.
Obole, 0 gr. 61.

239. + GRATIA D̄I REX entre deux grènetis. Monogramme de *Karolus*, les branches du K éloignées du centre.
℞. +AMBIANIS'CIVI entre deux grènetis. Croix.
Denier, 1 gr. 71.

240. + GRATIA D̄I REX entre deux grènetis. Monogramme de *Karolus*, les branches du K éloignées du centre ; au centre, un point.

MONNAIES CLASSÉES PAR ATELIERS

℞. + A'MBIANIS CIVI entre deux grènetis. Croix centrée d'un globule.
Denier, 1 gr. 74. Pl. VI.

241. + GRATIA DI REX entre deux grènetis. Monogramme de *Karolus*, les branches du K horizontales et attachées aux extrémités de la haste.
℞. + AMBIAN·IS CIV entre deux grènetis. Croix.
Denier, 1 gr. 81.

242. + GRATIA D⁻I entre deux grènetis. Monogramme de *Karolus*, les branches du K à peine inclinées et partant des extrémités de la haste.
℞. + AMBIANIS entre deux grènetis. Croix.
Obole, 0 gr. 62.

243. + GRATIA DI entre deux grènetis. Monogramme de *Karolus*, les branches du K éloignées du centre; au centre, un point.
℞. + AMBIANIS entre deux grènetis. Croix.
Obole, 0 gr. 92. Pl. VI.

CORBIE
Eudes (887-898).

244. + HODO REX F entre deux grènetis. Croix.
℞. + CORBIENSI· entre deux grènetis. Dans le champ, monogramme formé des lettres FR adossées, la haste se prolongeant en une croix, à la partie supérieure.
Denier, 1 gr. 34.

Les lettres FR sont les initiales de l'abbé Franco (Engel et Serrure, *Traité*, p. 272) qui obtint du roi Charles le Simple un diplôme en faveur de Corbie, daté du 10 nov. 901. (Cf. Favre, *Eudes*, p. 180.) Il existe un denier du même style que celui-ci, portant le même monogramme et les légendes SCI PETRI MOI et CORBIENSIS. (Cf. Caron, *Monnaies féodales*, p. 372, pl. XXV, n° 15.)

PÉRONNE. ÉGLISE DE SAINT-FURSY
Eudes (887-898).

245. + GR[ATIA D⁻I RE]X entre deux grènetis. Traces du monogramme de ODO.
℞. + SCI FVRS[I//// entre deux grènetis. Croix.
Denier, échancré, 1 gr. 08. Pl. VI.

SAINT-QUENTIN

Charles le Chauve, roi (840-875).

246. + CRIATIA D⁻I R·E·X entre deux grènetis. Monogramme de *Karolus*; au centre, un point.
 ℞. + SCI ꝖVINTINI MONET entre deux grènetis. Croix.
 Denier, 1 gr. 69. Pl. VI.

247. + CRIATIA DI RE·X entre deux grènetis. Monogramme de *Karolus*, S retourné; au centre, un point.
 ℞. ✠ SCI ꝖVITNNNI MOIET entre deux grènetis. Croix.
 Denier, 1 gr. 47.

248. + CRATIA DI REX entre deux grènetis. Monogramme de *Karolus*, les branches du K éloignées de la haste; au centre, un point.
 ℞. ✠ SCI ꝖVITNNI MONET entre deux grènetis. Croix.
 Denier, 1 gr. 74.

249. + CRIATIA D⁻I REX entre deux grènetis. Monogramme de *Karolus*, du même type qu'au n° 248, rétrograde.
 ℞. + ꞋꝖC⁻I ꝖVINTINI MO entre deux grènetis. Croix.
 Denier, 1 gr. 43.

250. ✠ CRATIA D⁻I RE·X: entre deux grènetis. Monogramme de *Karolus*, les branches du K éloignées de la haste; au centre, un point.
 ℞. ✠ SC⁻I ꝖVIИTIII MO entre deux grènetis. Croix.
 Denier, 1 gr. 61.

251. ✠ GRATIA D⁻ RE·X̲ en légende rétrograde entre deux grènetis. Monogramme de *Karolus*, les branches du K éloignées de la haste, S retourné; au centre, un point.
 ℞. ✠ ƧC⁻I ꝖVHHT MOE entre deux grènetis. Croix.
 Denier, 1 gr. 53.

252. + CRATIA D⁻I RE·X entre deux grènetis. Monogramme de *Karolus*, les branches du K éloignées de la haste.
 ℞. + SCI ꝖVNITIN MONT entre deux grènetis. Croix.
 Denier, 1 gr. 52.

253. + CRIATIA I⊃⁻I RIX entre deux grènetis. Monogramme de *Karolus*, du même type qu'au n° 252, mais grossièrement dessiné.

℟. ✠ SC͞I QVINTINI MO entre deux grènetis. Croix.
Denier, 1 gr. 76.   Pl. VI.

254. + CRIATIA D͞I REX entre deux grènetis. Monogramme de *Karolus* rétrograde; au centre, un point.
℟. + ᴎC͞I QVINTINI MO entre deux grènetis. Croix.
Obole, 0 gr. 79.

BEAUVAIS

Charles le Chauve, roi (840-875).

255. + CAROLVS REX FR entre deux grènetis. Croix.
℟. + BELGEVACVS CI entre deux grènetis. Monogramme de *Karolus*.
Denier, 1 gr. 64.   Pl. VI.

256. + CAROLVS REX FRAN entre deux grènetis. Croix.
℟. + BELGEVACVS CIVI entre deux grènetis. Monogramme de *Karolus*, le K réduit à V.
Denier, 1 gr. 91.   Pl. VI.

257. Mêmes légendes. Mêmes types. Variété de coin.
Denier, 1 gr. 82.

258. Même légende. Même type.
℟. + BEEEVACVS CIVI entre deux grènetis. Monogramme de *Karolus*, K réduit à V, S et L posés horizontalement.
Denier, 1 gr. 31.

Raoul (923-936).

259. + CRATIA DI REX entre deux grènetis. Monogramme de *Rodulfus*.
℟. + BELVACVS·· entre deux grènetis. Croix cantonnée de deux croisettes dans des cantons opposés.
Denier, 1 gr. 14.   Pl. VI.

260. + CRATIA D͞I REX entre deux grènetis. Monogramme de *Rodulfus*, L et F renversés, S retourné.
℟. + BELVACVS CIVI entre deux grènetis. Croix cantonnée de deux S dans des cantons opposés et d'un point triangulaire dans un troisième canton.
Denier, 1 gr. 12.

Immobilisation du type carolingien.

261. + CRATIA D̄I REX entre deux grènetis. Monogramme de *Rodulfus*(?), déformé.
 ℞. + BELGEVACVS CV entre deux grènetis. Croix; dans l'un des cantons, un croissant.
 Denier, 1 gr. 55.   Pl. VI.

MORIENVAL

Charles le Chauve, roi (840-875).

262. + CRATIA D̄I REX entre deux grènetis. Monogramme de *Karolus*; au centre, un point.
 ℞. + MAVRINIANEVAI entre deux grènetis. Croix.
 Denier, 1 gr. 71.   Pl. VI.
263. Même légende. Même type. Variété : les lettres plus épaisses.
 ℞. + MAVRIIIVAHEVAI entre deux grènetis. Croix.
 Denier, 1 gr. 70.

COMPIÈGNE

Charles le Chauve, roi (840-875).

264. + GRATIA D̄I REX entre deux grènetis. Monogramme de *Karolus*.
 ℞. + CONPEDIO PALACIO entre deux grènetis. Croix.
 Denier, 1 gr. 73.   Pl. VI.
265. + CRATIA D̄I REX entre deux grènetis. Monogramme de *Karolus*, R réduit à P.
 ℞. + CONPEDIO PALCI entre deux grènetis. Croix.
 Obole, 0 gr. 65.
266. + CRATIA ƆI RE.X entre deux grènetis. Monogramme de *Karolus*, S retourné; au centre, un point.
 ℞. + CONPEDIO PALACIO entre deux grènetis. Croix.
 Denier, 1 gr. 77.

LAON. ÉGLISE DE NOTRE-DAME

Charlemagne, roi (2ᵉ période : 781-800).

267. + CARLVS REX FR.ᵃ entre deux grènetis. Dans le champ, LAƆWO (*Lauduno*) autour d'un point.

℞. + S͞CA MARIA entre deux grènetis. Monogramme de *Carolus* avec ⊂ initial.
Denier, 1 gr. 79.   Pl. VI.

LAON. CITÉ

Charlemagne, roi (1ʳᵉ période : 768-781).

268. CΛRO ‖ LVS en deux lignes. Grènetis au pourtour.
℞. L·A·VDVN en légende circulaire autour d'une croisette. Grènetis au pourtour.
Denier, 1 gr. 32.   Pl. VI.

Charles le Chauve, roi (840-875).

269. + CAROLVS REX PIVS entre deux grènetis. Croix cantonnée de quatre globules.
℞. LVGDVNI CLAVATI. Temple tétrastyle, sur deux degrés, le fronton triangulaire surmonté d'une croix ; à l'intérieur du temple, une croix ; sous les degrés, une croisette entre deux points triangulaires. Grènetis au pourtour.
Denier, 1 gr. 74.   Pl. VI.

270. + GRATIA D͞I REX entre deux grènetis. Monogramme de *Karolus*; au centre, un point.
℞. + LVGDVNI CLAVATI entre deux grènetis. Croix.
Denier, 1 gr. 80.   Pl. VI.

271. Mêmes légendes. Mêmes types. Variété de coin.
Denier, 1 gr. 65.

272. Mêmes légendes. Mêmes types. Variété de coin.
Denier, 1 gr. 77.

273. + GRAΓIA ·D͞I REX entre deux grènetis. Monogramme de *Karolus*; au centre, un point.
℞. + LVGDVNI CLAVATI entre deux grènetis. Croix.
Denier, 1 gr. 68.

274. + CDΛITA ƆTI ΠEX entre deux grènetis. Monogramme de *Karolus*, les branches du K éloignées de la haste ; au centre, un point.
℞. + LVCƆVNI CLAVATI entre deux grènetis. Croix.
Denier, 1 gr. 42.   Pl. VI.

FRANCE 43

275. + CRATIA DI lEX entre deux grènetis. Monogramme de *Karolus*, R réduit à P, S retourné.
℞. + ΓVGDVMO CLA entre deux grènetis. Croix cantonnée de quatre globules.
Obole, o gr. 84. Pl. VII.

PIERREPONT (Aisne)

Louis II (877-879) ou Louis III (879-882).

276. + CRATA DI∙ REX entre deux grènetis. Monogramme de *Ludovicus* imité de celui de *Karolus*, K remplacé par ⊦, R par D, et L par ⊏ ; au centre, un point.
℞. + PETREPONTEM entre deux grènetis. Croix.
Denier, rogné, 1 gr. 14. (*Don de M. Matton*.) Pl. VII.

NOYON

Eudes (887-898).

277. + GRATIA DTI REX entre deux grènetis. Dans le champ, ODO + disposé en croix autour d'une croisette.
℞. + NOVIOMVS CIVITAS entre deux grènetis. Croix.
Denier, 1 gr. 74. Pl. VII.

SOISSONS

Charles le Chauve, roi (840-875).

278. + GRATIA DI REX entre deux grènetis. Monogramme de *Karolus*.
℞. + SVESSIO CIVITAS entre deux grènetis. Croix.
Denier, 1 gr. 80. Pl. VII.

279. Mêmes légendes. Mêmes types. Variété de coin.
Denier, 1 gr. 75.

280. Mêmes légendes. Mêmes types. Variété de coin.
Denier, 1 gr. 51.

281. Mêmes légendes. Mêmes types. Variété de coin.
Denier, 1 gr. 65.

Handwritten annotations:

275 — *Louis IV ou Louis V.*
aa LVDOVICVS REX. Tête défaite couronnée
℞ LAVDVNENSIS. Tête défaite coiffée d'un bandeau perlé
AR 0g40 · Obole ·
(Voy. Hoffmann, et ma rectif. à Hoff d'après Caron, Serrure).

Raoul
275a · Monogramme de Raoul ⊢ R ⊣ S · Enlig + CLEMENTIA DI REX. ℞. + LVGDVNI CLAVATI. Croix à branches égales dans un grènetis. AR 22 mill. N4934.
(Rev. num., 1854, p. 61) (C'est le même ex. : Vente Coll. Bretagne, juillet 1920, n°67).

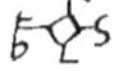

44 MONNAIES CLASSÉES PAR ATELIERS

282. Mêmes légendes. Mêmes types.
Obole, 0 gr. 81.

283. + GRATIA DI REX entre deux grènetis. Monogramme de *Karolus*, le K ayant la forme ⱪ.
℞. + SVESSIO CIVITAS entre deux grènetis. Croix ; dans l'un des cantons, un croissant.
Obole, 0 gr. 78.　　　　　　　　　　　　　　　　Pl. VII.

284. + CRATIA DI REX entre deux grènetis. Même monogramme qu'au n° 283.
℞. + SVESSIO CIVITAS entre deux grènetis. Croix.
Denier, 1 gr. 33.

285. + CRATIAN REX entre deux grènetis. Monogramme de *Karolus*, les branches du K partant des extrémités de la haste.
℞. + VE'SSN CIVTIVS entre deux grènetis. Croix.
Denier, 1 gr. 09.　　　　　　　　　　　　　　　　Pl. VII.

Eudes (887-898).

286. + GRATIA D¯I REX entre deux grènetis. Dans le champ, ODO + disposé en croix autour d'une croisette.
℞. + SVESSIO CIVITAS entre deux grènetis. Croix.
Denier, 1 gr. 7a.　　　　　　　　　　　　　　　　Pl. VII.

287. Mêmes légendes. Mêmes types.
Obole, 0 gr. 89.

RETHONDES (Oise)

Charles le Chauve, roi (840-875).

288. + CRATIA D¯I REX entre deux grènetis. Monogramme de *Karolus*.
℞. + ROTVNDAS CELLA entre deux grènetis. Croix.
Denier, 1 gr. 46.　　　　　　　　　　　　　　　　Pl. VII.

REIMS. ÉGLISE DE NOTRE-DAME

Charlemagne, roi (1ʳᵉ période : 768-781).

289. CARO ‖ LVS en deux lignes. Grènetis au pourtour.
℞. SC MAR'A REMS (*Sancta Maria Remorum*) en légende circulaire

autour d'une croisette cantonnée de deux globules dans des cantons opposés. Grènetis au pourtour.
Denier, 1 gr. 09. Trouv. de Chézy-l'Abbaye, Aisne. (*Don de M. Pille.*) Pl. VII.

290. CAROLVS en deux lignes. Grènetis au pourtour.
℞. SC MAPIA PETD en légende circulaire autour d'une croisette cantonnée de quatre points; sous la dernière lettre de la légende, une croisette. Grènetis au pourtour.
Denier, 0 gr. 92. (*Don de B. Fillon.*) Pl. VII.

REIMS. CITÉ

Charlemagne, roi (1re période : 768-781).

291. CAROLVS en deux lignes. Grènetis au pourtour.
℞. REM/// CIVIT en deux lignes séparées par un trait horizontal. Grènetis au pourtour.
Denier, échancré, 0 gr. 84. Pl. VII.

292. CAROLVS en deux lignes. Grènetis au pourtour.
℞. REIX CNT (pour *Rem civil*), en deux lignes séparées par un trait horizontal. Grènetis au pourtour.
Denier, 1 gr. 08. Trouv. de Chézy-l'Abbaye, Aisne. (*Don de M. Pille.*) Pl. VII.

Louis le Pieux (814-840).

293. + HLVDOVVICVS IMP entre deux grènetis. Croix.
℞. REMI CIVI TAS en trois lignes.
Denier, 1 gr. 79. Pl. VII.

294. + HLVDOVVICVS IMP entre deux grènetis. Croix.
℞. REMIS CIVIS en deux lignes. Grènetis au pourtour.
Denier, 1 gr. 69. Pl. VII.

295. Mêmes légendes. Même type. Variété de coin.
Denier, 1 gr. 77.

Charles le Chauve, roi (840-875).

296. + CAROLVS REX FR entre deux grènetis. Croix cantonnée de quatre globules.
℞. REMIS CIVITAS. Temple tétrastyle sur deux degrés, le degré

inférieur plus long; le fronton triangulaire surmonté d'une croix; au centre du temple, une croix. Grènetis au pourtour.
Denier, 1 gr. 48. Pl. VII.

297. Mêmes légendes. Mêmes types. Variété de coin.
Denier, 1 gr. 35.

298. + GRATIA D⁻I REX entre deux grènetis. Monogramme de *Karolus*.
℞. + REMIS CIVITAS entre deux grènetis. Croix.
Denier, 1 gr. 75. Pl. VII.

299. + CRATIA D⁻I RE entre deux grènetis. Monogramme de *Karolus*; au centre, un point.
℞. Même légende. Même type qu'au n° 298.
Denier, 1 gr. 72.

300. + GRATIA D⁻I RE entre deux grènetis. Monogramme de *Karolus*.
℞. + REMIS CIVITAS entre deux grènetis. Croix.
Obole, échancrée, 0 gr. 74.

301. + GRACIA D⁻I REX entre deux grènetis. Monogramme de *Karolus*, les branches du K partant des extrémités de la haste.
℞. + REMIS CIVITAS entre deux grènetis. Croix.
Denier, 1 gr. 45.

302. Mêmes légendes. Mêmes types. Variété . monogramme rétrograde.
Denier, 1 gr. 50.

303. + CRACIA D⁻I RECX entre deux grènetis. Monogramme de *Karolus*.
℞. + REMIƧ ƆIVITAƧ entre deux grènetis. Croix.
Denier, 1 gr. 62.

304. + CRATIA D⁻I REX entre deux grènetis. Monogramme de *Karolus*, les branches du K partant des extrémités de la haste.
℞. + REMIS CIVITAS entre deux grènetis. Croix; dans l'un des cantons, une croisette posée en X.
Denier, 1 gr. 44. Pl. VII.

Eudes (887-898).

305. + GRATIA D⁻I REX entre deux grènetis. Dans le champ, ODO REX entourant un losange auquel se rattache la lettre R.

FRANCE   47

℞. + REMIS CIVITAS entre deux grènetis. Croix.
Denier, 1 gr. 37.   Pl. VII.

306. + GRATIA D¯I RX entre deux grènetis. Dans le champ, ODO R disposé en croix, R renversé.
℞. + REMIS CIVITAS entre deux grènetis. Croix.
Obole, 0 gr. 68.   Pl. VII.

Louis IV (936-954) ou *Louis V* (986-987).

307. + CIA///// DEI REX entre deux grènetis. Dans le champ, LVDS¯ en légende circulaire autour d'un globule.
℞. + REMIS CIVITAS entre deux grènetis. Croix cantonnée de deux globules et de deux C dans des cantons opposés.
Denier, 0 gr. 72.   Pl. VII.

ATTIGNY

Charles le Chauve, roi (840-875)
ou *Monnaies au type de Charles le Chauve*.

308. + CRATIA D¯I REX entre deux grènetis. Monogramme de *Carolus*, en partie rétrograde, avec C initial ; au centre, un point.
℞. + ATINIACO PA entre deux grènetis. Croix.
Denier, 1 gr. 60.   Pl. VII.

309. + CRATIA D¯I RE en légende rétrograde entre deux grènetis. Monogramme de *Carolus*, en partie rétrograde, avec C initial, R réduit à P.
℞. + ATINIACO PA entre deux grènetis. Croix.
Denier, 1 gr. 54.

310. Même légende, non rétrograde. Monogramme de *Karolus* déformé ; au centre, un point.
℞. Même légende. Même type.
Denier, échancré, 1 gr. 64.   Pl. VII.

CHALONS-SUR-MARNE

Charles le Chauve, roi (840-875).

311. + CRATIA D¯I REX entre deux grènetis. Monogramme de *Karolus*.

℞. + CATALAVNIS CIV entre deux grènetis. Croix.
Denier, 1 gr. 45. Pl. VII.

312. Mêmes légendes. Mêmes types. Variété de coin.
Denier, 1 gr. 83.

313. + GRATIA D⁻I REX entre deux grènetis. Monogramme de *Karolus*, R réduit à P ; au centre, un point.
℞. + CATAIAVNIS CVTAΓ entre deux grènetis. Croix.
Denier, 1 gr. 53. Pl. VII.

314. + CRATIA D⁻I REX entre deux grènetis. Monogramme de *Karolus*, les branches du K éloignées de la haste; au centre, un point.
℞. + C·ATAIAVNIS CIT entre deux grènetis. Croix.
Denier, 1 gr. 41.

PARIS

Pépin (752-768).

315. Monogramme de P*i*P*i*N*us* R*ex* dans le champ ; au dessus, un trait horizontal ; entre les deux P, en haut, un globule ; sous la panse du second P, trois globules disposés triangulairement. Grènetis au pourtour.
℞. Croix ancrée, la traverse munie de deux pendants à ses extrémités, surmontée d'une croisette ; sous le pied, trois globules ; à chacune des extrémités de la traverse, un globule. Grènetis au pourtour.
Denier, 1 gr. 27. Pl. VIII.

Charlemagne, roi (1ʳᵉ période : 768-781).

316. C*A*[O]I LVS en deux lignes. Grènetis au pourtour.
℞. Sans légende. Croix ancrée, la traverse munie d'un pendant à chacune de ses extrémités, cantonnée de quatre globules. Au dessus, une croisette. Grènetis au pourtour.
Denier, 1 gr. 03. Pl. VIII.

Louis le Pieux (814-840).

317. + HLVDOVVICVS IMP entre deux grènetis. Croix.
℞. PARISII en une ligne. Grènetis au pourtour.
Denier, 1 gr. 75. Pl. VIII.

318. Mêmes légendes. Même type. Variété de coin.
Denier, 1 gr. 35.

319. Mêmes légendes. Même type. Variété dans la forme des lettres.
Denier, 1 gr. 82. Pl. VIII.

320. + HIVDOVVICVS IMP entre deux grènetis. Croix.
R̥. PARI2II en une ligne. Grènetis au pourtour.
Denier, 1 gr. 60.

Charles le Chauve, roi (840-875).

321. + CARLVS REX entre deux grènetis. Croix.
R̥. PARI | SI.I en deux lignes. Grènetis au pourtour.
Denier, 1 gr. 70. Pl. VIII.

322. Mêmes légendes. Même type. Variété : pas de point entre les deux derniers I de PARI ‖ SII.
Denier, 1 gr. 57.

323. + CARLVS REX FR entre deux grènetis. Croix.
R̥. PARISII CIVITAS. Temple tétrastyle sur deux degrés, le fronton triangulaire surmonté d'une croix ; au centre du temple, une croix.
Denier, échancré, 1 gr. 47.

324. + CRATIA D¯I REX entre deux grènetis. Monogramme de *Karolus*, les branches du K éloignées de la haste.
R̥. + PARISII CIVITAS entre deux grènetis. Croix.
Denier, 2 gr. 03. Pl. VIII.

325. + CRATIA D¯E RIX entre deux grènetis. Monogramme de *Karolus*, les branches du K éloignées de la haste, R réduit à Π ; au centre, un point.
R̥. + PAIRSII CIVITAS entre deux grènetis. Croix
Denier, 1 gr. 17.

Monnaies carolingiennes.

326. + CRATIA D¯I REX entre deux grènetis. Monogramme de *Karolus*, les branches du K éloignées du centre.
℞. + PARISII CIVITAS entre deux grènetis. Croix.
Denier, 1 gr. 77. Pl. VIII.

327. Mêmes légendes. Mêmes types. Monogramme comme au n° 326.
Obole, 0 gr. 68.

328. + CRATI D¯I REX entre deux grènetis. Monogramme de *Karolus*.
℞. + PARISII CIVITAS entre deux grènetis. Croix.
Denier, 1 gr. 69.

329. Mêmes légendes. Mêmes types. Variété : monogramme de *Karolus*, L et S rétrogrades.
Denier, 1 gr. 31.

330. + CRATIA Ɔ¯I REX entre deux grènetis. Monogramme de *Karolus*; au centre, un point.
℞. + PARISII CIVITAS entre deux grènetis. Croix.
Denier, 1 gr. 74.

331. Mêmes légendes. Mêmes types. Variété : pas de point au centre du monogramme.
Denier, 1 gr. 72.

332. + CIƆAIIIA PI REX entre deux grènetis. Monogramme de *Karolus*, les branches du K éloignées de la haste.
℞. + PARISII CIVIIS entre deux grènetis. Croix.
Denier, 1 gr. 49. (*Don de M. A. de Barthélemy.*) Pl. VIII.

Eudes (887-898).

333. + CRATIA D¯I REX entre deux grènetis. Dans le champ, O D O + disposé en monogramme cruciforme autour d'un losange.
℞. + PARISII CIVITAS entre deux grènetis. Croix.
Denier, rogné, 1 gr. 44. Pl. VIII.

Charles le Simple (898-922).

334. + CRATIA DI REX entre deux grènetis. Monogramme de *Karolus*.
℞. PARISI ‖ CIVITA en deux lignes séparées par une ligne de points. Au dessus et au dessous, une croisette. Grènetis au pourtour.
Denier, 1 gr. 60. Pl. VIII.

335. + CRATIA DI REX entre deux grènetis. Monogramme de *Karolus*, rétrograde, les branches du K partant des extrémités de la haste.
℞. PARSI ‖ CIVITA en deux lignes séparées par une ligne de points. Au dessus et au dessous, une croisette. Grènetis au pourtour.
Denier, 1 gr. 32.

336. + CRATIA D⁻ //// entre deux grènetis. Monogramme de *Karolus*, le K devenu C.
℞. PARI ‖ ISII+ en deux lignes séparées par une ligne de points. Au dessous, trois globules disposés triangulairement. Grènetis au pourtour.
Obole, o gr. 82.

Raoul (923-936).

337. + CRATIA DI REX entre deux grènetis. Monogramme de *Rodulfus*.
℞. PARISI ‖ CIVITA en deux lignes séparées par une ligne de points. Au dessus et au dessous, une croisette. Grènetis au pourtour.
Denier, 1 gr. 30.   Pl. VIII.

338. Mêmes légendes. Mêmes types.
Obole, o gr. 49.

339. + CRATIA I PEX entre deux grènetis. Monogramme de *Rodulfus*.
℞. PARISI ‖ CIVITA en deux lignes séparées par une ligne de points. Au dessus et au dessous, une croisette. Grènetis au pourtour.
Obole, o gr. 66.   Pl. VIII.

340. + C[RATIA DI] REX entre deux grènetis. Monogramme de *Rodulfus*.
℞. PARISI ‖ CIVITA en deux lignes séparées par une ligne de points. Au dessus et au dessous, une croisette. Grènetis au pourtour.
Obole, o gr. 43.

Louis IV (936-954).

341. + CRATIA D⁻I REX entre deux grènetis. Dans le champ, LODO-VIC en légende circulaire autour d'un annelet.
℞. PARISI ‖ CIVITA en deux lignes séparées par une ligne de points. Au dessus et au dessous, une croisette. Grènetis au pourtour.
Denier, 1 gr. 10.   Pl. VIII.

MONASTÈRE DE SAINT-DENIS

Charles le Chauve, roi (840-875).

342. **CRATIA D⁻I REX** entre deux grènetis; entre R et E, une croisette formée de quatre points. Monogramme de *Karolus*; au centre, un point.
    ℞. **+ SCI ΔIONVSI·I M** entre deux grènetis. Croix.
    Denier, 1 gr. 53.   Pl. VIII.

343. Autre exemplaire.
    Denier, 1 gr. 64.

344. **+ CRATIA D⁻I REX** entre deux grènetis. Monogramme de *Karolus*, R réduit à P.
    ℞. **+ SCI ΔIONVSII M** entre deux grènetis. Croix.
    Denier, 1 gr. 60.

345. Mêmes légendes. Mêmes types. Variété de coin.
    Denier, 1 gr. 64.

346. **+ CRATIA D⁻I REX** entre deux grènetis. Monogramme de *Karolus*.
    ℞. **+ SCI ΔIONVSII·:·** entre deux grènetis. Croix.
    Denier, 1 gr. 57.   Pl. VIII.

347. **+ CRATIA D⁻I REX** entre deux grènetis. Monogramme de *Karolus*, R réduit à P.
    ℞. **+ SCI ΔIONVSII M** entre deux grènetis. Croix.
    Obole, 0 gr. 73.

348. **+ CRATIA D⁻I R·EX** entre deux grènetis. Monogramme de *Karolus*, les branches du K partant des extrémités de la haste.
    ℞. **+ SCI ΔIONVSI·I M** entre deux grènetis. Croix.
    Obole, 0 gr. 73.

349. **+ [CRATI]A C⁻I REX** entre deux grènetis. Monogramme de *Karolus*, les branches du K partant des extrémités de la haste.
    ℞. **+ SC[I] ΔIONV MI** entre deux grènetis. Croix.
    Obole, 0 gr. 56.

350. Autre exemplaire.
    Obole, 0 gr. 65.

351. CRATIA C⁻I REX entre deux grènetis. Monogramme de *Karolus*, les branches du K partant des extrémités de la haste.
℞. + S[CI] ΔIONV M entre deux grènetis. Croix.
Obole, 0 gr. 54.

Eudes (887-898).

352. + GR·ATI·A D⁻I H en légende rétrograde entre deux grènetis. Dans le champ, ODO REX rétrograde autour d'un losange.
℞. + SC ΔIONVSII M entre deux grènetis. Croix.
Denier, 1 gr. 64.   Pl. VIII.

353. + ·GR·ATI·A D⁻I ·C entre deux grènetis. Dans le champ, ORDEOX (pour ODO REX) disposé circulairement.
℞. + SCI ΔIONVSII M entre deux grènetis. Croix.
Denier, 1 gr. 54.

Charles le Simple (898-922).

354. + CRATIA D⁻I REX entre deux grènetis. Monogramme de *Karolus*.
℞. SCI ΔIO ‖ NVSII en deux lignes encadrées entre trois lignes de points; au dessus et au dessous, trois points disposés triangulairement. Grènetis au pourtour.
Denier, 1 gr. 53.   Pl. VIII.

Raoul (923-936).

355. + GRATIA DI REX entre deux grènetis. Monogramme de *Rodulfus*.
℞. SCI ΔIO◊ ‖ HVZII en deux lignes séparées par une ligne de points; au dessus et au dessous, une croisette. Grènetis au pourtour.
Denier, 0 gr. 99.   Pl. VIII.

356. + CRATIA DI REX entre deux grènetis. Monogramme de *Rodulfus*.
℞. SCI ΔIO ‖ NISII en deux lignes séparées par une ligne de points; au dessus et au dessous, une croisette. Grènetis au pourtour.
Denier, 0 gr. 98.

357. Mêmes légendes. Mêmes types.
Obole, 0 gr. 58.

MONASTÈRE DE CHELLES

Charles le Chauve, roi (840-875).

358. + ᚷRATIA D¯I REX entre deux grènetis. Monogramme de *Karolus*.
R/. + KA·L·'.A·MONASTERI entre deux grènetis. Croix.
Denier, 1 gr. 61. Pl. VIII.

MEAUX

Louis le Pieux (814-840).

359. + HLVDOVVICVS IMP entre deux grènetis. Croix.
R/. MEL·DIS en une ligne. Grènetis au pourtour.
Denier, 1 gr. 70. Pl. VIII.

360. Mêmes légendes. Mêmes types. Variété : au revers, pas de point au centre.
Denier, 1 gr. 51.

361. + HLVDOVVICVS IMP entre deux grènetis. Croix.
R/. HELDIS rétrograde, en une ligne. Grènetis au pourtour.
Denier, 1 gr. 44.

Charles le Chauve, roi (840-875).

362. + GR·A·TI·A· D¯I· RE·X entre deux grènetis Monogramme de *Karolus*; au centre, un point.
R/. + MEL·DIS· CI·VI·TAS entre deux grènetis. Croix.
Denier, 1 gr. 47. Pl. VIII.

363. Mêmes légendes. Mêmes types. Variété : dans la légende du droit, un point avant G, pas de point après R.
Denier, 1 gr. 73.

364. + ·GRA·TI·A· D¯I· REX· entre deux grènetis. Monogramme de *Karolus*, les branches du K partant des extrémités de la haste.
R/. + ·MEL·DIS· CI·VI·TAS· entre deux grènetis. Croix.
Denier, 1 gr. 70. Pl. VIII.

365. Mêmes légendes. Mêmes types.
Obole, 0 gr. 85.

366. + CRA·TI·A· DI· REX entre deux grènetis. Monogramme de *Karolus*, la branche supérieure du K horizontale.

℞. + MELDIS CI·VI·TAS entre deux grènetis. Croix.
Denier, 1 gr. 61.

Lothaire (954-986).

367. + LOTIIVIVS IEI entre deux grènetis. Croix.
℞. + MEIIDIS CIVLVO entre deux grènetis. Monogramme de *Karolus* déformé.
Obole, o gr. 71. Pl. VIII.

MONASTÈRE DE JOUARRE

Charles le Chauve, roi (840-875).

368. + GRATIA D̄ REX entre deux grènetis. Monogramme de *Karolus*.
℞. + IOTRENSIS M entre deux grènetis. Croix.
Denier, 1 gr. 56. Pl. VIII.

369. + CRATI D̄I REX entre deux grènetis. Monogramme de *Karolus*, rétrograde; au centre, un point.
℞. + IOTRENSIS M entre deux grènetis. Croix.
Denier, 1 gr. 39.

MELUN

Charles le Chauve, roi (840-875).

370. + CRATIA D̄I REX entre deux grènetis. Monogramme de *Karolus*.
℞. + CASTELLO MILED entre deux grènetis. Croix.
Denier, 1 gr. 69. Pl. IX.

371. + CRATIA D̄I REX entre deux grènetis. Monogramme de *Karolus*, L rétrograde.
℞. + CASTELLO MILED entre deux grènetis. Croix.
Denier, 1 gr. 69.

372. Autre exemplaire.
Denier, 1 gr. 52.

Lothaire (954-986)

373. + IOVHARIVS REX entre deux grènetis. Croix aux extrémités ancrées.
℞. + IIILIDVN CATRO (*Milidun castro*) entre deux grènetis. Croix; dans l'un des cantons, un croissant.
Denier, 1 gr. 33. Pl. IX.

PROVINS

Louis II (877-879) ou *Louis III (879-882)*.

374. + CRATIA D¯I REX entre deux grènetis. Monogramme cruciforme de *Ludovicus*; au centre, un point.
    ℞. + CASTIS PRVVINIS entre deux grènetis. Croix.
    Denier, 1 gr. 74. Pl. IX.

375. Même légende. Même type.
    ℞. + CASTIS PRVVIINIS entre deux grènetis. Croix.
    Denier, 1 gr. 60.

ROUEN

Louis le Pieux (814-840).

376. + HLVDOVVICVS IMP entre deux grènetis. Croix.
    ℞. ROTV ∥ MAGVS en deux lignes. Au centre, un point. Grènetis au pourtour.
    Denier, 1 gr. 72.

377. + NLVDOVVICVS IMP entre deux grènetis. Croix.
    ℞. ROTV ∥ MAGVS en deux lignes. Au centre, un point. Grènetis au pourtour.
    Denier, 1 gr. 78. Pl. IX.

Charles le Chauve, roi (840-875) et *Monnaies au type de Charles le Chauve*.

378. + CRATIA D¯I REX entre deux grènetis. Monogramme de *Karolus*.
    ℞. × ROTVMACVS CIVI entre deux grènetis. Croix.
    Denier, 1 gr. 66. Pl. IX.

379. Même légende. Monogramme rétrograde, les branches du K partant des extrémités de la haste, R réduit à P; au centre, un point.
    ℞. + ROTVMACVS CIVI entre deux grènetis. Croix.
    Denier, 1 gr. 60.

380. + CPATIA D¯I REX entre deux grènetis. Monogramme de *Karolus*, les branches du K partant des extrémités de la haste, R réduit à P, S retourné.

℞. + ROTVNACVS CIVII entre deux grènetis. Croix.
Denier, 1 gr. 69.   Pl. IX.

381. + CRATIA DI R‾EX entre deux grènetis. Monogramme de *Karolus*, les branches du K partant des extrémités de la haste, R réduit à P.
℞. + ROTVHACVS CIVII entre deux grènetis. Croix.
Denier, 1 gr. 73.

382. X CPATIA DI REX entre deux grènetis. Monogramme de *Karolus*, les branches du K partant des extrémités de la haste et fortement inclinées, R réduit à P, S retourné.
℞. + ROTVHACVS CIVII entre deux grènetis. Croix.
Denier, 1 gr. 75.

383. + CRATIA DI REX entre deux grènetis. Monogramme de *Karolus*, les branches du K partant des extrémités de la haste, R réduit à P; au centre, un point.
℞. + ROTVHACVS CII entre deux grènetis. Croix.
Obole, 0 gr. 60.

384. + CPATIA D DEX entre deux grènetis. Même monogramme qu'au n° 383.
℞. + ROTVHCVS CIVI entre deux grènetis. Croix.
Obole, 0 gr. 70.

385. + CRATIA D‾I PEX entre deux grènetis. Monogramme de *Karolus* rétrograde, les branches du K partant des extrémités de la haste, R réduit à P.
℞. + ROTVIIACVS CIVII entre deux grènetis. Croix.
Denier, 1 gr. 44.

386. X CRATIA DI REX entre deux grènetis. Monogramme de *Karolus*, les branches du K partant des extrémités de la haste.
℞. + ROTVNACVS CIVI entre deux grènetis. Croix.
Denier, 1 gr. 63.

387. + CPATIA RI REX entre deux grènetis. Monogramme de *Karolus* rétrograde, les branches du K partant des extrémités de la haste, R réduit à P.
℞. + ROTVHACVS CIVII entre deux grènetis. Croix.
Denier, 1 gr. 40.   Pl. IX.

388. + CPATIA DI REX entre deux grènetis. Monogramme de *Karolus*, les branches du K partant des extrémités de la haste, R réduit à P, S retourné.
R). + RCTVIIAOVS CIVIII entre deux grènetis. Croix.
Denier, 1 gr. 68.

389. + CRAT RI REX entre deux grènetis. Monogramme de *Karolus*, les branches du K partant des extrémités de la haste.
R). + ROTVIIACVn CV entre deux grènetis. Croix.
Obole, o gr. 48.

Louis IV (936-954).

390. + VLOQVICI REX entre deux grènetis. Croix.
R). + ROQOM CI FIT¯ entre deux grènetis. Dans le champ, C·S.
Denier, 1 gr. 45. Trouvaille de Saint-Taurin d'Evreux. Pl. IX.

391. Mèmes légendes. Mèmes types. Variété : flan plus large.
Denier, 1 gr. 27. Trouvaille de Saint-Taurin d'Evreux.

392. + VLOTVICI RE entre deux grènetis. Croix.
R). + ROTOMO IVIT entre deux grènetis. Dans le champ, ⟨S.
Denier, 1 gr. 43.

393. + VLOTVICI REX entre deux grènetis. Croix ; dans l'un des cantons, un petit croissant.
R). | ΠΟΤΟΜ CIVITA entre deux grènetis. Dans le champ, ⊕, et au dessous, ʋC.
Denier, échancré, 1 gr. 15. Pl. IX.

ROUEN. MONASTÈRE DE SAINT-OUEN

394. + ROTOM CIVITAS entre deux grènetis. Monogramme de *Karolus*, les branches du K partant des extrémités de la haste, R réduit à P.
R). + SA¯TE AVQOEMI entre deux grènetis. Croix.
Denier, 1 gr. 27. Pl. IX.

395. + ROTOM CIVITAS entre deux grènetis. Même monogramme qu'au n° 394.
R). + SATE AVTOEMI entre deux grènetis. Croix.
Denier, 1 gr. 25. Pl. IX.

Peut-être le monogramme de *Karolus*, sur les deux deniers qui précédent, devrait-il les faire attribuer à Charles le Simple ; il est plus probable qu'il n'a aucune signification précise et qu'il est la simple imitation du monogramme usité sous Charles le Chauve. Ces monnaies de Saint-Ouen sont tout à fait du même style que celles de la trouvaille de Saint-Taurin d'Evreux qu'on donne à Louis IV.

LE TALOU

Charles le Chauve, roi (840-875)
ou *Monnaie imitée du type de Charles le Chauve.*

396. + CPATIA D REX entre deux grènetis. Monogramme de *Karolus*, les branches du K partant des extrémités de la haste, R réduit à P, L réduit à I.
℞. + TALAV MONETA entre deux grènetis. Croix.
Denier, 1 gr. 70.   Pl. IX.

NEUSTRIE

ÉVREUX

Charles le Chauve, roi (840-875).

397. + GRATIA D¯I REX entre deux grènetis. Monogramme de *Karolus*.
℞. + EBROICAS CIVITAS entre deux grènetis. Croix.
Denier, 1 gr. 64.   Pl. IX.

398. Mêmes légendes. Mêmes types. Variété : CRATIA au lieu de GRATIA.
Denier, 1 gr. 74.

399. + CRATIA D¯I REX entre deux grènetis. Monogramme de *Karolus*.
℞. + EBROCAS CIVITAS entre deux grènetis. Croix.
Denier, 1 gr. 51.

LISIEUX

Charles le Chauve, roi (840-875).

400. + GRATIA D¯I REX entre deux grènetis. Monogramme de *Karolus*.
℞. + L'IXOVIVS CIVITA'S entre deux grènetis. Croix.
Denier, 1 gr. 59.   Pl. IX.

401. + GRATIA D⁻I REX entre deux grènetis. Monogramme de *Karolus* ; au centre, un point.
	℞. + ⊢ICSOVINI CIVIIT entre deux grènetis. Croix.
	Denier, 1 gr. 79. Pl. IX.
402. Mêmes légendes. Mêmes types. Variété de coin.
	Denier, 1 gr. 56.

BAYEUX
Charles le Chauve, roi (840-875).

403. + GRATIA D⁻I REX entre deux grènetis. Monogramme de *Karolus*.
	℞. + ⊢BAI⊕CAS CIVITAS entre deux grènetis. Croix.
	Denier, 1 gr. 72. Pl. IX.
404. + GRATIA D⁻I REX entre deux grènetis. Monogramme de *Karolus*, les branches du K partant des extrémités de la haste.
	℞. + ⊢BAI⊕CAS CIVITAS entre deux grènetis. Croix.
	Denier, 1 gr. 65.
405. + CIATIA D⁻I IEX entre deux grènetis. Monogramme de *Karolus*.
	℞. + IBAI⊕CAS CIVTS entre deux grènetis. Croix.
	Denier, 1 gr. 53. Pl. IX.

MONASTÈRE DES DEUX-JUMEAUX
Charles le Chauve, roi (840-875).

406. + GRATIA D⁻ REX entre deux grènetis. Monogramme de *Karolus*.
	℞. + DV⊕S IEM⁻LLIS MT entre deux grènetis. Croix.
	Denier, 1 gr. 64. Pl. IX.

COUTANCES
Charles le Chauve, roi (840-875).

407. + GRATIA D⁻I REX entre deux grènetis. Monogramme de *Karolus*.
	℞. + ⊢CVSTANCIEN entre deux grènetis. Croix.
	Denier, 1 gr. 66. Pl. IX.

CURTISASONIEN...
Charles le Chauve, roi (840-875)
et *Monnaies au type de Charles le Chauve*.

408. + GRATIA D⁻I REX entre deux grènetis. Monogramme de *Karolus*.

℟. + ⊬CVRTISASONIEN entre deux grènetis. Croix.
Denier, 1 gr. 47.   Pl. IX.
409. Mêmes légendes. Mêmes types. Variété de coin.
Denier, 1 gr. 69.
410. Mêmes légendes. Mêmes types. Variété : dans la légende du droit, un point après GRATIA.
Denier, 1 gr. 73.
411. + GRATIA D⁻I REX entre deux grènetis. Monogramme de *Karolus*.
℟. + ⊬CVRTISASONIEN entre deux grènetis.
Denier, 1 gr. 69. Trouv. de Cuerdale. (*Don du comté de Lancastre*.)
412. Mêmes légendes. Mêmes types.
Obole, 0 gr. 85.
413. + CRATIA IƆ⁻I REX entre deux grènetis. Monogramme de *Karolus*.
℟. + ⊬CVRTISASONIEN entre deux grènetis. Croix.
Denier, 1 gr. 65.   Pl. IX.
D'après la forme des lettres, spécialement du D, les monnaies nᵒˢ 413 à 416 doivent être rapprochées du denier de Raoul, nᵒ 418. Elles peuvent donc se placer soit avant le règne de Raoul, auquel cas elles appartiendraient à Charles le Simple, soit après, et alors le monogramme n'aurait aucune signification précise et serait une imitation du monogramme de Charles le Chauve.
414. Mêmes légendes. Mêmes types. Variété de coin.
Denier, 1 gr. 64.
415. + CRATIA IƆ⁻I REX entre deux grènetis. Monogramme de *Karolus*, le K déformé.
℟. + ⊬CVRTISASONIEN entre deux grènetis. Croix.
Obole, 0 gr. 63.
416. + CRATIA D⁻I REX entre deux grènetis. Monogramme de *Karolus*, les branches du K partant des extrémités de la haste.
℟. + CVRTISONIENS entre deux grènetis. Croix.
Denier, 1 gr. 52.

Eudes (887-898).

417. + MISERICORDIA D⁻I entre deux grènetis. Monogramme de *Odo rex*.

MONNAIES CLASSÉES PAR ATELIERS

℞. + ⊦CVRTISASΘNIEH entre deux grènetis. Croix.
Denier, 1 gr. 68. Pl. IX.

Raoul (923-936).

418. + CRATIA I⊃¯I RE✕ entre deux grènetis. Monogramme de *Rodulfus*.
℞. + CVRTISASΘNIEN entre deux grènetis. Croix.
Denier, 1 gr. 71. Pl. IX.

MAYENNE

Charles le Chauve, roi (840-875).

419. + CRATIA D¯I RE✕ entre deux grènetis. Monogramme de *Karolus*.
℞. + MEDENAS VITCVSI entre deux grènetis. Croix.
Denier, 1 gr. 49. Pl. IX.

LE MANS

Charles le Chauve, roi (840-875).

420. + GRATIA D¯I REX entre deux grènetis. Monogramme de *Karolus*.
℞. + CINΘMANIS CIVITAS entre deux grènetis. Croix.
Denier, 1 gr. 67. Pl. X.

421. Mêmes légendes. Mêmes types. Variété de coin.
Denier, 1 gr. 66.

422. + GRATIA D¯I REX entre deux grènetis. Monogramme de *Karolus*; au centre, un point *huit oblique*.
℞. + CINΘMANIS CIVITAS entre deux grènetis. Croix.
Denier, 1 gr. 73.

423. GRATIA D¯I REX entre deux grènetis. Monogramme de *Karolus*.
℞. + CINΘMANIS CIVITAS entre deux grènetis. Croix cantonnée de deux globules dans deux cantons opposés.
Denier, 1 gr. 28.

424. + GRATIA D¯I REX entre deux grènetis. Monogramme de *Karolus*.
℞. + CINΘMANIS CIVI entre deux grènetis. Croix.
Obole, 0 gr. 83. Pl. X.

NEUSTRIE 63

425. + CRATIA D⁻I REX entre deux grènetis. Monogramme de Karolus.
R̸. + CINOMANIS CIVITAS entre deux grènetis. Croix.
Denier, 1 gr. 44.

426. + CRATIA D⁻I REX entre deux grènetis. Monogramme de Karolus.
R̸. + CINOMAINS CIVITAS entre deux grènetis. Croix.
Denier, 1 gr. 76. Trouv. de Cuerdale. (*Don du comté de Lancastre.*)
Pl. X.

Le style des deniers n°ˢ 426 et 427 indique une frappe postérieure au règne de Charles le Chauve.

427. + CRATIA D⁻I REX entre deux grènetis. Monogramme de Karolus, R réduit à P.
R̸. + CINOIIANIS CIVITAS entre deux grènetis. Croix.
Denier, 1 gr. 65. Trouv. de Cuerdale. (*Don du comté de Lancastre.*)

Monnaie sans nom de roi.

428. GRATIA D⁻I REX. Temple tétrastyle, au fronton triangulaire surmonté d'une croix, haussé sur deux degrés; au centre du temple, une croix. Grènetis au pourtour.
R̸. + CINOMANIS CIVITAS entre deux grènetis. Croix.
Denier, 1 gr. 25.   Pl. X.

ANGERS

Charles le Chauve, roi (840-875).

429. + GRATIA D⁻I REX entre deux grènetis. Monogramme de Karolus.
R̸. + ANDEGAVIS CIVITAS entre deux grènetis. Croix.
Denier, 1 gr. 72.   Pl. X.

430. Autre exemplaire.
Denier, 1 gr. 61.

431. Mêmes légendes. Mêmes types. Variété de coin.
Denier, 1 gr. 63. Trouv. de Cuerdale. (*Don du comté de Lancastre*).

Eudes (887-898).

432. + GRATIA D⁻I REX entre deux grènetis. Dans le champ, ⋄DO+ disposé en croix autour d'un globule.

MONNAIES CLASSÉES PAR ATELIERS

℞. + ANDEGAVIS CIVITAS entre deux grènetis. Croix.
Denier, 1 gr. 77.   Pl. X.

433. Mêmes légendes. Mêmes types. Variété : au droit, le globule du centre remplacé par une croisette.
Denier, 1 gr. 32. (*Don de Pory d'Avant.*)

434. Mêmes légendes. Mêmes types. Variété : au droit, au centre du champ, un point.
Denier, 1 gr. 54.

435. + GRATIA D˜I REX entre deux grènetis. Dans le champ, ◊DO+.
℞. + ANDECAVIS CIVITAS entre deux grènetis. Croix.
Obole, 0 gr. 73.

436. + GRATIA D˜I REX entre deux grènetis. Dans le champ, ◊DO+ disposé en croix autour d'un globule.
℞. + ANDECAVIS CIVITAS entre deux grènetis. Croix.
Denier, 1 gr. 73.

437. Autre exemplaire. Trouv. de Cuerdale. (*Don du comté de Lancastre.*)
Denier, 1 gr. 65.

Monnaie au type de Charles le Chauve.

438. + CRATIA D˜I REX entre deux grènetis. Monogramme de Karolus.
℞. + ANDECAVIS CIVITAS entre deux grènetis. Croix cantonnée de deux globules dans des cantons opposés.
Denier, 1 gr. 45.   Pl. X.
Cette monnaie semble postérieure aux deniers d'Eudes

TOURS. BASILIQUE DE SAINT-MARTIN

Pépin (752-768).

439. Dans le champ, PI ✠ PI; au dessous, RE[X]; au dessus, un trait horizontal. Grènetis au pourtour.
℞. + SCI MARTINI entre deux grènetis. Au centre, un globe.
Denier, échancré, 0 gr. 85.   Pl. X.

Charlemagne, roi (1ʳᵉ période : 768-781).

440. CΛROLVS en deux lignes séparées par un trait. Grènetis au pourtour.

NEUSTRIE

℞. + SCI MRTINI entre deux grènetis. Croix.
Denier, rogné, 1 gr. 33. Pl. X.

Charles le Chauve, roi (840-875).

441. CARLVS REX. Temple tétrastyle, sur deux degrés, le fronton triangulaire surmonté d'une croix ; au centre du temple, une croix. Cercle lisse au pourtour.
℞. + SCI MARTINI MONETA entre deux cercles lisses. Croix cantonnée de quatre globules.
Denier, 1 gr. 56. Pl. X.

442. Même légende. Même type. Variété : le degré inférieur, sous le temple, moins long que le degré supérieur.
℞. + SCI MARTINI MONITA entre deux cercles lisses. Croix cantonnée de quatre globules.
Denier, 1 gr. 37.

TOURS. CITÉ

Charlemagne, roi (2ᵉ période : 781-800).

443. + CARLVS REX FR entre deux grènetis. Croix.
℞. + TVRONIS entre deux grènetis. Monogramme de *Karolus*, l'o central muni d'un chevron.
Denier, 1 gr. 65. Pl. X.

Louis le Pieux (814-840).

444. HLVDOVVICVS IMP AVC. Buste impérial, lauré et drapé, à droite. Grènetis au pourtour.
℞. TVRONES. Porte de ville. Grènetis au pourtour.
Denier, 1 gr. 70. Pl. X.

445. Mêmes légendes. Mêmes types. Variété de coin.
Denier, légèrement échancré, 1 gr. 66.

446. + ⋈ LVDOVVICVS IMP entre deux grènetis. Croix.
℞. TVRO ‖ NES en deux lignes. Au centre, un point. Grènetis au pourtour.
Denier, 1 gr. 56. Pl. X.

Monnaies carolingiennes.

447. Mêmes légendes. Mêmes types. Variété : au droit, H initial au lieu de H.
Denier, 1 gr. 63.

448. LVDO‖VVIC en deux lignes. Au centre, un point. Grènetis au pourtour.
℞. + TVRONES entre deux grènetis. Croix.
Obole, 0 gr. 85. Pl. X.

Charles le Chauve, roi (840-875).

449. + GRATIA D-I REX entre deux grènetis. Monogramme de Karolus.
℞. + HTVRONES CIVITAS entre deux grènetis. Croix.
Denier, 1 gr. 76. Pl. X.

450. Même légende. Même type.
℞. + TVRONES CIVITAS entre deux grènetis. Croix.
Denier, 1 gr. 58. Pl. X.

451. Autre exemplaire.

452. + CRATIA D-I REX entre deux grènetis. Monogramme de Karolus.
℞. + HVRONES CIVITAS entre deux grènetis. Croix.
Denier, 1 gr. 45. Pl. X.
Le style de ce denier paraît indiquer une époque plus récente que le règne de Charles le Chauve. A rapprocher des deniers du Mans et d'Angers, n°s 423, 425 et 438.

Louis II (877-879) ou Louis III (879-882).

453. + MISERICORDIA D-I REX entre deux grènetis. Monogramme de Hludovicus.
℞. + TVRONES CIVITAS entre deux grènetis. Croix.
Denier, 1 gr. 79. Pl. X.

454. Mêmes légendes. Mêmes types. Variété dans le dessin du monogramme.
Denier, 1 gr. 75. Pl. X.

455. Mêmes légendes. Mêmes types. Monogramme rétrograde.
Denier, 1 gr. 70.

456. Mêmes légendes. Mêmes types. Variété dans le dessin du monogramme.
Denier, 1 gr. 69. Pl. X.

457. Mêmes légendes. Mêmes types. Autre variété dans le dessin du monogramme.
Denier, 1 gr. 73. Pl. X.

458. Mêmes légendes. Mêmes types. Même dessin du monogramme qu'au n° 454.
Denier, rogné, 1 gr. 30.

459. + IIISIRICORDIA DI REX entre deux grènetis. Monogramme de *Hludovicus* du même dessin qu'au n° 454.
℞. + TRONES CIVITAS entre deux grènetis. Croix.
Denier, 1 gr. 82.

460. + MISERICORDIA D REX entre deux grènetis. Monogramme de *Hludovicus*.
℞. + TVRONES CIVITAS entre deux grènetis. Croix.
Obole, 0 gr. 82.

Eudes (887-898).

461. MISERICORDIA D'I entre deux grènetis. Monogramme de *Odo rex*.
℞. + HTVRONES CIVITAS entre deux grènetis. Croix.
Denier, 1 gr. 59. Pl. X.

462. + HISERICORIDIA IDEI entre deux grènetis. Monogramme de *Odo rex*.
℞. + TVRONES CIVITAS entre deux grènetis. Croix.
Denier, 1 gr. 65. Trouv. de Cuerdale. (*Don du comte de Lancastre*.)

463. + HISERICOPDIA PIX entre deux grènetis. Monogramme de *Odo rex*.
℞. + HTIROHES CIVIVTVS entre deux grènetis. Croix.
Denier, 1 gr. 72.

464. + MISERICORDIA DN entre deux grènetis. Monogramme de *Odo rex*.
℞. + HTVRONES CIVITAS entre deux grènetis. Croix.
Denier, 1 gr. 56. Pl. X.

465. Même légende. Monogramme rétrograde.

℟. Même légende. Même type.
Denier, 1 gr. 54.

466. + NISERICORDIA DN entre deux grènetis. Monogramme de *Odo rex*.
℟. + TVROИES CIVITAS entre deux grènetis. Croix.
Denier, 1 gr. 44.

467. + MISERICORDIA N entre deux grènetis. Monogramme de *Odo rex* rétrograde.
℟. + TVROMES CIVITAS entre deux grènetis. Croix.
Denier, 1 gr. 32. Pl. X.

468. + HISERICORDIA RIX entre deux grènetis. Monogramme de *Odo rex*.
℟. + HTVR·OHES CIVITAS entre deux grènetis. Croix.
Denier, 1 gr. 72.

469. + MISERICORDIA DI entre deux grènetis. Monogramme, déformé, de *Odo rex*.
℟. + TVROИES CIVITAS entre deux grènetis. Croix.
Denier, 1 gr. 44.

Ce denier, n° 469, n'est pas contemporain du roi Eudes. Son style accuse le x° siècle très avancé. On a pu remarquer, sur les deniers qui précèdent, des altérations qui indiquent une immobilisation du type monétaire d'Eudes dans l'atelier de Tours.

CHINON

Louis IV (936-954).

470. LVDOVICVS REX. Buste diadémé, à droite, la nuque entourée d'une ligne perlée. Grènetis au pourtour.
℟. + CAINONI CASTRO entre deux grènetis. Croix.
Denier, 1 gr. 50. Pl. XI.

BLOIS

Charles le Chauve, roi (840-875).

471. ✠ GRATIA D̄ĪI REX entre deux grènetis. Monogramme de *Karolus*.
℟. + BLESIANIS CASTRO entre deux grènetis. Croix.
Denier, 1 gr. 70. Pl. XI.

472. Mêmes légendes. Mêmes types. Variété de coin.
Denier, 1 gr. 71.

473. Même légende. Même type.
   ℞. + BIESIANIS CASTRO entre deux grènetis. Croix.
   Denier, 1 gr. 55.
474. Même légende. Même type.
   ℞. + BHESIANIS CASTRO entre deux grènetis. Croix.
   Denier, 1 gr. 71. Pl. XI.
475. Mêmes légendes. Mêmes types. Variété de coin.
   Denier, 1 gr. 55. Trouv. de Cuerdale. (*Don du comté de Lancastre.*)
476. Mêmes légendes. Mêmes types.
   Obole, 0 gr. 61.
477. + GRATIA D¯I REX entre deux grènetis. Monogramme de *Karolus*.
   ℞. + HBLESIANIS CASTRO entre deux grènetis. Croix.
   Denier, 1 gr. 49.
478. + GRATIA D¯I REX entre deux grènetis. Monogramme de *Karolus*.
   ℞. + BHESIANIS CASTRO entre deux grènetis. Croix cantonnée de deux globules dans deux cantons opposés.
   Denier, 1 gr. 55.
479. + GRATIA Dō I REX entre deux grènetis. Monogramme de *Karolus*.
   ℞. + BHESIANIS CASTRO entre deux grènetis. Croix.
   Denier, 1 gr. 75. Pl. XI.
   Louis II (877-879) ou *Louis III* (879-882).
480. + HISERICORDIA D¯I REX entre deux grènetis. Monogramme de *Hludovicus*.
   ℞. + BHESIANIS CASTRO entre deux grènetis. Croix.
   Denier, 1 gr. 73. Pl. XI.
   Eudes (887-898)
481. + MISERICORDIA D¯I REX entre deux grènetis. Monogramme d'*Odo* greffé sur un monogramme de *Hludovicus*.
   ℞. + BHESIANIS CASTRO entre deux grènetis. Croix.
   Denier, 1 gr. 73. Pl. XI.
482. + MISERICORDIA DE¯I entre deux grènetis. Monogramme de *Odo rex*.
   ℞. + BHESIANIS CASTRO entre deux grènetis. Croix.
   Denier, 1 gr. 66. Pl. XI.

483. Mêmes légendes. Mêmes types.
Denier, fragmenté, 1 gr. 31.

484. + MISERICORDIA D˜I entre deux grènetis. Monogramme de *Odo rex*.
ɴ. + BɸESIANIS CASTRɸ entre deux grènetis. Croix.
Denier, 1 gr. 47.

485. + MISERICODIA DI R entre deux grènetis. Monogramme de *Odo rex*.
ɴ. + BLESIANIS CASTRɸ entre deux grènetis. Croix.
Obole, 0 gr. 81.

486. + GRATIA D˜I REX entre deux grènetis. Dans le champ, ɸDɸ en une ligne ; au dessus et au dessous, une croisette.
ɴ. + BɸESIANIS CASTRɸ entre deux grènetis. Croix.
Denier, 1 gr. 61. Pl. XI.

Monnaie au type de Charles le Chauve. (Ch. le Simple)

487. + CRATIA D˜I REX entre deux grènetis. Monogramme de *Karolus*, les branches du K horizontales, S rétrograde.
ɴ. + B'ESIANS CAꙄTRɸ entre deux grènetis. Croix.
Denier, 1 gr. 69. Pl. XI.

CHARTRES

Charlemagne, roi (1ʳᵉ période : 771-781).

488. CAR ‖ LVS en deux lignes. Grènetis au pourtour.
ɴ. CARNOTIɷ autour d'un S barré. Grènetis au pourtour.
Denier, 1 gr. 39. Pl. XI.

489. ᄃᴧOǁLVS en deux lignes. Dans le champ, deux points, l'un au centre, l'autre au dessus de L. Grènetis au pourtour.
ɴ. + ᄃARNOTAS autour d'une croisette. Grènetis au pourtour.
Denier, 1 gr. 05. Pl. XI.

Charles le Chauve, roi (840-875).

490. + CARLVS REX Fʳ entre deux grènetis. Croix cantonnée de quatre globules.
ɴ. CARNOTIS CIVITAS˙. Temple tétrastyle sur deux degrés, le degré

inférieur moins large; au centre du temple, une croix dont la haste est aussi prolongée que les colonnes; le fronton triangulaire surmonté d'une croix. Grènetis au pourtour.
Denier, échancré, 1 gr. 43. Pl. XI.

491. + ˙GRATIA D¯I REX entre deux grènetis. Monogramme de *Karolus*.
℞. + CARHOTIS CIVITAS entre deux grènetis. Croix.
Denier, 1 gr. 81.

492. + GRATIA D¯I REX entre deux grènetis. Monogramme de *Karolus*.
℞. + CARHOTIS CIVITĀ entre deux grènetis. Croix.
Denier, 1 gr. 71. Pl. XI.

493. Même légende. Même type.
℞. + CARИOTIS CIVITAS entre deux grènetis. Croix.
Denier, 1 gr. 58.

494. Mêmes légendes. Mêmes types. Variété de coin.
Denier, 1 gr. 74.

495. Mêmes légendes. Mêmes types. Variété : au droit, IƆ au lieu de D ; les branches du K partant de deux points de la haste plus éloignés du centre ; au revers N au lieu de И.
Denier, 1 gr. 75.

496. + GRATIA D¯I REX entre deux grènetis. Monogramme de *Karolus*.
℞. + CARNOTIS CIVITAS entre deux grènetis. Croix.
Obole, 0 gr. 70.

Eudes (887-898).

497. + GRATIA D¯I REX entre deux grènetis. Dans le champ, ⧫DO en une ligne ; au dessus et au dessous, une croisette accostée de deux I inclinés, de façon que le tout est disposé en cercle autour du D.
℞. + CARNOTIS CIVITAS I entre deux grènetis. Croix.
Denier, 1 gr. 87. Pl. XI.

Charles le Simple (898-922).

498. + GRATIA D¯I REX entre deux grènetis. Monogramme de *Karolus*; au centre, un point.
℞. + CARNOTIS CIVITAS entre deux grènetis. Croix.
Denier, 1 gr. 53. Pl. XI.

499. Même légende. Même type.
℞. + CARNOTIS CIVITA entre deux grènetis. Croix.
Denier, 1 gr. 57.

Monnaie au type de Raoul.

500. + CRATIA D¯I REX entre deux grènetis. Dans le champ, une croisette, les lettres ◊ F S, débris du monogramme de *Rodulfus*.
℞. + CARTIS CIVITAS/// entre deux grènetis. Croix.
Denier, fragmenté, 1 gr. 18.

CHATEAUDUN

Charles le Chauve, roi (840-875).

501. + GRATIA D¯I REX entre deux grènetis. Monogramme de *Karolus*.
℞. + DVNO CASTRO entre deux grènetis. Croix.
Obole, 0 gr. 67. Pl. XI.

502. + GRATIA D¯I REX entre deux grènetis. Monogramme de *Karolus*.
℞. + DVNIS CASTLLO entre deux grènetis. Croix.
Denier, 1 gr. 55. Pl. XI.

503. Même légende. Même type.
℞. + DVNIS CASTELLO I entre deux grènetis. Croix.
Obole, échancrée, 0 gr. 76.

Eudes (887-898).

504. + CRATIA D¯I REX entre deux grènetis. Dans le champ, ◊D◊ en une ligne; au dessus et au dessous, une croisette.
℞. + DVNS CASTILLO I entre deux grènetis. Croix.
Denier, échancré, 1 gr. 74. Pl. XI.

505. + CRATIA D¯N entre deux grènetis. Dans le champ, ◊D◊ en une ligne; au dessus, Я; au dessous, EX (*Odo rex*).
℞. + DVNIS CASTELLO I entre deux grènetis. Croix.
Denier, 1 gr. 68. Pl. XI.

Raoul (923-936).

506. + CRATIA D⁻I REX entre deux grènetis. Monogramme de *Rodulfus*.
    ℞. + DVNIS CASTLLI entre deux grènetis. Croix.
    Denier, 1 gr. 33.   Pl. XI.

ORLÉANS

Louis le Pieux (814-840).

507. HLVDOVVICVS IM AVG. Buste impérial, drapé et lauré, à droite. Grènetis au pourtour.
    ℞. AVRE[LIA]NIS. Porte de ville. Grènetis au pourtour.
    Denier, 1 gr. 49.   Pl. XI.

Charles le Chauve, roi (840-875).

508. + CARLVS REX FR entre deux grènetis. Croix cantonnée de quatre globules.
    ℞. AVRELIANIS. Porte de ville ; au dessous, une croisette entre deux globules. Grènetis au pourtour.
    Denier, 1 gr. 21.   Pl. XI.

509. Mêmes légendes. Mêmes types.
    Denier, échancré, 1 gr. 52.

510. + CARLVS REX FR entre deux grènetis. Croix cantonnée de quatre globules.
    ℞. Même légende. Même type.
    Denier, 1 gr. 53.

511. Mêmes légendes. Mêmes types. Variété : au revers, la croisette sous la porte, non accostée de globules.
    Denier, 1 gr. 69.

512. Mêmes légendes. Mêmes types qu'au n° 511. Variété de coin.
    Denier, 1 gr. 36.

513. + CARLVS REX FR entre deux grènetis. Croix cantonnée de quatre globules.
    ℞. + AVRELIANIS. Temple tétrastyle, sur deux degrés, le degré inférieur moins large ; le fronton triangulaire surmonté d'une croix ; au centre du temple, une croix. Grènetis au pourtour.
    Denier, 1 gr. 71.   Pl. XII.

514. Mêmes légendes. Mêmes types. Variété : au droit, dans la forme de l'X ; au revers, le temple, très petit, est surmonté d'une croix à haste très prolongée.
Denier, 1 gr. 55.							Pl. XII.

515. + CRATIA D⁻I REX entre deux grènetis. Monogramme de *Karolus* ; au centre, un point.
℞. + AVRELIANIS CIVITAS entre deux grènetis. Croix.
Denier, 1 gr. 84.							Pl. XII.

516. + GRATIA D⁻I REX entre deux grènetis. Monogramme de *Karolus* ; au centre, un point.
℞. + AVRELIANIS CIVITAS entre deux grènetis. Croix.
Denier, 1 gr. 75.

517. Mêmes légendes. Mêmes types. Variété : pas de point au centre du monogramme.
Denier, 1 gr. 67.

518. Mêmes légendes. Mêmes types. Variété de coin.
Denier, 1 gr. 75.

519. + GRATIA D⁻I REX en légende rétrograde entre deux grènetis. Monogramme de *Karolus*.
℞. + AVRELIANIS CIVITS entre deux grènetis. Croix.
Obole, 0 gr. 88.							Pl. XII.

520. Mêmes légendes. Mêmes types. Variété : la légende du droit non rétrograde ; style des lettres différent.
Obole, 0 gr. 92.

521. Même légende. Même type.
℞. + AVRELIANIS CIVITAS entre deux grènetis. Croix.
Denier, 1 gr. 57. Trouv. de Cuerdale. (*Don du comté de Lancastre.*)

Eudes (887-898).

522. + GRATIA D⁻I REX ✠D✠ entre deux grènetis. Monogramme de *Karolus*.
℞. + AVREL'ANIS CIVITAS entre deux grènetis. Croix.
Denier, 1 gr. 76.							Pl. XII.

523. + GRATIA D̄¯I entre deux grènetis. Monogramme cruciforme de *Odo rex*.
℞. + AVRELIANIS CIVITAS entre deux grènetis. Croix.
Denier, 1 gr. 75.   Pl. XII.

524. + CRATIA D̄¯I entre deux grènetis. Monogramme cruciforme de *Odo rex*, rétrograde.
℞. + AVRELVNIS CIVITAS entre deux grènetis. Croix.
Denier, 1 gr. 72.

Raoul (923-936).

525. + CRATIA D̄¯I REX entre deux grènetis. Monogramme de ~~Rodulfus~~ imité de celui d'*Odo rex*.
℞. + AVRELIANIS CIVITA entre deux grènetis. Croix.
Denier, 1 gr. 14.   Pl. XII.

526. Mêmes légendes. Mêmes types. Exemplaire surfrappé : légendes et types confus.
Denier, 1 gr. 07.

527. Mêmes légendes. Mêmes types.
Denier, rogné et échancré, 1 gr. 17.

528. + CRATIA D̄¯I REX entre deux grènetis. Monogramme de *Rodulfus* imité de celui de *Karolus*.
℞. + AVRELIANIS CIVIT entre deux grènetis. Croix.
Denier, 0 gr. 64.   Pl. XII.

529. + CRATIA D̄¯I REX entre deux grènetis. Monogramme de *Rodulfus* du même type qu'au n° 528, rétrograde.
℞. + AVEHIATNIS CIVTI entre deux grènetis. Croix.
Denier, 1 gr. 22.   Pl. XII.

530. + CRATIA D̄¯I REX entre deux grènetis. Monogramme de *Rodulfus* (?), déformé.
℞. + AVRELIAIIIS CIVT entre deux grènetis. Croix.
Obole, 0 gr. 60.

CHATEAU-LANDON

Charles le Chauve, roi (840-875).

531. + GRATIA D̄¯I REX entre deux grènetis. Monogramme de *Karolus*.

℞. + CASTISИANDOИIS entre deux grènetis. Croix.
Denier, 1 gr. 85.   Pl. XII.

532. Mêmes légendes. Mêmes types. Variété : au centre du monogramme, un point.
Denier, 1 gr. 84.

533. + CRATIA D¯I REX entre deux grènetis. Monogramme de *Karolus*, les branches du K partant des extrémités de la haste et à peine inclinées.
℞. + CASTISИANDOИIS entre deux grènetis. Croix.
Denier, 1 gr. 68.   Pl. XII.

534. + CRATIA D¯I REX entre deux cercles lisses. Monogramme de *Karolus*; au centre, un point.
℞. + CASTISИANDOИS entre deux grènetis. Croix.
Denier, 1 gr. 36.

535. + CRATIA D¯I REX entre deux grènetis. Monogramme de *Karolus*.
℞. + ⊢CASTISИAN ÞOИ entre deux grènetis. Croix.
Denier, 1 gr. 74.

Carloman ? (882-884).

536. + CIRIEII'AUÐIJEI entre deux grènetis. Monogramme de *Karolus*, R réduit à P, S rétrograde.
℞. + CASTISII·Λ'VИÐ⊕N· entre deux grènetis. Croix.
Denier, 1 gr. 77.   Pl. XII.

Raoul (923-936).

537. + CRATIA D¯I REX entre deux grènetis. Monogramme de *Rodulfus* imité de celui d'*Odo rex*.
℞. + NANDONIƧ CASTRVN entre deux grènetis. Croix.
Denier, rogné, 1 gr. 26.   Pl. XII.

538. + CRATIA D¯I REX entre deux grènetis. Monogramme de *Rodulfus*, confus.
℞. + AVИVИIS CASTRVИ entre deux grènetis. Croix.
Denier, échancré, 0 gr. 97.   Pl. XII.

BOURGOGNE 77

ÉTAMPES

Monnaie au type de Raoul.

539. + CRATIA D⁻I REX entre deux grènetis. Monogramme de *Rodulfus*, déformé.
 ℞. + STAMPIS CATELI entre deux grènetis. Croix.
 Denier, 1 gr. 19.

BOURGOGNE

TROYES

Pépin (752-768).

540. Monogramme de PiPiNus Rex; au dessus, un trait horizontal; à droite, un globule. Grènetis au pourtour.
 ℞. + TRI ‖ CAω en deux lignes. Grènetis au pourtour.
 Denier, échancré, 1 gr. 23.   Pl. XII.

Charlemagne, roi (1ʳᵉ période : 771-781).

541. CARO ‖ LVS en deux lignes. Grènetis au pourtour.
 ℞. TRI ‖ ·G·+· en deux lignes. Grènetis au pourtour.
 Denier, rogné, 1 gr. 04.   Pl. XII.

542. CARO ‖ LVS en deux lignes. Grènetis au pourtour.
 ℞. CA2 ·‖ TRIC (pour *Triccas*), en deux lignes séparées par un trait horizontal ; à gauche, trois points, disposés triangulairement, à l'extrémité du trait horizontal. Grènetis au pourtour.
 Denier, 1 gr. 15.   Pl. XII.

Charles le Chauve, roi (840-875).

543. + CRATIA D⁻ REX entre deux grènetis. Monogramme de *Karolus*.

℞. + TRECAS CIVITAS entre deux grènetis. Croix.
Denier, 1 gr. 83.   Pl. XII.

544. + CRATIA D¯I REIX entre deux grènetis. Monogramme de *Karolus*.
℞. + TRECAS CIVITAS entre deux grènetis. Croix.
Denier, 1 gr. 47.

Carloman (879-884).

545. + CARLENAM REX entre deux grènetis. Monogramme de *Karolus*.
℞. + TRECAS CIVITAS entre deux grènetis. Croix.
Denier, rogné, 1 gr. 62.   Pl. XII.

Monnaies au type de Charles le Chauve.

546. + : CRATIA D¯I REX entre deux grènetis. Monogramme de *Karolus*, les branches du K partant des extrémités de la haste.
℞. + CIVITAS TRECAS entre deux grènetis. Croix cantonnée de deux globules dans des cantons opposés.
Denier, 1 gr. 82.   Pl. XII.

547. + GRATIA D¯I REX entre deux grènetis. Monogramme de *Karolus*; au centre, un point.
℞. + TRECAS CIVITAS entre deux grènetis. Croix.
Denier, 1 gr. 34.

Monnaie avec le nom déformé de Lothaire.

548. HIIVIHVVIVII+X entre deux grènetis. Monogammme de *Karolus*, les branches du K partant des extrémités de la haste; au centre, un point.
℞. + TIƎIƆAN CIVITAN entre deux grènetis. Croix.
Denier, 1 gr. 72.   Pl. XII.

Monnaie au type de Charles le Chauve.

549. + CDACIA DI REX entre deux grènetis. Monogramme de *Karolus*, les branches du K partant des extrémités de la haste.
℞. + TRECAS CIVI : entre deux grènetis. Croix.
Denier, 1 gr. 35.   Pl. XII.
Ce denier n'a pas été frappé avant la fin du xe siècle ou le commencement du xie siècle.

RAMERUPT

Charlemagne, roi (1re période : 771-781).

550. CARO || LVS en deux lignes. Grènetis au pourtour.
℞. REMEI || RODO en deux lignes séparées par un trait horizontal. Grènetis au pourtour.
Denier, 1 gr. 08. Pl. XII.

BAR-SUR-AUBE

Charles le Chauve, roi (840-875)
et *Monnaies au type de Charles le Chauve.*

551. + GRATIA D¯I REX entre deux grènetis. Monogramme de *Karolus*.
℞. + BARRISII CA entre deux grènetis. Croix.
Denier, 1 gr. 70. Pl. XII.

552. Même légende. Même type.
℞. + BARRISII CASTEL entre deux grènetis. Croix.
Denier, 1 gr. 50. Pl. XIII.

553. + GRATIA D¯I REIX entre deux grènetis. Monogramme de *Karolus*.
℞. + CASTEL BARSI entre deux grènetis. Croix.
Denier, 1 gr. 64. Pl. XIII.

554. + CRATIA DEI REX entre deux grènetis. Monogramme de *Karolus*; au centre, un point.
℞. + ⊦CA·.·STEL·.· IBA·.·RS entre deux grènetis. Croix.
Denier, 1 gr. 37.

555. + CRATIA DEI S REX entre deux grènetis. Monogramme de *Karolus*; au centre, un point.
℞. + CA·.·STEL·.·I BA·.·RIS entre deux grènetis. Croix.
Denier, 1 gr. 50.

556. + CRATIA DEI SSEX entre deux grènetis. Monogramme de *Karolus*.
℞. + ⊦CASTELI BARIS entre deux grènetis. Croix.
Denier, 1 gr. 34.

557. Mêmes légendes. Mêmes types. Variété de coin.
Denier, 1 gr. 43.
558. + CPATIA D⁻ PEX entre deux grènetis. Monogramme de *Karolus*, R réduit à P, S rétrograde.
℞. + CASTL BARISI entre deux grènetis. Croix cantonnée de deux globules dans deux cantons opposés.
Denier, 1 gr. 81.   Pl. XIII.
559. + CRATIA D⁻I REX entre deux grènetis. Monogramme de *Karolus*, rétrograde; au centre, un point.
℞. + HBAR◇ CASTELI entre deux grènetis. Croix.
Denier, échancré, 1 gr. 37.
560. + CRATIA DEIS REX entre deux grènetis. Monogramme de *Karolus*; au centre, un point.
℞. + HBAR◇ CASTELI entre deux grènetis. Croix.
Denier, 1 gr. 56.
561. + CPATIA D⁻I PEX entre deux grènetis. Monogramme de *Karolus*, les branches du K partant des extrémités de la haste, R réduit à P.
℞. + BARRIS CASTEP entre deux grènetis. Croix.
Denier, 1 gr. 69.
562. + CRACIA D//// REX entre deux grènetis. Monogramme de *Karolus*, rétrograde.
℞. + HBAR CASTELS entre deux grènetis. Croix.
Denier, 1 gr. 30.
563. + SVPINIRYB REX entre deux grènetis. Croix.
℞. + HBAR CAωTEL entre deux grènetis. Monogramme de *Karolus*, rétrograde, R réduit à P; au centre, un point.
Obole, 0 gr. 64.   Pl. XIII.

LE MONT LASSOIS

Charles le Chauve, roi (840-875).

564. + CRATIA D⁻ REX entre deux grènetis. Monogramme de *Karolus*, rétrograde; au centre, un point.
℞. + CASTELLATS entre deux grènetis. Croix.
Denier, 1 gr. 53.   Pl. XIII.

SENS

Louis le Pieux (814-840).

565. **HLVDOVVICVS IMP AVG.** Buste impérial, drapé et lauré, à droite. Grènetis au pourtour.
℞. **+ SENONES.** Porte de ville. Grènetis au pourtour.
Denier, 1 gr. 49.   Pl. XIII.

566. **+ HLVDOVVICVS IMP** entre deux grènetis. Croix.
℞. **SENO ‖ NES** en deux lignes. Grènetis au pourtour.
Denier, 1 gr. 90.   Pl. XIII.

567. Mêmes légendes. Même type. Variété de coin.
Denier, 1 gr. 67.

568. **+ HLVDOVVIC** entre deux grènetis. Croix.
℞. **SENO ‖ NES** en deux lignes. Grènetis au pourtour.
Obole, 0 gr. 80.   Pl. XIII.

Charles le Chauve, roi (840-875).

569. **+ CARLVS REX FR** entre deux grènetis. Croix.
℞. **SENO ‖ NES** en deux lignes. Au centre, un point. Grènetis au pourtour.
Denier, 1 gr. 36.   Pl. XIII.

570. **+ CARLVS REX** entre deux grènetis. Croix.
℞. Même légende qu'au n° 569.
Denier, échancré, 1 gr. 23.

571. **+ TEMPVS CARLVS REX** entre deux grènetis. Croix cantonnée de quatre globules.
℞. **SENONES CIVITAS.** Temple tétrastyle, sur deux degrés, le fronton triangulaire surmonté d'une croix; au centre du temple, une croix. Grènetis au pourtour.
Denier, 1 gr. 74.

572. Mêmes légendes. Mêmes types. Variété de coin.
Denier, 1 gr. 62.   Pl. XIII.

573. **+ CAROLVS REX FR** entre deux grènetis. Croix cantonnée de quatre globules.

557. Mêmes légendes. Mêmes types. Variété de coin.
Denier, 1 gr. 43.
558. + CPATIA D⁻ PEX entre deux grènetis. Monogramme de *Karolus*, R réduit à P, S rétrograde.
℞. + CASTL BARISI entre deux grènetis. Croix cantonnée de deux globules dans deux cantons opposés.
Denier, 1 gr. 81. Pl. XIII.
559. + CRATIA D⁻I REX entre deux grènetis. Monogramme de *Karolus*, rétrograde ; au centre, un point.
℞. + HBARO CASTELI entre deux grènetis. Croix.
Denier, échancré, 1 gr. 37.
560. + CRATIA DEIS REX entre deux grènetis. Monogramme de *Karolus*; au centre, un point.
℞. + HBARO CASTELI entre deux grènetis. Croix.
Denier, 1 gr. 56.
561. + CPATIA D⁻I PEX entre deux grènetis. Monogramme de *Karolus*, les branches du K partant des extrémités de la haste, R réduit à P.
℞. + BARRIS CASTEP entre deux grènetis. Croix.
Denier, 1 gr. 69.
562. + CRACIA D//// REX entre deux grènetis. Monogramme de *Karolus*, rétrograde.
℞. + HBAR CASTELS entre deux grènetis. Croix.
Denier, 1 gr. 30.
563. + SVPINIRYB REX entre deux grènetis. Croix.
℞. + HBAR CAⱰTEL entre deux grènetis. Monogramme de *Karolus*, rétrograde, R réduit à P ; au centre, un point.
Obole, o gr. 64. Pl. XIII.

LE MONT LASSOIS

Charles le Chauve, roi (840-875).

564. + CRATIA D⁻ REX entre deux grènetis. Monogramme de *Karolus*, rétrograde; au centre, un point.
℞. + CASTELLATS entre deux grènetis. Croix.
Denier, 1 gr. 53. Pl. XIII.

SENS

Louis le Pieux (814-840).

565. **HLVDOVVICVS IMP AVG**. Buste impérial, drapé et lauré, à droite. Grènetis au pourtour.
 ℞. **+ SENONES**. Porte de ville. Grènetis au pourtour.
 Denier, 1 gr. 49. Pl. XIII.

566. **+ HLVDOVVICVS IMP** entre deux grènetis. Croix.
 ℞. **SENO ‖ NES** en deux lignes. Grènetis au pourtour.
 Denier, 1 gr. 90. Pl. XIII.

567. Mêmes légendes. Même type. Variété de coin.
 Denier, 1 gr. 67.

568. **+ HLVDOVVIC** entre deux grènetis. Croix.
 ℞. **SENO ‖ NES** en deux lignes. Grènetis au pourtour.
 Obole, 0 gr. 80. Pl. XIII.

Charles le Chauve, roi (840-875).

569. **+ CARLVS REX FR** entre deux grènetis. Croix.
 ℞. **SENO ‖ NES** en deux lignes. Au centre, un point. Grènetis au pourtour.
 Denier, 1 gr. 36. Pl. XIII.

570. **+ CARLVS REX** entre deux grènetis. Croix.
 ℞. Même légende qu'au n° 569.
 Denier, échancré, 1 gr. 23.

571. **+ TEMPVS CARLVS REX** entre deux grènetis. Croix cantonnée de quatre globules.
 ℞. **SENONES CIVITAS**. Temple tétrastyle, sur deux degrés, le fronton triangulaire surmonté d'une croix; au centre du temple, une croix. Grènetis au pourtour.
 Denier, 1 gr. 74.

572. Mêmes légendes. Mêmes types. Variété de coin.
 Denier, 1 gr. 62. Pl. XIII.

573. **+ CAROLVS REX FR** entre deux grènetis. Croix cantonnée de quatre globules.

MONNAIES CLASSÉES PAR ATELIERS

℟. **SENONES CIVITAS**. Temple tétrastyle, sur deux degrés, le fronton triangulaire surmonté d'une croix ; au centre du temple, une croix. Grènetis au pourtour.
Denier, 1 gr. 64.   Pl. XIII.

574. ✠ **CARLVS REX FR** entre un grènetis et un cercle lisse. Croix cantonnée de quatre globules.
℟. **SENONES CIVITAS**. Temple tétrastyle, sur deux degrés, le fronton triangulaire surmonté d'une croix ; au centre du temple, une croix. Grènetis au pourtour.
Denier, 1 gr. 44.

575. Mêmes légendes. Mêmes types. Variété : les lettres plus épaisses.
Denier, 1 gr. 66.

576. ✠ **CARLVS REX FR** entre un grènetis et un cercle lisse. Croix cantonnée de quatre globules.
℟. **SENONES CIVITA** entre deux grènetis. Monogramme de *Karolus*.
Denier, 1 gr. 66.

577. ✠ **GRATIA D–I REX** entre deux grènetis. Monogramme de *Karolus*.
℟. ✠ **SENONES CIVITAS** entre deux grènetis. Croix.
Denier, 1 gr. 63.   Pl. XIII.

578. Mêmes légendes. Mêmes types. Variété de coin.
Denier, 1 gr. 67.

579. ✠ **CRATA D–I REIX** entre deux grènetis. Monogramme de *Karolus*, l'◊ central traversé de deux diagonales.
℟. ✠ **SENONES CIVITAS** entre deux grènetis. Croix.
Denier, 1 gr. 47.   Pl. XIII.

580. ✠ **CRATA D–I REIX** entre deux grènetis. Monogramme de *Karolus*.
℟. ✠ **SENONES CIVITAS** entre deux grènetis. Croix.
Denier, 1 gr. 72.   Pl. XIII.

Eudes (887-898).

581. ✠ **CRATA D–I REIX** entre deux grènetis. Dans le champ, ◊D◊ en une ligne ; au dessus et au dessous, une croisette accostée de deux I inclinés, le tout disposé en cercle autour du D.

℞. + **SENONES CIVITAS** entre deux grènetis. Croix.
Denier, 1 gr. 75. Pl. XIII.

AUXERRE

Charles le Chauve, roi (840-875).

582. + **CAROLVS REX FR** entre deux grènetis. Croix cantonnée de quatre globules.
℞. + **AVTISIODERO CIVI** en légende rétrograde. Temple tétrastyle, sur deux degrés, le degré inférieur moins large, le fronton triangulaire surmonté d'une croix; au centre du temple, une croix. Grènetis au pourtour.
Denier, 1 gr. 63. Pl. XIII.

583. + **CAROLVS REA FR** entre deux grènetis. Croix cantonnée de quatre globules.
℞. + **AVTISIODERO CIVI**. Temple tétrastyle, comme au n° 582.
Denier, 1 gr. 46.

584. + **CRATIA D̄I REX** entre un grènetis et un cercle lisse. Monogramme de *Karolus*; au centre, un point.
℞. + **AVTISI◆DER CIVIS** entre un grènetis et un cercle lisse. Croix.
Denier, 1 gr. 58. Pl. XIII.

585. Même légende. Même type. Variété de coin.
℞. + **AVTISIODER CIVIS** entre deux grènetis. Croix.
Denier, 1 gr. 69.

586. + **GRATIA D̄I REX** entre deux grènetis. Monogramme de *Karolus*, les branches du **K** partant de deux points de la haste éloignés du centre; au centre, un point.
℞. + **AVTISIODERO◆ CIVITAS** entre deux grènetis. Croix.
Denier, 1 gr. 79. Pl. XIII.

587. Même légende. Même type.
℞. + **AVITSODIRO CIVITAS** entre deux grènetis. Croix.
Denier, 1 gr. 72.

588. Même légende. Même type.
℞. + **AVTISIODIRO CIVITVS** entre deux grènetis. Croix.
Denier, 1 gr. 77.

589. Même légende. Même type.
    ℞. + ALTIEI CIVITVS en légende rétrograde entre deux grènetis. Croix.
    Denier, 1 gr. 68.

Carloman (879-884).

590. + ⊦CARLEMANVS R entre deux grènetis. Croix.
    ℞. + CIVIS AVTISSIDER entre deux grènetis. Monogramme de *Karolus*; au centre, un point.
    Denier, 1 gr. 66.   Pl. XIII.
591. Autre exemplaire.
    Denier 1 gr. 70.

Charles le Gros (884-887).

592. [/////]ARLVS IMP//// entre deux grènetis. Croix.
    ℞. + AVTISIRE CIVIT entre deux grènetis. Monogramme de *Karolus*, R réduit à P.
    Obole, o gr. 59.   Pl. XIII.

NEVERS

Charles le Chauve, roi (840-875).

593. + GRATIA D―I ⊦EX entre deux grènetis. Monogramme de *Karolus*.
    ℞. + NEVERNIS CIVITAS entre deux grènetis. Croix.
    Denier, 1 gr. 70.   Pl. XIII.
594. Autre exemplaire.
    Denier, 1 gr. 72.
595. + CARLVS REX entre deux grènetis. Croix.
    ℞. + NEVERNIS CVITAI entre deux grènetis. Monogramme de *Karolus*.
    Denier, 1 gr. 67.   Pl. XIII.

Charles le Gros (884-887).

596. + CARLVS IMP AVC entre deux grènetis. Croix.
    ℞. + NEVERNIS CIVIT entre deux grènetis. Monogramme de *Karolus*.
    Denier, 1 gr. 36.   Pl. XIII.

BOURGOGNE

597. + C[AR]LVS IMP AVC entre deux grènetis. Croix.
℞. + ΠEVERΠIS [CIV]ITAI entre deux grènetis. Monogramme de *Karolus*.
Denier, échancré, 1 gr. 57.

598. + CARLVS IMP AVC entre deux grènetis. Croix.
℞. + ΠEVERΠIS CIVIT entre deux grènetis. Monogramme de *Karolus*, R réduit à P.
Obole, 0 gr. 52. Pl. XIII.

AUTUN
Charles le Chauve, roi (840-875).

599. + GRATIA D¯I REX entre deux grènetis. Monogramme de *Karolus*.
℞. + OSTEVNIS CIVITAS entre deux grènetis. Croix.
Denier, 1 gr. 74. Pl. XIV.

AUTUN. MONASTÈRE DE SAINT-ANDOCHE
Charles le Chauve, roi (840-875).

600. + CRATIA D¯I REX entre deux grènetis. Monogramme de *Karolus*.
℞. + S¯CI AΠD¯T M¯NT entre deux grènetis. Croix.
Denier, 1 gr. 64. Pl. XIV.

601. Autre exemplaire.
Denier, 1 gr. 70.

602. Même légende. Même type.
℞. + S¯C AΠD¯T M¯NT entre deux grènetis. Croix.
Denier, 1 gr. 59.

AUTUN. ÉGLISE DE SAINT-NAZAIRE
Charles le Simple (893-922).

603. + KARL· CT D (*Karlus gratia Dei*) entre deux grènetis. Dans le champ, ℞ rétrograde (*rex*).
℞. + MON +'S NAΞ entre deux grènetis. Croix.
Denier, 1 gr. 70. Pl. XIV.

On ne s'étonnera pas de ne rencontrer dans ce catalogue aucune des monnaies portant en légende, d'un côté, **CARLOMANVS** avec **B** dans le champ, et de l'autre **EDVA CIVITAS**. Tous les exemplaires signalés sont du XIIe siècle : la présence du nom du roi Carloman est le résultat d'une imitation d'une monnaie carolingienne, non retrouvée, ou plutôt c'est le rappel d'un roi bienfaiteur de l'église d'Autun. Voyez à ce sujet : A. de Longpérier, *Catalogue Rousseau*, p. 191.

AVALLON

Charles le Chauve, roi (840-875).

604. **+ GRATIA D¯I REX** entre deux grènetis. Monogramme de *Karolus*.
 ℞. **+ CASTIS AVALONIS** entre deux grènetis. Croix.
 Denier, 1 gr. 74. Pl. XIV.

605. **+ CRATIA D¯I REX** entre deux grènetis. Monogramme de *Karolus*, R réduit à P.
 ℞. **+ CASTIS AVVIONS** entre deux grènetis. Croix.
 Denier, 1 gr. 65.

606. **+ CRATIA D¯I REИX** entre deux grènetis. Monogramme de *Karolus*.
 ℞. **+ CASTIS AVALONS** en légende rétrograde entre deux grènetis. Croix fichée.
 Denier, 1 gr. 62. Pl. XIV.

LANGRES

Monnaies au type de Charles le Chauve.

607. **+ GRATIA D¯I REX** entre deux grènetis. Monogramme de *Karolus*, rétrograde, R réduit à P.
 ℞. **+ LNGONIS CIAIS** entre deux grènetis. Croix.
 Denier, 1 gr. 53. Pl. XIV.

608. **+ CIATIA D¯ PIEX** entre deux grènetis. Monogramme de *Karolus* déformé.
 ℞. **+ LNGONIS CIVIS** entre deux grènetis. Croix.
 Denier, 1 gr. 40.

609. **+ GRACIA D¯I REX** entre deux grènetis. Monogramme de *Karolus*, K et S rétrogrades ; dans le champ, un point.
 ℞. **+ LINGONIS CIVI** entre deux grènetis. Croix.
 Denier, 1 gr. 58. Pl. XIV.

BOURGOGNE 87

Charles le Chauve, empereur (875-877)
ou *Charles le Gros* (884-887)

610. + KAROLVS IMPR entre deux grènetis. Monogramme de *Karolus*.
℞. + LINGONIS CIVITAS entre deux grènetis. Croix.
Denier, 1 gr. 49. Pl. XIV.

Louis IV (936-954).

611. + HLVDOVVICVS entre deux grènetis. Dans le champ, ℞ (*rex*).
℞. + LINCONIS CVTS entre deux grènetis. Croix.
Denier, 1 gr. 37. Pl. XIV.

612. + HLVDOV[VI]CVS entre deux grènetis. Dans le champ, ℞ (*rex*).
℞. + LIN[CO]NIS CVTS entre deux grènetis. Croix.
Obole, échancrée, o gr. 38.

DIJON

Charles le Chauve, roi (840-875).

613. + CRATIA D̅ REX entre deux grènetis. Monogramme de *Karolus*, les branches du K partant de points de la haste éloignés du centre; au centre, un point.
℞. + CIIVIONIS CIVIS entre deux grènetis. Croix.
Denier, 1 gr. 73. Pl. XIV.

614. + CRATIA D⊹I REX entre deux grènetis. Monogramme de *Karolus*.
℞. + DIVI⊹NI CASTRE entre deux grènetis. Croix.
Denier, 1 gr. 29. Pl. XIV.

615. + CRATIA I—I REX entre deux grènetis. Monogramme de *Karolus*, R réduit à P.
℞. + DIVII⊹MI CASTIRE entre deux grènetis. Croix.
Denier, échancré, 1 gr. 16.

TONNERRE

Charles le Chauve, roi (840-875).

616. + CΓATIA D⁻I ΓEX entre deux grènetis. Monogramme de *Karolus*, les branches du K partant des extrémités de la haste, R réduit à P.

℞. + **TORNETREMSI** entre deux grènetis. Croix.
Denier, 1 gr. 60. Pl. XIV.

CHALON-SUR-SAÔNE

Charles le Chauve, empereur (875-877)
ou *Charles le Gros* (884-887).

617. + **NCAROLVS IMPER** entre deux grènetis. Croix.
℞. + **CAVNONIS CIVIS** entre deux grènetis. Monogramme de *Karolus*.
Denier, 1 gr. 68. Pl. XIV.

618. + **IICAIOIVS IIIPER** entre deux grènetis. Croix.
℞. + **CAVNOHIS CIVIS** entre deux grènetis. Monogramme de *Karolus*.
Denier, 1 gr. 82.

619. + **IICAIOLVS IIIPER** entre deux grènetis. Croix.
℞. + **CAVNONIS CIVS** entre deux grènetis. Monogramme de *Karolus*.
Denier, 1 gr. 73.

620. + **DIIAIOIVS IMPEP** entre deux grènetis. Monogramme de *Karolus*.
℞. + **CAVILONIS CIVS** entre deux grènetis. Croix.
Denier, 1 gr. 65. Pl. XIV.

621. + **DIIAIOIVS IIIPEP** entre deux grènetis. Monogramme de *Karolus*.
℞. + **CAVNONIS CIVS** entre deux grènetis. Croix.
Denier, 1 gr. 66.

Lothaire (954-986).

622. + **LOTARIVS·REX** entre deux grènetis. Dans le champ, B.
℞. + **CAVILON·CIVT** entre deux grènetis. Croix.
Denier, 1 gr. 28. Pl. XIV.

623. Autre exemplaire, surfrappé au revers.
Denier, 1 gr. 32.

MACON

Lothaire (954-986).

624. + **LOTHRIVS FX** entre deux grènetis. Losange aux angles bouclés, cantonné de quatre globules.

BOURGOGNE

℞. + MATISCNSIV entre deux grènetis. Croisette entourée de quatre annelets.
Denier, 1 gr. 15. Pl. XIV.

625. + IOTIIRIVS/// + entre deux grènetis. Losange aux angles bouclés, cantonné de quatre globules.
℞. + MATI2CIN2E CT en légende rétrograde entre deux grènetis. Croisette entourée de quatre annelets.
Denier, 1 gr. 13.

LYON

Pépin (752-768).

626. Dans le champ, le monogramme de PiPiNus Rex; au dessus, un trait horizontal; au centre, un point; le tout dans un grènetis.
℞. Dans le champ, LVG en une ligne; au dessus, un trait horizontal. Grènetis au pourtour.
Denier, 1 gr. 20. Pl. XIV.

Charlemagne, roi (1ʳᵉ période : 771-781).

627. CÆRO ‖ LVS en deux lignes. Grènetis au pourtour.
℞. Dans le champ, LVG en une ligne. Grènetis au pourtour.
Denier, 1 gr. 30. Pl. XIV.

628. CÆR • ‖ LVS en deux lignes. Grènetis au pourtour.
℞. L·U5 ‖ DUN en deux lignes. Au dessus du D, à la seconde ligne, un point; sous la lettre U de la ligne inférieure, trois points. Grènetis au pourtour.
Denier, 1 gr. 15. Pl. XIV.

Charlemagne, roi (2ᵉ période : 781-800).

629. + CARLVS REX FR entre deux grènetis. Croix.
℞. + LVGDVNVM entre deux grènetis. Monogramme de *Karolus*, l'◊ central muni d'un chevron.
Denier, 1 gr. 64.

Louis le Pieux (814-840).

630. + HLVDOVVICVS IMP entre deux grènetis. Croix.
℞. LVGD ‖ VNVM en deux lignes. Au centre, un point. Grènetis au pourtour.
Denier, 1 gr. 73. Pl. XIV.

631. Mêmes légendes. Même type. Flan plus étroit.
Denier, 1 gr. 78.
632. + HLVDOVVICVS MP entre deux grènetis. Croix.
℞. LVCD ‖ VNVM en deux lignes. Au centre, un point. Grènetis au pourtour.
Denier, 1 gr. 83.

Charles le Chauve, roi, héritier de Lothaire II (870-875).

633. + GRATIA DEI REX entre deux grènetis. Monogramme de *Karolus*.
℞. + LVGDVNI CIVIS entre deux grènetis. Croix.
Denier, 1 gr. 90.   Pl. XIV.

Conrad le Pacifique (937-993).

634. + CONRADVS entre deux grènetis. Croix.
℞. + LVGDVNVS entre deux grènetis. Pignon triangulaire sommé d'une croix.
Denier, 1 gr. 35.   Pl. XIV.
635. Mêmes légendes. Mêmes types. Variété de coin : flan mince ; les lettres d'un côté apparaissent en creux de l'autre côté.
Denier, 1 gr. 33.
636. Autre variété de coin.
Denier, 0 gr. 95.
637. + CONRADVS entre deux grènetis. Croix.
℞. + LVGDVNVS entre deux grènetis. Pignon triangulaire sommé d'une croix.
Denier, rogné, 1 gr. 18.

Rodolfe III (993-1032).

638. + RODVLFVS entre deux grènetis. Croix.
℞. LVCVDVNVS. Temple tétrastyle de forme rectangulaire allongée dans le sens de la hauteur, surmonté d'un pignon triangulaire sommé d'une croix. Grènetis au pourtour.
Denier, 1 gr. 30.   Pl. XIV.
639. Mêmes légendes. Mêmes types.
Obole, 0 gr. 62.

BOURGOGNE

640. Mêmes légendes. Mêmes types. Variété de coin.
Obole, 0 gr. 61.

641. + NODVLLVS entre deux grènetis. Croix.
℞. LVCVDVVS. Temple tétrastyle, à pignon triangulaire sommé d'une croix. Grènetis au pourtour.
Denier, 1 gr. 20. Pl. XIV.

642. + NODVLLVS entre deux grènetis. Croix.
℞. + LVCVDVNVS entre deux grènetis. Dans le champ, S.
Denier, 1 gr. 43. Pl. XV.

Henri III le Noir (1038-1056) ou *Henri IV* (1056-1106).

643. + HEINRICVS entre deux grènetis. Croix.
℞. + LVCDVNVS entre deux grènetis. Dans le champ, S.
Denier, 1 gr. 27. Pl. XV.

644. Mêmes légendes. Mêmes types. Variété de coin.
Denier, 0 gr. 93.

645. Mêmes légendes. Mêmes types. Variété : dans la légende du revers, H au lieu de N.
Denier, 1 gr. 18.

646. Même variété que le n° 645.
Denier, 1 gr. 20.

BESANÇON

Charles le Chauve, roi (840-875).

647. + CRATIA Ð—I REX entre deux grènetis. Monogramme de *Karolus*.
℞. + BESENCIONE CIVITAS entre deux grènetis. Croix.
Denier, 1 gr. 75. Pl. XV.

648. Même légende. Même type. Variété dans la forme du D.
℞. + BESENCIONI CIVITAS entre deux grènetis. Croix.
Denier, 1 gr. 67.

BRETAGNE

RENNES

Charlemagne, roi (1re période : 768-781).

649. C/R ‖ LVS en deux lignes. Grènetis au pourtour.
     ℞. RED ‖ NIS en deux lignes. Grènetis au pourtour.
     Denier, échancré, 1 gr. 24. *(Don de M. Merland.)* Pl. XV.

650. CARO ‖ LVS en deux lignes. Au centre, un point. Grènetis au pourtour.
     ℞. REDO ‖ NIS en deux lignes séparées par un trait horizontal. Grènetis au pourtour.
     Denier, fragmenté et échancré, 1 gr. 22.

Charles le Chauve, roi (840-875).

651. + GRATIA D⁻I REX entre deux grènetis. Monogramme de *Karolus*.
     ℞. + HR·EDONIS CIVITAS entre deux grènetis. Croix.
     Denier, 1 gr. 63. Pl. XV.

652. Mêmes légendes. Mêmes types. Variété : les grènetis ayant l'apparence de couronnes; dans la légende du revers, pas de point entre R et E.
     Denier, 1 gr. 69.

NANTES

Louis le Pieux (814-840).

653. + HLVDOVVICVS MI entre deux grènetis. Croix.
     ℞. NAMN ‖ ETVM en deux lignes. Au centre, un point. Grènetis au pourtour.
     Denier, 1 gr. 78. Pl. XV.

AQUITAINE

Charles le Chauve, roi (840-875).

654. + GRATIA D⁻I REX entre deux grènetis. Monogramme de *Karolus*.
℟. + NAMNETIS CIVITAS entre deux grènetis. Croix.
Denier, 1 gr. 82. Pl. XV.

AQUITAINE

Louis le Pieux, roi d'Aquitaine (781-814).

655. LVDO ‖ VVIC en deux lignes. Grènetis au pourtour.
℟. + AQVI+TANIA entre deux grènetis. Croix.
Obole, 0 gr. 81. Pl. XV.

656. + HLVDOVVICVS R entre deux grènetis. Croix.
℟. AQVI ‖ TANIA en deux lignes. Au centre, un point. Grènetis au pourtour.
Obole, 0 gr. 74. Pl. XV.

Les deux oboles qui précèdent sont peut-être antérieures à l'avènement de Louis le Pieux à l'Empire; la première présente le nom de *Ludovvic* sans qualificatif; la seconde, le nom de *Hludowicus* suivi de la lettre R qui paraît être l'abréviation de *rex*, à moins que ce ne soit une simple déformation d'IMP; cf. le monogramme qui termine la légende du droit du n° 658.

Louis le Pieux, empereur (814-840).

657. + HLVDOVVICVS IMP entre deux grènetis. Croix.
℟. AQVI ‖ TANIA en deux lignes; au dessus et au dessous, une croisette. Grènetis au pourtour.
Denier, 1 gr. 75. Pl. XV.

658. + HLVDOVVICVS IP (*Hludowicus imp*) entre deux grènetis. Croix.
℟. AQVI ‖ TANIA en deux lignes. Grènetis au pourtour.
Obole, 0 gr. 78. Pl. XV.

Pépin I, roi d'Aquitaine (817-838).

659. + PIPPINVS REX entre deux grènetis. Croix.
℟. AQVI ‖ TANIA en deux lignes. Grènetis au pourtour.
Obole, 0 gr. 84. Pl. XV.

660. Mêmes légendes. Mêmes types. Variété : au revers, à la seconde ligne, И au lieu de N.
Obole, 0 gr. 77.

661. ✠ PIPPVNVƧ REX entre deux grènetis. Croix.
℞. AQVI ‖ TANIA· en deux lignes. Grènetis au pourtour.
Obole, 0 gr. 65.

662. ✠ PIPPIIIⅣIIVS REX entre deux grènetis. Croix.
℞. AQVI ‖ TAHIΛ en deux lignes. Grènetis au pourtour.
Obole, 0 gr. 65.

663. ✠ PIPINVS REX entre deux grènetis. Croix.
℞. AQVI ‖ TAIIIA en deux lignes. Grènetis au pourtour.
Obole, 0 gr. 57.   Pl. XV.

664. ✠ PIPINVS REX entre deux grènetis. Croix.
℞. AQVI ‖ TAINA en deux lignes. Au centre, un point. Grènetis au pourtour.
Obole, 0 gr. 71.

Pépin II, roi d'Aquitaine (839-865).

665. ✠ PIPPINVS REX. Buste, à droite; derrière, un trait vertical. Grènetis au pourtour.
℞. AQVITANIORVM. Temple dégénéré en un édicule à fronton triangulaire surmonté d'une croisette; à l'intérieur de l'édicule une croisette. Grènetis au pourtour.
Denier, 1 gr. 69.   Pl. XV.

666. ✠ PIPPINVS REX entre deux grènetis. Croix.
℞. EQVI ‖ TANI ‖ ORVM en trois lignes. Grènetis au pourtour.
Obole, 0 gr. 64.   Pl. XV.

667. Autre exemplaire.
Obole, 0 gr. 55.

Charles le Chauve, roi d'Aquitaine (840-866).

668. ✠ CARLVS REX FR entre deux grènetis. Croix.
℞. AQVI ‖ TANIA en deux lignes. Grènetis au pourtour.
Obole, échancrée, 0 gr. 78.   Pl. XV.

669. ✠ CARLVS REX P entre deux grènetis. Croix.
℞. A∶QVI ‖ TANIY en deux lignes. Au centre, un point. Grènetis au pourtour.
Obole, 0 gr. 70.

AQUITAINE

670. + CARLVS EXR entre deux grènetis. Croix.
    ℞. AQVI || TAIIIA en deux lignes. Grènetis au pourtour.
    Obole, 0 gr. 65.   Pl. XV.
671. + CARLVS |||||| entre deux grènetis. Croix.
    ℞. AQVI || TANIA en deux lignes. Grènetis au pourtour.
    Obole, 0 gr. 66.   Pl. XV.
    Les oboles n°ˢ 671 à 674 sont peut-être postérieures au règne de Charles le Chauve.
672. + CARLVS REX entre deux grènetis. Croix.
    ℞. AQVI | TANIA en deux lignes. Grènetis au pourtour.
    Obole, percée, 0 gr. 60.
673. + KARLVS REX entre deux grènetis. Croix.
    ℞. AQVI | TAHIA en deux lignes. Grènetis au pourtour.
    Obole, 0 gr. 75.
674. + CAROLVS REX entre deux grènetis. Croix.
    ℞. AQVI | TANIA en deux lignes. Au centre, un point. Grènetis au pourtour.
    Obole, 0 gr. 69.

Louis le Bègue, roi d'Aquitaine (867-879).

675. + IVDOVVFω ||:|||| entre deux grènetis. Croix cantonnée de quatre globules.
    ℞. AQVI|TAN en deux lignes, la seconde ligne renversée. Grènetis au pourtour.
    Obole, 0 gr. 47.   Pl. XV.
676. Légende illisible entre deux grènetis. Croix cantonnée de quatre globules.
    ℞. AQVI | TANA en deux lignes, la seconde ligne rétrograde.
    Obole, échancrée, 0 gr. 57.

POITIERS

Pépin II, roi d'Aquitaine (839-865).

677. + PIPINVS REX EQ entre deux grènetis. Croix.
    ℞. + PECTAVO entre deux grènetis. Monogramme cruciforme de *Pipigus*.
    Denier, 1 gr. 70.   Pl. XV.

MELLE

Ier GROUPE. — MONNAIES AUX LÉGENDES *MEDOLVS* ET *METVLLO*

Monnaies de transition.

678. ᗰEDOᑕVS (*Medolus*) autour d'un annelet muni de deux ailettes. Grènetis au pourtour.
    ℞. ᗰEDOLVS autour d'un annelet muni de deux ailettes. Grènetis au pourtour.
    Obole, 0 gr. 61.   Pl. XV.

679. ᗰ&∥ᖆᑕᖆ (*Metolo*) en deux lignes. Au centre, un annelet muni de deux ailettes. Grènetis au pourtour.
    ℞. Même légende et même type qu'au droit, mais fruste.
    Obole, 0 gr. 58.   Pl. XV.

680. Mêmes légendes et mêmes types. Variété de coin.
    Obole, 0 gr. 60.

Charlemagne, roi (1re période : 768-781).

681. ᑕᴁRO∥LVS en deux lignes. Au centre, un point. Grènetis au pourtour.
    ℞. ᗰEDOLVS (*Medolus*) autour d'une croisette centrée d'un annelet. Grènetis au pourtour.
    Denier, 1 gr. 26.   Pl. XV.

682. Mêmes légendes. Mêmes types. Variété de coin.
    Denier, 1 gr. 31.   Pl. XV.

683. ᑕᴁRO∥LVS en deux lignes. Grènetis au pourtour.
    ℞. ᗰ&∥ᖆᒪᖆ (*Metolo*). Au centre, un annelet muni de quatre ailettes. Grènetis au pourtour.
    Denier, 1 gr. 13.   Pl. XVI.

684. ᑕᴁRO∥LVS en deux lignes. Au centre, un point. Grènetis au pourtour.
    ℞. ᗰ&∥ᖆᑕᖆ (*Metolo*) en deux lignes séparées par une croisette centrée d'un annelet. Grènetis au pourtour.
    Denier, 1 gr. 17.   Pl. XVI.

685. ᑕᴁRO∥LVS en deux lignes. Grènetis au pourtour.

AQUITAINE

℞. ƷZVꟼϾb (dégénérescence de *Metolo*) autour d'une croisette centrée d'un annelet. Grènetis au pourtour.
Denier, 1 gr. 24. Pl. XVI.

Les n°s 685 et 686 présentent des légendes altérées. Il est probable que ce sont non pas des pièces frappées à Melle, mais des imitations.

686. CÆRO | LVS en deux lignes. Au centre, un point. Grènetis au pourtour.
℞. ⵑF | ꟼϾꟼ (pour *Metolo*) en deux lignes. Au centre, un annelet muni de rayons. Grènetis au pourtour.
Denier, 1 gr. 20.

687. CÆRO | LVS en deux lignes. Grènetis au pourtour.
℞. m & ꟼϾO (*Metolo*) en deux lignes séparées par un trait horizontal. Grènetis au pourtour.
Denier, 1 gr. 23. Pl. XVI.

Charlemagne, roi (2ᵉ période : 781-800).

688. + CARLVS REX FR entre deux grènetis. Croix.
℞. + METVLLO entre deux grènetis. Monogramme de *Carolus* avec С initial, l'◊ central muni d'un chevron.
Denier, 1 gr. 67. Pl. XVI.

Pépin II, roi d'Aquitaine (839-865).

689. + PIPINVS REX EQ entre deux grènetis. Croix.
℞. + METVLLO entre deux grènetis. Monogramme cruciforme de *Pipinus*.
Denier, 1 gr. 73. Pl. XVI.

690. Mêmes légendes. Mêmes types. Variété de coin.
Denier, échancré, 1 gr. 62.

691. PIPINS R formant à la fois légende et monogramme cruciforme. Grènetis au pourtour.
℞. + METVLLO entre deux grènetis. Croix.
Obole, 0 gr. 84. Pl. XVI.

Charles le Chauve, roi d'Aquitaine (840-866).

692. + CARLVS REX FR entre deux grènetis. Croix.

R⁁. + METVLLO entre deux grènetis. Monogramme de *Karolus*, l'◇ central muni d'un chevron.
Denier, 1 gr. 68. Pl. XVI.

693. Mêmes légendes. Mêmes types. Variété de coin.
Denier, 1 gr. 55.

694. Mêmes légendes. Mêmes types. Variété de coin.
Denier, 1 gr. 58.

695. Mêmes légendes. Mêmes types. Variété de coin.
Denier, 1 gr. 61.

696. Mêmes légendes. Mêmes types. Variété de coin.
Denier, 1 gr. 58.

697. Mêmes légendes. Mêmes types. Variété de coin ; le chevron du monogramme non visible.
Denier, 1 gr. 67.

698. Mêmes légendes. Mêmes types. Variété : dans la légende du droit, le premier jambage de l'A très incliné.
Denier, 1 gr. 55.

699. CARLVS REX FR entre deux grènetis. Croix.
R⁁. + MET+VLLO entre deux grènetis. Monogramme de *Karolus*.
Denier, 1 gr. 60. Pl. XVI.

700. Mêmes légendes. Mêmes types. Variété : au droit, les branches de la croix plus longues ; au revers, R du monogramme réduit à P.
Denier, 1 gr. 62.

701. Mêmes légendes. Mêmes types. Variété : les lettres plus épaisses.
Denier, 1 gr. 70.

702. + CARLVS REX P entre deux grènetis. Croix fortement pattée.
R⁁. + METVLLO entre deux grènetis en forme de couronne. Monogramme de *Karolus*, les branches du K partant des extrémités de la haste.
Denier, 1 gr. 15. Pl. XVI.

703. Sans légende. Monogramme de *Karolus*, l'◇ central muni d'un chevron. Grènetis au pourtour.
R⁁. + METVLLO entre deux grènetis. Croix.
Obole, 0 gr. 84. Pl. XVI.

704. Mêmes légendes. Mêmes types. Variété de coin.
     Obole, 0 gr. 81.
705. Mêmes légendes. Mêmes types. Variété de coin.
     Obole, 0 gr. 80.
706. Sans légende. Monogramme de *Karolus*. Dans la partie inférieure du champ, à gauche, une croisette posée en X. Grènetis au pourtour.
     ℞. + **METVLLO** entre deux grènetis. Croix.
     Obole, 0 gr. 76.   Pl. XVI.
707. Mêmes légendes. Mêmes types. Variété : dans le monogramme, les branches du K partant de deux points de la haste éloignés du centre. Flan plus large.
     Obole, 0 gr. 94.
708. Mêmes légendes. Mêmes types. Variété de coin. Flan plus large.
     Obole, 0 gr. 75.   Pl. XVI.

2ᵉ GROUPE. MONNAIES A LA LÉGENDE *METALLVM*

Louis le Pieux, roi d'Aquitaine (781-814).

709. **LVDO ‖ VVIC** en deux lignes. Grènetis au pourtour.
     ℞. + **METALLVM** entre deux grènetis. Croix.
     Obole, 0 gr. 74.   Pl. XVI.
710. **LVDO ‖ VVIC** en deux lignes. Grènetis au pourtour.
     ℞. + **HETALLVH** entre deux grènetis. Croix.
     Obole, 0 gr. 78.
711. **LVDOIC** en une ligne. Grènetis au pourtour.
     ℞. + **METALLVM** entre deux grènetis. Croix.
     Obole, 0 gr. 84.   Pl. XVI.

Louis le Pieux, empereur (814-840).

712. **HLVDOVVICVS IMP AVC**. Buste impérial, lauré, à droite. Grènetis au pourtour.
     ℞. + **METALLVM**. Deux coins monétaires entre deux marteaux. Grènetis au pourtour.
     Denier, 1 gr. 64.   Pl. XVI.

713. Mêmes légendes. Mêmes types. Variété : buste d'un dessin plus barbare.
Denier, 1 gr. 66.

714. + HLVDOVVICVS IMP. Croix. Grènetis au pourtour.
℞. + METALLVM. Deux coins monétaires entre deux marteaux. Grènetis au pourtour.
Obole, 0 gr. 85.

715. + HLVDOVVICVS IMP entre deux grènetis. Croix.
℞. META || LLVM en deux lignes. Au centre, un point. Grènetis au pourtour.
Denier, 1 gr. 72.   Pl. XVI.

716. Mêmes légendes. Mêmes types. Variété de coin.
Denier, 1 gr. 63.

717. Mêmes légendes. Mêmes types. Variété de coin.
Denier, 1 gr. 55.

718. Mêmes légendes. Mêmes types. Variété de coin.
Denier, 1 gr. 69.

719. Mêmes légendes. Mêmes types. Variété de coin.
Denier, 1 gr. 73.

720. Mêmes légendes. Mêmes types. Variété : dans la légende du droit, C au lieu de C.
Denier, 1 gr. 62.

721. + HLVDOVVICVS entre deux grènetis. Croix.
℞. + METALLVM entre deux grènetis. Croix.
Obole, 0 gr. 77.   Pl. XVI.

722. + HLVDOVVICVS entre deux grènetis. Croix.
℞. + METALLVM entre deux grènetis. Croix.
Obole, 0 gr. 80.

723. Mêmes légendes. Mêmes types. Variété : dans la légende du droit, C au lieu de C.
Obole, 0 gr. 67.   Pl. XVI.

724. + HLVDOICVS entre deux grènetis. Croix.
℞. + METALLVM entre deux grènetis. Croix.
Obole, 0 gr. 85.

AQUITAINE   101

725. + HLVDOICVS entre deux grènetis. Croix.
R). + METVLVM entre deux grènetis. Croix.
Obole, 0 gr. 82.   Pl. XVI.

On se convaincra que l'avant-dernière lettre de la légende du revers est bien un V en la comparant à la lettre correspondante de l'obole n° 723. Si nous n'avons pas classé cette obole dans le premier groupe, à côté des pièces à la légende *Metullo*, c'est qu'il est impossible, malgré sa légende, de la séparer de l'obole n° 724 à la légende *Metollum*. Il faut d'ailleurs remarquer que dans METVLVM la quatrième lettre peut être un A renversé.

Charles le Chauve, roi (840-875)
ou *Monnaies au type de Charles le Chauve.*

726. + CARLVS REX FR entre deux grènetis. Croix.
R). META LLVM en deux lignes. Au centre, un globule. Grènetis au pourtour.
Denier, 1 gr. 58.   Pl. XVI.

727. + CARLVS REX FR entre deux grènetis. Croix.
R). META LLVM en deux lignes. Au centre, un globule. Grènetis au pourtour.
Denier, 1 gr. 49.

BOURGES

Charlemagne, roi (2ᵉ période : 781-800).

728. + CARLVS REX FR entre deux grènetis. Croix.
R). + BITVRICA entre deux grènetis. Monogramme de *Karolus*.
Denier, 1 gr. 59.   Pl. XVI.

729. Même légende. Croix cantonnée de quatre croissants.
R). Même légende. Monogramme de *Karolus*.
Denier, 1 gr. 80.   Pl. XVI.

730. Autre exemplaire du n° 729.
Denier, 1 gr. 70.

731. Mêmes légendes. Mêmes types. Variété : au centre du monogramme, un point.
Denier, brisé, 1 gr. 77.

732. + CARLVS REX FR entre deux grènetis. Croix pattée.

℞. + **BITVRICAω** entre deux grènetis. Monogramme de *Karolus*.
Denier, 1 gr. 66.

Louis le Pieux, roi (781-814).

733. **LVDO ‖ VVIC** en deux lignes. Grènetis au pourtour.
℞. + **BITVRIGES** entre deux grènetis. Croix.
Obole, 0 gr. 80.   Pl. XVI.

Louis le Pieux, empereur (814-840).

734. + **HLVDOVVICVS IMP** entre deux grènetis. Croix.
℞. **BITV ‖ RIGES** en deux lignes. Au centre, un point. Grènetis au pourtour.
Denier, 1 gr. 82.   Pl. XVII.

Pépin I, roi d'Aquitaine (817-838).

735. + **PIIVωIΛƧ**. Buste, de style barbare, à droite. Grènetis au pourtour.
℞. **BITV ‖ RICES** en deux lignes. Au centre, un point. Grènetis au pourtour.
Denier, 1 gr. 22.   Pl. XVII.
Comparez ce denier avec le denier de Pépin, figuré dans Gariel, 2ᵉ partie, pl. XIIILVII, nᵒ 1, dont il n'est qu'une imitation grossière.

Charles le Chauve, roi d'Aquitaine (840-866).

736. + **CARLVS PI**. Buste lauré, à gauche. Grènetis au pourtour.
℞. **BITV ‖ RICES** en deux lignes. Grènetis au pourtour.
Denier, 1 gr. 45.   Pl. XVII.

737. + **CARLVS RE**. Buste lauré, à gauche. Grènetis au pourtour.
℞. **BITV ‖ RICES** en deux lignes. Au centre, un point. Grènetis au pourtour.
Denier, 1 gr. 36.

738. Mêmes légendes. Mêmes types. Variété : la tête d'un dessin plus barbare.
Denier, rogné, 1 gr. 07.

739. + **CARLVS REX** entre deux grènetis. Croix.

℟. + BITVRICES CIVI entre deux grènetis. Monogramme de *Karolus*.
Denier, 1 gr. 76. Pl. XVII.

740. Mêmes légendes. Mêmes types.
Denier, 1 gr. 75.

741. Mêmes légendes. Mêmes types.
Obole, 0 gr. 57.

742. + CARLVS REX entre deux grènetis. Croix.
℟. + BITVRICES CIVII entre deux grènetis. Monogramme de *Karolus*.
Denier, 1 gr. 74.

*Charles le Chauve, empereur (875-877)
ou Charles le Gros (884-887).*

743. + CARLVS IMP AVC entre deux grènetis. Croix.
℟. + BITVRICES CIVIT entre deux grènetis. Monogramme de *Karolus*, les branches du K partant des extrémités de la haste, R réduit à P.
Denier, 1 gr. 70. Trouv. de Cuerdale. (*Don du comté de Lancastre.*)
Pl. XVII.

744. Mêmes légendes. Mêmes types. Variété de coin.
Denier, 1 gr. 31.

745. + CARLVS IMP AVC entre deux grènetis. Croix.
℟. + BITVRICES CIVIT entre deux grènetis. Monogramme de *Karolus*, les branches du K partant des extrémités de la haste, S retourné.
Obole, 0 gr. 67.

746. Mêmes légendes. Mêmes types. Variété : S du monogramme non retourné.
Obole, 0 gr. 77.

747. + CARLVS IMP AVC entre deux grènetis. Croix très large.
℟. + BITVRICES CIVI entre deux grènetis. Monogramme de *Karolus*.
Denier, 1 gr. 58.

748. + CARLVS IMP AVC entre deux grènetis. Croix.
  ℞. + BITVRICES CIVT entre deux grènetis. Monogramme de *Karolus*, les branches du K partant des extrémités de la haste.
  Denier, 1 gr. 60. Pl. XVII.

  Monnaie au type du monogramme carolin, sans nom de roi.

749. + BITVRICES CIVIT entre deux grènetis. Croix.
  ℞. + BITVRICES CIVITA entre deux grènetis. Monogramme de *Karolus*, les branches du K partant des extrémités de la haste.
  Denier, 1 gr. 44. Pl. XVII.

Eudes (887-898).

750. + CRATIA DEI REX entre deux grènetis. Dans le champ, ◊D◊ RX disposé en croix.
  ℞. + BITVRICES CIVITA entre deux grènetis. Croix.
  Denier, 1 gr. 54. Pl. XVII.

751. + CRATIA DI REX entre deux grènetis. Dans le champ, ◊D◊ ; au dessus, une croisette posée en X.
  ℞. + BITVRICES CIVITA entre deux grènetis. Croix.
  Denier, 1 gr. 48.

Louis IV (936-954).

752. + LVDVOICV /// REX entre deux grènetis. Croix.
  ℞. + BITVRIC /// CIVIT entre deux grènetis. Dans le champ, ◊D◊ ; au dessus et au dessous, une croisette.
  Denier, échancré, 1 gr. 12.

Lothaire (954-986).

753. + LOTERIVS RE+ entre deux grènetis. Croix.
  ℞. BITV· ǁ RICES en deux lignes, entre lesquelles trois globules.
  Denier, 1 gr. 09. Pl. XVII.

754. + L'OTERIVS REX entre deux grènetis. Croix.
  ℞. BITV ǁ RICE en deux lignes, entre lesquelles trois globules.
  Obole, 0 gr. 40.

755. + LOTERIVS REX entre deux grènetis. Croix pattée.

AQUITAINE 105

℞. **BITVRICES CIVITAS**. Temple tétrastyle, sur deux degrés, le fronton triangulaire surmonté d'une croix. Au centre du temple, une croix. Grènetis au pourtour.
Denier, 1 gr. 16.

756. **+ LOTERIVS RE** entre deux grènetis. Croix.
℞. **BITVRICES CIVI**. Même type qu'au n° 755.
Denier, 1 gr. 20.　　　　　　　　　　　　　Pl. XVII.

757. **[+ L]OTERIVS R/////** entre deux grènetis. Croix.
℞. **BITV[RICES CIVI]TA**. Temple tétrastyle, sur deux degrés, le fronton triangulaire surmonté d'une croix. Grènetis au pourtour.
Obole, 0 gr. 56.

758. **+ LOTERIVS REX** entre deux grènetis. Croix.
℞. **✕ BITVRICES CIVIT** entre deux grènetis. Monogramme de *Karolus* déformé.
Denier, 1 gr. 23.　　　　　　　　　　　　　Pl. XVII.

759. **+ LOTERIVS REX** entre deux grènetis. Croix.
℞. **+ HITVRICES CIVIT** entre deux grènetis. Monogramme de *Karolus* déformé.
Denier, rogné, 1 gr. 03.

760. **+ LOTERIVS REX** entre deux grènetis. Croix.
℞. **+ BITVRICES CIVIT** entre deux grènetis. Monogramme de *Karolus* déformé.
Obole, 0 gr. 55.

761. Mêmes légendes. Mêmes types. Variété de coin.
Obole, fortement échancrée, 0 gr. 22.

CLERMONT
Carloman (768-771).

762. Monogramme composé des lettres **CARLM**, surmonté d'un trait horizontal. Grènetis au pourtour.
℞. **A R** dans le champ; au dessus, un trait horizontal. Grènetis au pourtour.
Denier, 1 gr. 27.　　　　　　　　　　　　　Pl. XVII.

Charlemagne, roi (1re période : 771-781).

763. CARO‖LVS en deux lignes. Grènetis au pourtour.
℞. ARV‖NIS en deux lignes. Grènetis au pourtour.
Denier, fragmenté, 1 gr. 05.

Charles le Chauve, roi (840-875).

764. + CARLVS REX entre deux grènetis. Croix.
℞. + CLVROMANT entre deux grènetis. Monogramme de *Karolus*.
Denier, 1 gr. 80.   Pl. XVII.

765. Même légende. Même type.
℞. + CLAROMIIN entre deux grènetis. Monogramme de *Karolus*.
Denier, 1 gr. 49.

766. + CARLVS REX en légende rétrograde entre deux grènetis. Croix.
℞. + CLAROMIIN entre deux grènetis. Monogramme de *Karolus*, R réduit à P.
Denier, 1 gr. 39.

767. Même légende. Même type.
℞. + CLAROMIIIT entre deux grènetis. Monogramme de *Karolus*, rétrograde, R réduit à P.
Obole, fragmentée, o gr. 61.

768. + CARLVS REX entre deux grènetis. Croix.
℞. + CLAROMIIIT entre deux grènetis. Monogramme de *Karolus*.
Denier, 1 gr. 64. Trouv. de Cuerdale. (*Don du comté de Lancastre*).
                                      Pl. XVII.

Les monnaies nos 768 à 771 sont certainement postérieures au règne de Charles le Chauve. Leur style indique le xe siècle. Peut-être faut-il les attribuer à Charles le Simple. Il est toutefois plus prudent d'y voir une immobilisation du type inauguré à Clermont sous le règne de Charles le Chauve.

769. + CARLVC : X entre deux grènetis. Croix cantonnée de quatre points.
℞. + CLAROM/////T entre deux grènetis. Monogramme de *Karolus*, les branches du K partant des extrémités de la haste.
Denier, 1 gr. 65.

770. + CARLVS REX entre deux grènetis. Croix.
℞. + CLAROMIIN entre deux grènetis. Monogramme de *Karolus*.
Obole, échancrée, o gr. 73.

AQUITAINE

771. Mêmes légendes. Mêmes types. Variété de coin.
Obole, fruste, o gr. 66.

LE PUY

Raoul (923-936).

772. + RADVLFVS REX entre deux grènetis. Croix.
℞. + ANITO CIIVIT entre deux grènetis. Monogramme indéterminé rappelant celui de *Karolus*.
Denier, 1 gr. 20. Pl. XVII.

LIMOGES

Charlemagne, roi (1ʳᵉ période : 771-781).

773. CARO | LV·S· en deux lignes. Grènetis au pourtour.
℞. LEM sur une ligne; au dessus, un trait horizontal, à droite duquel un groupe de trois globules disposés triangulairement; au dessous, une croisette posée en X entre deux globules. Grènetis au pourtour.
Denier, 1 gr. 30. Pl. XVII.

774. CARO | LV·S en deux lignes. Grènetis au pourtour.
℞. LEM sur une ligne; au dessus, un trait horizontal terminé, à droite, par une croisette pommettée; au dessous, ω. Grènetis au pourtour.
Denier, 1 gr. 31. Pl. XVII.

Pépin I, roi d'Aquitaine (817-838).

775. + HPIPINVS REX entre deux grènetis. Croix.
℞. + LIMOVIX entre deux cercles lisses. Croix.
Denier, 1 gr. 42. Pl. XVII.

776. + PIPINVS PEX entre deux grènetis. Croix.
℞. + LIMODICA2 entre deux grènetis. Croix.
Obole, o gr. 92.

Carloman (880-884).

777. + CARLOMAN REX entre deux grènetis. Croix.

℞. + LIMOVX CIVIS entre deux grènetis. Monogramme de *Carlomannus*.
Denier, 1 gr. 71. Trouv. de Cuerdale. (*Don du comté de Lancastre.*)
Pl. XVII.
778. + CARLOMAN RX entre deux grènetis. Croix.
℞. + LIMOVIX CIVIS entre deux grènetis. Monogramme de *Carlomannus*.
Obole, 0 gr. 87.

Eudes (887-898).

779. + GRATIA D⁻I RE entre deux grènetis. Dans le champ, ◊D◊ en une ligne ; au dessus et au dessous du D, une croisette.
℞. + LIM◊VICAS CIVIS entre deux grènetis. Croix.
Denier, 1 gr. 67. (*Don Charvet.*) Pl. XVII.
780. Mêmes légendes. Mêmes types. Variété de coin.
Denier, 1 gr. 67.
781. Mêmes légendes. Mêmes types. Variété : au droit, dans la légende circulaire, la panse du D tendant à se séparer de la haste.
Denier, 1 gr. 70. (*Don Charvet.*)
782. Mêmes légendes. Mêmes types. Variété : L initiale de la légende du revers devenue ⊢.
Denier, 1 gr. 68. Trouv. de Cuerdale. (*Don du comté de Lancastre.*)
783. + GRATIA D⁻I RE entre deux grènetis. Dans le champ, ◊D◊ en une ligne ; au dessus et au dessous du D, une croisette.
℞. + LIM◊VICAS CIVIS entre deux grènetis. Croix.
Denier, 1 gr. 75. Trouv. de Cuerdale. (*Don du comté de Lancastre.*)
784. + GRATIA D⁻I RE entre deux grènetis. Dans le champ, ◊D◊ en une ligne ; au dessus et au dessous du D, une croisette.
℞. + ⊢M◊VICAS CIVIS entre deux grènetis. Croix.
Denier, 1 gr. 76. Pl. XVII.
785. Autre exemplaire du n° 784.
Denier, 1 gr. 78. Trouv. de Cuerdale. (*Don du comté de Lancastre.*)
786. + ◊D◊ REX E entre deux grènetis. Dans le champ, la lettre ◊, au centre de laquelle, un point.

℞. + LIMOVICAS entre deux grènetis. Croix.
Obole, 0 gr. 79. Trouv. de Cuerdale. (*Don du comté de Lancastre.*)
Pl. XVII.
787. Même légende. Même type.
℞. + LIMOVICAS entre deux grènetis. Croix.
Obole, 0 gr. 60.

Le type des deniers au nom du roi Eudes s'est immobilisé dans l'atelier de Limoges. Nous avons classé parmi les monnaies seigneuriales ceux de ces deniers sur lesquels le nom d'*Odo* est déformé, les deux ◊ étant devenus des croisettes.

ANGOULÊME

Raoul (923-936).

788. + RADVL+FVS REX entre deux cercles lisses. Croix.
℞. + EGOLI+SIME entre deux grènetis. Croix.
Denier, percé, 1 gr. 55. Pl. XVII.

GASCOGNE

BORDEAUX

Louis le Pieux (814-840).

789. + HLVDOVVICVS IMP entre deux grènetis. Croix.
℞. BVRDI || GALA en deux lignes. Grènetis au pourtour.
Denier, 1 gr. 85. Pl. XVII.

Lothaire, empereur (817-843).

790. + HLOTARIVS IMP entre deux grènetis. Croix cantonnée de quatre globules.
℞. + BVRDICALA. Temple tétrastyle, sur deux degrés, le fronton triangulaire surmonté d'une croix; au centre du temple, une croix. Grènetis au pourtour.
Denier, 1 gr. 60. Pl. XVIII.

AGEN

Charlemagne, roi (2ᵉ période : 781-800).

791. + CARLVS REX FR entre deux grènetis. Monogramme de *Carolus* avec E initial.

℞. + AGIN CIVITAS entre deux grènetis. Croix.
Denier, percé, 1 gr. 54.   Pl. XVIII.

Charles le Chauve, roi (840-855), ou *Charles l'Enfant* (855-866).

792. + CARLVS EX FR entre deux grènetis. Croix.
℞. + AÇINO entre deux grènetis. Monogramme de *Karolus*.
Denier, échancré, 1 gr. 36.   Pl. XVIII.

793. + CARLVS RX FR entre deux grènetis. Croix.
℞. + AGINNO entre deux grènetis. Monogramme de *Karolus*, les branches du K partant des extrémités de la haste et presque horizontales.
Denier, 1 gr. 60.

794. + CARLVS REX FR entre deux grènetis. Croix.
℞. + AGINNO entre deux grènetis. Monogramme de *Karolus*.
Denier, 1 gr. 50.

795. Sans légende. Monogramme de *Karolus*, l'◊ central muni d'un chevron. Grènetis au pourtour.
℞. + AÇIN[N]O entre deux grènetis. Croix.
Obole, fortement échancrée, 0 gr. 54.

DAX

Louis le Pieux (814-840).

796. + HLVDOVVICVS IMP entre deux grènetis. Croix.
℞. AQVIS ‖ VASCON en deux lignes. Grènetis au pourtour.
Denier, 1 gr. 58.   Pl. XVIII.

797. Même légende. Même type.
℞. AQVIS ‖ VAS●N en deux lignes. Grènetis au pourtour.
Denier, 1 gr. 49.

Charles le Chauve, roi (840-855) ou *Charles l'Enfant* (855-866).

798. + CARLVS REX FR entre deux grènetis. Croix.
℞. + AϚVIS VRBS entre deux grènetis. Monogramme de *Karolus*.
Denier, 1 gr. 31.   Pl. XVIII.
A rapprocher d'un denier de Pépin d'Aquitaine, qui porte la légende AQVIS VRBI (Gariel, 2ᵉ partie, p. 190, pl. XX, nº 7) et qui ne peut être attribué qu'à Dax la seule ville du nom d'*Aquis* comprise dans le royaume de Pépin.

799. + CARLVS REX FR entre deux grènetis. Croix.
℞. + AGVIS + CI entre deux grènetis. Monogramme de *Karolus*, l'◊ muni d'un chevron.
Denier, 1 gr. 66.   Pl. XVIII.

TOULOUSAIN

TOULOUSE

Charlemagne, roi (2ᵉ période : 781-800).

800. + CARLVS REX FR entre deux grènetis. Croix.
℞. + TOLVωA entre deux grènetis. Monogramme de *Karolus*.
Denier, 1 gr. 63.   Pl. XVIII.
801. + CARLVS REX FR entre deux grènetis. Croix.
℞. + TOLVωA entre deux grènetis. Monogramme de *Karolus*.
Denier, 1 gr. 40.
802. Mêmes légendes. Mêmes types. Variété : la croix du revers centrée d'un globule.
Denier, 1 gr. 52.

Louis le Pieux (814-840).

803. HLVDOVVICVS IMP AVC. Buste impérial, diadémé, à droite. Grènetis au pourtour.
℞. + TOLVωA. Porte de ville, au centre de laquelle une croisette. Grènetis au pourtour.
Denier, 1 gr. 60.   Pl. XVIII.
804. HLVDOVVICω. Buste impérial, diadémé, à droite. Grènetis au pourtour.
℞. + TOLVωA. Porte de ville, au centre de laquelle une croisette. Grènetis au pourtour.
Obole, 0 gr. 70.   0,69
805. + HLVDOVVICVS IMP entre deux grènetis. Croix.
℞. + TOLVωA CIVI entre deux grènetis. Croix.
Denier, 1 gr. 59.   Pl. XVIII.
806. + HLVDOVVICVS IMP entre deux grènetis. Croix.

℟. TOLO ‖ SA CIVI ‖ TAᴜ en trois lignes. Grènetis au pourtour.
Denier, 1 gr. 75. Pl. XVIII.

Pépin II, roi d'Aquitaine (839-865).

807. + PIPINVS REX E entre deux grènetis. Croix.
℟. + TOLOSA CIVI entre deux grènetis. Monogramme cruciforme de *Pipinus*.
Denier, 1 gr. 52. Pl. XVIII.

808. + PIPPINVS REX entre deux grènetis. Croix.
℟. + TOLOƨA CIVI entre deux grènetis. Monogramme cruciforme de *Pipinus*.
Denier, 1 gr. 58. Pl. XVIII.

809. + PIPPINVS REX F entre deux grènetis. Croix.
℟. + TOLOSA CIVI entre deux grènetis. Monogramme cruciforme de *Pipinus*, variété du monogramme du n° 808.
Denier, 1 gr. 61.

810. Mêmes légendes. Mêmes types. Variété dans le dessin du monogramme.
Denier, 1 gr. 56.

811. Mêmes légendes. Mêmes types. Variété dans le dessin du monogramme.
Denier, 1 gr. 46.

812. + PIPINVS REX F entre deux grènetis. Croix.
℟. + TOLOSA CIVI entre deux grènetis. Monogramme de *Pipinus*, du même type qu'au n° 811, avec une légère variété dans la disposition des I.
Denier, 1 gr. 36.

Charles le Chauve, roi (840-855), ou Charles l'Enfant (855-866).

813. + CARLVS EX F entre deux grènetis. Croix.
℟. + TOLVѠA CIVI entre deux grènetis. Monogramme de *Karolus*, L rétrograde.
Denier, 1 gr. 60. Pl. XVIII.

814. + CARLVS REX FR entre deux grènetis. Croix.

℞. + TOLOSA CIVI entre deux grènetis. Monogramme de *Karolus*, L et S rétrogrades.
Denier, échancré, 1 gr. 42. Pl. XVIII.
815. + CARLVS REX F entre deux grènetis. Croix.
℞. + TOLOϾA CIV entre deux grènetis. Monogramme de *Karolus* en partie rétrograde.
Obole, 0 gr. 72.
816. CARLVS REX F entre deux grènetis. Croix.
℞. + TOLϾA CIVI entre deux grènetis. Monogramme de *Karolus*, K ayant la forme Ҝ, R réduit à P, L rétrograde.
Denier, 1 gr. 51.
817. + CARLVS REX entre deux grènetis. Croix.
℞. + TOLOSA entre deux grènetis. Monogramme de *Karolus*.
Denier, 1 gr. 64. Pl. XVIII.

Louis II, roi d'Aquitaine (867-879).

818. + LVDOVICVS REX entre deux grènetis. Croix.
℞. + TOLOSA CIVI entre deux grènetis. Dans le champ, LV ǁ DO en deux lignes.
Denier, 1 gr. 60. Pl. XVIII.

Carloman (879-884).

819. + CARLAMANVS RE entre deux grènetis. Croix.
℞. + TOLOSA CIVI entre deux grènetis. Monogramme de *Karlomannus*.
Denier, 1 gr. 83. Pl. XVIII.
820. + CARLOMANRE entre deux grènetis. Croix.
℞. + TOLOSA CIVI entre deux grènetis. Monogramme de *Karolus*.
Denier, 1 gr. 72. Pl. XVIII.

Charles le Gros (884-887).

821. + CARLVS IMPR⁻ entre deux grènetis. Croix.
℞. + TOLOSA+CIVI entre deux grènetis. Dans le champ, CA ǁ RL en deux lignes.
Denier, 1 gr. 64. Pl. XVIII.
822. + CARLVS IMR entre deux grènetis. Croix.

℞. + TOLOSA+CIVI entre deux grènetis. Dans le champ, CA ‖ RL en deux lignes.
Obole, 0 gr. 60.

Eudes (887-898).

823. + O:D:DO REX FR⁻C entre deux grènetis. Croix.
℞. + TOLOSA·C·IVI entre deux grènetis. Dans le champ, ODDO disposé en croix; au centre, un point.
Denier, 1 gr. 56. Pl. XVIII.

824. + ODDO REX CR⁻C entre deux grènetis. Croix.
℞. + TOLOSA^CIVI entre deux grènetis. Dans le champ, ODDO disposé en croix.
Denier, 1 gr. 34.

825. + ODDO REX FR⁻C entre deux grènetis. Croix.
℞. + TOLOSA·CIVI entre deux grènetis. Dans le champ, ODDO disposé en croix; au centre, un point.
Obole, 0 gr. 57.

826. + CRATIA D⁻ RE entre deux grènetis. Dans le champ, O ◇ ; au dessus, une croisette.
℞. + TOLOSA+CIV entre deux grènetis. Croix.
Denier, 1 gr. 56. Pl. XVIII.

MARCHE D'ESPAGNE

EMPURIAS

Louis le Pieux (814-840).

827. + HLVDOVVICVS IMP entre deux grènetis. Croix.
℞. INPV ‖ RIAS en deux lignes. Grènetis au pourtour.
Denier, 1 gr. 74. Pl. XVIII.

828. Mêmes légendes. Mêmes types. Variété de coin.
Denier, 1 gr. 71.

GIRONE

Charlemagne, roi (2ᵉ période : 781-800).

829. + CARLVS REX FR entre deux grènetis. Croix.

℞. + ꞯERVNDA entre deux grènetis. Monogramme de *Karolus*.
Denier, 1 gr. 38. Pl. XVIII.

BARCELONE

Louis le Pieux (814-840).

830. + HLVDOVVICVS IMP entre deux grènetis. Croix.
℞. BAR ‖ CIИO ‖ ИA en trois lignes. Grènetis au pourtour.
Denier, 1 gr. 62. Pl. XVIII.

831. Même légende. Croix irrégulière.
℞. BAR ‖ CINO ‖ NA⁖ en trois lignes. Grènetis au pourtour.
Denier, 1 gr. 30.

832. Même légende. Même type.
℞. BVR ‖ CINO ‖ NA· en trois lignes. Grènetis au pourtour.
Denier, 1 gr. 67.

RODA

Louis le Pieux (814-840).

833. + HLVDOVVICVS IMP entre deux grènetis. Croix.
℞. ROD ⸗ DA∗ en deux lignes. Grènetis au pourtour.
Denier, 1 gr. 67. Pl. XIX.

SEPTIMANIE

NARBONNE

Monnaie de transition.

834. M‖I‖L‖◊ cantonnant une croix; dans le deuxième canton, trois globules disposés triangulairement. Grènetis au pourtour.
℞. N‖R‖B‖◊ cantonnant une croix aux extrémités ancrées. Grènetis au pourtour.
Denier, 1 gr. 15. Pl. XIX.

A. de Longpérier, *Catal. Rousseau*, p. 115, a identifié *Milo* avec Milon, comte de Narbonne, sous le règne de Charlemagne. On a prétendu reconnaître le nom du même comte sur des deniers qui portent d'un côté MILO et de l'autre les lettres ꟼRE, qu'on a interprétées *Pippinus rex*; mais sur tous les exemplaires, la première lettre a toujours la forme d'un P retourné; ce qui me fait croire que nous sommes en présence d'une autre lettre, peut-être un T cursif mérovingien ; ces deniers, prétendus de Pépin, se rattachent par leur style, leur poids, leur technique au système monétaire mérovingien. S'il était prouvé qu'ils portassent le nom de Pépin, leur importance serait grande ; il serait bien établi que, dans les commencements du règne de Pépin, on monnayait encore dans le système mérovingien.

Charlemagne, roi (2ᵉ période : 781-800).

835. + CARLVS [R]EX FR entre deux grènetis. Croix.
℞. + NA[R]BONA entre deux grènetis. Monogramme de *Karolus*.
Denier, échancré, 1 gr. 19. Pl. XIX.

Louis le Pieux (814-840).

836. + HLVDOVVICVS IMP entre deux grènetis. Croix.
℞. NAR ‖ BONA en deux lignes. Au centre, un globule. Grènetis au pourtour.
Denier, 1 gr. 65. Pl. XIX.

837. + LDVCS IMP entre deux grènetis. Croix.
℞. NAR ‖ BONA en deux lignes. Grènetis au pourtour.
Obole, 0 gr. 79. Pl. XIX.

838. Autre exemplaire du n° 837.
Obole, 0 gr. 83.

839. + HLVDOVω NP entre deux grènetis. Croix.
℞. NAR ‖ BONA en deux lignes. Grènetis au pourtour.
Obole, 0 gr. 65.

SUBSTANTIONE

Carloman (879-884).

840. + CARLEMAN REX entre deux grènetis. Croix.
℞. + SVƧTANCIONE entre deux grènetis. Monogramme de *Karlomannus*.
Denier, 1 gr. 70. Pl. XIX.

841. + CARLAMAN RE entre deux grènetis. Croix.
℞. + ƧVƧTANCIONE entre deux grènetis. Monogramme de *Karlomannus*.
Denier, 1 gr. 66.

PROVENCE

VIENNE

Louis le Pieux (814-840).

842. + IILVDOVVICVS IIIP entre deux grènetis. Croix.
    ℞. ˙VIENNA en une ligne. Grènetis au pourtour.
    Denier, 1 gr. 75.   Pl. XIX.

843. + HLVDOVVICVS IMP entre deux grènetis. Croix.
    ℞. VEHHA en une ligne. Grènetis au pourtour.
    Denier, 1 gr. 76.

Charles le Chauve, roi de Lotharingie (870-875).

844. + CRATIA DEI REX entre deux grènetis. Monogramme de *Karolus*; au centre, un point.
    ℞. + VIEHNA CIVIS entre deux grènetis. Croix.
    Denier, 1 gr. 68.   Pl. XIX.

845. + CRATIA DEI IIEX entre deux grènetis. Monogramme de *Karolus*; au centre, un point.
    ℞. + VIENNA CIVIS entre deux grènetis. Croix.
    Denier, 1 gr. 73.

Boson (879-887).

846. + BOSO CRACIA DEI entre deux grènetis. Dans le champ, REX.
    ℞. + VIENNA CIVIS entre deux grènetis. Croix.
    Denier, 1 gr. 49.   Pl. XIX.

Louis l'Aveugle, empereur (901-934).

847. + LVDVVICVS IMPR entre deux grènetis. Monogramme confus.
    ℞. + VIENNA CIAIS entre deux grènetis. Croix.
    Denier, 1 gr. 29.

848. + LVDVVICVS MPR entre deux grènetis. Monogramme confus.
    ℞. + VIENNA CIVIS entre deux grènetis. Croix.
    Denier, 1 gr. 40.   Pl. XIX.

849. + LVDOVVICVS entre deux grènetis. Croix.
℞. Sans légende. Dans le champ, VI.
Denier, 1 gr. 32. Pl. XIX.

850. + IVDOVVICVS entre deux grènetis. Croix.
℞. Sans légende. Dans le champ, VI.
Denier, 1 gr. 34.

AVIGNON

Charlemagne, roi (1ʳᵉ période : 771-781).

851. CARO ∥ LVS en deux lignes. Grènetis au pourtour.
℞. A ∥ VI ∥ NI ∥ O cantonnant une croix. Au dessus, un trait horizontal. Grènetis au pourtour.
Denier, rogné, 1 gr. 13. Pl. XIX.

ARLES

Charlemagne, roi (2ᵉ période : 781-800).

852. + CARLV·S R·EX FR entre deux grènetis. Monogramme de *Karolus*, l'◊ central muni d'un chevron.
℞. + A·R·EL·ATO entre deux grènetis. Croix.
Denier, 1 gr. 53. Pl. XIX.

853. + CARLVS REX·FR entre deux grènetis. Monogramme de *Karolus*, l'◊ central muni d'un chevron.
℞. + AR·E·LATO entre deux grènetis. Croix.
Denier, 1 gr. 56.

854. + CARLVS R·EX F·R entre deux grènetis. Monogramme de *Karolus*.
℞. + AR·ELATO entre deux grènetis. Croix.
Denier, 1 gr. 49. Pl. XIX.

855. +CARLVƧ REX FR entre deux grèneris. Monogramme de *Karolus*.
℞. + ARELATO entre deux grènetis. Croix.
Denier, percé, 1 gr. 67.

Les deniers nᵒˢ 854 et 855 ont un flan plus large que les nᵒˢ 852 et 853 ; si les lettres n'avaient la même forme que celles des nᵒˢ 852 et 853, on serait tenté de les attribuer à la période du règne de Charles le Chauve, comprise entre 840 et 843.

Louis le Pieux (814-840).

856. HLVDOVVICVS IMP AVC. Buste impérial, lauré, à droite. Grènetis au pourtour.
    ℞. + ARELATVM. Porte de ville. Grènetis au pourtour.
    Denier, 1 gr. 55. Pl. XIX.

857. HLVDOVVICVS IMP AVC. Buste impérial, lauré, à droite. Grènetis au pourtour.
    ℞. + ARELATVM+ en légende rétrograde. Porte de ville. Grènetis au pourtour.
    Denier, 1 gr. 44.

858. HLVDOVVICVS IMP AC. Buste, de style barbare, à droite. Grènetis au pourtour.
    ℞. + ARELATVM. Porte de ville. Grènetis au pourtour.
    Denier, 1 gr. 25.

859. + HLVDOVVICVS IMP entre deux grènetis. Croix.
    ℞. AREL ‖ ATVM en deux lignes. Au centre, un point. Grènetis au pourtour.
    Denier, 1 gr. 78. Pl. XIX.

860. + NLVDOVVICVZ IMP entre deux grènetis. Croix.
    ℞. AREL ‖ ATVM en deux lignes. Au centre, un point. Grènetis au pourtour.
    Obole, 0 gr. 83.

Charles le Chauve, empereur (875-877).

861. + CARLVS INPERA entre deux grènetis. Croix.
    ℞. + ARELA CIVIS X entre deux grènetis. Monogramme de *Karolus*, rétrograde.
    Denier, 1 gr. 74. Pl. XIX.

Charles le Gros, roi (876-880).

862. + CARLVS REX entre deux grènetis. Croix.
    ℞. + ARELA CIVS X entre deux grènetis. Monogramme de *Carolus*, avec E initial.
    Denier, 1 gr. 55. Pl. XIX.

Carloman (880-884).

863. + CARLEMANVS RE entre deux grènetis. Croix.
 ℞. + ARELA CIVIS + entre deux grènetis. Monogramme de *Carolus*, avec C initial, R réduit à P.
 Denier, 1 gr. 80. Pl. XIX.
864. Même légende. Même type.
 ℞. + ARLEA CIVIS X entre deux grènetis. Monogramme de *Carolus* avec C initial.
 Denier, 1 gr. 56.
865. + CARLEMAIVS RE entre deux grènetis. Croix.
 ℞. + ARLEA CIVIIS X entre deux grènetis. Monogramme de *Carolus*, rétrograde, avec C initial, R réduit à P.
 Denier, 1 gr. 60.
866. + CARLEIIAIIVS PE entre deux grènetis. Croix.
 ℞. + AΓIIA CIVI2 + entre deux grènetis. Monogramme de *Carolus*, avec C initial, S rétrograde.
 Denier, 1 gr. 57. Pl. XIX.
867. Autre exemplaire du n° 866.
 Denier, 1 gr. 63.
868. Autre exemplaire du n° 866.
 Denier, 1 gr. 63.

Charles le Gros, empereur (884-887).

869. + CARLVS INPERAT entre deux grènetis. Croix.
 ℞. + ARELA CIVIS + entre deux grènetis. Monogramme de *Carolus*, rétrograde, avec C initial.
 Denier, 1 gr. 58. Pl. XIX.
870. + CARLVS IIIPERAT entre deux grènetis. Croix.
 ℞. + ARELA CIVIS + entre deux grènetis. Monogramme de *Carolus*, avec C initial.
 Obole, 0 gr. 48.
871. + CARLVS IMPERA entre deux grènetis. Croix.

PROVENCE

℞. + ARELA CIVIS X entre deux grènetis. Monogramme de *Carolus*, avec ⊏ initial.
Denier, 1 gr. 37.

872. + ⊏ARLVS INPERA entre deux grènetis. Croix.
℞. + ARELV CIA///I + entre deux grènetis. Monogramme de *Carolus* rétrograde, avec ⊏ initial, R réduit à P.
Denier, 1 gr. 50.

873. + ⊏ARLVS IMRER entre deux grènetis. Croix.
℞. + ARELA CIVIS + entre deux grènetis. Monogramme de *Carolus*, avec ⊏ initial.
Denier, 1 gr. 61.   Pl. XIX.

874. + IAREVS IMRER entre deux grènetis. Croix.
℞. + ARELA CIVIS + entre deux grènetis. Monogramme de *Carolus* rétrograde, avec ⊏ initial.
Denier, 1 gr. 67.

875. + ⊏ARVIS NPERT entre deux grènetis. Croix.
℞. + ARELV CIASI + entre deux grènetis. Monogramme de *Carolus* rétrograde, avec ⊏ initial, R réduit à P.
Denier, 1 gr. 62.

876. + ⊏ARLVS INERAT entre deux grènetis. Croix.
℞. + ARELV CIAIS + entre deux grènetis. Monogramme de *Carolus*, avec ⊏ initial, R réduit à P.
Denier, 1 gr. 48.

877. + EARLVS INREV entre deux grènetis. Croix.
℞. + ARELA CIVIS + entre deux grènetis. Monogramme de *Carolus* rétrograde, avec ⊏ initial.
Denier, 1 gr. 59.

878. + ⊏ARLVS NPEART entre deux grènetis. Croix.
℞. + ARELA CIVIS + entre deux grènetis. Monogramme de *Carolus* rétrograde, avec ⊏ initial, R réduit à P.
Denier, 1 gr. 55.   Pl. XIX.

879. + ⊏ARLVS NREART entre deux grènetis. Croix.
℞. + ARELA CIVIS + entre deux grènetis. Monogramme de *Carolus*, avec ⊏ initial, R réduit à P.
Denier, 1 gr. 48.

880. + CARLVS NPEART entre deux grènetis. Croix.
℞. + ARELA CIVIS + entre deux grènetis. Monogramme de *Carolus* rétrograde, avec C initial, R réduit à P.
Denier, 1 gr. 61.

881. + CARLVS IIPEAT entre deux grènetis. Croix.
℞. + ARELV CIAIS + entre deux grènetis. Monogramme de *Carolus*, avec C initial, R réduit à P.
Denier, 1 gr. 52.

Louis l'Aveugle (887-934)

882. + LVDOVVICVS entre deux grènetis. Croix.
℞. + ARELA CIVIS entre deux grènetis. Monogramme de *Carolus*, avec C initial, R réduit à D.
Denier, 1 gr. 34.   Pl. XIX.

883. + LVDOVVICVS entre deux grènetis. Croix.
℞. + ARELA CIVIS entre deux grènetis. Monogramme de *Carolus*, avec C initial.
Obole, 0 gr. 72.

MARSEILLE

Charlemagne, roi (1re période : 771-781).

884. CARO ‖ LVS en deux lignes. Grènetis au pourtour.
℞. M ‖ A ‖ SL ‖ S dans les cantons d'une croix; au dessus, un trait horizontal. Grènetis au pourtour.
Denier, 1 gr. 29.   Pl. XX.

885. CARO ‖ LVS en deux lignes. Grènetis au pourtour.
℞. A ‖ I ‖ S ‖ S (*Mass[ilia]*) dans les cantons d'une croix; au dessus, un trait horizontal; sous le pied de la croix, un globule.
Denier, 1 gr. 11. (*Don Morel-Fatio*.)   Pl. XX.

Louis le Pieux (814-840).

886. × HLVDOVVICVS IMP entre deux grènetis. Croix.
℞. MASS ‖ ILIA en deux lignes. Au centre, un point. Grènetis au pourtour.
Denier, 1 gr. 65.   Pl. XX.

ITALIE

ATELIER INDÉTERMINÉ DE LA PROVENCE

887. CARO | LVS en deux lignes. Grènetis au pourtour.
℞. A⁻R || DIS en deux lignes. Grènetis au pourtour.
Denier, 1 gr. 22. Pl. XX.

888. CARO :| LVS en deux lignes séparées par trois points. Grènetis au pourtour.
℞. A | R | D | IS dans les cantons d'une croix; au dessus, un trait horizontal; un globule à chaque extrémité de la traverse et sous le pied de la croix. Grènetis au pourtour.
Denier, 1 gr. 22. Pl. XX.

889. Mêmes légendes. Mêmes types. Variété : au droit, pas de points entre les deux lignes.
Denier, échancré, 1 gr. 08.

890. CARO | LVS en deux lignes. Au centre, un point. Grènetis au pourtour.
℞. A ∥ R ∣ D ∷ IS cantonnant une croix, la lettre I placée sous la croix; un globule dans le quatrième canton, devant S; un globule au dessus de la croix, entre A et R; un autre à l'extrémité du bras dextre de la croix. Grènetis au pourtour.
Denier, 1 gr. 13.
A. de Longpérier a considéré *Ardis* comme un nom de monétaire (*Cent deniers*, dans *Revue num.*, 1858, p. 249). Il est plus vraisemblable que c'est là un nom de lieu. Cf. Engel et Serrure, *Traité*, t. I, p. 206.

ITALIE

Charlemagne, roi (1ʳᵉ période : 774-781).

891. CARO ∷| LVS en deux lignes. Au centre, un point. Grènetis au pourtour.
℞. Dans le champ, B F ; au dessus, un trait horizontal. Au centre, un point. Grènetis au pourtour.
Denier, 1 gr. 24. Pl. XX.
Des deniers du même type que les nᵒˢ 891 à 895, ont été trouvés en 1856, à Bel-Air, près Lausanne (voy. A. de Longpérier, *Quelques deniers de Pépin, de Carloman et de Charlemagne*, dans *Revue numismat.*, 1856, p. 188, pl. V, nᵒ 9), et, en 1868,

près de Sarzana en Italie. (Voy. A. de Longpérier, *Deniers de Charlemagne trouvés près de Sarzana*, dans *Revue num.*, 1868, pp. 348 à 356, pl. XIV, nos 5 à 16; Gariel, *Les monnaies royales de France sous la race caroling.*, 1re partie, p. 58, pl. III; Engel et Serrure, *Traité*, p. 212.) Ces deniers sont de fabrique italienne, comme on peut l'établir par comparaison avec un denier publié par A. de Longpérier (*Monn. fr. inédites du Cabinet de M. Dassy*, 1840, p. 8, et *Revue num.*, 1856, p. 189, pl. V, n° 12), au revers duquel on lit, en petites lettres intercalées entre ℞ et ℉, le nom de la ville de Parme, **PARM**.

892. **CÆRO ‖ LVS** en deux lignes. Au centre, un point. Grènetis au pourtour.

℞. Même type. Variété : un point derrière la lettre **R**, les lettres grêles, le flan plus mince que celui du n° 891.

Denier, échancré, 1 gr. 06.

893. Mêmes légendes. Mêmes types. Variété : au revers, les lettres **C E** accostant ℞.

Denier, échancré, 0 gr 75.

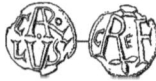

894. Mêmes légendes. Mêmes types. Variété : au revers, entre ℞ et ℉, un **V**.

Denier, 1 gr. 10.

895. Même légende du même type.

℞. Dans le champ, ℞ ℉ ; à gauche, derrière ℞, un **E** allongé, relié à ℞ par un **V** de façon à donner **M E** ; dans la panse d'℞, un globule ; entre les deux jambages de cette lettre, cinq globules ; au dessus des lettres, un trait horizontal. Grènetis au pourtour.

Denier, 0 gr. 93.

ITALIE

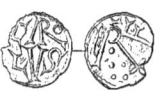

A. de Longpérier (*Revue num.*, 1868, p. 355) lit dans le monogramme du revers, IMPER REX F (*imperator rex Francorum*), lecture inadmissible, premièrement parce qu'on attachait au titre d'*imperator* une importance trop considérable pour le dissimuler sous un monogramme peu lisible; secondement parce que les deniers au type de CARO ‖ LVS en deux lignes sont antérieurs aux deniers avec le monogramme dont l'adoption en Italie est antérieure à l'an 800 et a dû nécessairement faire abandonner les deniers du premier type qui étaient plus légers. Je serais assez porté à adopter l'opinion de MM. Engel et Serrure qui proposent de voir dans le monogramme relié à R la marque de l'atelier de Milan, d'autant plus qu'on peut y trouver les lettres MED, particulièrement sur l'exemplaire figuré dans la *Revue numismatique*, 1868, pl. XIV, n° 6.

Charlemagne, roi (2ᵉ période : 781-800).

896. + CARLVS REX FR entre deux grènetis. Monogramme de *Karolus*, l'◊ central muni d'un chevron.
℞. + ET LANG AC PAT ROM entre deux grènetis. Monogramme dont la valeur n'a pas été déterminée.
Denier, 1 gr. 46.   Pl. XX.

PAVIE

Charlemagne, roi (2ᵉ période : 781-800).

897. + CARLVS REX FR entre deux grènetis. Croix.
℞. + PAPIA entre deux grènetis. Monogramme de *Carolus*, avec C initial.
Denier, 1 gr. 40.   Pl. XX.

898. Mêmes légendes. Mêmes types. Variété : au droit, dans la légende, un point après L.
Denier, 1 gr. 69.

899. Mêmes légendes. Mêmes types. Variété : au droit, dans la légende, un point après A; au revers, dans la légende, un point après le premier A.
Denier, 1 gr. 53.

Louis le Pieux (814-840).

900. **HLVDOVVICVS IMP AVC.** Buste impérial, lauré et drapé, à droite. Grènetis au pourtour.
 ℞. + **PAPIA.** Porte de ville. Grènetis au pourtour.
 Denier, 1 gr. 44.   Pl. XX.

901. Mêmes légendes. Mêmes types. Variété : flan moins large.
 Denier, rogné, 1 gr. 34.

902. + **HLVDOVVICVS IMP** entre deux grènetis. Croix.
 ℞. **PAPIA** en une ligne. Grènetis au pourtour.
 Denier, 1 gr. 71.   Pl. XX.

903. Mêmes légendes. Mêmes types. Variété : au revers, les **A** ouverts à la partie supérieure; flan plus large.
 Denier, 1 gr. 70.

Lothaire, empereur (840-855).

904. + **HLOTHARIVS IMP AV** entre deux grènetis. Croix.
 ℞. **PAPIA** en une ligne. Grènetis au pourtour.
 Denier, 1 gr. 49.   Pl. XX.

MILAN

Charlemagne, roi (2ᵉ période : 781-800).

905. + **CARLVS REX FR** entre deux grènetis. Croix.
 ℞. + **MEDIOlu** entre deux grènetis. Monogramme de *Carolus*, avec **C** initial.
 Denier, 1 gr. 61.   Pl. XX.

906. Autre exemplaire.
 Denier, usé, 1 gr. 67.

Louis le Pieux (814-840).

907. **HLVDOVVICVS IMP AVC.** Buste impérial, lauré, à droite. Grènetis au pourtour.
 ℞. + **MEDIOLANVM.** Temple tétrastyle, sur deux degrés, le fronton triangulaire surmonté d'une croisette servant de croisette initiale

ITALIE   127

à la légende; au centre du temple, une croisette. Grènetis au pourtour.
Denier, 1 gr. 68.   Pl. XX.

908. Mêmes légendes. Mêmes types. Variété : temple de forme moins élancée; flan moins large.
Denier, 1 gr. 37.

909. + HLVDOVVICVS IMP entre deux grènetis. Croix.
℞. MEDIO || LANVM en deux lignes. Au centre, un point. Grènetis au pourtour.
Denier, 1 gr. 78.   Pl. XX.

910. + HLOTHARIVS IMP entre deux grènetis. Croix.
℞. MEDIOL en une ligne. Grènetis au pourtour.
Denier, 1 gr. 45.   Pl. XX.

TRÉVISE

Charlemagne, roi (2ᵉ période : 781-800).

911. Sans légende. Monogramme de *Karolus*, l'◊ central muni d'un chevron ; le monogramme cantonné de quatre groupes de trois points disposés triangulairement. Grènetis au pourtour.
℞. + TARVIVIO entre deux grènetis. Au centre, un globule.
Denier, 1 gr. 23.   Pl. XX.

912. + CARLVS REX FR entre deux grènetis. Croix.
℞. + TARVIω entre deux grènetis. Monogramme de *Carolus*, avec C initial.
Denier, 1 gr. 49.   Pl. XX.

Louis le Pieux (814-840).

913. + HLVDOVVICVS IMP entre deux grènetis. Croix.
℞. *TARVI || SIVM en deux lignes. Grènetis au pourtour.
Denier, 1 gr. 90.   Pl. XX.

914. Mêmes légendes. Même type. Variété : au revers, lettres plus petites; pas de point précédant la légende.
Denier, 1 gr. 51.

LUCQUES

Charlemagne, roi (2ᵉ période : 781-800).

915. + CARLVS REX FR entre deux grènetis. Croix.
℞. + ·LVCA entre deux grènetis. Monogramme de *Carolus*, avec C initial.
Denier, 1 gr. 50.

916. Mêmes légendes. Même type. Variété : au revers, globule précédant la croisette initiale de la légende au lieu de la suivre.
Denier, 1 gr. 32.   Pl. XX.

VENISE

Louis le Pieux (814-840) et Louis II (855-875).

917. + HLVDOVVICVS IMP entre deux grènetis. Croix.
℞. + VEN || ECIAS en deux lignes. Grènetis au pourtour.
Denier, 1 gr. 39.

918. + HLVDOVVICVS IMP entre deux grènetis. Croix.
℞. Même légende. Variété : le C plus petit que les autres lettres.
Denier, 1 gr. 65.   Pl. XX.

919. Mêmes légendes et mêmes types. Variété : au revers, un point central.
Denier, 1 gr. 65.

920. + HLVDOVVICVS Mᴾ entre deux grènetis. Croix.
℞. Même légende qu'aux nᵒˢ 918 et 919. Au centre, un point.
Denier, 1 gr. 39.

Lothaire, empereur (840-855).

921. + HLOTARIVS IMP AV entre deux grènetis. Croix.
℞. VENECIA en une ligne. Grènetis au pourtour.
Denier, 1 gr. 66.   Pl. XX.

ATELIERS INDÉTERMINÉS

Pépin (752-768).

922. Sans légende. Dans le champ, monogramme de PiPiNus Rex; au dessus, un trait horizontal; au centre, un globule; dans le champ, à droite, un autre globule. Grènetis au pourtour.

℞. Dans le champ, monogramme composé des lettres ANDE; la lettre D cerclée de points; à gauche du monogramme, une croisette. Grènetis au pourtour.

Denier, 0 gr. 65.   Pl. XX.

[Gariel (2ᵉ partie, p. 10) a mis en doute l'authenticité de ce denier.]

923. B P dans le champ; au dessus, un trait horizontal; au dessous, un trait horizontal muni de pendants; à gauche, un globule; sous la panse du P, deux globules superposés. Grènetis au pourtour.

℞. Personnage, la tête nimbée, debout, tenant de chaque main une croix à longue hampe, au pied recroisetté; dans le champ, sur une ligne horizontale, les lettres CARN. Grènetis au pourtour.

Denier, 1 gr. 10.   Pl. XX.

[Cette pièce a été attribuée à Chartres; il est assez vraisemblable que les lettres du revers sont l'abréviation de *Carnotis* (Chartres). Voy. A. de Longpérier, *Monnaies franç. inédites du cabinet de M. Dassy* (Paris, 1840), p. 7, n° 1; Cartier, *Monnaies au type chartrain*, p. 225, pl. XV, n° 1. Quant au personnage entre deux croix, A. de Longpérier a proposé d'y reconnaître saint Chéron, apôtre du pays chartrain (*Cent deniers*, dans *Rev. num.*, 1858, p. 233). En comparant l'exemplaire du Cabinet de France soit à d'autres exemplaires de la même monnaie, soit à d'autres deniers du même type reproduits par le vicomte d'Amécourt, dans l'*Annuaire de la Soc. fr. de num.*, t. III, p. 317, et particulièrement à la vignette n° 41, on restera convaincu que ce type, quelle que soit d'ailleurs l'interprétation qu'on lui ait donnée au IXᵉ siècle, procède du type de Rome assise usité sur les monnaies romaines au Vᵉ siècle et qui avait déjà subi des déformations à l'époque mérovingienne. Voy. *Catal. des monn. fr. de la Bibl. nat.*, *Les monnaies mérovingiennes*, Introduct., p. XCVII à c, p. CXII.]

924. BTF dans le champ; à gauche et à droite, un globule. Grènetis au pourtour.

℞. Personnage, debout, tenant de chaque main une croix à longue hampe. Globules et points disséminés dans le champ. Grènetis au pourtour.

Denier, 1 gr. 41.   Pl. XX.

130 MONNAIES CLASSÉES PAR ATELIERS

925. Monogramme de PıPıNus Rex surmonté d'un trait horizontal; à gauche, ∏; à droite, un globule. Grènetis au pourtour.
 ℞. CINMA (?) rétrograde, en une ligne horizontale; au dessus, un trait horizontal; la seconde lettre encadrée dans la première; les trois dernières liées.
 Denier, 1 gr. 13. Pl. XXI.
 Ce denier a été attribué au Mans (Cinomannis). Voy. A. de Longpérier, Catal. Rousseau, p. 100.

926. Monogramme de PıPıNus Rex surmonté d'un trait horizontal; sous la panse du second P, un I; au centre, un globule; à gauche du monogramme, trois globules. Grènetis au pourtour.
 ℞. Dans le champ, R; à droite, une croisette surmontée d'un globule; dans la panse supérieure de l'R, un globule. Grènetis au pourtour.
 Denier, 1 gr. 15. Pl. XXI.

927. Monogramme de PıPıNus Rex, surmonté d'un trait horizontal; sous la panse du second P, un globule. Grènetis au pourtour.
 ℞. SCI CI ‖ RICI en deux lignes. Grènetis au pourtour.
 Denier, 1 gr. 46. Pl. XXI.
 A. de Longpérier a identifié Sancti Cirici avec le monastère de Saint-Cirgues de Clermont. (Cent deniers, dans Rev. num., 1858, p. 238.)

928. Monogramme de PıPıNus Rex, surmonté d'un trait horizontal; sous la panse de chacun des deux P du monogramme, un globule. Grènetis au pourtour.
 ℞. ınCI ‖ PETRI en deux lignes. Grènetis au pourtour.
 Denier, 1 gr. 31. Pl. XXI.
 Un denier du même type que le n° 928 a été attribué à Saint-Pierre de Trèves par M. P. Bordeaux, Les Monnaies de Trèves pendant la période carolingienne, dans Revue belge de numismat., 1893, p. 308.

929. Dans le champ, B F. Grènetis au pourtour.
 ℞. UICO ‖ ⲱS en deux lignes. Grènetis au pourtour.
 Denier, percé de deux trous, 0 gr. 95. Pl. XXI.

Charlemagne, roi (1re période : 768-781).

930. CAR ‖ LVS en deux lignes séparées par un trait horizontal croiseté à l'une de ses extrémités. Grènetis au pourtour.
 ℞. BIN ‖ 9IAC en deux lignes. Devant la légende, un signe indéter-

miné, peut-être un A (ce qui donnerait *Abingiac*). Au centre, un point. Grènetis au pourtour.
Denier, 1 gr. 24. Pl. XXI.

931. C*R*O ‖ LVS en deux lignes. Grènetis au pourtour.
℞. CAI en monogramme; à droite, I; au dessus, un trait horizontal. Grènetis au pourtour.
Denier, 1 gr. 30. Pl. XXI.

932. C*R*O ‖ LVS en deux lignes. Grènetis au pourtour.
℞. ۰CA ‖ IVI en deux lignes séparées par un trait horizontal, croisetté à l'une de ses extrémités. Grènetis au pourtour.
Denier, 0 gr. 94. Pl. XXI.

933. C*R*O ‖ LVS en deux lignes. Grènetis au pourtour.
℞. CHO ‖ GIS en deux lignes. Au centre, un globule. Grènetis au pourtour.
Denier, fragmenté, 1 gr. 03.

934. C*R*O ‖ LVS en deux lignes. Grènetis au pourtour.
℞. CLS en une ligne; au dessus, un trait horizontal; à gauche, derrière C, un petit trait horizontal entre deux points, l'un au dessus, l'autre au dessous; entre C et L, une croisette. Grènetis au pourtour.
Denier, 1 gr. 18. Pl. XXI.

935. C*R*O ‖ LV·S· en deux lignes. Grènetis au pourtour.
℞. XD ‖ MA·G ‖ ๐2·Ͻ en trois lignes. Grènetis au pourtour.
Denier, 1 gr. 27. Pl. XXI.

936. C*R* ‖ LVS en deux lignes séparées par un trait horizontal. Grènetis au pourtour.
℞. XD ‖ ΠAG ‖ CS en trois lignes. Grènetis au pourtour.
Denier, 1 gr. 36.

937. ·C*R*: ‖ LV·S en deux lignes. Au centre, une croisette pommettée. Grènetis au pourtour.

℞. +O ‖ MAG ‖ Cᴎ en trois lignes. Grènetis au pourtour.
Denier, 1 gr. 23. Pl. XXI.

938. + CARLVᴎ R entre deux grènetis. Au centre, une croisette.
℞. DUN ‖ NOS en deux lignes séparées par un trait horizontal. Grènetis au pourtour.
Denier, 1 gr. 31. Pl. XXI.

939. CÆRO ‖ LVS en deux lignes. Grènetis au pourtour.
℞. RN ‖ DIO en deux lignes séparées par un trait horizontal. Grènetis au pourtour.
Denier, 1 gr. 07. Pl. XXI.

940. CÆRO ‖ LVS en deux lignes. Grènetis au pourtour.
℞. Monogramme paraissant formé essentiellement des lettres SANT ; au dessous, un petit trait horizontal ; à droite, deux points. Grènetis au pourtour.
Denier, échancré, 0 gr. 77. Pl. XXI.

941. Dans le champ, KÆB ; au dessus, un trait horizontal ; au dessous, F couché (*Karolus rex Francorum*). Grènetis au pourtour.
℞. Croix cantonnée des lettres V ‖ ◊ ‖ M ‖ R (*Vorm*... ou *Roma*). Grènetis au pourtour.
Denier, 0 gr. 99. Pl. XXI.

Gariel (2ᵉ partie, p. 132) considère cette pièce comme fausse. « Elle porte au droit, dit-il, une légende qui est la copie servile » d'un denier frappé à Sainte-Croix. Gariel entend parler d'un denier qui faisait partie de la trouvaille d'Imphy (*Rev. num.*, 1858, pl. XIII, n° 33) et dont le droit est tout semblable en effet à celui de notre pièce, mais qui ne saurait lui avoir servi de modèle, attendu que la trouvaille d'Imphy date de l'année 1858, et que le denier n° 941 dont il conteste l'authenticité a été acquis par la Bibliothèque nationale, en 1850, de M. J. E. Eckel de Strasbourg. La ressemblance entre notre denier et celui de la trouvaille d'Imphy plaide donc en faveur de l'authenticité du premier.

Charlemagne, roi (2ᵉ période : 781-800).

942. + CALVS REX IIER entre deux grènetis. Croix.
℞. + EX MTALLO NOVO entre deux grènetis. Monogramme de *Karolus*, les branches du K partant des extrémités de la haste.
Denier, échancré, 1 gr. 58. Pl. XXI.

943. + CARLVᴎ REX ER entre deux grènetis. Croix.

ATELIERS INDÉTERMINÉS   133

℞. + EX MEALO NOVO entre deux grènetis. Monogramme de *Karolus* du même type qu'au n° 942.
Denier, rogné, 1 gr. 46.

Monnaies au monogramme de Karolus.

944. + CARLVω REX entre deux grènetis. Croix.
℞. + BRIVIO VICI entre deux grènetis. Monogramme de *Karolus*.
Denier, 1 gr. 77.   Pl. XXI.

945. + ODATA⁻OIIIEX entre deux grènetis. Monogramme de *Karolus*, rétrograde; au centre, un point.
℞. + BRVDONSONT entre deux grènetis. Croix.
Denier, 1 gr. 77.

946. + IVQVTIOVIƎX entre deux grènetis. Monogramme de *Karolus*; au centre, un point.
℞. + RRVƟVNƧVT entre deux grènetis. Croix.
Denier, 1 gr. 70.

947. Autre exemplaire du n° 946.
Denier, 1 gr. 80.

948. + OVQITVOIVƎX entre deux grènetis. Monogramme de *Karolus*, rétrograde.
℞. + RRVƆVNƧVT entre deux grènetis. Croix.
Denier, 1 gr. 68.   Pl. XXI.

949. + NOVIRIO⁻IM entre deux grènetis. Monogramme de *Karolus*, R réduit à P.
℞. + RRVCVNSVTI entre deux grènetis. Croix.
Denier, 1 gr. 50.

950. + CRATIA D⁻I REX entre deux grènetis. Monogramme de *Karolus*; au centre, un point.
℞. + CASTRA MONETA entre deux grènetis. Croix.
Denier, 1 gr. 68.   Pl. XXI.

951. + CRATIA D⁻I REX entre deux grènetis. Monogramme de *Karolus*.
℞. + ⊦CVSTENSISΘNEN entre deux grènetis. Croix.
Denier, 1 gr. 67.   Pl. XXI.

952. + CARLVS REX FR entre deux grènetis. Croix.

℞. + NOVIO⁻IM entre deux grènetis. Monogramme de *Karolus*.
Denier, 1 gr. 87. Pl. XXI.

Ce denier est à rapprocher du denier et de l'obole figurés dans Gariel, 2ᵉ partie, pl. XXIII, fig. 65 et 66, et qui portent en légende : le denier **NOVIOM**. et l'obole, **NIOVIIVOM**.

953. + GRATIA D⁻I REX entre deux grènetis. Monogramme de *Karolus*.
℞. + HNOVIOM VILLA entre deux grènetis. Croix.
Denier, 1 gr. 75. Pl. XXI.

954. Mêmes types. Mêmes légendes. Variété : dans la légende du revers, les L renversées.
Denier, 1 gr. 74.

Le style des deux deniers qui précèdent indique qu'il faut chercher l'emplacement de la *villa* de *Noviomo* dans l'Ouest et du côté de la Normandie. Il existe dans les départements de Maine-et-Loire et de la Sarthe plusieurs villages appelés *Noyant* ou *Noyen*.

955. + CRATIA D⁻I REX entre deux grènetis. Monogramme de *Karolus*.
℞. + PORCO CASTELLO entre deux grènetis. Croix.
Denier, 1 gr. 74. Pl. XXI.

956. Mêmes types. Mêmes légendes. Variété : dans le monogramme, les branches du K partant de deux points de la haste éloignés du centre.
Denier, 1 gr. 39.

957. + TIAMAI⁻IAEIO (déformation de *Christiana religio*?) entre deux grènetis. Monogramme de *Karolus*, rétrograde.
℞. + RAVGIO PALATIO entre deux grènetis. Croix.
Denier, 1 gr. 59. Pl. XXII.

958. + CRATIA D⁻I REX entre deux grènetis. Monogramme de *Karolus*.
℞. + RVVCI MONITA entre deux grènetis. Croix.
Denier, 1 gr. 72. Pl. XXII.

959. + CRACIA D⁻I REX entre deux grènetis. Monogramme de *Karolus*.
℞. + RAVCI MONETE entre deux grènetis. Croix.
Denier, 1 gr. 65.

960. + GRA·TIA D⁻I REX entre deux grènetis. Monogramme de *Carolus*, rétrograde, avec C initial; au centre, un point.
℞. + RVLLO CIVITAS entre deux grènetis. Croix.
Denier, 1 gr. 53. Pl. XXII.

961. + GRATA D˜I REX entre deux grènetis. Monogramme de *Karolus*.
    ℞. + SC˜I PETRI MONETA entre deux grènetis. Croix.
    Denier, 1 gr. 23.   Pl. XXII.

962. + GRATIA D˜I REX entre deux grènetis. Monogramme de *Karolus*;
    au centre, un point.
    ℞. + SCI STEPHANI MONE entre deux grènetis. Croix.
    Denier, 1 gr. 61.   Pl. XXII.

963. + CATIA D˜II PEX entre deux grènetis. Monogramme de *Karolus*,
    les branches du K partant des extrémités de la haste.
    ℞. + TRIODORO ASTEI entre deux grènetis. Croix.
    Denier, 1 gr. 64.   Pl. XXII.

964. + CPATIA D˜I DEX entre deux grènetis. Monogramme de *Karolus*,
    les branches du K partant des extrémités de la haste, R réduit à
    ⊢. S retourné ; au centre, un point.
    ℞. + TVƎIIᴎ CIV·ITAʊ entre deux grènetis. Croix.
    Denier, 1 gr. 77.   Pl. XXII.

965. + CRATIA D˜I REX entre deux grènetis. Monogramme de *Karolus*.
    ℞. + TVNIERAʊ CIVITAʊ entre deux grènetis. Croix.
    Denier, 1 gr. 58.   Pl. XXII.

966. + GRATIA D˜I REX entre deux grènetis. Monogramme de *Karolus*, rétrograde.
    ℞. + VENDENIS CASTRO entre deux grènetis. Croix.
    Denier, 1 gr. 46.   Pl. XXII.

967. + CRATIA D˜I REX entre deux grènetis. Monogramme de *Karolus*.
    ℞. + VENDENIS CASTRO entre deux grènetis. Croix, accostée de
    deux globules dans des cantons opposés.
    Denier, 1 gr. 52.

968. + CRATIA D˜I REX FR entre deux grènetis. Monogramme de
    Karolus, avec L initial, les lettres disposées dans un ordre anormal;
    au centre, un point.
    ℞. + IN FISCO VENDRNT entre deux grènetis. Croix.
    Denier, 1 gr. 75.   Pl. XXII.

969. Mêmes légendes. Mêmes types. Variété : dans la légende du revers,
    VEN au lieu de VEN.
    Denier, 1 gr. 70.

136   MONNAIES CLASSÉES PAR ATELIERS

970. + CRATIA D¯I REX entre deux grènetis. Monogramme de *Karolus*, les branches du K partant des extrémités de la haste.
 ℞. + IN VICO VIOTO entre deux grènetis. Croix.
 Obole, o gr. 73.   Pl. XXII.

Louis le Germanique (840-876).

971. + LVDOVVICVʌ REX entre deux grènetis. Croix cantonnée de quatre globules.
 ℞. HADTV‖RECVM en deux lignes. Grènetis au pourtour.
 Denier, 1 gr. 52.   Pl. XXII.

Charles le Gros, empereur (880-887).

972. KARLVS IIIP AVG. Buste impérial, diadémé et lauré, à droite. Grènetis au pourtour.
 ℞. + METALL·GERMAN. Deux coins monétaires superposés, accostés de deux marteaux. Grènetis au pourtour.
 Denier, 1 gr. 53.   Pl. XXII.
 Pour la forme du diadème et de la couronne, cf. n° 981.

Charles le Simple (893-922).

973. + CPATIA DI entre deux grènetis. Monogramme de *Carolus*, avec C initial, R réduit à P.
 ℞. CASEI‖CIITA en deux lignes séparées par une ligne de points; au dessus et au dessous, une croisette. Grènetis au pourtour.
 Obole, o gr. 51.

974. + CRATIA DI REX entre deux grènetis. Monogramme de *Karolus*; au centre, un point.
 ℞. CAS·LI‖CIITAS en deux lignes horizontales séparées par une ligne de points; au dessus et au dessous, une croisette. Grènetis au pourtour.
 Denier, 1 gr. 42.   Pl. XXII.

Louis l'Enfant (899-911).

975. + IIIVDOVVICVƧ IVƧ (pour *Hludowicus pius*) entre deux grènetis.

℞. ⵙALO‖MON en deux lignes. Grènetis au pourtour.
Denier.   Pl. XXII.

A. de Longpérier a vu dans l'inscription du revers un nom d'homme ; et il a identifié ce personnage avec un évêque de Constance qui siégea d'environ l'an 902 à l'an 910 (*Rev. num.*, 1857, p. 344).

MONNAIES AVEC NOMS D'ATELIERS DÉFORMÉS

976. + TIΛIIΛI⁻IΛEIO entre deux grènetis. Monogramme de *Karolus*, rétrograde.
℞. + EEVIOICVΛΛII entre deux grènetis. Croix.
Denier, 1 gr. 70.

977. + CPIΛTIΛ D⁻I REX entre deux grènetis. Monogramme de *Karolus*.
℞. + SIΛIRIΩΛNΛMDΛ entre deux grènetis. Croix.
Denier, 1 gr. 65.

978. + CRATIΛ D⁻ REX entre deux grènetis. Monogramme de *Karolus*.
℞. + SICΛIDIRTIVNRI entre deux grènetis. Croix.
Denier, 1 gr. 34.

979. + CΓΛCIΛ ⊃⁻I ΠLX entre deux grènetis. Monogramme de *Karolus*, K devenu Ϲ, S rétrograde.
℞. + DE IIꞂCO CVIIVIO (*De fisco...*) entre deux grènetis. Croix.
Denier, 1 gr. 35.

979ª — Décrit p. 134 bis — Monogr. de Karolus
979ᵇ — Décrit p. 136 bis — Charles le Gros
979ᶜ — Décrit p. 136 bis — Do
979ᵈ — Décrit p. 136 bis — Monogr. de Raoul
979ᵉ — Décrit p. 59 bis — Do

979ᶠ + CARLVS REX Croix. ℞ RIΛIIΛR IIOIO Monogr. de Karolus. Denier. 21 mm. 1945.
979ᵍ + GRATIA DEI REX. Monogr. de Karolus.
℞ ΛRUTΛIΛCꞂΛꞂ   N° 7361
(Artici? Arcis. Aube?)

MONNAIES AVEC NOMS DE SOUVERAINS
SANS INDICATIONS D'ATELIERS

Pépin (752-768)

980. ΠPIPI en une ligne. Au dessus, une croisette; au dessous, une hache posée horizontalement. Grènetis au pourtour.
R̃. R̃-F. Grènetis au pourtour.
Denier, 1 gr. 25.   Pl. XXII.

MONNAIES A LA LÉGENDE *CHRISTIANA RELIGIO* ET AU NOM DE
CHARLEMAGNE, EMPEREUR (800-814).

981. KAROLVS IMP AVG. Buste impérial, drapé, diadémé et lauré, à droite. Grènetis au pourtour.
R̃. XPICTIANA RELIGIO. Temple tétrastyle sur deux degrés; le fronton triangulaire surmonté d'une croix; au centre du temple, une croix.
Denier, échancré, 1 gr. 60.   Pl. XXII.

982. ✠ D N KARLVS IMP [AV]G REX F ET L (*Dominus noster Karlus imperator augustus rex Francorum et Langobardorum*). Buste impérial, drapé, diadémé et lauré, à droite. Grènetis au pourtour.
R̃. XPICTIAN[A] RELIGI[O]. Temple du même type qu'au n° 981.
Denier, échancré, 1 gr. 52.   Pl. XXII.

983. KARLVS IMP AVG. Buste impérial, drapé, diadémé et lauré, à droite. Grènetis au pourtour.
R̃. XPICTIANA RELIGIO. Temple du même type qu'aux nᵒˢ 981 et 982.
Denier, 1 gr. 71.   Pl. XXII.

MONNAIES A LA LÉGENDE *CHRISTIANA RELIGIO* ET AU NOM DE
LOUIS, EMPEREUR

Type du buste

984. HLVDOVVICVS IMP AVG. Buste impérial, drapé et lauré, à droite. Grènetis au pourtour.
R̃. XPISTIANA RELIGIO. Temple tétrastyle, sur deux degrés; le

---

[Handwritten annotations:]

983ᵃ. Même que 983, conserv. meilleure. Max-Mirly 1522

983ᵇⁱˢ. *Médaille.* — IMP CAESAR KAROLVS P F PP AVG. Buste lauré et drapé de l'empereur, à droite. Grènetis au pourtour.
R̃. SIGNVM XPISTIANAE RELIG///////. Temple tétrastyle à fronton triangulaire. Grènetis au pourtour.
Argent doré. Diam : 0,027 ; épaisseur du flan : entre 0,002 et 0,003. Poids : 17 gr. 43. (acquis en 1899). 1000 !!!! (M.2897)
(Est dans l'entête des médailles des rois de France).

SANS INDICATIONS D'ATELIERS 139

fronton triangulaire surmonté d'une croix; au centre du temple, une croix. Grènetis au pourtour.
Denier, 1 gr. 68. Pl. XXII.

985. Mêmes légendes. Mêmes types. Variété de coin : flan moins large.
Denier, 1 gr. 62.

986. Mêmes légendes. Mêmes types. Variété de coin.
Denier, 1 gr. 57.

Type du temple et de la croix.

Ce type s'est immobilisé et perpétué pendant plusieurs siècles. Mais il paraît impossible de faire en toute certitude le départ entre les deniers dont l'émission remonte au règne de Louis le Pieux et ceux qui ne sont que des imitations postérieures. Encore moins peut-on distinguer les deniers de Louis le Pieux (814-840) de ceux de Louis II d'Italie (855-875).

Les monnaies de ce type sont ici réparties en deux groupes, le premier comprenant les monnaies avec un temple de forme élancée, le second, celles avec un temple de forme trapue.

1ᵉʳ GROUPE : TEMPLE DE FORME ÉLANCÉE

987. + HLVDOVVICVS IMP entre deux grènetis. Croix cantonnée de quatre globules.
℞. XPISTIANA RELIGIO. Temple tétrastyle, sur deux degrés, le fronton triangulaire surmonté d'une croix; au centre du temple, une croix. Grènetis au pourtour.
Denier, 1 gr. 67. Pl. XXII.

988. Mêmes légendes. Mêmes types. Variété : les branches de la croix plus courtes.
Denier, 1 gr. 57.

989. + HLVDOVVICVS IMP entre deux grènetis. Croix cantonnée de quatre globules.
℞. XPISTIANA RELIGIO. Temple du même type qu'aux numéros précédents.
Denier, 1 gr. 60.

990. + HLᵛDOᵛᵛICᵛS IMP entre deux grènetis. Croix cantonnée de quatre globules.

℞. Même légende. Temple du même type qu'aux numéros précédents.
Denier, 1 gr. 59.   Pl. XXII.

991. Autre exemplaire du n° 990.
Denier, échancré, 1 gr. 52.

992. Même légende. Même type.
℞. XPIST'ANA RELIGIO. Temple du même type, la croix centrale fichée à un pied.
Denier, 1 gr. 61.

993. Même légende. Même type.
℞. XPISTIANA RELIGIO. Temple du même type qu'au n° 992.
Denier, 1 gr. 52.   Pl. XXII.

994. HLVDOVVICVS IMP entre deux grènetis. Croix cantonnée de quatre globules.
℞. XPISTIANA RELIGIO. Temple du même type qu'au n° 992.
Denier, 1 gr. 46.

995. Mêmes légendes. Mêmes types. Variété : au droit, les branches de la croix s'étendant jusqu'au grènetis intérieur; dans la légende du revers, les A en forme de Λ.
Denier, 1 gr. 43.

996. Mêmes légendes. Mêmes types. Variété : les lettres des légendes plus grosses; dans la légende du revers, les A ayant la forme ordinaire.
Denier, 1 gr. 86.   Pl. XXII.

997. Mêmes légendes. Mêmes types. Variété : dans la légende du droit, M réduit à II; au revers, les A sans traverses, les rampants intérieurs du fronton du temple se croisant à leur partie supérieure.
Denier, 1 gr. 36.   Pl. XXIII.
Cf. plus bas, n° 1026.

998. Mêmes légendes. Mêmes types. Variété : au revers, le temple accosté de deux globules; sous les degrés, un annelet.
Denier, 1 gr. 44.   Pl. XXIII.

999. Mêmes légendes. Mêmes types. Variété : dans les légendes, S formé

de deux segments; les extrémités de la croix potencées; au revers, C au lieu de G.
Denier, 1 gr. 60. Pl. XXIII.

1000. Autre exemplaire du n° 999.
Denier, 1 gr. 72.

1001. Mêmes légendes. Mêmes types. Variété de coin.
Denier, 1 gr. 78..

2ᵉ GROUPE : TEMPLE DE FORME TRAPUE

1002. + HLVDOVVICVS IMP entre deux grènetis. Croix cantonnée de quatre globules.
℞. XPISTIANA RELIGIO. Temple tétrastyle sur deux degrés, le fronton triangulaire surmonté d'une croix; au centre du temple, une croix. Grènetis au pourtour.
Denier, 1 gr. 57. Pl. XXIII.

1003. Mêmes légendes. Mêmes types. Variété de coin.
Denier, 1 gr. 37.

1004. Mêmes légendes. Mêmes types. Variété de coin.
Denier, 1 gr. 40.

1005. Mêmes légendes. Mêmes types.
Obole, 0 gr. 71.

1006. Mêmes légendes. Mêmes types. Variété : au revers, les A non munis de traverse.
Denier, 1 gr. 54.

1007. Mêmes légendes. Mêmes types. Variété : flan plus large, lettres plus larges et plus hautes.
Denier, 1 gr. 45.

1008. + HL·VDOV·VICVꙄ·IMP entre deux grènetis. Croix cantonnée de cinq globules.
℞. XPISTIA'N'A RELIGIO. Temple tétrastyle, sur deux degrés, le fronton triangulaire surmonté d'une croix; au centre du temple, une croix. Grènetis au pourtour.
Denier, 1 gr. 51.

1009. + HLVDOVVICVS IMP entre deux grènetis. Croix cantonnée de quatre globules.
℞. XPISTIANA RELIGIO. Temple du même type que précédemment. Grènetis au pourtour.
Denier, 1 gr. 54. Pl. XXIII.

1010. Mêmes légendes. Mêmes types. Variété : au revers, le temple accosté de deux globules.
Denier, rogné, 1 gr. 38.

1011. Mêmes légendes. Mêmes types. Variété : le temple non accosté de globules.
Denier, échancré, 1 gr. 14.

1012. Mêmes légendes. Mêmes types. Variété de coin.
Denier, 1 gr. 50.

1013. + HLVDOVVICVᴎ IMD entre deux grènetis. Croix, aux extrémités fichées, cantonnée de quatre globules.
℞. XPIƧTIΛIIΛ RELICIO. Temple du même type que précédemment. Grènetis au pourtour.
Denier, avec restes de bélière, 1 gr. 70.

1014. + HLVDOVVICVS IMP entre deux grènetis. Croix cantonnée de quatre globules.
℞. XPISTIΛHΛ RELICIO. Temple du même type que précédemment, mais de style barbare. Grènetis au pourtour.
Denier, 1 gr. 57.

1015. Mêmes légendes. Mêmes types. Variété : les globules cantonnant la croix réduits à l'état de points; dans la légende du revers, N ayant la forme normale.
Denier, rogné, 1 gr. 58.

1016. Mêmes légendes. Mêmes types. Variété : dans la légende du revers, le G de forme carrée.
Denier, 1 gr. 48. Pl. XXIII.

1017. Mêmes légendes. Mêmes types. Variété : dans la légende du droit, H réduit à II; les globules qui cantonnent la croix tendant à la forme quadrangulaire.
Denier, 1 gr. 60.

1018. + HLVDOVVICVS IIIP entre deux grènetis. Croix cantonnée de quatre globules.
℞. XPISTIANA PELICIO. Temple du même type que précédemment. Au dessous, S. Grènetis au pourtour.
Denier, 1 gr. 43. Pl. XXIII.

1019. + HLVDOVVICV M̂P entre deux grènetis. Croix cantonnée de quatre globules.
℞. XPISTIANA RELICIO. Temple du même type que précédemment. Grènetis au pourtour.
Obole, 0 gr. 78.

1020. Mêmes légendes. Mêmes types. Variété de coin.
Obole, 0 gr. 76.

1021. + HLVDOVVICVS IMP entre deux grènetis. Croix cantonnée de quatre globules.
℞. XPISTIAHA RELICIO. Temple de même type que précédemment.
Obole, 0 gr. 72.

1022. + HLVDOVVICIS entre deux grènetis. Croix cantonnée de quatre globules.
℞. XPISTIAMA RELI. Temple du même type que précédemment. Grènetis au pourtour.
Obole, 0 gr. 79.

1023. + HLVDOVVICVS IM̂P entre deux grènetis. Croix cantonnée de quatre globules.
℞. XPISTIANA RE. Temple du même type que précédemment. Grènetis au pourtour.
Obole, 0 gr. 92. Pl. XXIII.

1024. + HLVDOVVICVS IM entre deux grènetis. Croix cantonnée de quatre globules.
℞. XPISTIANA PEIII. Temple de même type que précédemment. Grènetis au pourtour.
Obole, échancrée, 0 gr. 72.

1025. + HLVDOVVCVS IMP entre deux grènetis. Croix cantonnée de quatre globules.

MONNAIES AVEC NOMS DE SOUVERAINS

℞. XPISTIANA RELIGIO. Temple tétrastyle sur deux degrés, le fronton triangulaire surmonté d'une croix; au centre du temple, une croix; sous le degré inférieur, et réuni à lui, un triangle, répétition du fronton supérieur interne. Grènetis au pourtour.
Denier, 1 gr. 62. Pl. XXIII.

Le type du revers du n° 1025, à savoir un temple, sous les degrés duquel est placé un triangle, est devenu par une série de déformations et par le développement du triangle, le type monétaire du Hainaut, comme l'a démontré M. Ch. Robert. *Denier au temple frappé à Valenciennes* (*Revue de la numismat. belge*, 1859, 3ᵉ s., t. III, p. 133). A rapprocher encore un denier d'Anvers au nom de Henri, roi de Germanie (919-936), où le mot CIVITA, remplaçant les colonnes du temple, est enfermé entre deux pignons triangulaires opposés. Voy. Dannenberg, *Die deutschen Münzen*, pl. 6, n° 140. Toutefois, le type du temple à frontons triangulaires opposés n'est pas cantonné dans la région du Nord; il apparaît aussi sur les deniers normands de la fin du xᵉ ou du commencement du xiᵉ siècle. Voy. Poey d'Avant, *Monnaies féod.*, pl. IV, nᵒˢ 12 à 14.

1026. + HLVDOVVICVS ▷◁P entre deux grènetis. Croix cantonnée de quatre globules.
℞. XPISTIANA RELICIO. Temple tétrastyle, sur deux degrés, le fronton triangulaire surmonté d'une croix à longue hampe, les rampants intérieurs du fronton se croisant à leur partie supérieure. Au centre du temple, une croix. Grènetis au pourtour.
Denier, 1 gr. 16. Pl. XXIII.
Cf. plus haut, n° 997.

1027. Mêmes légendes. Mêmes types. Variété : au revers, les rampants intérieurs du fronton ne se croisant pas à leur partie supérieure.
Denier, 1 gr. 64. Trouv. du Bourgneuf, près Chalon. Pl. XXIII.

1028. + HLVDOVVIVS I◁◁P entre deux grènetis. Croix cantonnée de quatre globules.
℞. Même légende et même type qu'au n° 1027.
Denier, 1 gr. 50. Trouv. du Bourgneuf, près Chalon.

1029. + HLVDOVVICVS I▷◁P entre deux grènetis. Croix cantonnée de quatre globules.
℞. XISTIANA RELICIO. Temple tétrastyle sur deux degrés, le fronton triangulaire surmonté d'une croix; au centre du temple, une croix. Grènetis au pourtour.
Denier, 1 gr. 45. Trouv. du Bourgneuf, près Chalon.

1030. + HLVDOVVICVS IMP entre deux grènetis. Croix cantonnée de quatre globules.
℞. XPISTIANA RELIGIO. Temple tétrastyle, sur deux degrés, le fronton triangulaire surmonté d'une croix; au centre du temple, une croix. Grènetis au pourtour.
Denier, 1 gr. 47.

1031. + NLVDOVVICVS IMP entre deux grènetis. Croix cantonnée de quatre globules.
℞. XPISTIAHA PELICIO. Temple du même type que précédemment, les colonnes trapues, isolées, très espacées. Grènetis au pourtour.
Denier, 1 gr. 64.   Pl. XXIII.

1032. Même légende. Même type, les globules qui cantonnent la croix devenus des losanges.
℞. XIISTIANA RELICIO. Temple du même type et de même style qu'au n° 1031.
Denier, échancré, 1 gr. 22.

1033. VIIIVIIOIVICVIII entre deux grènetis. Croix cantonnée de trois globules et d'un signe indéterminé ressemblant à un ▭.
℞. XISTIIIIA PIICIIO. Temple du même type que précédemment.
Obole, 0 gr. 74.
Les deniers n°s 1033 à 1041 paraissent, d'après leur style, appartenir à la région allemande et n'être pas antérieurs au x° siècle.

1034. + HLVDOVVICVS IMD entre deux grènetis. Croix cantonnée de quatre globules.
℞. XPISTOAIIAIIC////. Temple du même type que précédemment. Grènetis au pourtour.
Denier, 1 gr. 14.   Pl. XXIII.

1035. ▷◁IDVI◉VICVS HP en légende rétrograde, entre deux grènetis. Croix cantonnée de quatre globules.
℞. XPISTANAI RELICO. Temple du même type que précédemment. Grènetis au pourtour.
Denier, 1 gr. 27.

1036. + VLODVIHWRH : en légende rétrograde, entre deux grènetis. Croix cantonnée de quatre globules.
℞. XPIƧTIAHA REΓO en légende rétrograde. Temple du même

type que précédemment, les degrés et la ligne formant la base du fronton, ornés de points. Grènetis au pourtour.

Denier, 1 gr. 06.

1037. + VLOQVIHNIHI entre deux grènetis. Croix cantonnée de deux globules et de deux groupes de trois points disposés triangulairement.

℞. XPISVVNV REIIO en légende rétrograde. Temple du même type et de même style qu'au n° 1036.

Denier, 1 gr. 41. Pl. XXIII.

A rapprocher le n° 1037 de certains deniers frappés à Rastibonne au nom du duc Henri, probablement Henri II (955-976). Voy. Danenberg, *Die deutschen Münzen*, pl. 46, n°s 1064ᵃ et 1064ᶜ.

1038. IISIƆIVVMIDᛌᛌ en légende rétrograde entre deux grènetis. Croix cantonnée de quatre globules.

℞. XTISVNV REIICIO en légende rétrograde. Temple du même type et de même style qu'au 1036.

Denier, 1 gr. 23.

1039. +//// ÞIVVOUVIN entre deux grènetis. Croix cantonnée de quatre globules.

℞. XPIQVNA REΓICIO. Temple du même type que précédemment, la croix centrale posée en X. Grènetis au pourtour.

Denier, 1 gr. 15.

1040. +: NIVDOVVICISII en légende rétrograde entre deux grènetis. Croix cantonnée de quatre globules.

℞. XTISVNA REΓICIO. Temple du même type et de même style qu'au n° 1039.

Denier, 1 gr. 36.

1041. + IOVVICVS IIXIP entre deux grènetis. Croix cantonnée de quatre globules.

℞. ISTAIIVƆEIICO. Temple tétrastyle sur deux degrés, le fronton triangulaire surmonté d'une croix; au centre du temple, une croix. Grènetis au pourtour.

Denier, 1 gr. 24.

MONNAIES A LA LÉGENDE *CHRISTIANA RELIGIO* ET AU TYPE
DE LA CROIX

1042. + HLVDOVVICVS IMP entre deux grènetis. Croix.
℞. + XPISTIANA REIICIO entre deux grènetis. Croix.
Denier, 1 gr. 79.   Pl. XXIII.

1043. + HLVDOVVICVS IMI entre deux grènetis. Croix.
℞. + XIDIAIIA REIICIO entre deux grènetis. Croix.
Obole, 0 gr. 74.

1044. + HVDOVVICVᴎ IP entre deux grènetis. Croix cantonnée de quatre globules.
℞. +PIᴎTIAHA RE en légende rétrograde entre deux grènetis. Croix.
Obole, 0 gr. 75.

1045. + IILVDOVVICVᴎ P entre deux grènetis. Croix cantonnée de quatre globules.
℞. +ᖰVIᴎTIVNV RE en légende rétrograde entre deux grènetis. Croix.
Obole, 0 gr. 70.

1046. + NLVDOVVICVᴎ I entre deux grènetis. Croix cantonnée de quatre globules.
℞. +PIᴎTIANA RE en légende rétrograde entre deux grènetis. Croix.
Obole, 0 gr. 64.

1047. + IILVIƆ//////CVᴎI entre deux grènetis. Croix cantonnée de quatre globules.
℞. +PIᴎTIAI//////E entre deux grènetis. Croix.
Obole, fortement échancrée, 0 gr. 47.

MONNAIES A LA LÉGENDE *CHRISTIANA RELIGIO* ET AU NOM DE LOTHAIRE, EMPEREUR

1048. ✛ HLVTHARIVS AGVS. Buste impérial, drapé et diadémé, à droite.
℞. XPISTIANA RE(LIG)IO. Temple tétrastyle, sur deux degrés, le fronton triangulaire surmonté d'une croix; au centre du temple, une croix. Grènetis au pourtour.
Denier, avec traces de dorure, enchâssé dans un cadre composé de deux cercles de grènetis, 2 gr. 18.

1049. LOTARIVS IMP AVGV. Buste impérial, drapé et lauré, à droite. Grènetis au pourtour.
℞. XPISTIANA RILIGIO. Temple tétrastyle, sur deux degrés; le fronton triangulaire surmonté d'une croix; au centre du temple, une croix. Grènetis au pourtour.
Denier, échancré, 1 gr. 45.

1050. ✛ HLOTHARIVS IMP AV. Buste impérial, drapé et lauré, à droite; style barbare. Grènetis au pourtour.
℞. XPISTIANA RELIGIO. Temple du même type que précédemment. Grènetis au pourtour.
Denier, 1 gr. 58.   Pl. XXIII.

1051. ✛ HLOTARIVS IMP entre deux grènetis. Croix cantonnée de quatre globules.
℞. XPISTIANA RELIGIO. Temple tétrastyle, sur deux degrés, le fronton triangulaire surmonté d'une croix; au centre du temple, une croix. Grènetis au pourtour.
Denier, 1 gr. 39.

1052. ✛ HLOTHARIVS IMP entre deux grènetis. Croix cantonnée de quatre globules.
℞. XPISTIANA RELIGIO. Temple du même type que précédemment. Grènetis au pourtour.
Denier, échancré, 1 gr. 23.

1053. ✛ LVTHARIVS IIP entre deux grènetis. Croix cantonnée de quatre globules.

℞. XPISTIAHA RELO. Temple du même type que précédemment; la croix qui surmonte le fronton, accostée de deux globules. Grènetis au pourtour.
Denier, 1 gr. 39.

1054. ✠ LVTNVRIVƧ IMP entre deux grènetis. Croix cantonnée de quatre globules.
℞. XPISTIANA RELCIO. Temple du même type que précédemment. Grènetis au pourtour.
Denier, 1 gr. 44.

MONNAIES A LA LÉGENDE *CHRISTIANA RELIGIO* ET AU NOM DE LOUIS, ROI

1055. ✠ VVDEVICVS RE (pour *Ludovicus rex*) en légende rétrograde, entre deux grènetis. Croix cantonnée de quatre globules.
℞. XPISTIAHA RELIO en légende rétrograde. Temple tétrastyle, sur deux degrés, le fronton triangulaire surmonté d'une croix; au centre du temple, une croix. Grènetis au pourtour.
Denier, 1 gr. 01.

MONNAIES A LA LÉGENDE *CHRISTIANA RELIGIO* ET AU NOM DE PÉPIN, ROI D'AQUITAINE

1056. ✠ PIPINVS REX EQ entre deux grènetis. Croix cantonnée de quatre globules.
℞. XPISTIANA RELIGIO. Temple tétrastyle sur deux degrés, le fronton triangulaire surmonté d'une croix; au centre du temple, une croix. Grènetis au pourtour.
Denier, 1 gr. 78.   Pl. XXIII.

MONNAIES A LA LÉGENDE *CHRISTIANA RELIGIO* ET AU NOM DE CHARLES, ROI

Les plus anciennes monnaies de ce type paraissent remonter aux premières années du règne de Charles le Chauve.

1057. ✠ CARLVS REX FR entre deux grènetis. Croix cantonnée de quatre globules.

℞. XPISTIANA RELIGIO. Temple tétrastyle sur deux degrés, le fronton triangulaire surmonté d'une croix; au centre du temple, une croix. Grènetis au pourtour.

Denier, 1 gr. 64. Pl. XXIII.

1058. + N KARLVS REI FR entre deux grènetis. Croix cantonnée de quatre globules.

℞. Même légende et même type qu'au n° 1057.

Denier, 1 gr. 70.

1059. + CARLVS REX FR entre deux grènetis. Croix cantonnée de quatre globules.

℞. XPISTIANA REIGIO. Temple tétrastyle sur deux degrés, le fronton triangulaire surmonté d'une croix; au centre du temple, une croix. Grènetis au pourtour.

Obole, 0 gr. 80.

1060. + CARLVS REX FRA entre deux grènetis. Croix cantonnée de quatre globules.

℞. XPISTIANΔ RELIϘIO. Temple du même type que précédemment. Grènetis au pourtour.

Denier, 1 gr. 62.

1061. Mêmes légendes. Mêmes types. Variété de coin.

Denier, 1 gr. 48.

1062. + CARLVS REX FR entre deux grènetis. Croix cantonnée de quatre globules.

℞. XPISTIANA REL'CIO. Temple tétrastyle sur deux degrés, le fronton triangulaire surmonté d'une croix, les rampants intérieurs du fronton se croisant à leur partie supérieure; au centre du temple, une croix. Grènetis au pourtour.

Denier, 1 gr. 70.

Cf. n° 1026.

1063. + CALVS REX FR entre deux grènetis. Croix cantonnée de quatre globules.

℞. Même légende et même type qu'au n° 1062.

Denier, 1 gr. 44. Pl. XXIII.

1064. + CARLVS REX FR entre deux grènetis. Croix cantonnée de quatre globules.

1063 A. + C[ARLVS] REX FR entre deux grènetis. Croix cantonnée de quatre globules. ℞ Même légende et même type qu'au n° 1063. — Fragment de denier. Poids, 1 gr. 13 — Titre, 0,810. — Trouvaille de Bourgneuf. — (Gazette numism., 1898, p. 228, n° 3) F. 8822.

℞. XPISTIANA RELICIO. Temple tétrastyle sur deux degrés, le fronton triangulaire surmonté d'une croix; au centre du temple, une croix. Grènetis au pourtour.

Denier, 1 gr. 64.

1065. Mêmes légendes. Mêmes types. Variété de coin.

Denier, 1 gr. 63.

1066. ✠ CARLVS REX FRANCO entre deux grènetis. Croix cantonnée de quatre globules.

℞. XPISTIANA RELIGIO. Temple tétrastyle sur deux degrés, le fronton triangulaire surmonté d'une croix; au centre du temple, une croix. Grènetis au pourtour.

Denier, 1 gr. 59.

1067. ✠ CARLVS REX entre deux grènetis en forme de couronnes. Croix.

℞. X ✠PIANA REIICIO entre deux grènetis. Monogramme de *Karolus*, S rétrograde.

Denier, 1 gr. 75.

1068. ✠ CARLVS REX entre deux grènetis en forme de couronnes. Croix.

℞. X ✠RIAIIAIICIO (déformation de *Christiana religio*) entre deux grènetis en forme de couronnes. Monogramme de *Karolus*, les branches du K partant des extrémités de la haste, R réduit à P.

Denier, 1 gr. 50.

1069. ✠ CARLVS PIX entre deux grènetis en forme de couronnes. Croix.

℞. X ✠RIAIIACIO entre deux grènetis. Monogramme de *Karolus*, R réduit à I.

Obole, o gr. 63.

MONNAIES D'OR DE LOUIS LE PIEUX A LA LÉGENDE *MVNVS DIVINVM*

Des monnaies qui suivent, les quatre premières seulement, c'est-à-dire les n°s 1070 à 1073, peuvent remonter au règne de Louis le Pieux; les quatre autres, c'est-à-dire les n°s 1074 à 1077, ne sont que des imitations des quatre premières : elles peuvent être ou postérieures ou contemporaines, mais, dans ce dernier cas, elles ne sont pas sorties d'un atelier officiel.

1070. D N HLVDOVVICVS IMP AVG. Buste impérial, drapé et lauré, à gauche. Grènetis au pourtour.

℞. MVNVS DIVINVM autour d'une couronne de feuillage encadrant une croix. Grènetis au pourtour.
Or, 7 gr. 04. Pl. XXIII.

1071. Même légende. Buste impérial, drapé et lauré, à droite. Grènetis au pourtour.
℞. MVNVS DIVINVM autour d'une couronne de feuillage encadrant une croix. Grènetis au pourtour.
Or, 4 gr. 35. Pl. XXIII.

1072. D N HLVDOVVICVS IMP AVG. Buste du même type qu'au n° 1071.
℞. MVNVS DIVINVM. Même type qu'au n° 1071.
Or, 4 gr. 32.

1073. D N HLVDOVVICVS IMP AVC. Buste impérial, drapé et lauré, à droite. Grènetis au pourtour.
℞. IDVSHVIIDIIVIIIVI (déformation de *Munus divinum*), autour d'une couronne de feuillage encadrant une croix. Grènetis au pourtour.
Or, 4 gr. 32.

1074. D Ʌ HИVVDOVS NH ΛVC. Buste du même type qu'au n° 1073, mais du style plus barbare. Grènetis au pourtour.
℞. MVNVS DIVINVM en légende rétrograde. Même type qu'au n° 1072. Grènetis au pourtour.
Or, 4 gr. 29. Pl. XXIII.

1075. D N IIVVDOVS INN ΛVC. Buste drapé, à droite; style très barbare. Grènetis au pourtour.
℞. MVNVI OIVNVIN en légende rétrograde. Même type qu'au n° 1074. Grènetis au pourtour.
Or, 4 gr. 11.

1076. II⁻ƆIO·HOΛVIC. Buste diadémé, à droite, de style très barbare. Grènetis au pourtour.
℞. IIINVI OIIVNVII (déformation de *Munus divinum*) en légende rétrograde entre deux grènetis, le grènetis intérieur muni de lemnisques. Croix.
Or, 4 gr. 04. Pl. XXIII.

1077. **VNVINVN·HVA**. Buste drapé et diadémé, à droite, de style très barbare. Grènetis au pourtour.

℞. **HVNV GHVHVIH** (déformation de *Munus divinum*) en légende rétrograde, autour d'une couronne encadrant une croix. Cercle lisse au pourtour.

Or, 4 gr. 04.

MONNAIES AU NOM DE CHARLES, ROI, ET AU MONOGRAMME DE *KAROLVS*

1078. **+ CAROLVS RE R** entre deux grènetis. Croix.

℞. **+ CRATIA D⁻I REX** entre deux grènetis. Monogramme de *Karolus*.

Denier, 1 gr. 70.   Pl. XXIII.

1079. Même légende. Même type.

℞. **+ CRATIA D⁻I PI** entre deux grènetis. Monogramme de *Karolus*.

Denier, 1 gr. 42.

1080. **+ CAROLVS RE IR** entre deux grènetis. Croix.

℞. **+ CRATIA D⁻I PI** entre deux grènetis. Monogramme de *Karolus*.

Denier, 1 gr. 47.

1081. **+ CAROLVS D.I.P.** entre deux grènetis. Croix.

℞. **+ CRATIA D⁻I R** entre deux grènetis. Monogramme de *Karolus* rétrograde.

Denier, 1 gr. 44.

1082. **+ CAROVS VER** entre deux grènetis. Croix.

℞. **+ CRATIA D⁻ R** entre deux grènetis. Monogramme de *Karolus*, K devenu C, S rétrograde.

Denier, 1 gr. 54.

1083. **+ CAROLVƧ RE** entre deux grènetis. Croix.

℞. **+ CRATIA D⁻I RX** entre deux grènetis. Monogramme de *Karolus* rétrograde.

Obole, 0 gr. 60.

1084. + ROBERTVS R. entre deux grènetis. Croix.
℞ +pARISII5 (surfrappe), entre deux
grènetis. Monogramme K̄A

Denier. Poids: 0gr.94.   (L.1855)

Monnaies Fausses

? 1085. +CARLVS REX FR entre deux grènetis.
Monogramme de Karolus.
℞ +MOGONTIA entre deux grènetis. Croix.
— Denier. — Poids: 1gr.72.   (C.2999)

1086. +DN KARLVS IMP AVG REX FETL. Buste de
Charlemagne, lauré, à droite.
℞+XPICTIANA RELIGIO. Temple tétrastyle.
Denier. ℞
Ce denier est coulé. Il était joint à une lettre de
Marco Velseri, du 16 mai 1604 (Bibl. nat., ms. nouv.
acq. fr. 9186, fol. 122.) Marco Velseri dit
écrit à son correspondant qu'il lui envoie un
moulage de la monnaie qu'il possède : "Incluso le
mando un getto della medaglietta che ultimamente

[handwritten notes in left margin:]
R/ dans le champ, sur une ligne M=DIOL.
— Or. Poids : g 91.27.
Cette pièce d'or figure dans les anciens
inventaires XVIIIe du Cabinet des Médailles.

1088. GRATIA D-I REX · Monog. de Karolus
R/ +TVRONVS CIVITAS.   G 171.
Il y a [...]

TABLE ALPHABÉTIQUE
DES LÉGENDES, DES NOMS PROPRES
ET DES PRINCIPALES MATIÈRES

N. B. — Les chiffres romains renvoient aux pages de l'Introduction ; les chiffres arabes, aux pages du Catalogue.
Les lettres I et J, U et V sont confondues.

A

A, dans le champ, III, 1, 13.
Abingiac, 131.
Abrincas, LXXV.
Adalard (Statuts d'), pour l'abbaye de Corbie, XXXVI.
ADRADIS, 34.
Agen (Atelier d'), XVI, XVII, LXXVIII, LXXXIII, 109, 110.
AGIN CIVITAS, XVII, 110.
AGINNO, XVII, 110,
AGINO, 110.
AGVIS CI, 111 ; — VRBS, 110. Voy. AQVIS.
Aix-la-Chapelle. Atelier, LXXIV, LXXXIII. — Capitulaire d'Aix-la-Chapelle (809), XLII, XLVIII, LI.
Alabotesbaim (Atelier d'), LXXIX.
Aldenheim (Atelier d'), LXXIX.
ALTIEI CIVITVS, 84.
AMBIANIS, 38 ; — C, LXXXVII ; — CIV, 37, 38 ; — CIVI, 36 à 38 ; — CIVII, 37 ; — CIVITA, — CIVITAS, 37.
Amiens (Atelier d'), XXI, LXXII, LXXIV, LXXV, LXXXVI, LXXXI, LXXXVII, 36 à 38. — Atelier de l'église Saint-Firmin, LXXV, 36.
ANDE en monogramme, LXXIII, LXXXVI, 129.
Andecavis, LXXIII, LXXV.
ANDECAVIS CIVITAS, 64.
ANDEGAVIS CIVITAS, 63, 64 ; — CIVITIAS, 64.
Angers (Atelier d'), XXI, LXXXII, LXXXVII, 63, 64. — Denier de Pépin attribué à Angers, LXXIII.
Angoulême (Atelier d'), LXXV, LXXXVII, 109.
ANITO CIIVJT, 107.
Annelet, au centre du champ, 2.
Annelet muni d'ailettes, type central, 96.
Annelets cantonnant la croix, 89.
Anvers (Denier d'), 144.
Aoste (Denier de Pépin attribué à), LXXIII.
AQVIS, LXXIX ; — PALA, LXXIX ; — VRBI, LXXX, 110 ; — VASCON, — VASON, 110. Voy. AGVIS.
Aquisgrau, LXXIV.
Aquisgrani pal[atio], LXXXIII.
AQVITAINA, 94.
Aquitaine (Monnaies frappées en), XII, XIII, XV, 93 à 95.

AQVITAN, 95.
AQVITANA, 95.
AQVITANIA, XII, XV, 93, 94, 95.
AQVITANIORVM, 94.
AR, dans le champ, III, 105.
ARGENTINA CVIIS, 8; — CVNAS, 8, 9. Voy. ARGENTINA.
Ardenbourg (Atelier d'), 28. Voy. Rodenburg.
ARDIS, 123.
AREBATIS CIVITAS, 34, 35. Voy. ATREBATIS.
ARELA CIASI, 121; — CIVIS, 119 à 122; — CIVS, 119.
Ard[latis], LXXIV.
ARELATO, LXXVIII, 118.
ARELATVM, 119.
ARFIVF, XLVII, 2.
ARGE (CIVI), 7.
ARGENTINA CIVITS, — CVITS, 9.
Argrat civ, LXXII.
ARLEA CIVIS, — CIVIIS, 120.
Arles (Atelier d'), XII, XVII, XXII, L, LXXIV, LXXVII, LXXVIII, LXXIX, LXXXIV, LXXXVI, 118 à 122. — Denier de l'épin attribué à Arles, LXXIII. — Privilège monétaire accordé à l'église d'Arles par Louis l'Aveugle, LXX.
ARLIA CIVIS, 120.
ARNOLDVS RE, 6.
Arnoul, roi de Germanie. Ateliers : Mayence, 6; Toul, 22. — Privilèges monétaires accordés aux églises de : Brême, LXIV; Osnabrück, LXIV; Worms, LX.
ARNS, LXXVI.
Arnulf, roi de Germanie. Voy. Arnoul.
ARNVLFVS REX, 22.
Arras (Atelier d'), LXXV, LXXXI, LXXXVII, LXXXVIII, 34 à 36.
Arverni, III.
Arvernis, LXXVI.
Assebrouck (Trouvaille d'), 28.
Ateliers. Réduction de leur nombre, XLIX, L.

Ateliers indéterminés, 129 à 137
ATINIACO PA, 47.
Atradus, LXXXVIII.
ATRASI CIVITAS, 35.
ATREBAIS CIVITAS, 35.
Atrebas ci, LXXXVIII.
ATREBAS CIVI, 35; — CV, 36.
ATREBATIS CIVITAS, 34, 35. Voy. AREBATIS.
ATREBATS CIVITAS, 35.
Attigny (Atelier d'), LXXXI, 47. — Capitulaire d'Attigny (854), LI, LII.
Avallon (Atelier d'), LXXXII, 86.
AVALONIS (CASTIS), 86.
AVALONS (CASTIS), 86.
AVELIATNIS CIVTI, 75.
AVENI, LXXVI.
Avignon (Atelier d'), LXXV, LXXVI, 118.
AVINIO, 118.
AVITSODIRO CIVITAS, 83. Voy. AVTISIODERO.
AVNVNIS CASTRVN, 76.
Avranches (Atelier d'), LXXV.
AVRELIANIS, 73; — CIVIT, — CIVITA, 75; — CIVITAS, 74, 75; — CIVITS, 74; — CIVT, — CIVTI, 75.
AVTISIODER CIVIS, 83.
AVTISIODERO CIVI, — CIVITAS, 83. Voy. AVTISIODIRO.
AVTISIODIRO CIVITVS, 83.
AVTISIRE CIVIT, 84.
Autrannus, XLVII.
AVTTRAMNO, 1, 2.
Autun (Atelier d'), LXXXII, 85, 86. — Atelier de l'église Saint-Andoche, LXXXII, 85. — Atelier de l'église Saint-Nazaire, LXXXVIII, 85, 86. — Privilège monétaire accordé par Charles le Simple à l'église d'Autun, LIV, LV, LXV.
AVVIONS (CASTIS), 86.
Auxerre (Atelier d'), LXXXII, LXXXIV, LXXXVI, 83, 84.

B

B, dans le champ, 88.
BAB, 13.
BAIOCAS. Voy. HBAIOCAS.
Balgenti[aco] castro, LXXXII.
Ban royal frappant les personnes qui se servent de pièces démonétisées, IX.
Barcelone (Atelier de), LXXVIII, LXXIX, 115.
BARCINONA, LXXVIII, 115.
BARRIS CASTER, 80. Voy. HBAR CASTEL.
BARRISII CA, — CASTEL, 79.
Bar-sur-Aube (Atelier de), LXXXII, 79, 80.
Barthélemy (Don M. A. de), 50.
Bastogne (Atelier de), LXXXIII.
Bastouin (Hin fisc), LXXXII.
BAVACA CIVITAS, 18.
Bavai (Atelier de), 18.
Bayeux (Atelier de), LXXXII, 60.
Beaugency (Atelier de), LXXXII.
Beaune (Atelier de), LXXXII.
Beauvais (Atelier de), LXXXI, LXXXVIII, 40, 41.
Bederris, LXXVIII.
BEEEVACVS CIVI, 40. Voy. BELGEVACVS et BELVACVS.
Bel-Air, près Lausanne (Trouvaille de), 123.
BELGEVACVS CI, — CIVI, 40 ; — CV, 41. Voy. BEEEVACVS et BELVACVS.
BELNA CASTRO, LXXXII.
BELVACVS, — CIVI, 40. Voy. BEEEVACVS et BELGEVACVS.
Bénévent (Monnaies de) au nom de Grimoald et de Charlemagne, LXXVIII.
Besançon (Atelier de), LXXIII, LXXVI, LXXIX, LXXXII, 91. — Privilège monétaire accordé par Charles le Chauve à l'évêque de Besançon, LXIII.
BESENCIONE CIVITAS, 91.
BESENCIONI CIVITAS, 91.
BESIANS CASTRO, 70. Voy. BLESIANIS.
Beterris, LXXIII, LXXV.

Béziers (Atelier de), LXXIII, LXXV, LXXVIII, LXXXIV.
BINGIAC, 130.
Bisterris civ, LXXXIV.
BITVRICAS, XVIII, 101, 102 ; — CIVI, XVIII.
BITVRICE, 104.
BITVRICES, XV, XVIII, 102, 104 ; — CIVI, 103, 105 ; — CIVII, 103 ; — CIVIT, LXXXVIII, 103 à 105 ; — CIVITA, 104, 105 ; — CIVITAS, 105 ; — CIVT, 104.
BITVRIGES, XVIII, 102.
BLESIANIS CASTRO, 68 à 70. Voy. BESIANS.
Blois (Atelier de), LXXXII, LXXXVI, LXXXVII, 68 à 70.
BOIOIIIS CIVI, LXXXIII.
Bolonia civitas, LXXXII.
Bonn (Atelier de), LXXIV, 13.
Bordeaux (Atelier de), LXXIX, LXXX, LXXXVIII, 109.
BOSO GRACIA DEI, XXII, 117.
Boson, roi. Monnaies frappées à Vienne, XXII, LXXXVII, 117. — Ses types monétaires, XXII.
Boulogne (Monnaie attribuée à), LXXXIII.
Bourges (Atelier de), XV, XVIII, LXXVIII, LXXIX, LXXX, LXXXIII, LXXXIV, LXXXVII, LXXXVIII, 101 à 105.
Bourgneuf (Trouvaille du), près Chalon, LXXXI, LXXXII, LXXXIV, 144.
Brême. Privilège monétaire concédé à l'église de Brême par le roi Arnoul, LXIV.
Brioux (Atelier de), III, LXXII.
BRIVIO VICI, 133.
BRVCCIA MO, 28.
BRVDONSONT, 133.
Bruges (Atelier de), LXXXI, 28.
BRVGGAS MON, 28.
BT, dans le champ, LXXIII.
Burdigal, LXXXVIII.
BVRDICALA, 109.
BVRDIGALA, 109.

Buste impérial. Sur les monnaies de : Charlemagne, XI, 138; Charles le Gros, 136; Charles le Chauve, 102, 103; Lothaire I, 148; Louis le Pieux, XIII, XIV, 7, 11, 30, 65, 73, 81, 99, 100, 111, 119, 126, 127, 138, 139, 151 à 153; Louis IV, 68; Pépin d'Aquitaine, 94, 102.

C

C, cantonnant la croix, 36, 47.
CAI en monogramme, 131.
CAINONI CASTRO, LXXXII, 68.
CAIVI, 131.
Cala monas[teriuni], LXXXVII.
CALVS REX FR, 150.
CALVS REX IIER, 132.
CAMARACVS, 19; — CI, 19, 20; — CIVI, LXXX, 19; — CIVIS, 19. Voy. *Cam... raco.*
Cambrai (Atelier de), LXXII, LXXIX, LXXX, LXXXIII, 19, 20. — Atelier de l'église Saint-Géry, LXXII, LXXIV, LXXXIII, LXXXIV, 20. — Privilèges monétaires accordés à l'évêque de Cambrai par Charles le Simple, LXVI, LXVII.
Cam... raco, LXXII, LXXV. Voy. CAMARACVS.
Capitulaires. Liste chronologique des capitulaires relatifs aux monnaies. Capitulaire de Pépin (754-755), XXIX, XLVIII. — Cap. de 779, XXX, XL. — Cap. de Mantoue (781), IX, X, XLVIII. — *Admonitio generalis* (789), XXXVI. — Cap. de Francfort (794), X, XXVI, XXXVI, XLII, XLVIII. — Cap. pour la Saxe (797), XLVIII. — Cap. *de Villis*, XXXVI. — Cap. de 801, XXXIV. — Cap. vers 802, XXXVI. — Cap. addit. aux Lois (803), XXXIV, LII. — Cap. de Thionville (805), XLII, XLVIII, XLIX. — Cap. de 808, XLVIII, XLIX. — Cap. d'Aix-la-Chapelle (809), XXVII, XLII, XLVIII, LI. — Cap. addit. aux Lois (816), XLVIII. — Cap. addit. aux Lois (818-819), XXVI, XXVII, XLII, XLVIII, LII. — Cap. pour les *mini* (819), XLII, XLVIII, LI. — Cap. relatif aux monnaies (vers 820), XLVII, L. — Cap. de 823-825, XIII, XLVIII, LII. — Cap. de Worms (829), XLVIII, XLIX, LII. — Cap. de Toulouse (844), XXXI. — Cap. d'Attigny (854), LI, LII. — Cap. de Louis II (856), XLVIII. — Cap. de Quierzy (861), XXVIII, XXIX, XLII, XLVIII. — Édit de Pîtres (864), XVI, XVII, XXIX, XXXIII, XXXV, XLII, XLIII, XLVIII à LIII, LXII, LXIII. — Capitulaires relatifs au cours forcé des monnaies, XXVI à XXIX.
Cercas..., LXXV.
Carcassona civ, LXXXVII.
Carcassonne (Atelier de), LXXV, LXXXVII.
CARL, dans le champ, 113, 114.
CARL R F, 7.
CARLAMAN RE, 116.
CARLAMANVS RE, 113.
CARLEMADOREI, 76.
CARLEMAIVS RE, 120.
CARLEMAN REX, 116.
CARLEMANV3 RE, 120.
CARLENAM REX, 78.
CARLM en monogramme, IV, 105.
CARLO, IV.
CARLOM en deux lignes, IV.
Carloman, roi, fils de Pépin le Bref. Ateliers : Arles, LXXIV; Clermont-Ferrand, LXXIV, 105; Lyon, Orléans (église Saint-Aignan), Poitiers (église Sainte-Croix), LXXIV. — Monnaies avec noms de monnayeurs, XLVII. — Types monétaires de Carloman, IV.
Carloman, roi, fils de Louis le Bègue. Ateliers : Arles, LXXXVI, 120; Autun, 86; Auxerre, LXXXVI, 84; Châteaulandon, LXXXVI, 76; Limoges, LXXXVI, 107, 108; Melle, LXXXVI; Substantion, LXXXVI, 116; Soissons (église Saint-Médard), LXXXVI; Toulouse, XIX, LXXXVI, 113;

Troyes, LXXXVI, 78. — Types monétaires de Carloman, XXII.
CARLOMAN RE, 113; — REX, 107; — RX, 108.
CARLOMANVS, 86.
CARLVEX, 106.
CARLVS, en deux lignes, 24, 70, 92, 130. Voy. CAROLVS.
CARLVS EX F, 112; — EX FR, 110; — EXR, 95.
CARLVS IMP, 84; — IMP AVC, 84, 85, 103, 104.
CARLVS IMP, — IMPR, 113.
CARLVS IMPER, 121.
CARLVS INERAT, 121; — INPERA, 119 à 121; — INPERAT, 120; — INRER, — INREV, 121; — NPEART, 121, 122; — NPEAT, 122; — NPERT, NREART, 121.
CARLVS PI, 102.
CARLVS R, 132; — RE, 102; — RE F, 34.
CARLVS REX, XVIII, XIX, 49, 65, 81, 84, 95, 102, 103, 106, 113, 119, 133, 151.
CARLVS REX (D N), XXXII.
CARLVS REX ER, 132.
CARLVS REX F, 113.
CARLVS REX FC, 70.
CARLVS REX FR, V, VII, VIII, XI, XVI à XIX, LXXVII, 5 à 7, 10, 30, 41, 49, 65, 73, 81, 82, 89, 94, 97 à 99, 101, 109 à 112, 114, 116, 118, 125 à 128, 133, 149, 150.
CARLVS REX FRA, 150.
CARLVS REX FRANCO, 151.
CARLVS REX FR ET LANG AC PAT ROM, VII, 135.
CARLVS REX P, 94, 98.
CARLVS RX FR, 110.
CARNOTAS, 70.
CARNOTIS, 70, 129; — CIVITA, 71, 72; — CIVITAS, 70, 71.
CAROL REX, en trois lignes, 36.
CAROLVS, 27.
CAROLVS, en deux lignes, V, VIII, IX, LXXIV, LXXV, 2, 9, 10, 13 à 16, 18, 23, 32, 34, 36, 42, 44, 45, 48, 64, 70, 77, 79, 89, 96, 97, 106, 107, 118, 122, 123 à 125, 131, 132. Voy. CARLVS.
CAROLVS D I P, 133.
CAROLVS IMPER, 88.
CAROLVS INRA, 17.
CAROLVS RE, 153.
CAROLVS RE IR, 153.
CAROLVS RE R, 153.
CAROLVS REX, XVIII, XIX, 3, 4, 31, 95.
CAROLVS REX FR, XVIII, 40, 45, 81, 83.
CAROLVS REX FRAN, 40.
CAROLVS REX PIVS, 42.
CAROVS VER, 153.
CARTIS CIVITAS, 72.
CARVLVS REX (D N), LXXV.
CASEI CIITA, 136.
Cassel (Atelier de), LXXXI, 29.
CASSELLO AV, 29.
CASTEL BARSI, 79.
CASTEL LATS, LXXXIV, 80.
Casteldinu, LXXVII.
CASTELI BARIS, 79.
CASTELLO MILED, 55.
CASTI CIITAS, 136.
CASTIS AVALONIS, — AVALONS, — AVVIONS, 86.
CASTIS NANDON, — NANDONIS, — NANDONS, 76.
CASTIS PRVVINIS, 56.
CASTL BARISI, 80.
CASTRA MONETA, 133.
CASTRALOC MO, 17.
CASTRE LATSIS, LXXXIV.
CASTRIC (Tricers), 77.
Castrum Latisio, LXXXIV.
Catalaunis, LXXXVIII.
CATALAVNIS CIT, — CIV, — CVTAT, 48.
CATRO (MILIDVN), 55.
Cavilon civitas, LXXXVII.
CAVILON CIVT, 88.
Cavilonis civ, LXXXVIII; — civis, LXXXII,

LXXXVII.
CAVILONIS CIVS, 88.
Cavilonum, LXXIX.
CAVNONIS CIVS, — CIVS, 88.
CE, dans le champ, 124.
CERVIA MONETA, 17.
Chalon-sur-Saône (Atelier de), XVI, LXXIII, LXXIX, LXXXII, LXXXIV, LXXXVI, LXXXVII, 88.
Châlons-sur-Marne (Atelier de), LXXXI, LXXXVIII, 47, 48. — Privilège monétaire accordé par Charles le Chauve à l'église de Châlons, LXII, LXIII.
Charlemagne. Ateliers dans lesquels on a monnayé au nom de Charlemagne, roi : Agen, XVII, LXXVIII, 109, 110; Aix-la-Chapelle, LXXIV; Amiens, LXXV, et l'église de Saint-Firmin, 36; Angoulême, LXXV; *Ardis*, 123; Arles, XVII, LXXVII, 118; Arras, LXXV, 34; Avignon, LXXV, 118; Avranches, LXXV; *Bab*..., 13; Barcelone, LXXXVIII; Bénévent, LXXVIII; Béziers, LXXV, LXXVIII; Bonn, LXXIV, 13; Bourges, XVIII, XIX, LXXVIII, 101, 102; Cambrai, LXXV; Carcassonne, LXXV; Chartres, LXXV, 70; Châteaudun, LXXVII; Chelles, LXXVIII; Clermont-Ferrand, LXXV, 106; Cologne, LXXVII; Condé, LXXIV, 18; Dax, LXXVIII; Dinant, LXXIV, 15; Duurstede, LXXIV, LXXVII, 9, 10; Florence, LXXXVI; Gironne, LXXXVIII, 114; Italie, 123 à 125; Laon, LXXIV, LXXVII, 42, et l'église Notre-Dame, LXXVII, 41, 42; Liège, LXXIV, 15; Limoges, LXXV, 107; Lucques, VII, XXXII, LXXV, LXXVI, LXXVIII, 128; Lyon, LXXV, LXXVII, 89; Maastricht, LXXIV, 14; Marseille, XVII, LXXV, LXXVII, 122; Mayence, VII, VIII, XVII, LXXIV, LXXVII, 5, 6; Melle, XIX, LXXV, LXXVIII, 96, 97; Milan, VII, LXXVIII, 126; Mouzon, LXXIV; Namur, LXXIV, 16; Narbonne, LXXV, LXXVIII, 116; Paris, LXXV, 48; Parme, LXXXVI; Pavie, VII, LXXVIII, 125; Pise, LXXVIII; Poitiers,

église Sainte-Croix, LXXV; Quentovic, LXXVII, 30; Ramerupt, LXXV, 79; Reims, LXXIV, 45, et l'église Notre-Dame, LXXIV, 44, 45; Rennes, LXXV, 92; Rouen, LXXVII; Saint-Denis, XVII, LXXVII; Saint-Maixent, LXXV; Saint-Trond, LXXIV; Saintes, LXXV; *Sennes*, XVII, 7; Sienne, LXXV; Strasbourg, LXXIV, 7; Térouanne, LXXV; Thun, LXXVII, 34; Toulouse, XIX, LXXVIII, 111; Tournai, LXXV, 32, 33; Tours, LXXVII, 65, et l'église Saint-Martin, LXXIV, LXXV, 64, 65; Trèves, VII, LXXVII, LXXVIII, et l'église Saint-Pierre, LXIX; Trévise, VII, IX, LXXVI, LXXVIII, 127; Troyes, LXXV, 77; Uzès, XXX, XXXII, LXXV; Verdun, LXXIV, 23, 24; Vienne, LXXVII; ateliers incertains ou indéterminés, LXXVII, LXXVII, 130 à 133. — Ateliers dans lesquels on a monnayé au nom de Charlemagne, empereur : Arles, XII, L, LXXVIII; Duurstede, LXXVIII; Lyon, XII, L, LXXVIII; Rome, LXXVII; Rouen, XII, L, LXXVIII. — Classification des monnaies au monogramme de *Karolus*, V à XI. — Monnaies attribuées à tort à Charlemagne, XVIII. — Monnaies à la légende *Christiana religio*, XLIX, L, 138. — Monnaies avec noms de monnayeurs, XLVII, 2. — Monnaies d'or frappées à Uzès, XXX. — Nom de Charlemagne sur les monnaies lombardes, XXXII. — Nom de Charlemagne sur les monnaies du pape Léon III. LXXVIII. — Réforme du système monétaire, IX à XI. — Types monétaires de Charlemagne, V à XIII.
Charles le Chauve. Ateliers dans lesquels on a monnayé au nom ou au type de Charles le Chauve, roi : Agen, XVII, LXXXIII, 110; Aix-la-Chapelle, LXXXIII; Amiens, LXXXI, 36 à 38; Angers, LXXXI; Aquitaine, 91, 95; Ardenbourg. Voy. Rodenburg; Arles, XVII; Arras, LXXXI, 34, 35; Attigny, LXXXI, 47; Autun, et l'église Saint-

TABLE ALPHABÉTIQUE

Andoche, LXXXII, 85 ; Auxerre, LXXXII ; Avallon, LXXXII, 86 ; Bar-sur-Aube, LXXXII, 79, 80 ; Bastogne, LXXXIII ; Bavai, 18 ; Bayeux, LXXXII, 60 ; Beaugency, LXXXII ; Beaune, LXXXII ; Beauvais, LXXXI, 40 ; Besançon, LXXXII, 91 ; Blois, LXXXII, 68 à 70 ; Bourges, XVIII, XIX, LXXXII, 102 ; Bruges, LXXXII, 28 ; Cambrai, LXXXIII, 19, 20, et l'église Saint-Géry, 20 ; Cassel, LXXXI, 29 ; Chalon-sur-Saône, XVI, LXXXII ; Châlons-sur-Marne, LXXXII, 17, 18 ; Chartres, LXXXII, 70, 71 ; Châteaudun, LXXXII, 72 ; Châteaulandon, LXXXII, 75, 76 ; Chelles, LXXXII, 54 ; Chemiré (?), LXXXIII ; Chièvres, LXXXII ; Chinon, LXXXIII ; Clermont-Ferrand, XIX, LXXXIII, 106 ; Compiègne, LXXXII, 11 ; Condé, LXXXIII, 19 ; Courtrai, LXXXII ; Coutances, 60 ; Curange, LXXXIII ; *Curtisasonien*, LXXXII, 60, 61 ; Dax, LXXXIII, 110, 111 ; Deux-Jumeaux (Monastère des), LXXXII, 60 ; Dijon, LXXXII, 87 ; Dinant, LXXXIII, 15 ; Estinnes, LXXXII, 17, 18 ; Évreux, LXXXII, 59 ; Famars, LXXXIII ; Gand, LXXXII, 28, 29 ; Ham, LXXXII ; Huy, LXXXIII, 16 ; Jouarre, LXXXII, 55 ; Langres, LXXXII, 86 ; Laon, LXXXII, 42, 43 ; Le Mans, LXXXII, 62, 63 ; Lens, LXXXII ; Limoges, LXXXIII ; Lisieux, LXXXII, 59, 60 ; Lyon, LXXXII, 90 ; Maastricht, LXXXIII, 14 ; Maubeuge, LXXXII, 18 ; Mayenne, LXXXII, 62 ; Meaux, LXXXII, 54, 55 ; Melle, XVI, XIX, LXXXII, 97 à 99, 101 ; Melun, LXXXII, 55 ; Metz, 21, 22 ; Mont-Lassois, LXXXII, 80 ; Morienval, LXXXII ; Mouzon, 27 ; Namur, LXXXII, 16 ; Nantes, XX, LXXXII, 93 ; Narbonne, XVI ; Nevers, LXXXII, 84 ; Nivelle, LXXXIV, 17 ; Orléans, XVI, LXXXII, 73, 74 ; Palais (Le), XVI, 3 à 5 ; Paris, XVI, LXXXII, 49, 50 ; Péronne, LXXXII ; Quentovic, XVI, LXXXII, 31, 32 ; Reims, XVI, LXXXII, 45, 46 ; Rennes, XX, LXXXII, 92 ; Rethondes, LXXXII, 44 ; Rodenburg, LXXXII, 28 ; Rouen, XVI, LXXXII, 56 à 58 ; Saint-Denis, LXXXII, 52, 53 ; Saint-Omer, LXXXII ; Saint-Quentin, LXXXII, 39, 40 ; Senlis, LXXXII ; Sens, XVI, LXXXIII, 81, 82 ; Soissons, LXXXII, 43 ; Talou (Le), LXXXII, 59 ; Térouanne, LXXXII, 29 ; Tonnerre, LXXXIII, 87 ; Toul, LXXXII ; Toulouse, XIX, LXXXIII, 112, 113 ; Tournai, LXXXII ; Tours, LXXXII, 66, et l'église Saint-Martin, LXXXII, 65 ; Troyes, LXXXII, 77, 78 ; Valenciennes, LXXXIII, 33, 34 ; Verdun, LXXXIII, 24, 25 ; Vienne, LXXXIII, 117 ; ateliers incertains ou indéterminés, LXXXIII, LXXXIV, 133 à 137. — Ateliers dans lesquels on a monnayé au nom de Charles empereur (Charles le Chauve ou Charles le Gros) : Arles, LXXXIV, 119 ; Auxerre, LXXXIV ; Béziers, LXXXIV ; Bourges, LXXXIV, 103, 104 ; Cambrai, église de Saint-Géry, LXXXIV, 20 ; Chalon-sur-Saône, LXXXIV, 88 ; Langres, LXXXIV, 87 ; Lens, LXXXIV, 34 ; Maastricht, LXXXIV, 14 ; Mons, LXXXIV, 17 ; Nevers, LXXXIV ; Nîmes (?), LXXXIV ; Rome, LXXXIV ; Toulouse, LXXXIV ; Tournai, LXXXIV, 33 ; Unès, LXXXIV ; Verdun, LXXXIV, 25. — Monnaies à la légende *Christiana religio*, 149 à 151. — Nom de Charles le Chauve empereur sur les monnaies de Jean VIII, LXXXIV. — Privilèges monétaires accordés aux églises de : Besançon, LXIII ; Châlons-sur-Marne, LXII, LXIII ; Langres, LXIII, LXIV. — Types monétaires de Charles le Chauve, XV à XX.

Charles l'Enfant, roi d'Aquitaine. Monnaies à lui attribuables, XIX, LXXX.

Charles le Gros, empereur. Ateliers dans lesquels on a monnayé au nom de Charles empereur (Charles le Gros ou Charles le Chauve) : Arles, LXXXIV, 119 à 122 ; Auxerre, LXXXIV, 84 ; Béziers, LXXXIV ; Bourges, LXXXIV, 103, 104 ; Cambrai, église de Saint-Géry, LXXXIV, 20 ; Chalon-sur-Saône, LXXXIV, 88 ; Langres, LXXXIV,

87 ; Lens, LXXXIV, 34 ; Maastricht, LXXXIV ; *Metallum Germanicum*, 136 ; Mons, LXXXIV ; Nevers, LXXXIV, 84, 85 ; Nîmes (?), LXXXIV ; Toulouse, XIX, LXXXIV, 113, 114 ; Tournai, LXXXIV, 35 ; Uzès, LXXXIV ; Verdun, LXXXIV, 25, 26. Privilège monétaire accordé par Charles le Gros à l'église de Langres, LXIV. — Types monétaires de Charles le Gros, XXII.

Charles le Simple, roi. Ateliers monétaires dans lesquels on a monnayé à son nom : Arras, 35, 36 ; Autun, église de Saint-Nazaire, LXXXVIII, 85 ; Bruges, 28 ; *Casci* ou *Costi civitas*, 136 ; Châlons-sur-Marne, LXXXVIII ; Chartres, 71, 72 ; Cologne, LXXXVIII, 13 ; Mâcon, Meaux, LXXXVIII ; Paris, LXXXVIII, 50, 51 ; Saint-Denis, LXXXVIII, 53 ; Senlis, LXXXVIII ; Strasbourg, LXXXVIII, 9 ; Toul, LXXXVIII, 25 ; Trèves, XXIII, LXXXVIII ; Verdun, XXIII, LXXXVIII, 27. — Monnaies attribuées à tort à Charles le Simple, XVII. — Privilèges monétaires accordés par Charles le Simple aux églises de : Autun, LIV, LV, LXV ; Cambrai, LXVI, LXVII ; Compiègne (Saint-Clément et Saint-Corneille de), LXVII ; Noyon et Tournai, LXV ; Prüm, LXI, LXVIII ; Tournus, LVIII, LXIV, LXVII ; Tours (Saint-Martin de), LXVII, LXVIII. — Types monétaires de Charles le Simple, XXIII.

Chartres (Atelier de), LXXII, LXXV, LXXXII, LXXXVII, LXXXVIII, 70 à 72, 129.

Charvet (Don de), 108.

Châteaudun (Atelier de), LXVII, LXXXII, LXXXVII, LXXXVIII, 72, 73.

Châteaulandon (Atelier de), LXXXII, LXXXVI, LXXXVIII, 75, 76.

Chelles (Atelier du monastère de), LXXII, LXXXI, LXXXII, 54.

Chemiré (Atelier de), LXXXIII.

Chéron (Saint). Sa prétendue représentation sur des monnaies de Chartres, 129.

Chéry l'Abbaye (Trouvaille de), 45.

Chièvres (Atelier de), LXXXIII, 17.

CHIMIRIACO, LXXXIII.

Chinon (Atelier de), LXXXII, LXXXVII, 68.

CHOGIS, LXXX, 131.

Christiana religio, XLIX. Apparition et sens de cette légende, XI, XII. Voy. XPICTIANA et XPISTIANA RELIGIO.

Chronologie des types monétaires, I à XXIV.

CIATIA D⁻RIEN, 86.

CINMA, 130.

CINOMAINS CIVITAS, 63.

CINOMANIS CIVI, 62 ; — CIVITAS, 62, 63.

CINOMNI, LXXVI.

CIVI ARGE, 7.

CIVIS AVTISSIDER, 84.

CIVITAS TRECAS, 78.

Claromonti, LXXXVIII.

CLAROMVNT, LXXXI, 106, 107.

Clermont-Ferrand (Atelier de), III, IX, X, XII, XIX, LXXIII, LXXIV à LXXVI, LXXXI, LXXXIII, LXXXVII, 105 à 107. — Atelier de l'église Saint-Cirgues, LXXIV, 130.

CLS, 131.

Coins monétaires entre deux marteaux, type monétaire, LXXIX, 99, 100, 136.

Coire (Atelier de), LXXIX.

Cologne (Atelier de), LXXVII, LXXIX, LXXX, LXXXVIII, 12, 13.

COLONA, 13.

COLONIA, LXXVII, 12, 13.

COLONII, 13.

Colonne civitas, LXXX.

Compendio palatio, LXXXVII. Voy. CONPENDIO.

Compiègne (Atelier de), LXXXII, LXXXVII, 41. — Privilèges monétaires accordés par Charles le Simple aux monastères de Saint-Clément et de Saint-Corneille, LXVII.

Comtes. Leur rôle dans le monnayage, XLVIII à LI, LIII, LIV.

CON, dans le champ, LXXXII.

Concessions du droit de monnaie à des

églises. Voy. Privilèges monétaires.
Concile de Reims (813), XXXIV, XXXV, XLVIII.
CONDATO MONETA, 19.
Condé (Atelier de), LXXIII, LXXIV, LXXXIII, 18, 19.
CONPEDIO PALCI, 41.
CONPENDIO PALACIO, 41. Voy. *Compendio*.
Conrad le Pacifique, roi. Monnaies à son nom frappées à Lyon, 90.
CONRADVS, 90.
Corbie (Atelier du monastère de), LXXXVII, 38.
CORBIENSI, 38.
CORBIENSIS, 38.
Corvei (Monastère de). Privilège monétaire accordé par Louis le Pieux à ce monastère, LVIII, LXVIII, LXIX.
Coster (Opinion de M. de) sur la classification des monnaies au monogramme de *Karolus*, V à VIII.
Couronne de feuillage, type monétaire principal, XXXIII, 152, 153.
Couronnement de Charlemagne comme empereur, rappelé sur les monnaies, XI. — Couronnement de Louis le Pieux comme empereur, rappelé sur les monnaies, XXXIII.
Cours forcé donné aux monnaies, XXVI à XXIX, XLIX.
Courtrai (Atelier de), LXXXII, 29.
Coutances (Atelier de), 60.
CRACIA D⁻I REX, 80, 134. Voy. GRACIA D⁻I REX.
CRATA D⁻I REX, 82.
CRATIA DEI REX, 79, 117.
CRATIA DEIS REX, 79, 80.
CRATIA DEI SSEX, 79.
CRATIA DI, 136.
CRATIA D⁻I PI, 153.
CRATIA D⁻I R, 153.
CRATIA D⁻I REIX, 78.
CRATIA D⁻I RENX, 86.

CRATIA D⁻I REX. Voy. GRATIA D⁻I REX.
CRATIA D⁻I REX FR, 135.
CRATIA D⁻I RX, 153.
CRATIA D⁻N, 72.
CRATIA D⁻R, 153.
CRATIA D⁻ RE, 114.
CRATIA D⁻ REX, 77, 80.
CRIATIA D⁻I REX, 39, 40.
Croisettes cantonnant la croix, 40.
Croissants cantonnant la croix, 41, 44, 55, 58, 101.
Croix, type monétaire, *passim*. — Croix ancrée, 48, 55, 115.
Croix cantonnée d'annelets, 89. — Croix cantonnée de C, 36, 47. — Croix cantonnée de croisettes, 40. — Croix cantonnée de croissants, 41, 44, 55, 58, 101. — Croix cantonnée de globules, 3, 6, 10, 11, 12, 13, 17, 21, 22, 23, 24, 25, 26, 28, 29, 31, 32, 42, 43, 45, 47, 62, 64, 65, 69, 70, 73, 78, 80, 81, 82, 83, 95, 109, 136, 139, 140, 141, 142, 143, 144, 145, 146, 147, 148, 149, 150, 151. — Croix haussée sur des degrés, VIII, 6, 7. — Croix formée de deux ellipses, 14. — Croix formant monogramme avec REX, 17.
Crosse, symbole monétaire, 8.
C S, dans le champ, 38.
Cuerdale (Trouvaille de), 8, 28, 35, 61, 63, 61, 69, 74, 106, 108, 109.
CVIIVIO (DE FISCO), 137.
Curange (Atelier de), LXXXII.
Curia, LXXIX.
Curisio (De fisco), LXXXIII.
CVRTISASONIEN, LXXXVII, LXXXVIII, 62. Voy. HCVRTISASONIEN.
CVRTISONIENS, 61.
CVRTRIACO, 29.
CVSTANCIEN. Voy. HCVSTANCIEN.
CVSTENSISONEN. Voy. HCVSTENSISONEN.

D

Danois (Rois). Leurs monnaies marquées du monogramme de *Karolus*, XXI.
Dax (Atelier de), LXXVIII, LXXIX, LXXX, LXXXIII, 110.
DE FISCO CVIIVIO, 137.
De fisco Curiaio, LXXXIII.
Denier, espèce monétaire. Son poids, XXX, XXXVII, XLII à XLV. — Son titre, XXXV.
DEONEN, 15.
DEONI+II (NOVICO), 15.
Deux-Jumeaux (Atelier du monastère des), LXXXII, 60.
Dijon (Atelier de), LXXXI, LXXXII, 87. — Concédé à l'évêque de Langres par Charles le Chauve et Lothaire, LXIII, LXIV, LXX.
Dinant (Atelier de), LXXIV, LXXXIII, 15.
Dinars arabes, usités en Gaule, XXXI, XXXII.
Diplômes de concessions monétaires à des églises. Voy. Privilèges monétaires.
DIVIIONI CASTIRE, 87.
DIVION CASTRO, LXXXI.
DIVIONI CASTRE, 87.
DIVIONIS CIVIS, 87.
DMAGCS, 131, 132.
DMGC, LXXVI.
D N CARLVS REX, XXXII.
D N CARLVS REX, LXXV.
D N HLVDOVVICVS IMP AVG, et ses déformations, 151 à 153.
D N KARLVS IMP AVG REX F ET L, XI, XII, 138.
D N PIPI, 11.
DOM PIPI, 11.
Domburg (Monnaie trouvée à), LXXIV.
DORESTADO, LXXVIII, 10.
DORESTATV MON, 12.
DORESTATVS, 11, 12; — MON, 12.
DORSTAD, 9, 10.
DORSTAT, 10.
Dreas castr, LXXXVIII.
Dreux (Atelier de), LXXXVIII.

Droit de monnaie, XLVI à LXXI.
DVINS CASTILLO, 72.
DVNIS CASTELLO, 72; — CASTLLI, 73; — CASTILLO, 72.
DVNNOS, 132.
DVNO CASTRO, 72.
Duediwigus, 30.
DVOS IEM-LLIS MT, 60.
DVRSTA, LXXII.
Duurstede (Atelier de), 11, LXXII, LXXIV, LXXVII à LXXX, 9 à 12. — Importance de cette ville comme place de commerce et ses pillages successifs par les Normands, V à VII. — Trouvailles de monnaies à Duurstede, V, VI, LXXIV.

E

EBROCAS CIVITAS, 59.
EBROICAS CIVITAS, 59.
Ecgbeorht, roi du Wessex. Monogramme imité de celui de *Karolus* sur ses deniers, VIII.
Ecclisima, LXXII
Édicule, type monétaire, 21, 94.
Édit de Pîtres (864), XVI, XVII, XXIX, XXXIII, XXXV, XLII, XLIII, XLVIII, XLIX à LIII, LXII, LXIII.
EDVA CIVITAS, 86.
EEVIOICVANII, 137.
Églises. Leur monnayage, XLVIII, LIV à LXXI.
EGOLISIME, 109.
Eichstädt. Privilège monétaire accordé à l'évêque d'Eichstädt par Louis l'Enfant, LXIX.
Elimosina (Denier à la légende), 11.
Ellipses se coupant en croix, type monétaire, 14.
Empurias (Atelier d'), LXXIX, 114.
Entrain. Monnaies attribuées à tort à cette localité, 1, 2.
EQVITANIORVM, XV, 94.

Estinnes (Atelier d'), LXXXIII, 17, 18.
Étampes (Atelier d'), LXXXVIII, 77.
Étienne IV, pape. Ses monnaies avec le nom de Louis le Pieux, LXXX.
Eudes, roi. Ateliers dans lesquels on a monnayé à son nom : Amiens, XXI, LXXXVII ; Angers, XXI, LXXXVII, 63, 64 ; Arras, LXXXVII, 35 ; Blois, LXXXVII, 69, 70 ; Bourges, LXXXVII, 104 ; Carcassonne, Chalon-sur-Saône, LXXXVII ; Chartres, LXXXVII, 71 ; Châteaudun, LXXXVII, 72 ; Compiègne, LXXXVII ; Corbie, LXXXVII, 38 ; *Curtisasonien*, LXXXVII, 61, 62 ; Laon, LXXXVII ; Limoges, LXXXVII, 108, 109 ; Palais (Le), 5 ; Noyon, LXXXVII, 43 ; Orléans, XXI, LXXXVII, 74, 75 ; Paris, LXXXVII, 50 ; Péronne, église Saint-Fursy, LXXXVII, 38 ; Reims, LXXXVII, 46 ; Saint-Denis, LXXXVII, 53 ; Saint-Quentin, LXXXVII ; *Sancte Marie monasterium*, LXXXVII ; Sens, LXXXVII, 82, 83 ; Soissons, LXXXVII, 44 ; Toulouse, XIX, LXXXVII, 114 ; Tours, LXXXVII, 67, 68. — Monnaies d'Eudes avec le monogramme de *Karolus*, XXI, XXII. — Privilèges monétaires accordés par Eudes aux églises de Langres et Tournus, LXIV. — Types monétaires du roi Eudes, XXII, XXIII.
Eugène II, pape. Ses monnaies avec le nom de Louis le Pieux, LXXX.
Évreux (Atelier d'), LXXXII, 59. — Trouvaille de Saint-Taurin d'Évreux, 58, 59.
EX MEALO NOVO, 133.
Ex metallo novo, XVII.
EX MTALLO NOVO, 132.

F

Famars (Atelier de), LXXXIII.
Fanum Marti, LXXXIII.
Faux monnayeurs, LII, LIII.
Filon (Don de B.), 45.
Fisco Bastonia (Hin), LXXXIII.

FISCO CVIIVIO (DE), 137.
Fisco Curinio (De), LXXXIII.
FISCO (LENNIS), 34.
FISCO (LEPTINAS), 18.
FISCO VENDRNT (IN), LXXXIII, 135.
FISCO (VENDVNIS), LXXXIII.
FLAVIA LVCA, LXXV.
Flaulofes, 1.
Florence (Atelier de), LXXVI.
Floveat, LXXVI.
FR, dans le champ, 38.
Francfort (Capitulaire de) (794), X, XXVI, XXXVI, XLII, XLVIII.
Franco, abbé de Corbie. Son monogramme sur des monnaies, 38.
Frise. Monnaies à la légende *Munus divinum* trouvées en Frise, XXXIII.

G

GADDO, XLVII, 2.
Gand (Atelier de), LXXXII, 28, 29.
GANDAVVM, 29 ; — MONE, 28.
Gemeliaco porto, LXXXIV.
GENCLIACO POR, LXXXIII.
Gemeliaco porto, LXXXIV.
Genève (Denier de Pépin attribué à), LXXIII.
Gerundas, XLVII.
GERVNDA, 115.
Girone (Atelier de), LXXVIII, 114, 115.
Globule, type monétaire central, 1, 5, 47, 64, 127.
Globules, dans le champ, 1, 2, 11, 36, 48.
Globules, cantonnant la croix, 3, 6, 10, 11, 12, 13, 17, 21, 22, 23, 24, 25, 26, 28, 29, 31, 32, 42, 43, 45, 47, 62, 64, 65, 69, 70, 73, 78, 80, 81, 82, 83, 95, 109, 136, 139, 140, 141, 142, 143, 144, 145, 146, 147, 148, 149, 150, 151.
GRACIA D¯I REX, 5, 19, 20, 35, 46, 86, 137.
GRATIA DEI REX, 90, 104.
GRATIA D¯I, XXIV, 5, 38, 75.

GRATIA D⁻I IMPER, 33.
GRATIA D⁻I IMR, 34.
GRATIA D⁻I RE, 108.
GRATIA D⁻I REIX, 79.
GRATIA D⁻I REX et ses déformations, V, VIII, XXI à XXIV, LXII, LXIII, LXXXI, LXXXII, LXXXIV, 4, 5, 14, 15, 16, 17 à 22, 24, 25, 27 à 29, 31 à 44, 46 à 61, 66, 68 à 80, 82 à 87, 91 à 93, 104, 133, à 137, 153.
— Apparition et continuité de cette légende, XIX, XX, LXXXV, LXXXVI.
GRATIA D⁻I REX ODO, 74.
Grégoire IV, pape. Ses monnaies avec le nom de Louis le Pieux, LXXX.
Grimoald, duc de Bénévent. Ses monnaies avec le nom de Charlemagne, LXXVIII. — Tribut en monnaies d'or imposé à Grimoald, XXXI.

H

Hache, symbole monétaire, LXXII, 9, 10, 13, 18, 138.
HAD, dans le champ, LXXIII.
HADTVRECVM, 136.
Hainaut (Type monétaire du). Son origine, 144.
Ham (Atelier de), LXXXII.
Hauuo castello, LXXXII.
HBAIOCAS CIVITAS, — CIVTS, 60.
HBAR CASTEL, — CASTELS, 80.
HBARO CASTELI, 80.
HBLESIANIS CASTRO, 69.
HCARLEMANVS R, 84.
HCASTELI BARIS, 79.
HCASTELI BARS, 79.
HCASTISNANDON, 76.
HCVRTISASONIEN, 61, 62.
HCVSTANCIEN, 60.
HCVSTENSISONEN, 133.
HEINRICVS, 91.
Henri III le Noir ou Henri IV. Monnaies à leur nom frappées à Lyon, 91.

Heribert de Vermandois. Monnaies à son nom, LXXXVIII.
Hervé, évêque d'Autun, assigne les revenus de la monnaie à la manse canonicale, LXV.
Hin fisco Basloaia, LXXXIII.
HLOHTARIVS IMP AV, 128.
HLOTARIVS IMP, 20, 109, 148.
HLOTHARIVS IMP, 24, 127, 148.
HLOTHARIVS IMP AV, 126, 148.
HLOTHARIVS IMPERA et ses déformations, 11, 12.
HLOTHARIVS REX, 8, 24.
HLOTHARVS REX, 24.
HLVDOICVS, 100, 101.
HLVDOVICVS, 100.
HLVDOVS NP, 116.
HLVDOVVC REX, 16.
HLVDOVVCVS IMP, 143.
HLVDOVVIC, 30, 81.
HLVDOVVICS, 111.
HLVDOVVICVS, 87, 100.
HLVDOVVICVS IM, 143.
HLVDOVVICVS IM AVG, 73.
HLVDOVVICVS IMP, XIV, 3, 6, 8, 11, 12, 19, 20, 24, 30, 45, 48, 49, 54, 56, 65, 66, 81, 89, 90, 93, 99, 102, 109 à 111, 114 à 117, 119, 122, 126, 127, 128, 139 à 147.
HLVDOVVICVS IMP AC, 119.
HLVDOVVICVS IMP AVC, 7, 11, 30, 65, 99, 111, 126.
HLVDOVVICVS IMP AVG, 119, 138, 139.
HLVDOVVICVS IMP AVG (D N), 151 à 153.
HLVDOVVICVS IVS, 136.
HLVDOVVICVS MI, 92.
HLVDOVVICVS MIP, 144.
HLVDOVVICVS MP, 90, 128, 143.
HLVDOVVICVS PIVS, 8, 9.
HLVDOVVICVS R, 6, 7, 15, 93.
HLVDOVVICVS REX, 14, 15, 21.

HLVIDOVVICVS O, 16.
HLVTHARIVS AGVS, 148.
HLVTHVRIVS MP, 21.
HNOVIOM VILLA, 134.
HODO REX F, 38.
Hogis, LXXX.
HOIO (IN VICO), 16.
Horohusun, atelier monétaire de l'abbaye de Corvei, LXVIII, LXIX.
HPIPINVS REX, 107.
HREDONIS CIVITAS, 92.
HTIRONES CIVIVTVS, 67.
HTVRONES CIVITAS, 66 à 68.
Hugues Capet, roi. Ses types monétaires, XXIII.
Huy (Atelier de), LXXX, LXXXIII, LXXXVI, 16.

J

Jean VIII, pape. Ses monnaies avec le nom de l'empereur Charles le Chauve, LXXXIV.
IEM-LLIS MT (DVOS), 60.
IICIITIA CITAS, 9.
Immobilisation des types monétaires, XIX. — Immobilisation du type de Charles le Chauve, LXXXI, LXXXV à LXXXVII.
IMPERATI, 26.
IMPERATOR A, 26.
IMPERATOR AGVST, 20.
IMPERATOR AVG, 25.
IMPERATORI, 25, 26.
Imphy (Trouvaille d'), LXXIV, 1, 30, 132.
In fisco Bastonio, LXXXIII.
IN FISCO VENDRNT, 133.
IN PORTO TRIECTO, 14.
IN PORTO TRIIECTO, 14.
In vico Drouerti, 15.
IN VICO HOIO, 16.
IN VICO NAMVCO, 16, 17.
IN VICO TRIIECTO, 14.
IN VICO VIOSATO, 15.
IN VICO VIOTO, 136.

INPERATOR ACVSTVS, 14.
INPVRIAS, 114.
Instruments du monnayage. Voy. Coins monétaires.
Intramno, 1.
IOTRENSIS M, 55.
Jouarre (Atelier du monastère de), LXXXII, 55.
IOVHARIVS REX, 55.
Italie (Monnaies frappées en), 123 à 128. — Monnaies de Charlemagne frappées en Italie, IX.
IVSTA LIBRA (Poids avec l'inscription), XXXIX.

K

KALA MONASTERI, 54.
KARL F, 132.
KARL CT D R4, 85.
Karleelot. Sens de cette expression, XXXVII.
KARLVS IMP AVC, 136.
KARLVS IMP AVG, XII, LXXVIII, 138.
KARLVS IMP AVG REX F ET L (D N), 138.
KARLVS REI FR, 150.
KARLVS REX, 95.
Karolici solidi, XX.
KAROLVS IMP AVG, XII, 138.
KAROLVS PIVS REX, 9.
KAROLVS REX, 13, 23.
KAS, dans le champ, LXXIII.

L

Lambres. Atelier monétaire concédé à l'évêché de Cambrai par Charles le Simple, LXVI, LXVII.
Lancastre (Dons du comté de), 8, 28, 35, 61, 63, 64, 69, 74, 106, 108, 109.
Langres (Atelier de), LXXIII, LXXXI, LXXXIV, LXXXVIII, 86, 87. — Privilèges royaux concédant à l'évêque de Langres les monnaies de Langres et de Dijon, LXIII, LXIV, LXX.

Laon (Atelier de), LXXIII, LXXIV, LXXVII, LXXXII, LXXXVI, LXXXVII, 41 à 43. — Atelier de l'église Notre-Dame, LXXVII, 41, 42.
Lassois (Atelier du Mont). Voy. Mont Lassois.
Latisio castrum, LXXXIV.
LATS (CASTEL), LXXXIV.
LATSIS (CASTRE), LXXXIV.
LAVDVN, 42.
LAVDVNO, 41.
LDVCS IMP, 116.
Le Mans. Atelier monétaire. LXXVI, LXXXII, 62, 63, 130. — Privilège monétaire accordé par Louis le Pieux à l'église du Mans, LVIII à LX.
Le Puy. Atelier monétaire, LXXXVIII, 107. — Privilèges monétaires accordés par Raoul et Lothaire à l'église du Puy, LVI, LVII, LXX.
Le Talou, atelier monétaire, LXXXII, 59.
LEM, dans le champ, 107.
LENNIS FISCO, 34.
Lens (Atelier de), LXXVII, LXXXIV, 33.
LEODICO, 15.
Léon III, pape. Ses monnaies avec le nom de Charlemagne, LXXVIII; avec le nom de Louis le Pieux, LXXX.
LEPTINAS FISCO, 18.
Lestorphem, atelier monétaire de l'évêque de Cambrai, LXVI, LXVII.
Leutbra..., XLVII.
LICSOVINI CIVIIT, 60.
Liège (Atelier de), LXXIV, 15. — Monnaie de Maastricht concédée à l'évêque de Liège par Louis l'Enfant, LXIX, LXX.
LIMODICAS, 107.
Limoges (Atelier de), LXXV, LXXX, LXXXII, LXXXVI, LXXXVII, 107 à 109.
LIMOVICAS, 109; — CIVIS, LXXXIII, LXXXVII, 108.
LIMOVIX, 107; — CIVIS, 108.
LIMOVX CIVIS, 108.
LINCONIS CVTS, 87.

LINGONIS CIVI, LXXXII, 86; — CIVIS, 86; — CIVITAS, 87.
Lingots de métal donnés en payement, XXVI.
Lisieux (Atelier de), LXXXII, 59, 60.
Livre (Poids de la), XXXV à XLIV. — Valeur de la livre, XXIX, XXX.
LIXOVIVS CIVITAS, 59.
LODOVIC, dans le champ, 51.
LODVICI REX, 58.
LOHARIVS IMPERATO, 3.
Loi Ripuaire. Article relatif au payement du wergeld, XXV, XXVI.
Lombards (Roi des). Monnaies frappées par Charlemagne comme roi des Lombards, 138.
Losange, type monétaire central, 88, 89.
LOTARIVS IMP AVGV, 148.
LOTARIVS REX, 88.
LOTERIVS RE, 105.
LOTERIVS REX, 104, 105.
Lothaire I, empereur. Ateliers dans lesquels on a monnayé à son nom : Bordeaux, LXXX, 109; Cambrai, LXXX; Cologne, LXXX; Duurstede, LXXX, 11; *Hagis*, LXXX; Metz, LXXX, 21; Milan, LXXX, 137; Palais (Le), 3; Pavie, 126; Tours, LXXX; Trèves, LXXX, 20; Trévise, LXXX; Venise, LXXX, 128; Verdun, LXXX, 24. — Monnaies à la légende *Christiana religio*, 148, 149. — Prétendue alliance monétaire avec Charles le Chauve, XIX, XX. — Types monétaires de Lothaire I, XV, XXI.
Lothaire II, roi de Lotharingie. Ateliers dans lesquels on a monnayé à son nom : Metz. LXXX; Strasbourg. LXXX, 8; Trèves, LXXX; Verdun, LXXX, 24. — Privilège monétaire accordé par Lothaire II à l'abbaye de Prüm, LX, LXI. — Types monétaires de Lothaire II, XXI.
Lothaire, roi de France, fils de Louis IV. Ateliers dans lesquels on a monnayé à son nom : Arras, Bordeaux, LXXXVIII; Bourges, LXXXVIII, 104, 105; Chalon-sur-Saône,

LXXXVIII, 88 ; Clermont-Ferrand, LXXXVIII ; Mâcon, LXXXVIII, 88, 89 ; Meaux, Melun, LXXXVIII, 55 ; Reims, Soissons, LXXXVIII, Troyes, LXXXVIII, 78. — Privilèges monétaires accordés par Lothaire aux églises du Puy et de Langres, LXX. — Types monétaires de Lothaire, XXIV.
LOTHARIVS REX IMPE, XIX.
LOTHRIVS FX, 88.
LOTIIRIVS, 89.
LOTHVIVS IEI, 55.
LOTVICI RE, — REX, 58.
Louis, roi. Monnaie à la légende *Christiana religio*, et au nom d'un roi non identifié, 149.
Louis II, empereur, roi d'Italie. Monnaies frappées à son nom, à Venise, 128.
Louis V, roi de France. Voy. Louis IV d'Outremer.
Louis l'Aveugle, roi de Provence. Monnaies frappées à son nom, à : Arles, XXII, 122 ; Vienne, 117, 118. — Privilège monétaire accordé à l'église d'Arles, LXX.
Louis II le Bègue, roi de France. Ateliers dans lesquels on a frappé monnaie à son nom ou à celui de Louis III : Aquitaine, 95 ; Blois, LXXXVI, 69, ; Huy, LXXXVI, 16 ; Laon, LXXXVI ; Maastricht, LXXXVI, 14 ; Palais (Le), 5 ; Pierrepont, LXXXVI, 13 ; Provins, LXXXVI, 36 ; Toulouse, XIX, XXII, 113 ; Tours, LXXXVI, 66, 67 ; Troyes, LXXXVI ; Visé, LXXXVI, 15. — Monnaies de Louis II, avec le monogramme de *Karolus*, XXI. — Types monétaires de Louis II ou III, XXI, XXII.
Louis le Débonnaire. Voy. Louis le Pieux.
Louis l'Enfant, roi de Germanie. Ateliers monétaires dans lesquels on a monnayé à son nom : Cologne, 13 ; Mayence, 6, 7 ; Namur, 16, 17 ; Strasbourg, 8 , Toul, 25 ; Trèves, 21. — Monnaie avec le nom de Salomon, 136. — Privilèges monétaires accordés par Louis l'Enfant aux églises de :

Corvei, LXVIII, LXIX ; Liège LXIX, LXX ; Trèves, LV, LVI, LXIX.
Louis le Germanique, roi. Ateliers dans lesquels on a monnayé à son nom : *Hadtyracum*, 136 ; Marsal, XXII, LXXXV, 22 ; Mayence, 6 ; Metz, XXII, LXXXV, 21 ; Trèves, XXI, LXXXV. — Privilèges monétaires concédés par Louis le Germanique aux églises de Strasbourg, LX ; Worms, XLVIII, LX.
Louis IV d'Outremer, roi de France. Ateliers dans lesquels on a monnayé à son nom ou à celui de Louis V : Bourges, LXXXVIII, 104 ; Chalon-sur-Saône, LXXXVIII ; Chinon, LXXXVIII, 68 ; Langres, LXXXVIII, 87 ; Mâcon, Nevers, LXXXVIII ; Paris, LXXXVIII, 51 ; Reims, LXXXVIII, 47 ; Rouen, LXXXVIII, 58. — Privilège monétaire concédé par Louis IV à l'église de Reims, LXX. — Types monétaires de Louis IV et Louis V, XXIII, XXIV.
Louis le Pieux. Ateliers dans lesquels on a monnayé à son nom : *Alabolesheim*, LXXIX ; *Aldundiria*, LXXIX ; Aquitaine, 93 ; Arles, LXXIX, 119 ; Barcelone, LXXIX, 115 ; Besançon, LXXIX ; Bordeaux, LXXIX, 109 ; Bourges, XVIII, LXXIX, 102 ; Cambrai, LXXIX, 19 ; Chalon-sur-Saône, LXXIX ; Clermont-Ferrand, IX, X, XII ; Coire, LXXIX ; Cologne, LXXIX, 12 ; Dax, LXXIX, 110 ; Duurstede, LXXIV, 11 ; Empurias, LXXIX, 114 ; Lucques, LXXIX ; Lyon, LXXIX, 89, 90 ; Marseille, LXXIX, 122 ; Mayence, LXXIX, 6 ; Meaux, XIII, LXXIX, 54 ; Melle, LXXIX, 99 à 101 ; Metz, LXXIX ; Milan, LXXIX, 126, 127 ; Nantes, XIII, LXXIX, 92 ; Narbonne, LXXIX, 116 ; Orléans, LXXIX, 73 ; Palais (Le), 3 ; Paris, LXXIX, 48, 49 ; Pavie, LXXIX, 126 ; Quentovic, XIII, LXXIX, 30, 31 ; Ratisbonne, LXXIX ; Reims, XIII, LXXIX, 43 ; Rennes, LXXIX ; Roda, LXXIX, 115 ; Rome, LXXIX ; Rouen, XIII, LXXIX, 56 ; Sens, LXXIX, 8 ; *Stotenburg*, LXXIX ; Strasbourg, LXXIX, 7, 8 ; Toulouse, XIX, LXXIX, 111,

112 ; Tours, XIII, LXXIX, 65, 66 ; Treves, LXXIX, 20 ; Trévise, LXXIX, 127 ; Venise, LXXIX, 128 ; Verdun, LXXIX, 24 ; Vienne, LXXIX, 117. — Monnaies à la légende *Christiana religio*, 138 à 147. — Monnaies d'or à la légende *Munus divinum*, XXXI, XXXII, 151 à 153. — Monnaies frappées au nom de Louis le Pieux comme roi d'Aquitaine, XII, XIII. — Mutations de monnaies, sous le règne de Louis le Pieux, XIII, XIV. — Nom de Louis le Pieux sur les monnaies des papes contemporains. LXXX. — Privilèges monétaires concédés par Louis le Pieux aux églises de : Corvei, LVIII ; Le Mans, LVIII à LX ; Saint-Médard de Soissons, LVII, LVIII. — Types monétaires de Louis le Pieux, XII à XIV.

Louis de Saxe, roi. Ateliers dans lesquels on a monnayé à son nom : Huy, Maastricht, LXXXVI ; Marsal, XXII ; Mayence, LXXXV, 6 ; Metz, XXII ; Visé, LXXXVI. — Types monétaires de Louis de Saxe, XXII.

LV, IV.
LVCA, LXXVI, LXXIX, 128.
LVCA (FLAVIA), LXXV.
LVCDVNVS, 91.
Lucques (Atelier de), VII, XXXII, LXXV, LXXVI, LXXVIII, LXXIX, 128.
LVCVDVNVS, 90, 91.
LVDCICVS RE, 149.
LVDO, dans le champ, XXII, 113.
LVDOIC, en une ligne, 99.
LVDOVICVS REX, XXI, 68, 115.
LVDOVVCS, 93.
LVDOVVCVS REX, 13.
LVDOVVIC, en deux lignes, XII, XIII, 66, 93, 99, 102.
LVDOVVICVS, XXII, 21, 22, 118, 122.
LVDOVVICVS IMPI, 11.
LVDOVVICVS PX, 23.
LVDOVVICVS REX, 13, 136.
LVDS , dans le champ, 47.
LVDVOICV REX, 104.

LVDVVICVS IMPR, 117.
LVG, IV, 89.
LVGDVN, 89.
LVGDVNI CIVIS, 90.
LVGDVNI CLAVATI, LXXXVI, LXXXVII, 42.
Lug[duno], LXXIV.
LVGDVNO CLA, 43.
LVGDVNVM, LXXVIII, 89, 90.
LVGDVNVS, 90, 91.
LVTHARIVS IMP, 149.
LVTHARIVS MP, 148.
Lyon (Atelier de), IV ; XII, L, LXXIII, LXXIV, LXXV, LXXVII, LXXVIII, LXXXII, 89 a 91.

M

M, sous le buste d'un denier de Charlemagne (omis dans la description du nº 981), 138.
(*), dans le champ, 58.
Maastricht (Atelier de), LXXIV, LXXXIII, LXXXIV, LXXXVI, 14. — Atelier de Maastricht, concédé à l'évêque de Liége, LXIX, LXX.
Mâcon (Atelier de), LXXVII, LXXXVIII, 88, 89.
MAGCS, 131, 132.
MAICN, LXXVII.
Maidi civita, LXXXVIII.
Mans (Le). Voy. Le Mans.
Mantoue (Capitulaire de), (781), IX, X, XLVIII.
Marc. Son rapport avec la livre, XLI, XLIV.
Marché et monnaie, LII, LX, LXI, LXIII.
Marsal (Atelier de), XXII, LXXXV, 22.
MARSALLO VICO, 22.
Marseille (Atelier de), XVII, LXXV, LXXVII, LXXIX, 122.
MASS, 122.
MASSILIA, LXXVII, 122.
MASSL, 122.
MATISCINSE CT, 89.
MATISCNSIV, 89.

TABLE ALPHABÉTIQUE 171

Matisco civitas, LXXXVIII.
Matiscou ci, LXXXVIII.
Matton (Don de M.), 43.
Maubeuge (Atelier de), LXXXIII, 18.
MAVRINIANE VAL, 41.
Maurinus, XLVII.
Mayence (Atelier de), VII, VIII, XVII, LXXIII, LXXIV, LXXVII, LXXIX, LXXXII, LXXXV, 5 à 7, 62; Mayenne, 62.
MEALO NOVO (EX), 153.
Meaux (Atelier de), XIII, LXXIX, LXXXI, LXXXVIII, 54, 55.
MED, en monogramme, 125.
MEDENAS VITCVSI, 62.
MEDIOL, 126.
MEDIOLA, 127.
MEDIOLANVM, 126, 127.
Mationotrici, LXXIX.
MEDIOMATRVCORV, 21.
MEDOLVS, 96.
MELBODIO MT, 18.
MELDIS, 54; — CIVITAS, 54, 55; — CIVTAO, 55.
Meldis civis, LXXXVIII.
Melle (Atelier de), XVI, XIX, LXXV, LXXVIII, LXXIX, LXXX, LXXXIII, LXXXVI, 96 à 101.
Melun (Atelier de), LXXXII, LXXXVIII, 53.
Meriand (Don de M.), 92.
Mesures (Réforme des), XXXV, XXXVI.
Métal en lingot, XXVI.
METALL GERMAN, LXXVIII, 136.
Metallo. Voy. **MTALLO.**
Metallo novo (Ex), XVII.
METALLVM, 99, 100, 101.
Metallum Germanicum, LXXVIII.
METOLO, 96, 97.
Meti, LXXII.
Metiis, LXXIX.
METTIS CIVITAS, LXXX, 21, 22.
METVLLO, 97, 98, 99.
METVLVM, 101.
Metz (Atelier de), XXII, LXXII, LXXIX, LXXX, LXXXV, 21, 22.

Milan (Atelier de), VII, LXXVIII, LXXIX, LXXX, 126, 127.
MILED (CASTELLO), 55.
MILIDVN CATRO, 55.
MILO, XLVII, 115.
MISERICORDIA DEI, 67, 69.
MISERICORDIA D̅I, XXII, XXIV, 61, 67, 68, 70.
MISERICORDIA DI R, 70.
MISERICORDIA D̅I REX, XXI, 66, 67, 69.
MISERICORDIA DN, 67, 68.
MISERICORDIA D REX, 67.
MISERICORDIA N, 68.
MISERICORDIA RIX, 67, 68.
MISIRICORDIA D̅I REX, 5, 66, 67.
Missi. Leur rôle dans l'administration monétaire, 11, LII.
MOCONCIAE CIVIT, 6; — CVIT, 7.
MOCONCIVE CIVIT, 6.
MOCONTIA, 6.
MOGONTIA; 6.
MOGONTIACVS, 6.
MON S NAZ, 85.
Monétaires. Voy. Monnayeurs.
Monnayeurs, XXXV, XLVI, XLVII, L, LI. — Sous Charlemagne, XLVII, 2. — Sous Pépin, III, XLVII, 1, 2.
Monogrammes. Cruciforme sur les monnaies byzantines, IX. — Sur les derniers d'Ecgbeorht, roi de Wessex, VIII. — Sur les monnaies de Pépin, III. — Monogramme *Ande*, LXXIII, LXXVI, 129. — Monogramme *Cai*, 131. — Monogramme de Carloman, fils de Pépin, IV, 105. — Monogr. de Carloman, fils de Louis le Bègue, XXII, 108, 113, 116. — Monogr. de *Carolus*, XXII, 97, 109, 119 à 122, 125 à 128, 134, 136. Voyez Monogr. de *Karolus*. — Monogr. de *Hludovicus*, 5, 66, 67, 69. Voy. Monogr. de *Ludovicus*. — Monogr. de *Karolus*, XVI, XVII, XVIII, XIX, XXII, LXXXI, LXXXII, LXXXIV, 3 à 7, 10, 14 à 20, 22, 24 à 44, 46 à 66, 68 à 72, 74 à

80, 82 à 93, 98, 101 à 107, 109 à 113, 115 à 122, 125 à 128, 132, à 137, 153 ; son adoption comme type monétaire, v à xi; sa persistance, xx à xxiii. Voy. Monogr. de *Carolus*. — Monogr. de *Ludovicus*, xxi, 6, 45, 56. Voy. Monogr. de *Hludovicus*. — Monogr. de *Odoou Odo rex*, xxiii, 5, 38, 61, 67 à 70, 75. — Monogr. de Pépin le Bref, ii, 2, 30, 36, 48, 77, 89, 129, 130. — Monogr. de Pépin d'Aquitaine, xv, 95, 97, 112. — Monogr. de Raoul, roi, xxiv, 40, 41, 51, 53, 62, 72, 75 à 77. — Monogr. *Sant*, 132.
Mons (Atelier de), lxxxiv, 17.
Mont Lassois (Le), atelier monétaire, lxxxiv, 80.
Morel-Fatio (Don de), 122.
Morienval (Atelier de), lxxxii, 41.
Mouuo, lxxiv.
MOSOMO MON, — MOTA, 27.
Mouzon (Atelier de), lxxiv, 27.
MTALLO NOVO (EX), 132.
Münster-Eiffel (Abbaye de). Privilège monétaire accordé en 898 par Zwentibold, lxviii.
MVNVS DIVINVM et ses déformations, 152, 153. — Signification de cette légende, xxxii, xxxiii.

N

N CAROLVS IMPER, 88.
N KARLVS REI FR, 150.
N LVDOVICVS PIVS, 8.
NAMNETIS CIVITAS, 93.
NAMNETVM, 92.
NAMV, 16.
NAMVCO (IN VICO), 16, 17.
Namur (Atelier de), lxxiv, lxxxiii, 16, 17.
NANDONISCASTRVN, 76.
Nantes (Atelier de), xiii, xx, lxxix, lxxxiii, 92, 93.
NARBONA, 116.

Narbonne (Atelier de), xvi, xlvii, lxxiii, lxxv, lxxxviii, lxxxix, 115, 116.
Nature (Usage des payements en), xxv, xxvi.
Navire, type monétaire, lxxix, 11, 30.
NEVERNIS CIVIT, lxxxviii, 84, 85 ; — CIVITAI, 85 ; — CIVITAS, — CVITAI, 84 ; — CVT, lxxxviii.
Nevers (Atelier de), lxxiii, lxxxii, lxxxiv, lxxxviii, 84, 85.
Neuss-sur-le-Rhin (Denier de Pépin, attribué à), lxxiii.
Nigellis, lxxxiv.
Nîmes (Atelier de), lxxxiv.
Niuis civis, lxxxiv.
NIOVIIVOM, 134.
Nivelle (Atelier de), lxxxiii, lxxxiv, 17.
NIVIELLA VICV, 17.
Nogent (Atelier de), lxxxviii.
Nomisma. Sens de ce mot, x.
Normandie (Monnaies du duché de). de la fin du xe siècle, 144.
Northumbrie (Monnaies frappées en), au monogramme de *Karolus*, xxi.
Notre-Dame (Atelier de l'église), à Laon, lxxvii, 41, 42.
Notre-Dame (Atelier de l'église), à Reims, lxxxiv, 44, 45.
NOVICO DEONI+II, 15.
Novinus, xlvii.
NOVIOᴛIM, 134.
NOVIOM, 134.
NOVIOMVS CIVITAS, lxxxvii, 43.
NOVIRIOᴛIM, 133.
Noyon (Atelier de), lxxxiii, 43. — Privilège de Charles le Simple concédant à l'évêque de Noyon la monnaie de Tournai, lxv.
NR, dans le champ, lxxiii.
NRBO, lxxv, 115.
NVESSIO, lxxxiii.
Nvientus castr, lxxxviii.

O

◊, dans le champ, 108, 109.
Obole, XLV.
ODALRICVS, XLVII, 2.
ODDO, dans le champ, 114.
ODDO REX FRC, 114.
ODO, dans le champ, XXIII, 5, 35, 43, 44, 50, 63, 64, 70, 71, 72, 82, 104, 108, 114.
ODO R. dans le champ, 47.
ODO REX, dans le champ, XXIII, 5, 46, 53, 72.
ODO REX E, 108, 109.
ODO RX, dans le champ, 104.
OMAGCS, 132.
Or (Monnaies d'), XXX à XXXV. — Rapport de l'or à l'argent, XXXIII à XXXV. — Raréfaction de l'or, XXVI.
Orléans (Atelier d'), XVI, XXI, LXXIX, LXXXII, LXXXVII, LXXXVIII, 73 à 75. — Atelier de Saint-Aignan, LXXIV.
Osnabrück. Privilège monétaire concédé à l'église d'Osnabrück, par Arnoul, LXIV.
OSTEVNIS CIVITAS, 85.
Otton (Monnaies d'), marquées du monogramme de *Karolus*, XXI.

P

P, dans le champ, 6.
PA (ATINIACO), 47.
PALACIO (CONPENDIO), 41.
Palais (Atelier du), XVI, 3 à 5.
PALATINA MO, 5 ; — MONE, — MONET, 4, 5 ; — MONETA, 3 ; — MOT, — NOME, 5.
Palatines (Monnaies), 3 à 5.
PALATIO (RAVGIO), 134.
PALCI (CONPEDIO), 41.
PAPIA, 125, 126.
PARIISII, 51.
Paris (Atelier de), XVI, LXXII, LXXV, LXXXII, LXXXVII, LXXXVIII, LXXXIX, 48 à 51.

PARISI CIVITA, 50, 51.
PARISII, 48, 49 ; — CIVIIS, 50 ; — CIVITAS, 49, 50.
PARM, LXXVI, 124.
Parme (Atelier de), LXXVI, 124.
PARSI CIVITA, 51.
Pascal I, pape. Ses monnaies avec le nom de Louis le Pieux, LXXX.
PAT ROM, 125.
Pavie (Atelier de), VII, LXXVIII, LXXIX, 125, 126.
Payements. En métal au poids, XXVI. — En nature, XXV, XXVI.
PECTAVO, 93.
Pénalité applicable à ceux qui refusent les bons deniers, XXVI à XXIX.
Pépin I ou II d'Aquitaine, rois. Ateliers dans lesquels on a monnayé à leur nom : Aquitaine, XV, 93, 94; Bourges, XV, XVIII, LXXX, 102; Dax, LXXX, 110; Limoges, LXXX, 107; Melle, LXXX, 97; Poitiers, LXXX, 93 ; Toulouse, XIX, LXXX, 112. — Monnaies à la légende *Christiana religio*, 149. — Types monétaires de Pépin I et de Pépin II, XIV, XV.
Pépin le Bref, roi. Ateliers dans lesquels on a monnayé à son nom : Amiens, église de Saint-Firmin, LXXII, 36; Besançon, LXXII ; Brioux, LXXII ; Cambrai et l'église Saint-Géry, LXXII ; Chartres, Clermont-Ferrand, Duurstede, LXXII ; Lyon, LXXII, 89; Metz, LXXII ; Paris, LXXII, 48; Poitiers, église Sainte-Croix, LXXII, LXXIII ; Quentovic, LXXII, 90; *Sancti Petri*, LXIX ; Strasbourg, LXXII ; Tours, église Saint-Martin, LXXII, 64; Trèves, LXXII ; Troyes, LXXII, 77; Verdun, LXXII, 23. — Ateliers incertains et indéterminés, LXXIII, LXXIV, 129, 130, 138. — Monnaies avec noms de monnayeurs, XLVII, 1, 2. — Réforme monétaire de Pépin, XXIX. — Types monétaires de Pépin, II à IV.
Péronne (Atelier de l'église Saint-Fursy de),

LXXXII, LXXXVII, 38.
Perronensis mo[neta], LXXXII.
Personnage, dans le champ, 129.
PETREPONTEM, 43.
Pierrepont (Atelier de), LXXXVI, 43.
Pignon, sommé d'une croix, type monétaire, 90.
PIIVSIAS (pour *Pipinus*), 102.
Pile de Charlemagne, XXXVIII, XLI.
Fille (Don de M.), 45.
Pinette (Monnaies de la collection de M. P.), LXXXI, LXXXII, LXXXIV.
PIPI, II, LXXII, 138.
PIPI (D N), II.
PIPI REX, dans le champ, 64.
PIPINS R, 97.
PIPINVS REX, 94, 107.
Pipinus rex (Monogramme de), 2. Voy. R P.
PIPINVS REX E, 112.
PIPINVS REX EQ, XV, 95, 97, 149.
PIPINVS REX F, 112.
PIPPINVS REX, LXXX, 93, 94, 112; — REX F, 112.
PIPPVNVS REX, 94.
Pisa, LXXVIII.
Pise (Atelier de), LXXVIII.
Pîtres (Édit de) (864), XVI, XVII, XXIX, XXXIII, XXXV, XLII, XLIII, XLVIII à LIII, LXII, LXIII.
Poey d'Avant (Don de), 64.
Poids de la livre et du denier, XXXV à XLV.
Poids et mesures (Réforme des), XXXV à XLIV.
Poitiers (Atelier de), LXXX, 95. — Atelier de l'église Sainte-Croix, LXXIII, LXXIV, LXXV.
Pologne (Monnaies de), imitées de celles de Charlemagne à Duurstede, 10.
PONDVS CAROLI (Poids en bronze avec l'inscription), XXXVIII à XL.
Pondus Karoli, mentionné dans Arnold de Lübeck et par Frédéric II, XXXVII.
Ponthion, villa concédée, avec la moitié de la monnaie, par Charles le Simple, à l'ab-

baye Saint-Corneille de Compiègne, LXVII.
POR (GENCLIACO), LXXXIII.
PORCO CASTELLO, 134.
PORT' (VALENCIANIS), 53.
PORTA VICVS, LXXXIV.
Porte de ville, type monétaire, XII, LXXIX, LXXXII, 7, 65, 73, 81, 111, 119, 126.
PORTI (TORNAII), 33.
PORTO TRIECTO (IN), 14.
PORTO TRIIECTO (IN), 14.
PRISVS, LXXV.
Privilèges monétaires concédés par les rois à des églises, classés chronologiquement. Louis le Pieux : Saint-Médard de Soissons (827), LVII, LVIII. — Louis le Pieux : Corvei (833), LVIII. — Louis le Pieux : Le Mans (836), LVIII à LX. — Louis le Germanique : Worms (856), XLVIII, LX. — Lothaire II : Prüm (861), LX, LXI. — Charles le Chauve : Châlons-sur-Marne (864), LXII, LXIII. — Charles le Chauve : Besançon (871), LXIII. — Charles le Chauve : Langres (873), LXIII LXIV. — Louis le Germanique : Strasbourg (873), LX. — Charles le Gros : Langres (887), LXIV. — Arnoul : Brême (888), LXIV. — Arnoul : Osnabrück (889), LXIV. — Eudes : Langres (889), LXIV. — Eudes : Tournus (889), LXIV. — Arnoul : Worms (898), LX. — Zwentibold : Münster-Eiffel (898), LXVIII. Charles le Simple : Autun (900), LIV, LV, LXV, LXIX. — Louis l'Enfant : Corvei (900), LXVII, LXIX. — Charles le Simple : Noyon (vers 901), LXV. — Louis l'Enfant : Trèves (902), LV, LVI, LXIX. — Louis l'Enfant : Liège (908), LXIX, LXX. — Louis l'Enfant : Eichstädt (908), LXIX. — Charles le Simple : Cambrai (911), LXVI. — Charles le Simple : Cambrai (915), LXV. — Charles le Simple : Tournus (915), LVIII, LXIV, LXVII. — Charles le Simple : Saint Corneille de Compiègne (917), LXVII. — Charles le Simple : Saint-Clément de Compiègne

(918). LXVII. — Charles le Simple : Saint-Martin de Tours (919), LXVII, LXVIII, — Charles le Simple : Prüm (920), LXI, LXVIII. — Louis l'Aveugle : Arles (920), LXX. — Raoul : Le Puy (924), LVI, LVII, LXX. — Raoul : Saint-Martin de Tours (931), LXVIII, LXX. — Louis IV : Reims (940), LXX. — Lothaire : Le Puy (955), LXX. — Lothaire : Langres (967), LXX.

Provins (Atelier de), LXXXVI, 56.

Prüm (Abbaye de). Privilèges monétaires concédés à cette abbaye par : Lothaire II, LX, LXI ; Charles le Simple, LXI, LXVIII.

PRVVINIS (CASTIS), 56.

Puy (Le). Voyez Le Puy.

Q

QVANTOVVICO, 30.
QVENCIIVVIG, 30.
Quentovic, (Atelier de), XIII, XVI, LXXII, LXXVII, LXXIX, LXXXII, 30 à 32.
QVENTOVICI, 32.
QVENTOVICO, 30.
QVENTOVICVS, 31.
QVENTOVVICVS, 30.
QVENTVVICVS, 31.
QVETNOVVICI, 32.
Quierzy (Capitulaire de), XXVIII, XXIV, XLII, XLVIII.
QVVENTOVVIC, QVVENTOVVICI, 32.

R

R, dans le champ, LXXIII, 130.
℞, dans le champ, 85, 86. 87.
℞ F, sur les monnaies de Pépin le Bref, II à V, LXXV, 23, 125 à 125, 129, 130, 138.
— Explication de ces sigles, II.
R P, dans le champ, 1, 2. — Signification de ces sigles, II.
℞ P, dans le champ, 129.

RADVLFVS REX, XXIV, 107, 109.
RALATINA MONEA, 4.
Rameruptt (Atelier de), LXXV, 79.
Raoul, roi. Atelier monétaires dans lesquels on a monnayé à son nom : Angoulême LXXXVIII, 109 ; Beauvais, LXXXVIII, 40 ; Bourges, LXXXVIII ; Chartres, LXXXVIII, 72 ; Châteaudun, LXXXVIII, 73 ; Châteaulandon, LXXXVIII, 76 ; Curtisasonien, LXXXVIII, 62 ; Dreux, LXXXVIII ; Étampes, LXXXVIII, 77 ; Le Puy, LXXXVIII, 107 ; Meaux (?), LXXXVIII ; Nevers, Nogent, LXXXVIII ; Orléans, LXXXVIII, 75 ; Paris, LXXXVIII, 51 ; Saint-Denis, LXXXVIII, 53 ; Sens, Soissons, LXXXVIII. — Privilèges monétaires concédés par Raoul aux églises : du Puy, LVI, LVII, LXX ; de Saint-Martin de Tours, LXVIII, LXX. — Types monétaires de Raoul, XXIII, XXIV.

Rapport de l'or à l'argent, XXXIII à XXXV.
Ratisbonne (Atelier de), LXXIX.
RAVCI MONETE, 134.
RAVDIO, 132.
RAVGIO PALATIO, 134.
REDNIS, 92.
REDONIS, LXXIX, 92.
REDS, LXXV.
Refus des bons deniers, XXVI à XXIX.
Regensburg, LXXIX.
Reims (Atelier de), XVI, LXXIII, LXXIV, LXXIX, LXXXII, LXXXVII, LXXXVIII, 44 à 47. — Atelier de la cité concédé à l'église par Louis IV, LXX. — Atelier de l'église Notre-Dame, LXXIV, 44, 45. — Concile de Reims, XXXIV, XXXV, XLVII.
REM, LXXIII.
REM CIVIT, — CNT, 45.
REMERODO, 79.
Remi civi, LXXXVIII.
REMI CIVITAS, 45.
REMIS CIVITAS, 45 à 47 ; — CIVIS, 45.
Rennes (Atelier de), XX, LXXV, LXXIX, LXXXII, 92.

Rethondes (Atelier de), LXXXII, 44.
REX, dans le champ, XXII, XXIII, 27, 117.
REX IMPERATOR, 25.
Ripuaire (Loi). Article relatif au payement du wergeld, xxv, xxvi.
Robert I. Ses prétendues monnaies, XXIII.
Roda (Atelier de), LXXIX, 115.
RODDA, 115.
Rodenburg (Atelier de), LXXXII, 28.
Rodlan, XLVII.
Rodolfe III, roi. Monnaies frappées à son nom, à Lyon, 90, 91.
RODOM CI FIT, 58.
Rodomagum, LXXVIII.
RODVLFVS, XXIV, 90, 91.
Rodulfus negotiens (Poids avec l'inscription), XXXVIII.
RODVLLVS, 91.
Roma. Voy. VORM.
Rome (Atelier de), LXXX, LXXXIV.
Rome assise, type monétaire, III, 129.
ROTANIS CIVITAS, 28.
ROTOM CIVITA, — CIVITAS, 58.
Rotomagus, LXXVII
ROTVMACVS CII, 57; — CIVII, 56, 57; — CV, 58.
ROTVMAGVS, 56.
ROTVMCVS CIVI, 57.
ROTVNACVS CIVI, — CIVII, 57.
ROTVNDAS CELLA, 44.
Rouen (Atelier de), XII, XIII, XVI, L, LXXVII, LXXVIII, LXXIX, LXXXII, LXXXVIII, 56 à 59.
— Atelier de l'église Saint-Ouen, 58, 59.
RRVCVNSVTI, 133.
RRVDVNSVT, 133.
Rufach (Denier de Pépin, attribué à), LXXIII.
RVLLO CIVITAS, 134.
RVVCI MONITA, 134.

S

S, type monétaire. Dans le champ, 91. — Cantonnant la croix, 40.

S barré, type monétaire central, 13, 70.
S NAZ MON, 85.
Saint-Aignan (Atelier de l'église), à Orléans, LXXIV.
Saint-Andoche (Atelier du monastère de), à Autun, LXXXII, 85.
Saint-Cirgues (Monnaies attribuées au monastère de), LXXIV, 130.
Saint-Clément (Monastère de), à Compiègne. Privilège monétaire concédé à cette église par Charles le Simple, LXVII.
Saint-Corneille (Monastère de), à Compiègne. Monnaie de Ponthion concédée à cette église par Charles le Simple, LXVII.
Saint-Denis (Atelier du monastère de), XVII, LXXVII, LXXXII, LXXXIV, LXXXVIII, 52, 53.
Saint-Firmin (Atelier de l'église), à Amiens, LXXII, LXXIV, LXXV, 36.
Saint-Fursy (Atelier de l'église), à Péronne, LXXXII, LXXXVII, 38.
Saint-Géry (Atelier du monastère de), à Cambrai, LXXII, LXXIV, LXXXIII, LXXXV, 30.
Saint-Maixent (Atelier de l'église de), LXXV.
Saint-Martin (Monastère de), à Tours. Atelier, II, LXXII, LXXIV, LXXV, 64, 65. — Privilèges monétaires concédés au monastère de Saint-Martin par les rois Charles le Simple et Raoul, LXVII, LXVIII, LXX.
Saint-Médard (Église de), à Soissons. Atelier, LXXXII, LXXXVI. — Privilège monétaire concédé à l'église Saint-Médard par Louis le Pieux, LVII, LVIII.
Saint-Nazaire (Église de), à Autun, LXXXVIII, 85. — Privilège monétaire concédé à l'église de Saint-Nazaire par Charles le Simple, LIV, LV.
Saint-Omer (Atelier de), LXXXII.
Saint-Ouen (Atelier de l'église), à Rouen, 58, 59.
Saint-Pierre (Église de), à Trèves. Atelier, LXIX, LXXIV. — Privilège monétaire con-

TABLE ALPHABÉTIQUE

cédé à l'église Saint-Pierre de Trèves par Louis l'Enfant, LV, LVI.
Saint-Quentin (Atelier de), LXXXII, LXXXVII, 39, 40.
Saint-Sébastien (Église de). Voy. Saint-Médard de Soissons.
Saint-Taurin d'Évreux (Trouvaille de), 58, 59.
Saint-Trond (Atelier de), LXXIV.
Sainte-Croix (Atelier de l'église), à Poitiers, LXXII, LXXXII, LXXIV, LXXV.
Saintes (Atelier de), LXXV.
SALOMON, 137.
Sancta. Voy. SCA.
Sancta Maria, LXXIV.
Sancte. Voy. SCE.
Sancte Marie, LXXVII.
Sancte Marie mo[nasterium], LXXXVII.
Sancti. Voy. SCI.
Sancti Aniani, LXXIV.
Sancti Audomari, LXXXII.
Sancti Cirici, LXXIV.
Sancti Crucis, LXXIII, LXXIV.
Sancti Dyonisii, LXXVII.
Sancti Firmini, LXXIV.
Sancti Fursei castello, LXXXII.
Sancti Gangerici, LXXII, LXXIV.
Sancti Mauri, LXXVII.
Sancti Mauricii, LXXVII.
Sancti Petri, LXIX, LXXVII.
Sancti Petri Treverensis, LXIX.
Sancti Quintini mo[neta], LXXXVII.
Sancto Stefano, LXXIV.
Sanctonis, LXXV.
SANT en monogramme, 132.
Sarzana (Trouvaille de), 124.
SA⁻⁻TE AVDOENI, — AVTOENI, 58.
SC, dans le champ, 58.
S⁻CI AND⁻T M⁻NT, 85.
SC MARIA REMR, 44, 45.
SCA. Voy. Sancta.
SCA MARIA, 42.
SCALEFE, 1.

SCE. Voy. Sancte.
SCE MRE, LXXVII.
Sceau de Salomon, type monétaire, III.
SCI. Voy. Sancti.
S⁻CI AND⁻T M⁻NT, 85.
SCI CIRICI, 130.
SCI DIONISII, 53.
SCI DIONV MI, 52; — M, 53.
SCI DIONVSII, — — M, 52, 53.
SCI FIRMINI, 36.
SCI FVRSI..., 38. SCI. FVRSEI. MON
SCI GAV, LXXIV.
SCI GAVGERICI M, — MO, — MON, 20.
SCI MARTINI, 64; — MONETA, — MONITA, 65.
SCI MAVR, LXXVII.
SCI MRTINI, 65.
SCI PETRI, 130; — MOI, 38; — MONETA, 135.
SCI QVINTINI MO, 39, 40; — MOE, — MONET, — MONT, et déformations de ces légendes, 39.
SCI STEPHANI MONE, 135.
Sci Trude[nis], LXXIV.
Sconis, LXXV.
SCS AO, LXXIV.
Semur (Atelier de), LXXXII.
Sen..., LXXVI.
Senlis (Atelier de), LXXXVIII.
SENNES, XVII, 7.
SENNOIS, LXXII.
SENONES, 81; — CIVITA, 82; — CIVITAS, 81 à 83.
Senonis civitas, LXXXVIII.
Sens (Atelier de), XVI, LXXIII, LXXIX, LXXXIII, LXXXVII, LXXXVIII, 81 à 83.
Seson, LXXVI.
SIAIRIGANAMDA, 137.
SICAIIDIRTIVNRI, 137.
Sienne (Atelier de), LXXVI.
Silvanectis, LXXXVIII.
Sinemuro castro, LXXXII.
Soissons (Atelier de), LXXVI, LXXXII, LXXXVII.

LXXXVIII, 43, 44. — Atelier de l'église Saint-Médard, LVII, LVIII, LXXXII, LXXXVI.
Sol, à l'époque carolingienne. Nombre de sols à la livre, XXIX, XXX. — Sol d'or, XXXIII à XXXV. — Sa valeur en deniers, XXXIII à XXXV.
Solidi Karolici, XX.
Solidus. Voy. Sol.
SPE, LXXVII.
SPR, LXXVII.
STAMPIS CATELI, 77.
Stuienbure (Atelier de), LXXIX.
Strasbourg (Atelier de), LXXII, LXXIV, LXXIX, LXXX, LXXXVIII, 7 à 9. — Privilège monétaire concédé à l'église de Strasbourg par Louis le Germanique, LX.
STRATBVRC, LXXIV.
STRATBVRGVS, 8.
STRAZB CIVITAS, 8.
STRAZBVRC, 7.
Substantione (Atelier de), LXXXVI, 116.
Suède (Monnaies de), imitées de celles de Charlemagne, à Duurstede, 10.
SVESSIO CIVITAS, LXXXVIII, 43, 44.
SVPINIRVB REX, 80.
SVSTANCIONE, 116.

T

TALAV MONETA, 59.
Talou (Atelier du), LXXXII, 59.
Tarbisio, LXXX.
TARVENNA CI, — CIV, — CIVIT, 29.
TARVIS, 127.
TARVISIO, 127.
TARVISIVM, 127.
Tarvisius, LXXVI.
T[ar]ouanna, LXXV.
Temple, type monétaire, XIV, XV, XVIII, XXI, XXIII, LXXIX, LXXXII, LXXXIII, 3, 6, 7, 12, 20, 21, 24, 31, 42, 45, 49, 63, 65, 70, 73, 74, 81 à 83, 90, 91, 94, 105, 109, 126, 127, 138 à 146, 148 à 151. — Date de l'adoption du temple comme type monétaire, XI, XII. — Sa persistance en Allemagne et en Italie, XIV.
TEMPVS CARLVS REX, 81.
Térouanne (Atelier de), LXXV, LXXXII, 29.
Thionville (Capitulaire de) (805), XLII, XLVIII, XLIX.
Thun (Atelier de), LXXVII, 34.
TIFICAS CIVITAS, 78.
TOLOSA, 113 ; — CIV, 113 ; — CIVI, XIX, 112 à 114 ; — CIVITAS, XIX, 112.
TOLSA CIVI, 113.
TOLVSA, XIX, 111 ; — CIVI, XIX, 111, 112.
Tonnerre (Atelier de), LXXXIII, 87, 88.
TORNACO, LXXV, 32.
TORNAII PORTI, 33.
Tornaii porto, LXXXII.
TORNETREMSI, LXXXIII, 88.
Tornodoro castello, LXXXIII.
Toul (Atelier de), LXXXIII, LXXXVIII, 22, 23.
Toulouse (Atelier de), XIX, XXII, LXXVIII, LXXIX, LXXX, LXXXIII, LXXXIV, LXXXVI, LXXXVII, 111 à 114.
Tournai (Atelier de), LXXV, LXXXII, LXXXIV, 32, 33. — Monnaie de Tournai concédée à l'évêque de Noyon par Charles le Simple, LXV.
Tournus (Monastère de). Privilèges monétaires concédés par Eudes et Charles le Simple, LVIII, LXIV, LXVII, LXXIV.
Tours (Atelier de), XIII, LXXVII, LXXVII, LXXIX, LXXX, LXXXII, LXXXVI, LXXXVII, LXXXVIII, 63 à 68. — Atelier monétaire de Saint-Martin, II, LXXII, LXXIV, LXXV, LXXXII, 64, 65. — Privilèges monétaires concédés au monastère de Saint-Martin par : Charles le Simple, LXVII, LXVIII ; Raoul, LXVIII, LXX.
TR, dans le champ, 14.
Transition (Monnaies de) entre le monnayage mérovingien et le monnayage carolingien, 12.
Trapezeta. Sens de ce mot, LVIII.

TRE, xlvii, 115.
TRECAS CIVI, 78; — CIVITAS, lxxxvi, 78.
Tresortt, lxxii.
TREVERIS, lxxvii, lxxviii, lxxx, lxxxviii, 20, 21; — CIVI, 20.
Trèves (Atelier de), vii, xxi, xxiii, lxix, lxxii, lxxvii, lxxviii, lxxix, lxxx, lxxxv, lxxxviii, 20, 21. — Atelier de l'église Saint-Pierre, lxxiv, 130; — Privilège monétaire concédé à l'église de Trèves par Louis l'Enfant, lv, lvi, lxix.
Trévise (Atelier de), vii, ix, lxxvi, lxxviii, lxxix, lxxx, 127.
TRICAS, 77.
TRIECTO (IN PORTO), 14.
TRIG, 77.
TRIIECT, 14.
TRIIECTO (IN PORTO), 14.
TRIIECTO (IN VICO), 14.
TRIIETO MON. — MONETA, 14.
Triectteuse mon, lxxxiii.
TRIODORO ASTEI, 135.
TRONES CIVITAS, 67.
Troyes (Atelier de), lxxiii, lxxv, lxxxiii, lxxxvi, lxxxviii, 77, 78.
TVEIIS CIVITAS, 135.
TVLLO, 23.
TVLLO CIVITAS, lxxxiii, 22.
TVNIERAS CIVITAS, 135.
TVNNIS, 34.
Turnaco, lxxv.
Turnis, lxxv.
TVROMES CIVITAS, 68.
TVRONES, lxxx, 65, 66; — CIVITAS, 66 à 68. Voy. HTVRONES.
TVRONIS, 65.
Types monétaires. Leur classement chronologique, 1 à xxiv. — Leur immobilisation, xviii.

V

V, dans le champ, 124.
Vaisseau, type monétaire, lxxix, 11, 30.
VALENCIANIS, — PORT, 33; — ROT, 34; — RT, 33.
Valenciennes (Atelier de), lxxxiii, 33, 34.
Valentin, pape. Ses monnaies avec le nom de Louis le Pieux, lxxx.
VCECIA, xxxii, lxxv.
Utecina civis, lxxxiv.
Venasque (Prétendu atelier de), lxxiv, lxxvii.
Vendasca, lxxvii.
VENDENIS CASTRO, lxxxiii, 135. *Vendôme*
VENDRNT (IN FISCO), lxxxiii, 135.
VENDVNIS FISCO, lxxxiii.
VENECIA, lxxx, 128.
VENECIAS, 128.
Venise (Atelier de), lxxix, lxxx, 128.
VENNA, 117.
Verdun (Atelier de), xxiii, lxxii, lxxiv, lxxix, lxxx, lxxxiii, lxxxiv, 23 à 27.
Veron...., lxxiii, lxxvi.
Vesontium, lxxix.
VESSN CIVTIVS, 44.
VI, dans le champ, 118.
Vico Dementi (In), 15.
VICO HOIO (IN), 16.
VICO (MARSALLO), 22.
VICO NAMVCO (IN), 16, 17.
VICO TRIIECTO (IN), 14.
VICO VIOSATO (IN), 15.
VICO VIOTO (IN), 136.
VICO⁓S, 130.
VICV (NIVIELLA), 17.
Vienna, lxxvii, 117; — CIVIS, lxxxiii, 117.
Vienne (Atelier de), xxii, lxxvii, lxxix, lxxxiii, lxxxvii, 117, 118.
VINSCO C, lxxvii.
VIOSATO (IN VICO), 15.
VIOTO (IN VICO), 136.
VIRDVN, lxxii, 23, 24; — CIVIS, — CIVITAS, 23, 27.

180 TABLE ALPHABÉTIQUE

VIRDVNI CIV; — CIVI, 26; — CIVITAS, 25; — CIVITS, 25, 26.
VIRDVNVM CVI, 25.
VIRDVNVM, — CIVI, — CIVIS, — CVIS, 24.
VIRIRVNVM CIVIS, 24.
Visé (Atelier de), LXXXVI, 15.
VITCVSI (MEDENAS), 62.
VORM, 132.
VRDN, 23.
VRDVNI CIVIV, 25.
Vrsatius, 1.
VVFAQVVS, 1.
Urès (Atelier d'), XXX, XXXII, LXXV, LXXXIV, 114.

W

Waifre, duc d'Aquitaine. Sa prétendue monnaie, XLVII, 1.
Walacarius, XLVII.
Wergeld (Acquittement du), XXV, XXVI.
Wijk-bij-Duurstede. Voy. Duurstede.
Worms (Capitulaire de) (829), XLVIII, XLIX,

LII. — Privilège monétaire concédé à l'église de Worms par Louis le Germanique, XLVIII, LX.

X

XPIANA RELICIO, 147.
XPICTIANA RELIGIO, 138. — Apparition de cette légende, XI, 31, 138 à 151.
XPISTIANA RE, 143, 147.
XPISTIANA RELCIO, 149.
XPISTIANA REL, XIII.
XPISTIANA RELIGIO, XIV, LXXX, LXXXI.
XPISTIANA RELIO, 149.
XPISTIANA RELO, 149.

Z

Zwentibold. Privilège monétaire concédé par ce roi à l'abbaye de Münster-Eifel (898), LXVIII.

ADDITIONS ET CORRECTIONS

P. 127. Entre le n° 909 et le n° 910 mettre le titre *Lothaire, empereur* (840-855).

P. 137. N° 979. Après *De fisco* ajouter *Cirrino*.

P. 138. N° 981. *A la description du droit ajouter* : sous le buste, la lettre M.

TABLE DES MATIÈRES

INTRODUCTION
- I. Classement chronologique des types monétaires ... I
- II. Les espèces monétaires ... XXIV
- III. Le droit de monnaie ... XLVI
- IV. Les ateliers monétaires ... LXXII

CATALOGUE.
- MONNAIE DE TRANSITION ... I
- MONÉTAIRES ... I
- MONNAIES CLASSÉES PAR ATELIERS ... 3
  - Atelier du Palais ... 3
  - France orientale ... 5
  - Alsace ... 7
  - Lotharingie ... 9
  - France ... 28
  - Neustrie ... 50
  - Bourgogne ... 77
  - Bretagne ... 92
  - Aquitaine ... 93
  - Gascogne ... 109
  - Toulousain ... 111
  - Marche d'Espagne ... 114
  - Septimanie ... 115
  - Provence ... 117
  - Italie ... 123
- ATELIERS INDÉTERMINÉS ... 129
- MONNAIES AVEC NOMS DE SOUVERAINS SANS INDICATIONS D'ATELIERS ... 138
- TABLE ALPHABÉTIQUE DES LÉGENDES, DES NOMS PROPRES ET DES PRINCIPALES MATIÈRES ... 155
- ADDITIONS ET CORRECTIONS ... 181
- PLANCHES I A XXIII.

MACON, PROTAT FRÈRES, IMPRIMEURS

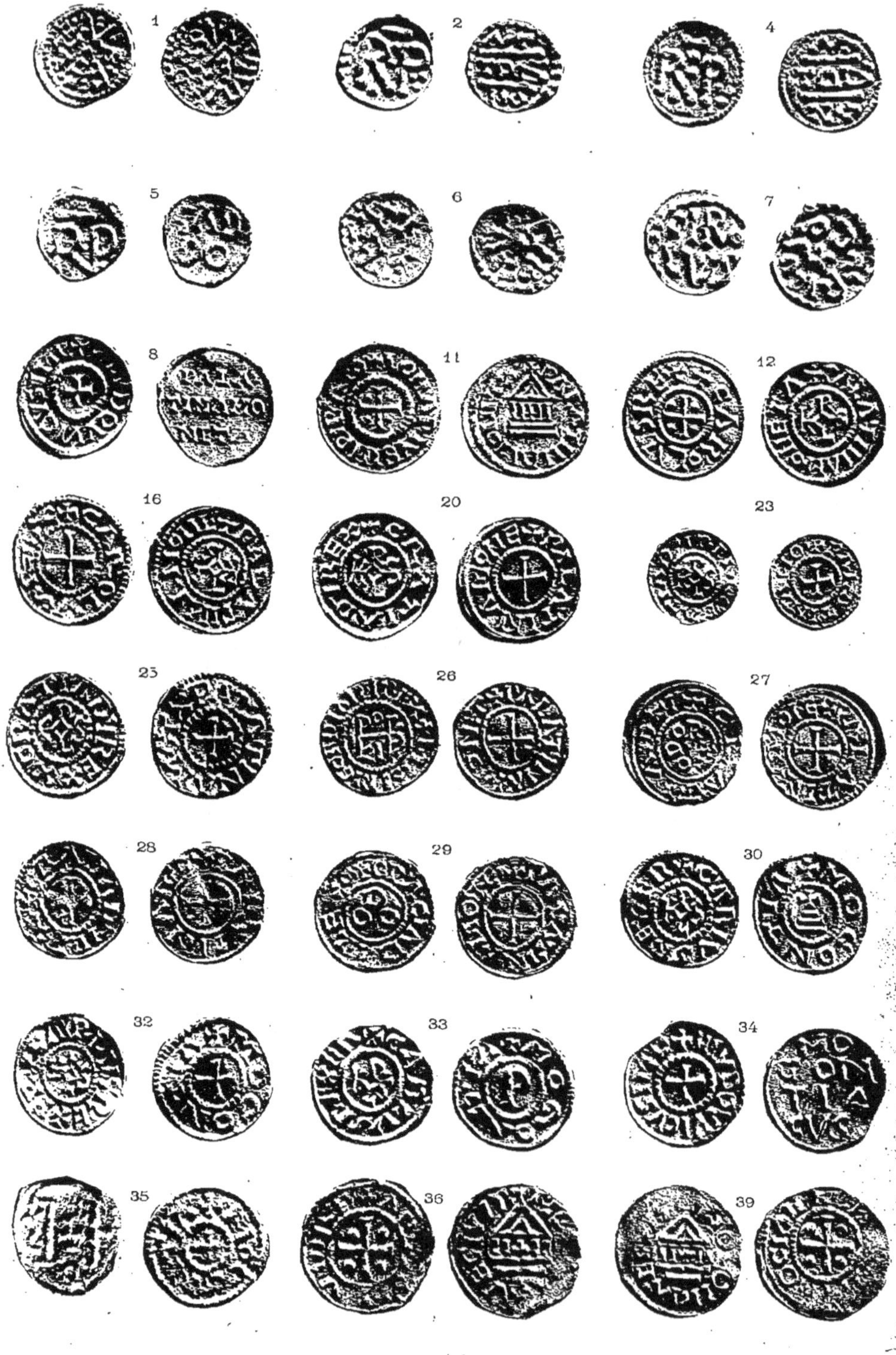

MONNAIES CAROLINGIENNES   Pl. I

MONÉTAIRES — MONNAIES PALATINES — MAYENCE

SENNES — STRASBOURG — DUURSTEDE — COLOGNE
BONN — BAB.... — MAASTRICHT

PL. III

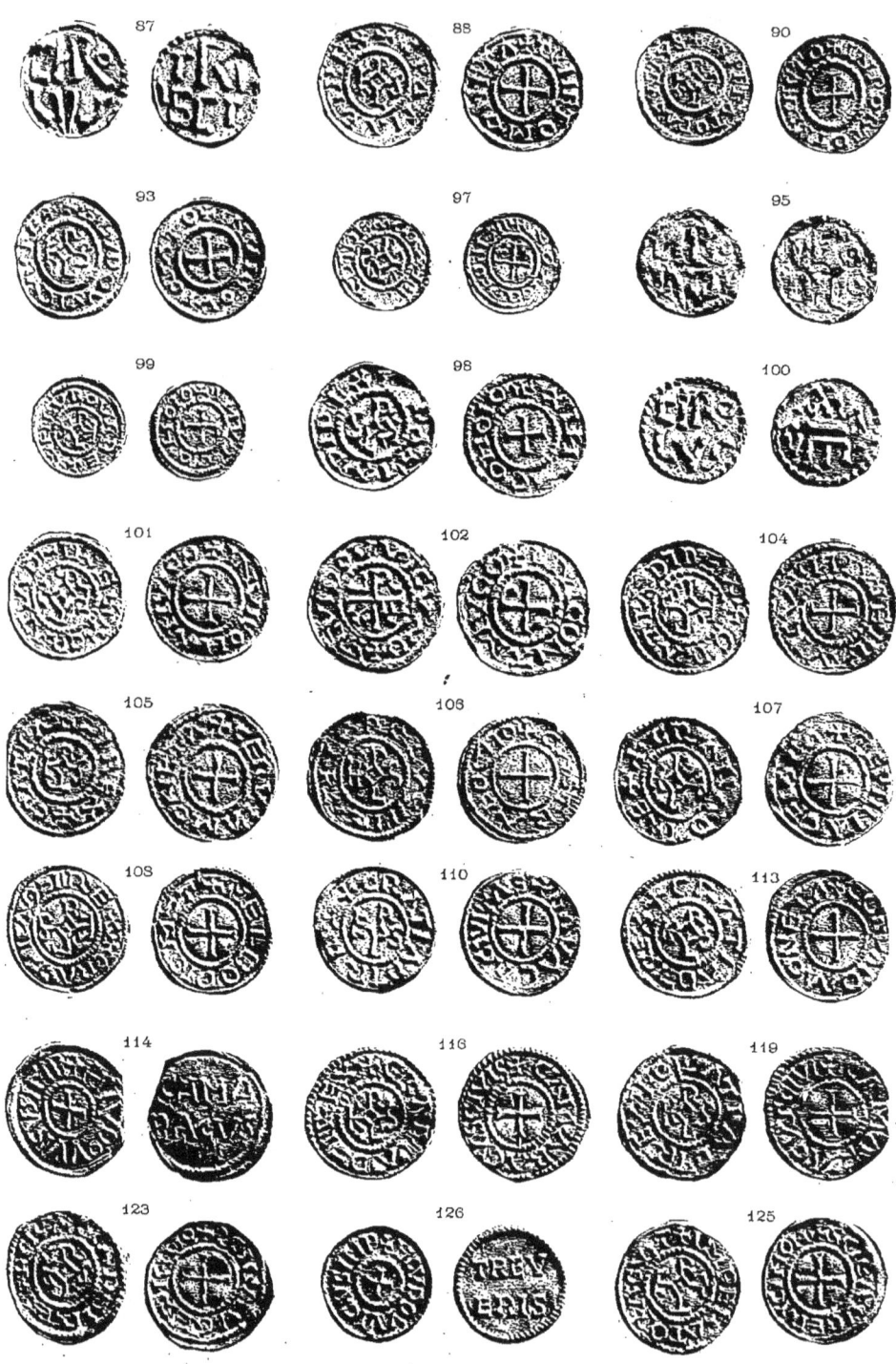

MAASTRICHT — VISÉ — LIÈGE — DINANT — HUY — NAMUR — NIVELLE
CHIÈVRES — MONS — ESTINNES — MAUBEUGE — BAVAI — CONDÉ — CAMBRAI — TRÈVES

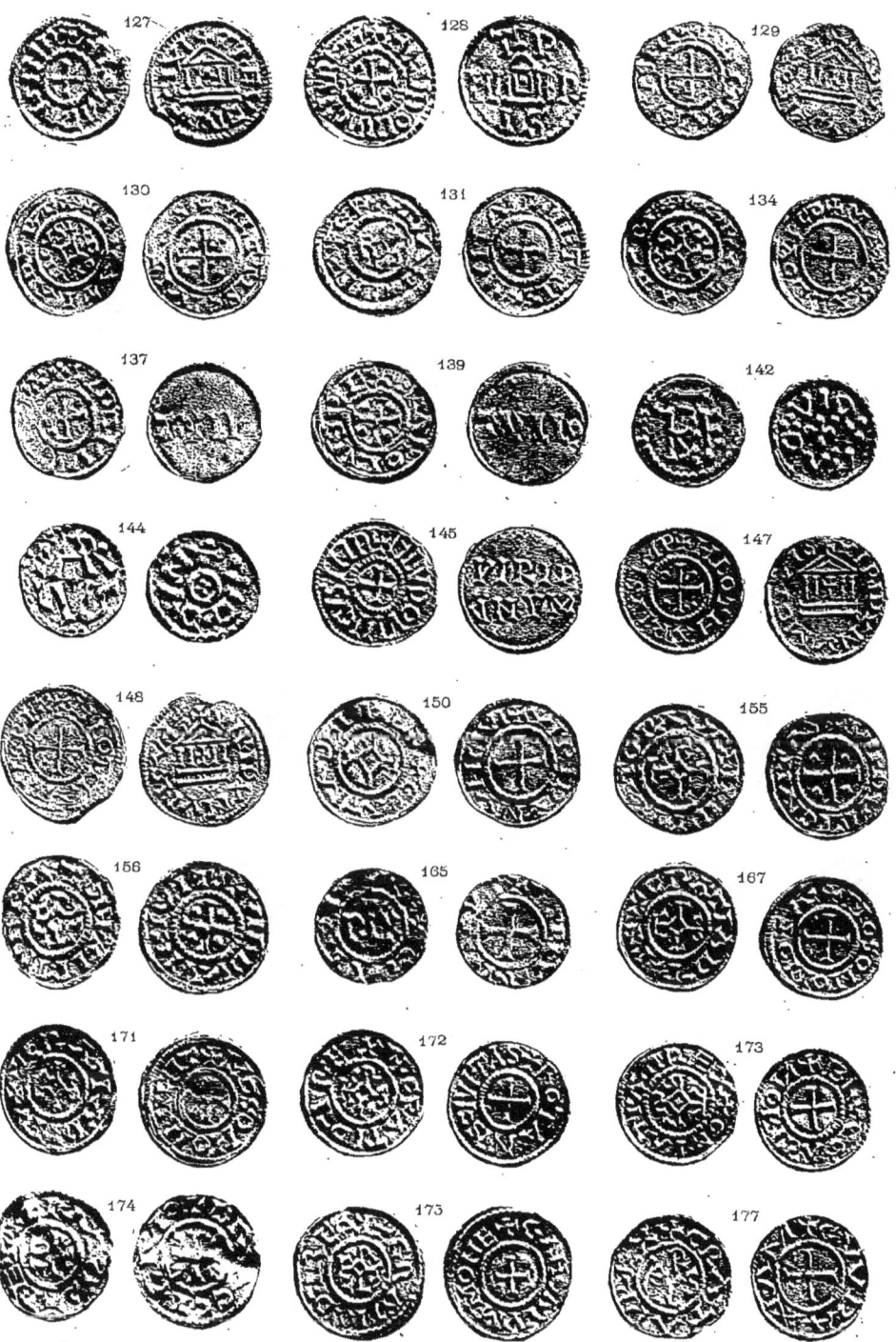

TRÈVES — METZ — MARSAL — TOUL — VERDUN
MOUZON — RODENBURG — BRUGES — GAND

MONNAIES CAROLINGIENNES   Pl. V

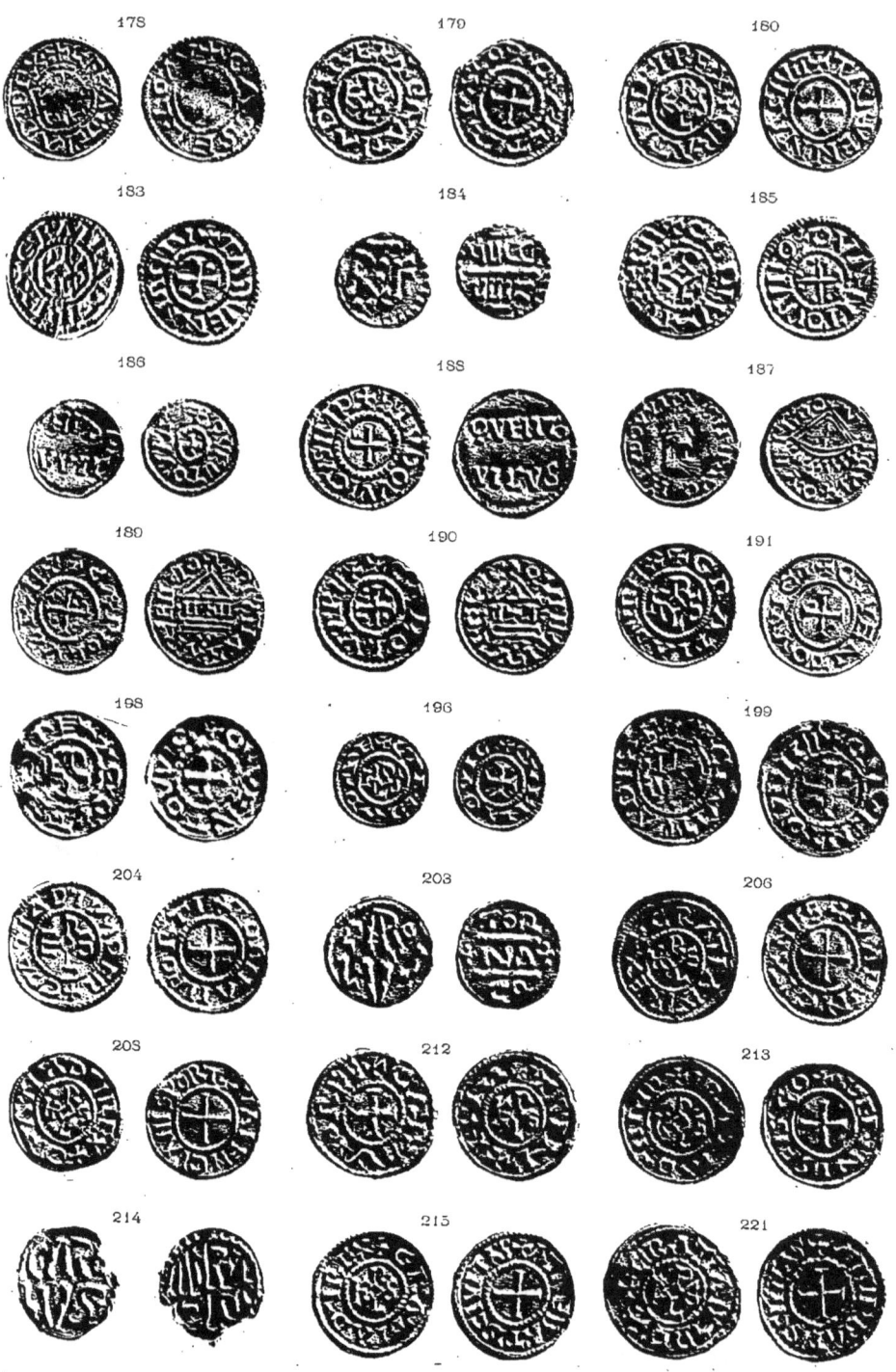

CASSEL — COURTRAI — THÉROUANNE — QUENTOWIC
TOURNAI — VALENCIENNES — THUN — LENS — ARRAS

MONNAIES CAROLINGIENNES
Pl. VI

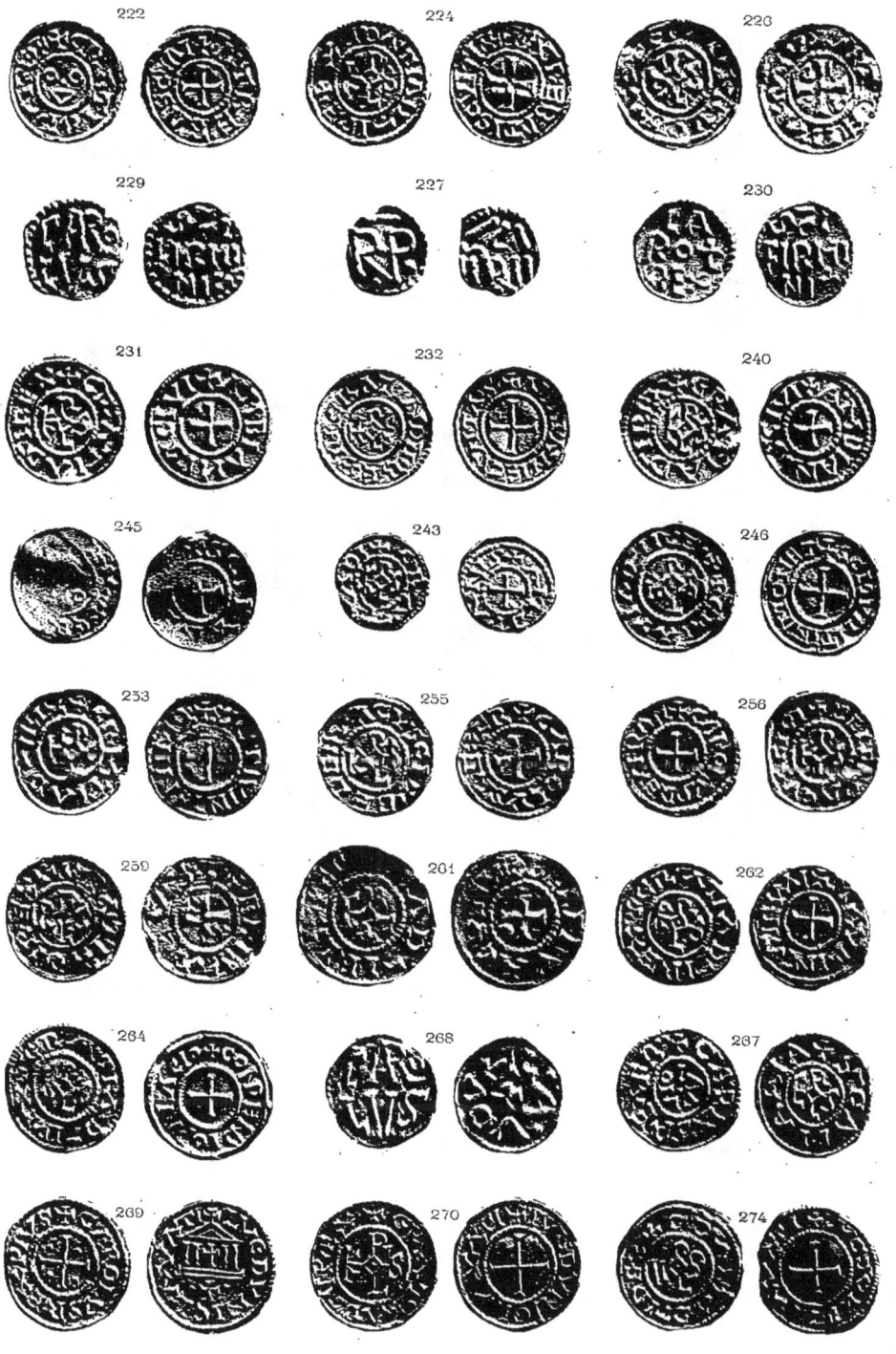

ARRAS — AMIENS — PÉRONNE — SAINT-QUENTIN
BEAUVAIS — MORIENVAL — COMPIÈGNE — LAON

LAON — PIERREFONT — NOYON — SOISSONS — RETHONDES
REIMS — ATTIGNY — CHALONS

MONNAIES CAROLINGIENNES PL. VIII

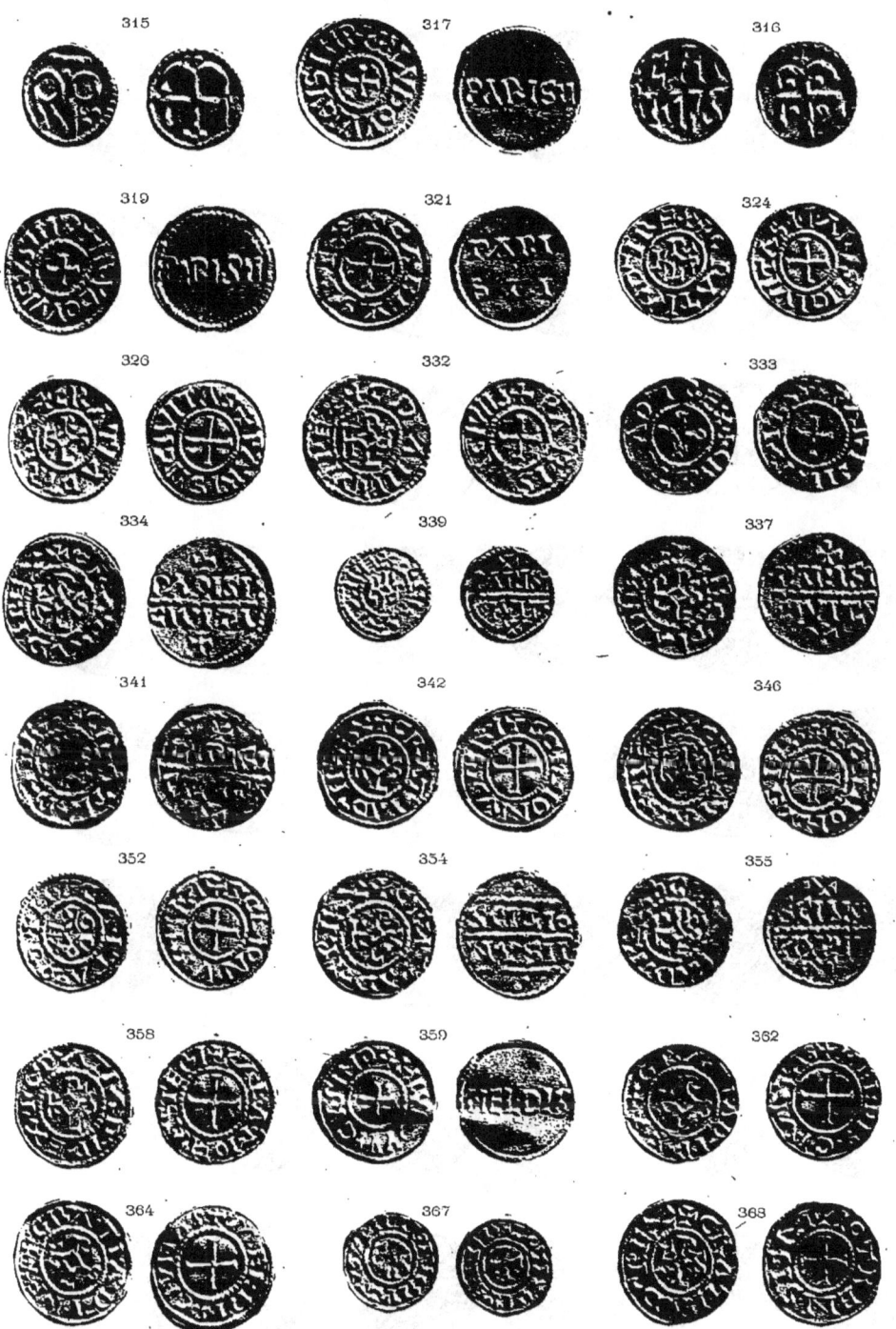

PARIS — SAINT-DENIS — CHELLES — MEAUX — JOUARRE

MONNAIES CAROLINGIENNES

Pl. IX

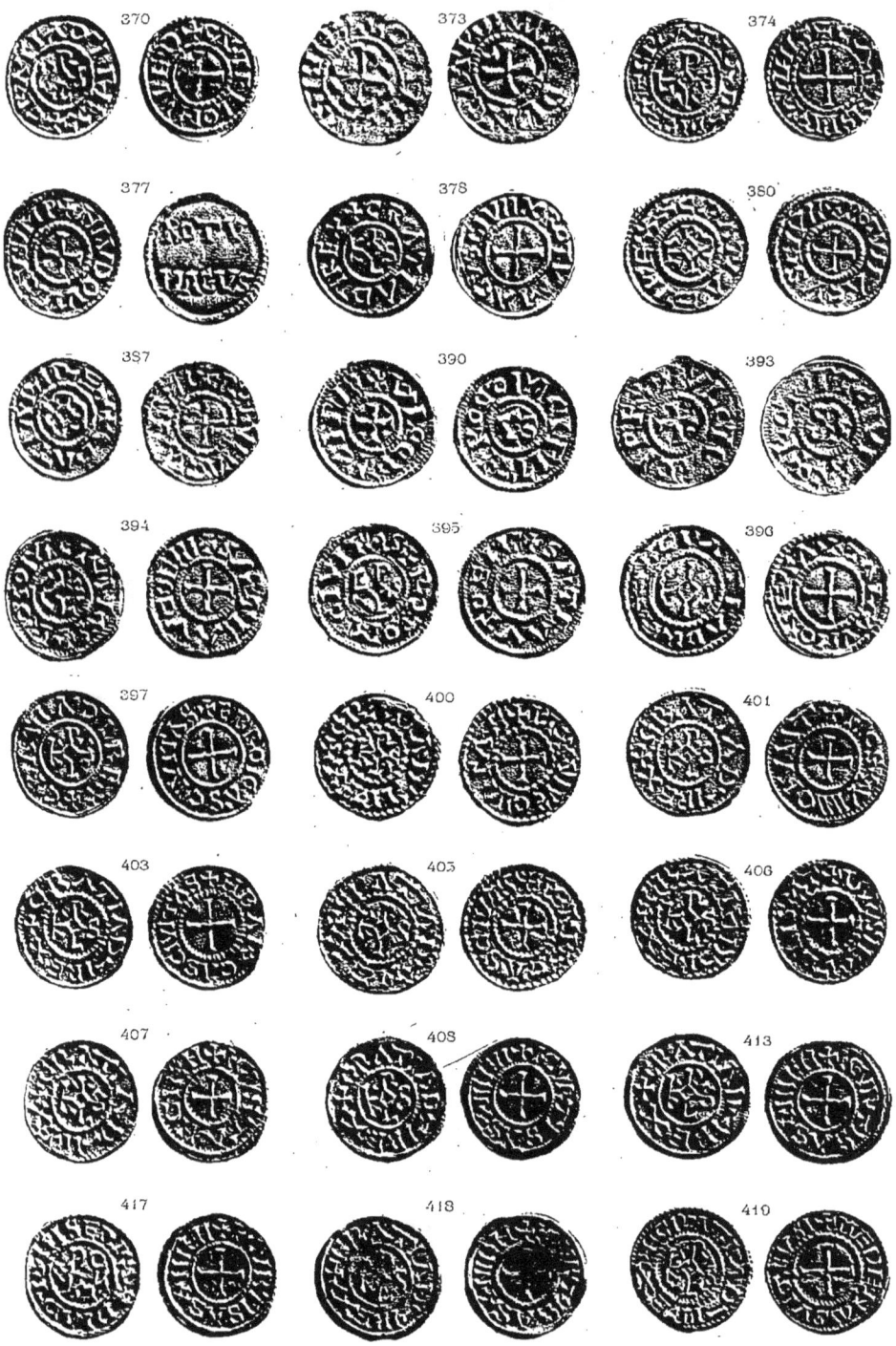

MELUN — PROVINS — ROUEN — LE TALOU — EVREUX — LISIEUX
BAYEUX — LES DEUX JUMEAUX — COUTANCES — CURTISASONIEN — MAYENNE

MONNAIES CAROLINGIENNES   Pl. X

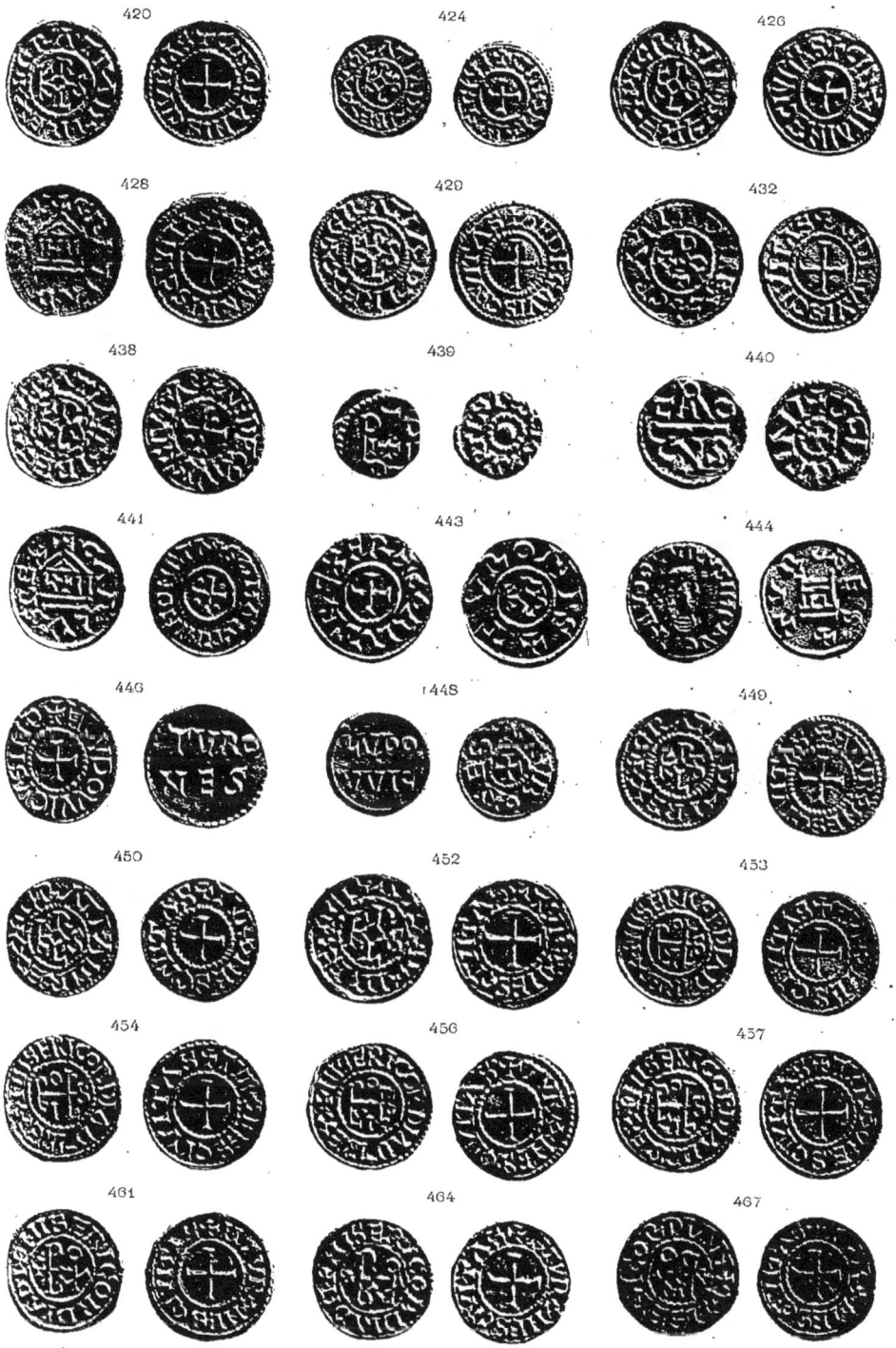

LE MANS — ANGERS — TOURS

Monnaies Carolingiennes   Pl. XI

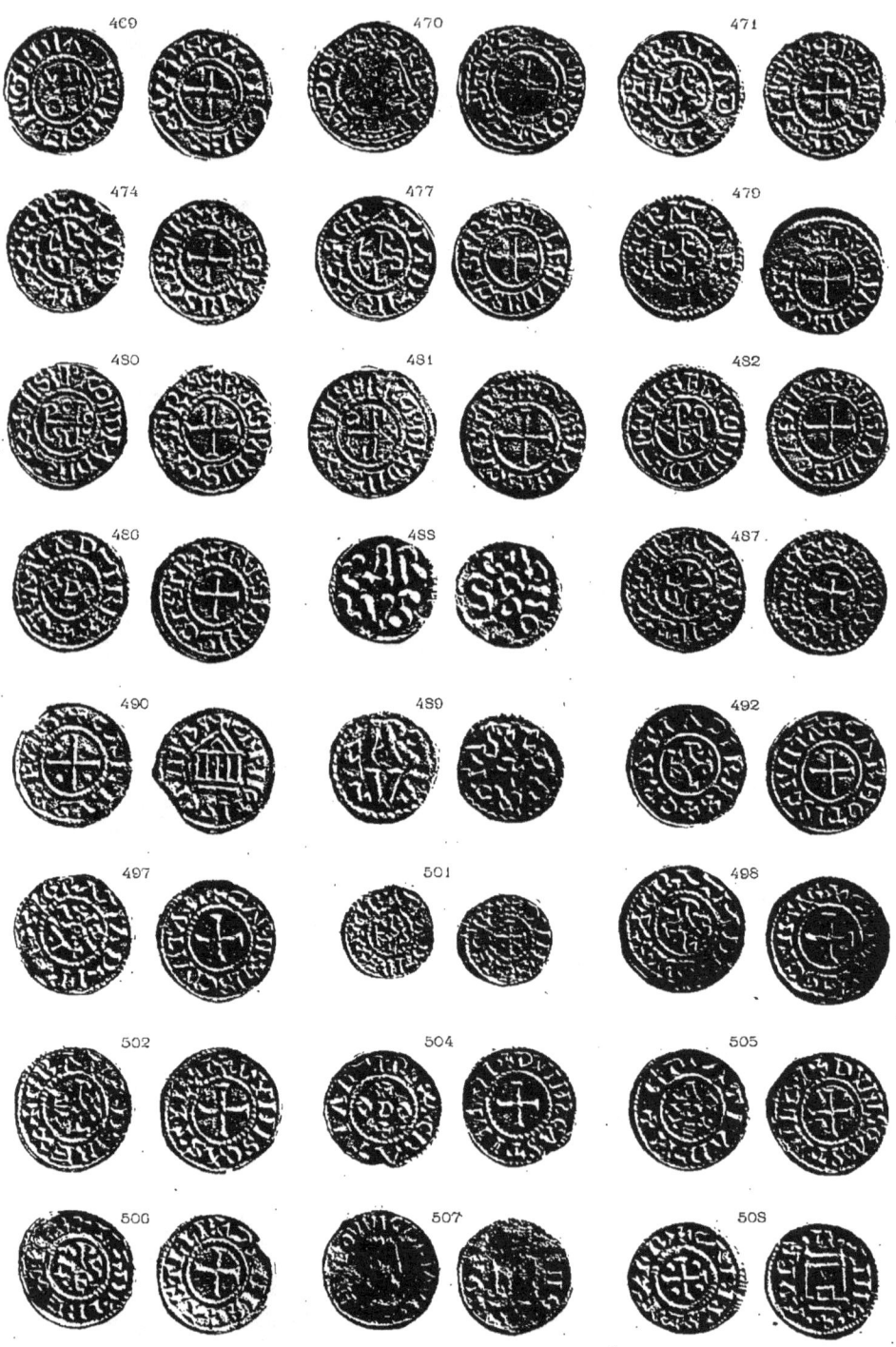

TOURS — CHINON — BLOIS — CHARTRES — CHATEAUDUN
ORLÉANS

MONNAIES CAROLINGIENNES PL. XII

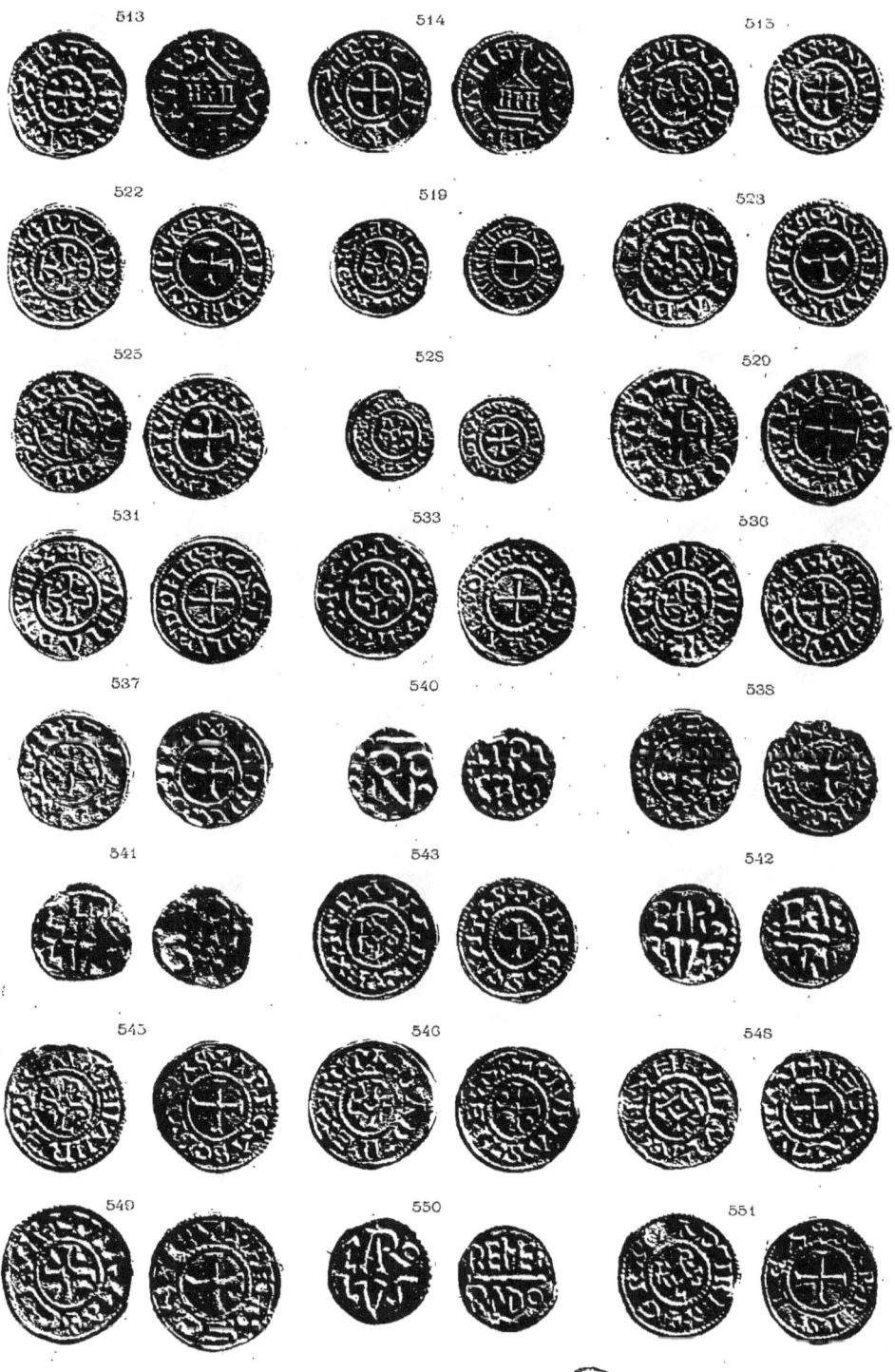

ORLÉANS — CHATEAU-LANDON — ÉTAMPES — TROYES
RAMERUPT — BAR-SUR-AUBE

BAR-SUR-AUBE — MONT-LASSOIS — SENS
AUXERRE — NEVERS

MONNAIES CAROLINGIENNES   Pl. XIV

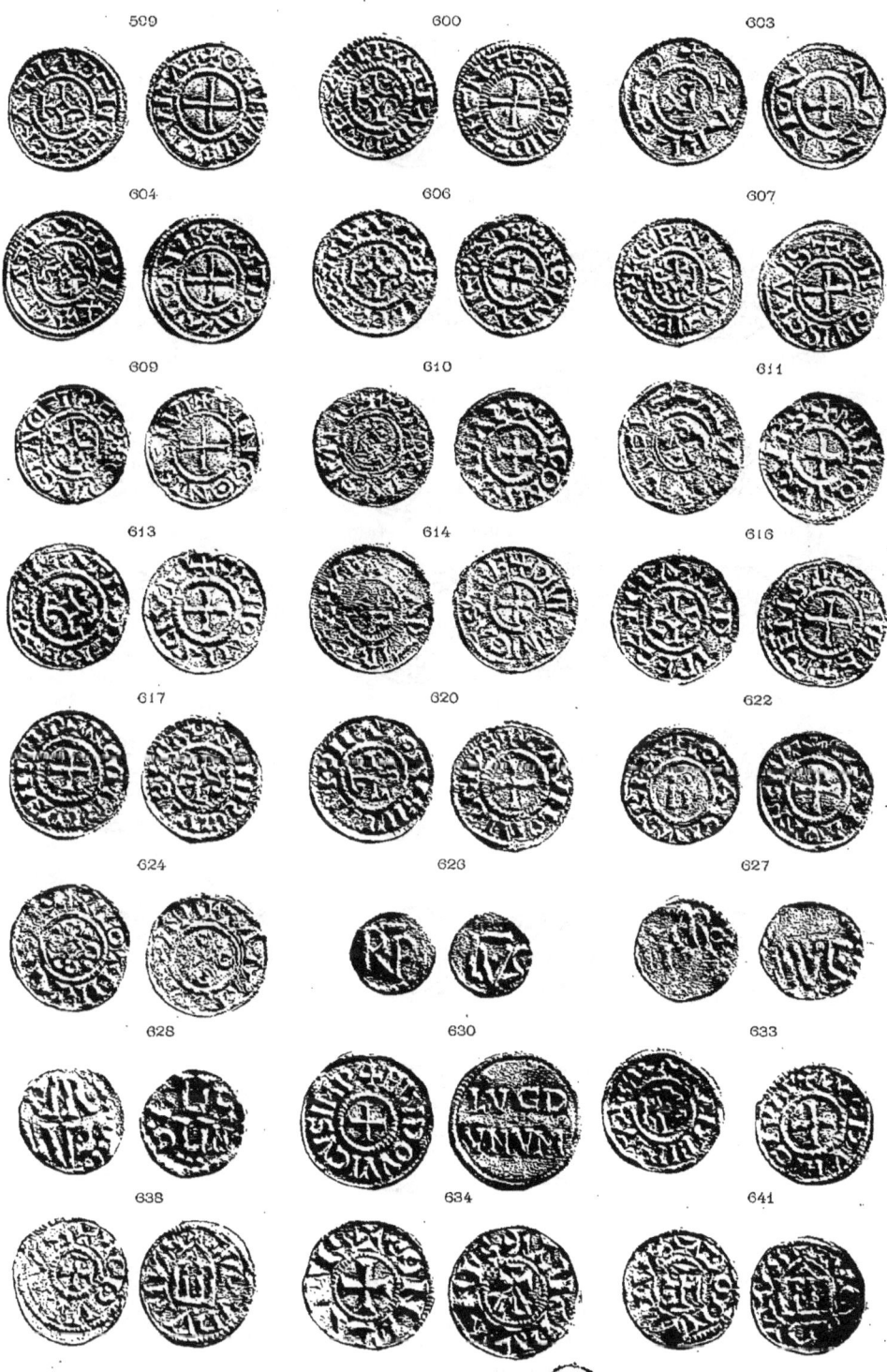

AUTUN — LANGRES — DIJON — TONNERRE — CHALON
MACON — LYON

Pl. XV

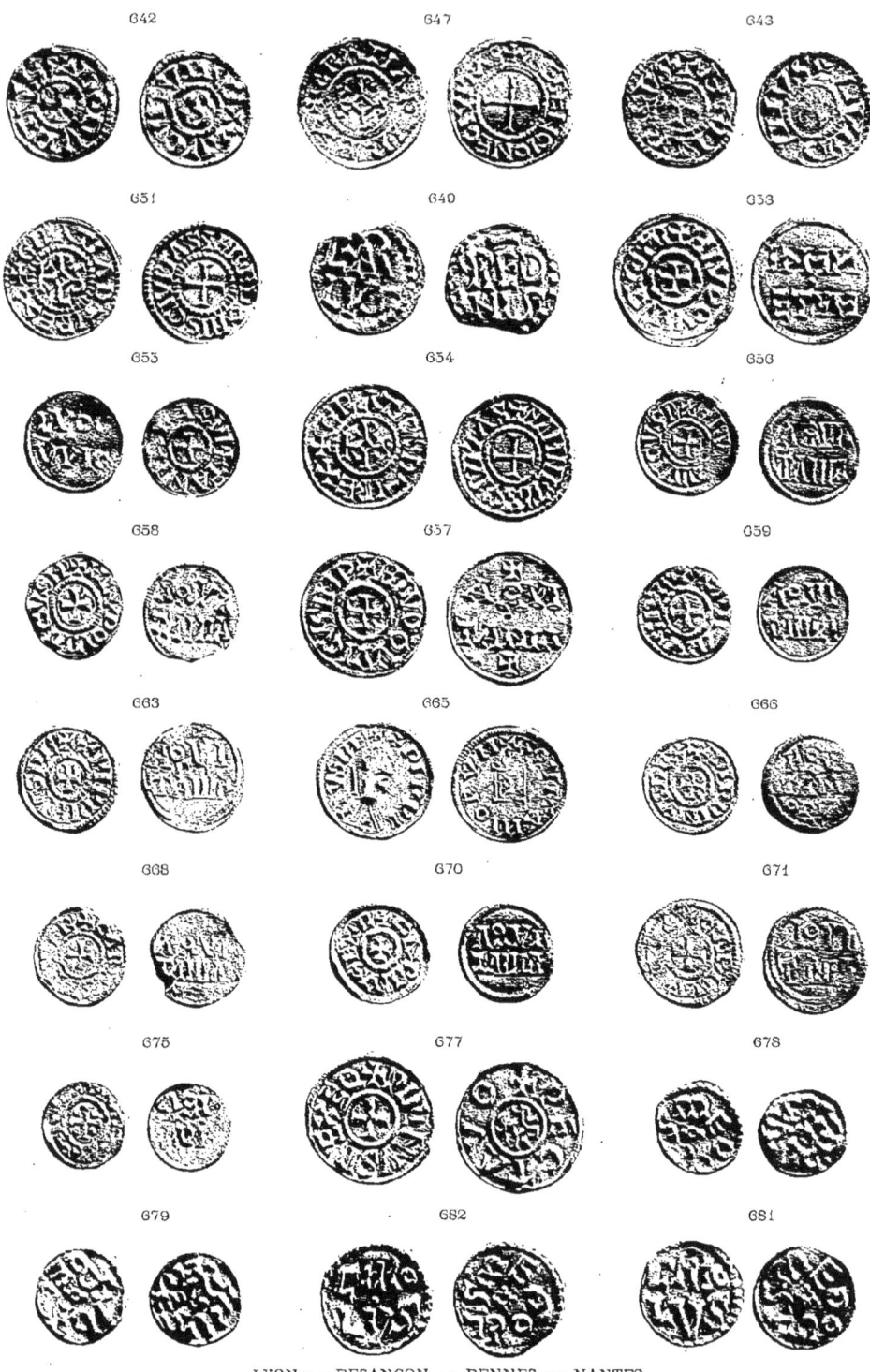

LYON — BESANÇON — RENNES — NANTES
AQUITAINE — POITIERS — MELLE

MONNAIES CAROLINGIENNES

Pl. XVI

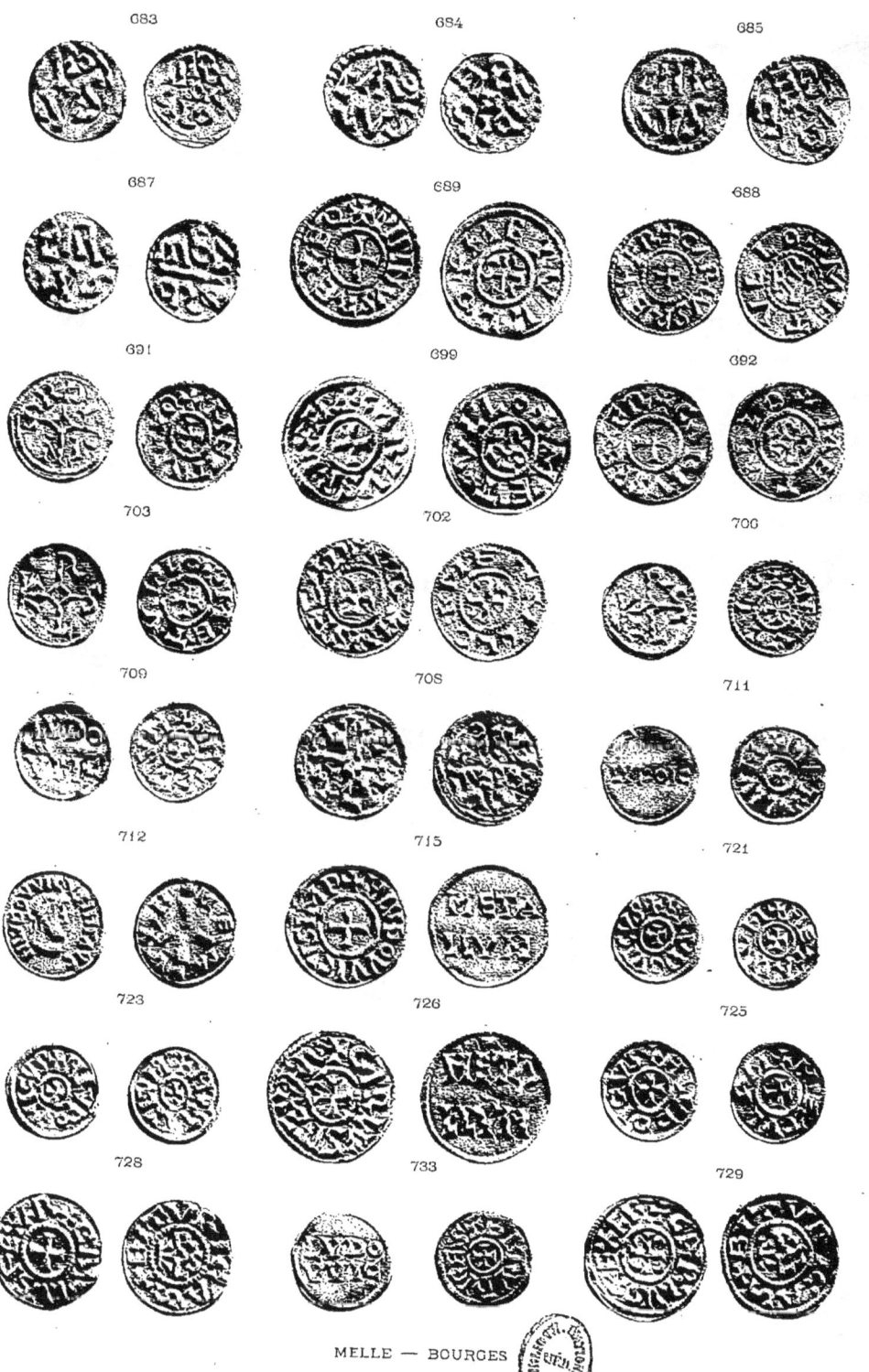

MELLE — BOURGES

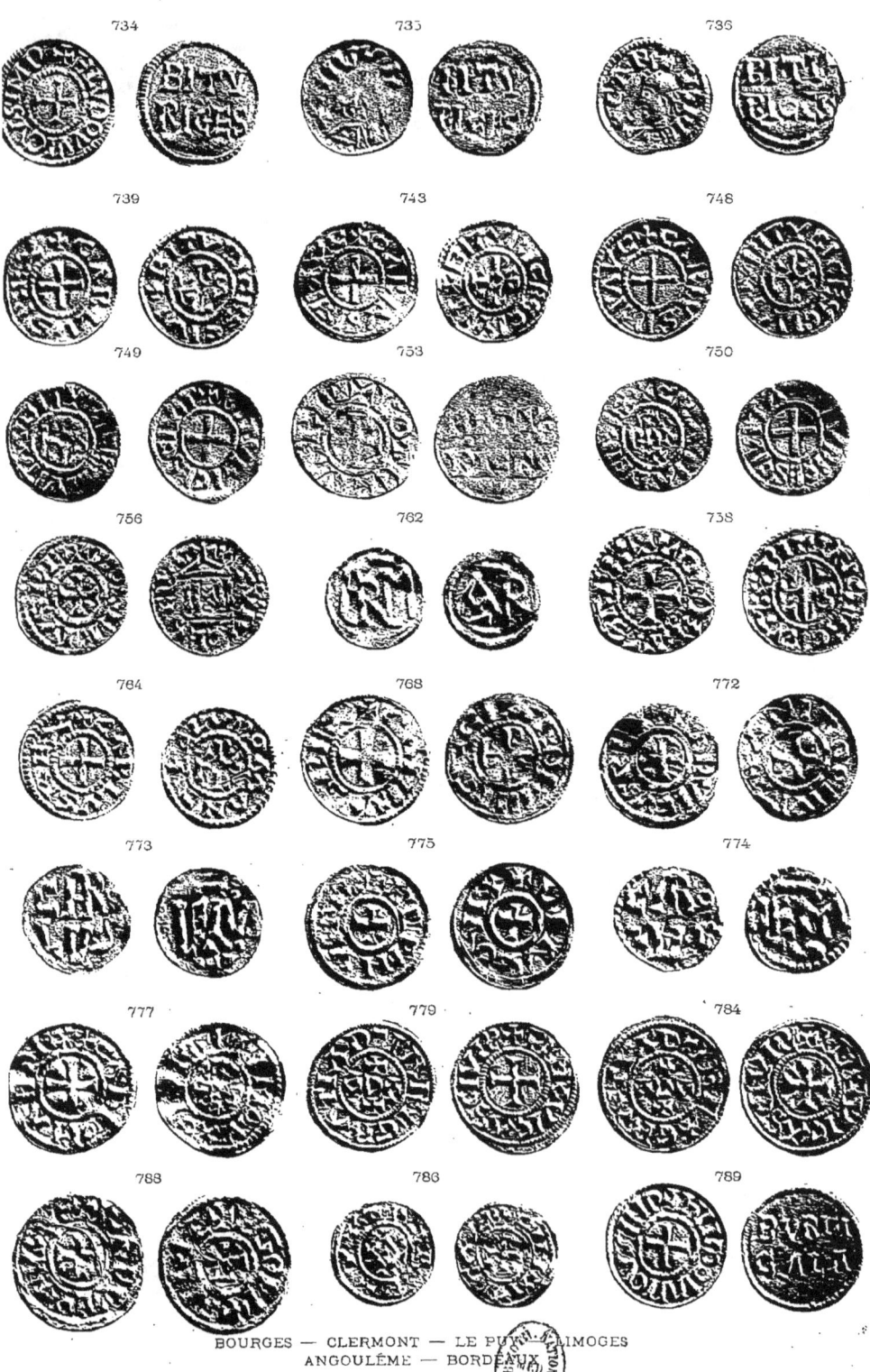

BOURGES — CLERMONT — LE PUY — LIMOGES
ANGOULÊME — BORDEAUX

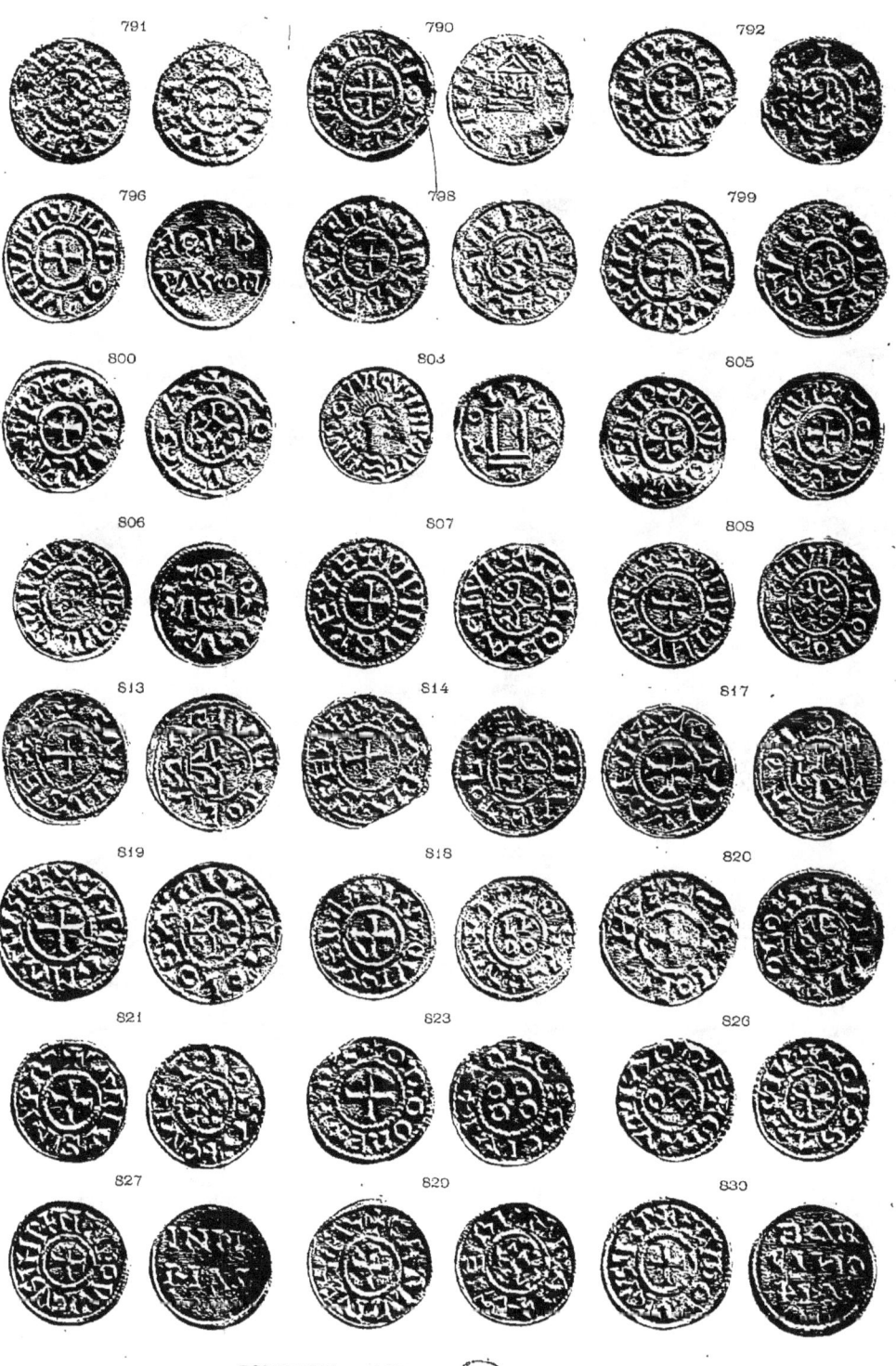

BORDEAUX — AGEN — DAX — TOULOUSE
EMPURIAS — GIRONE — BARCELONE

Pl. XIX

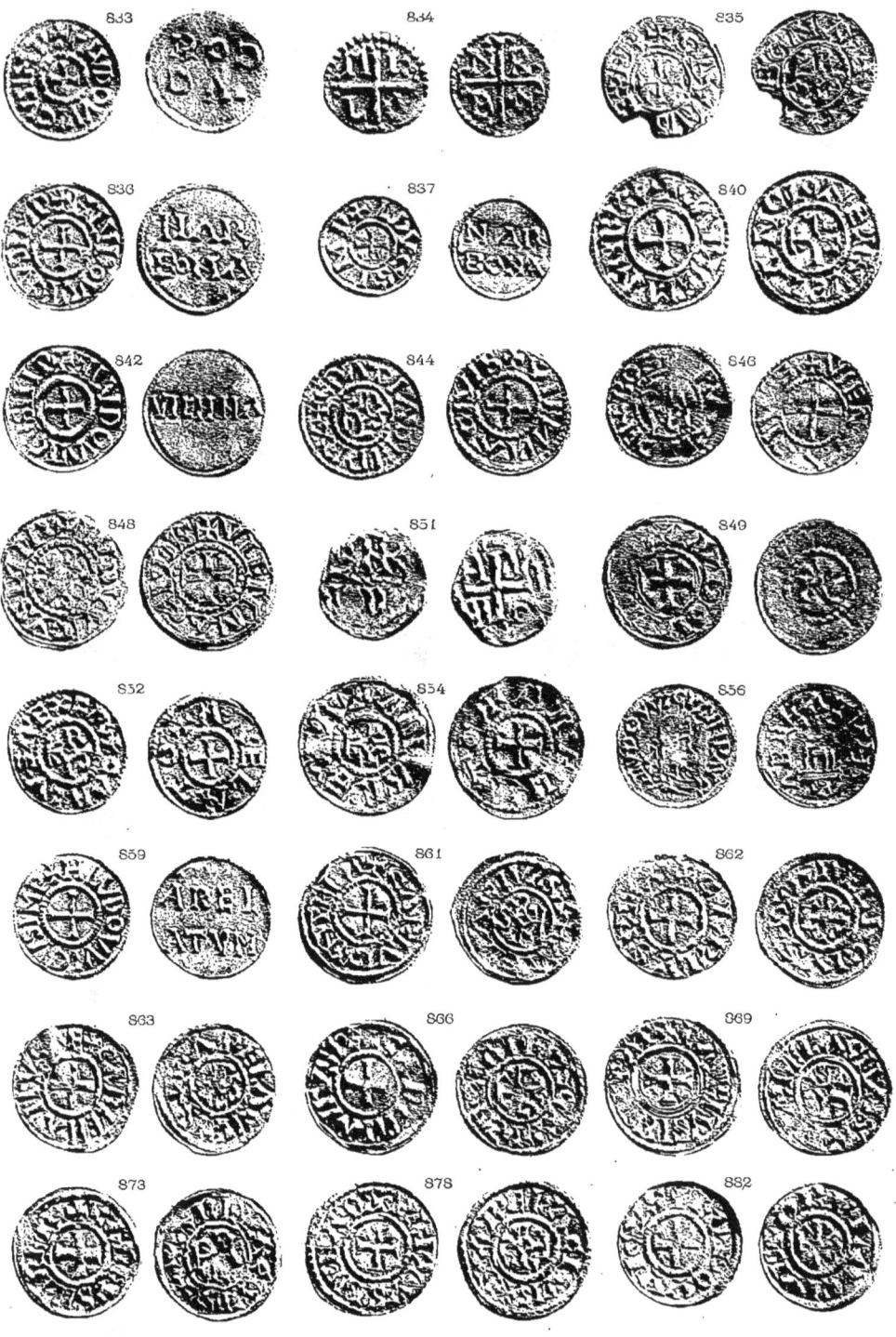

RODA — NARBONNE — SUSTANCION — VIENNE
AVIGNON — ARLES

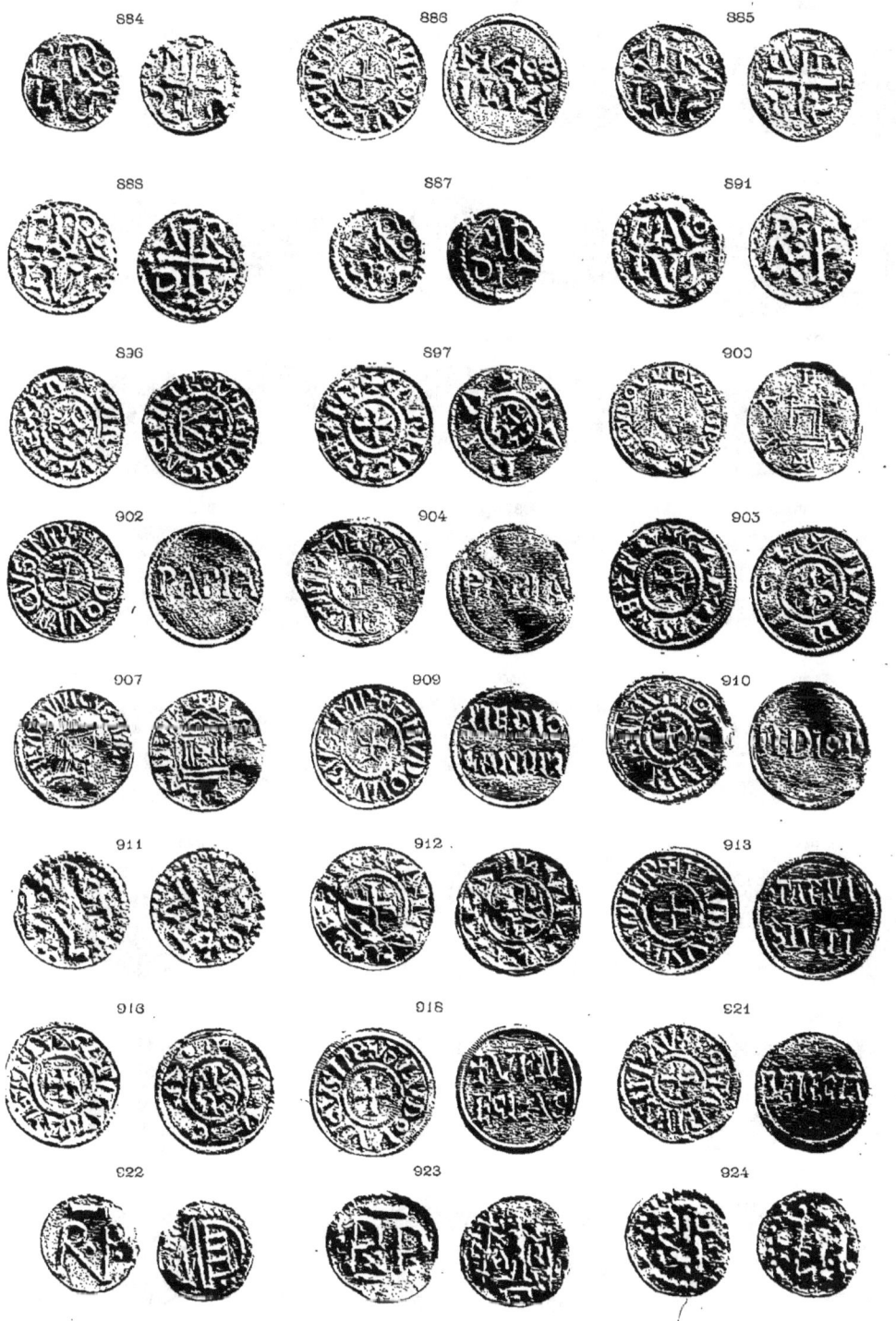

MARSEILLE — ITALIE — PAVIE — MILAN — TRÉVISE
LUCQUES — VENISE

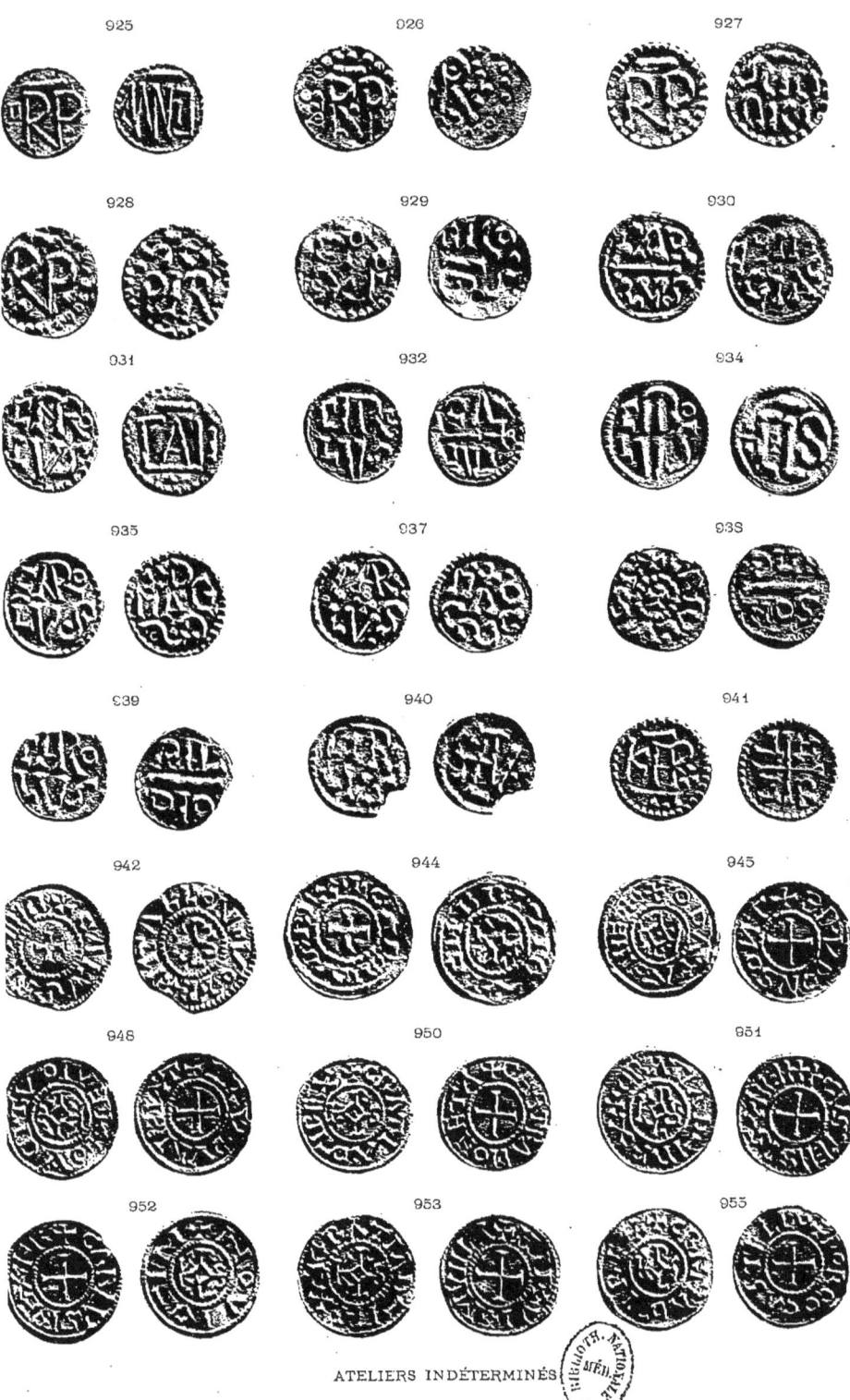

ATELIERS INDÉTERMINÉS

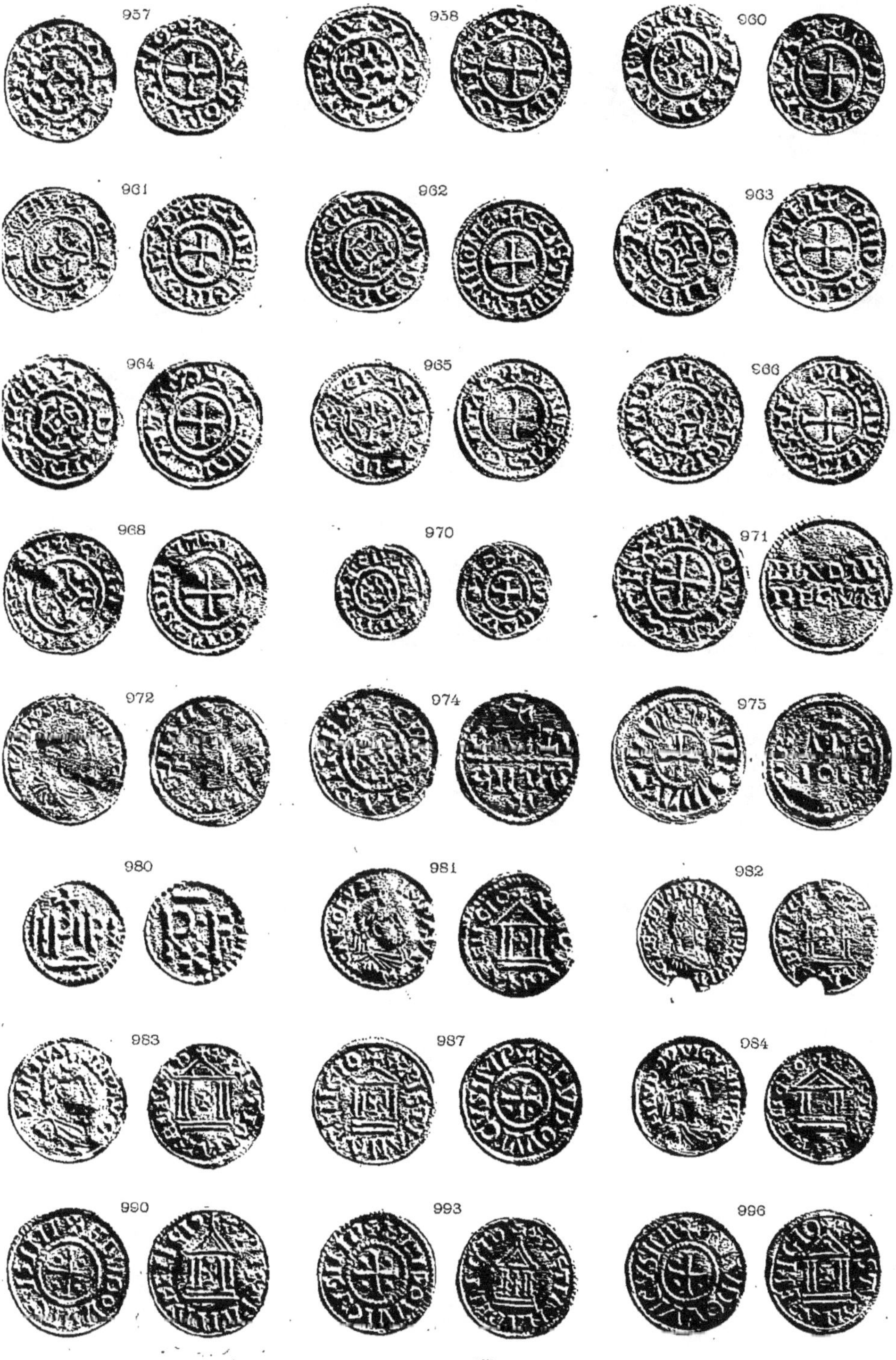

MONNAIES CAROLINGIENNES

Pl. XXII

ATELIERS INDÉTERMINÉS — XPISTIANA RELIGIO

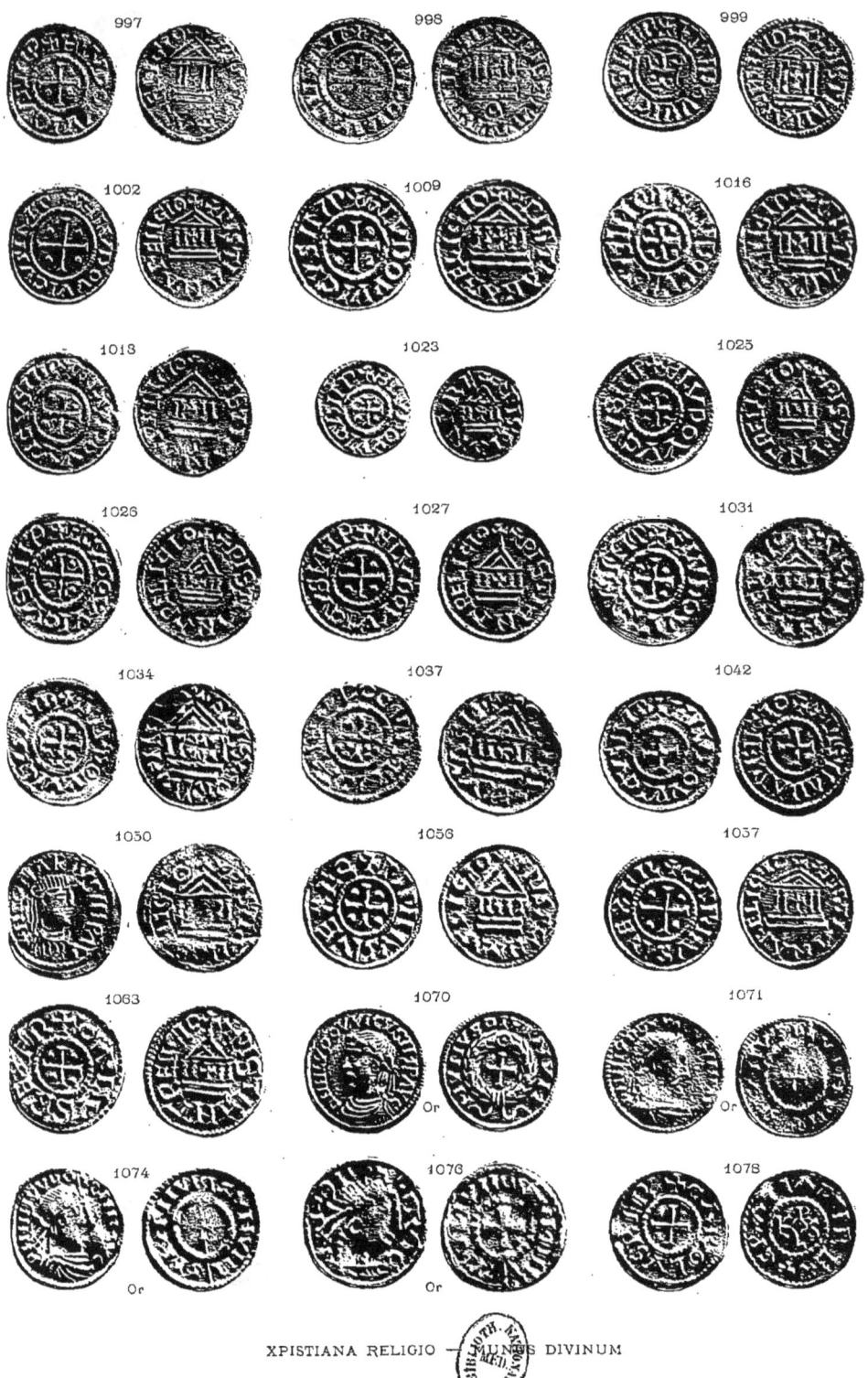

XPISTIANA RELIGIO — MUNUS DIVINUM

MACON, PROTAT FRÈRES, IMPRIMEURS

www.ingramcontent.com/pod-product-compliance
Lightning Source LLC
Chambersburg PA
CBHW071530160426
43196CB00010B/1724